譯註 鴒原雜詠

坤

霞隱先生集

註譯

鴒原雜詠

坤

霞隱先生集

신범식(申範植)

충북 청주 출생(자 仲楷).
가정에서 부친 景雲公과 청주향교 명륜당에서 申若浩 선생으로부터 한문을 수학하고, 상당고전연구소 石邮 李斗熙 선생과 한국고전번역원 명예교수 寒松 成百曉 선생을 사사하였다.

청주대학교 사범대학 한문교육과 졸업하고, 청주대학교 대학원 한문학과에서 석사학위를, 한성대학교 대학원 국문학과에서 박사학위를 받았다.
유원대학교 교수로 교양융합학부장·도서관장·평생교육원장·학생처장·교무처장·대학원장을 지냈고, 현재 부총장이다.

국사편찬위원회 《승정원일기》 정보화사업 교열위원을 거쳐, 백곡김득신기념사업회 연구위원, 증평학연구소 연구위원, 유원대학교 호서문화연구소 전임연구위원, (사)해동경사연구소 이사, 충청북도 문화유산위원회 전문위원으로 활동하고 있다.

주요 저역서로는 『국역 백곡집』(2006문화관광부 우수학술도서, 2006), 『백곡 김득신의 문학론과 문학세계』(2011대한민국학술원 우수학술도서, 2010), 『譯註 名家寶墨』(공역, 2011), 『(국역)영조국장도감의궤』(공역, 2018), 『道岡詩稿』(2019), 『예관신규식전집 제1권·아목루』(공역, 2019), 『역주 농계유고』(공역, 2020), 『譯註 大谷集』(공역, 2021) 외 다수가 있다.

譯註 鴿原雜詠 坤 | 霞隱先生集

제1판 제1쇄 발행 2025년 11월 24일

지은이 신용
옮긴이 신범식
펴낸이 허재식
펴낸곳 고반
주소 (28042) 충청북도 괴산군 소수면 민들레마을길 58.
전화 043-832-1866
전송 0504-241-1866
전자우편 gb@gobanbooks.com
홈페이지 www.gobanbooks.com
블로그 blog.naver.com/gobanbooks
출판신고 제446-251002009000053호(2009년 7월 27일)
ISBN 978-89-97169-72-6 (94810)
978-89-97169-69-6 (전3권)

값 70,000원(전3권)
옮긴이와 협의하여 인지는 생략합니다.

이 책은 '고령신씨영성군파종약회'의 지원을 받아 제작되었습니다.

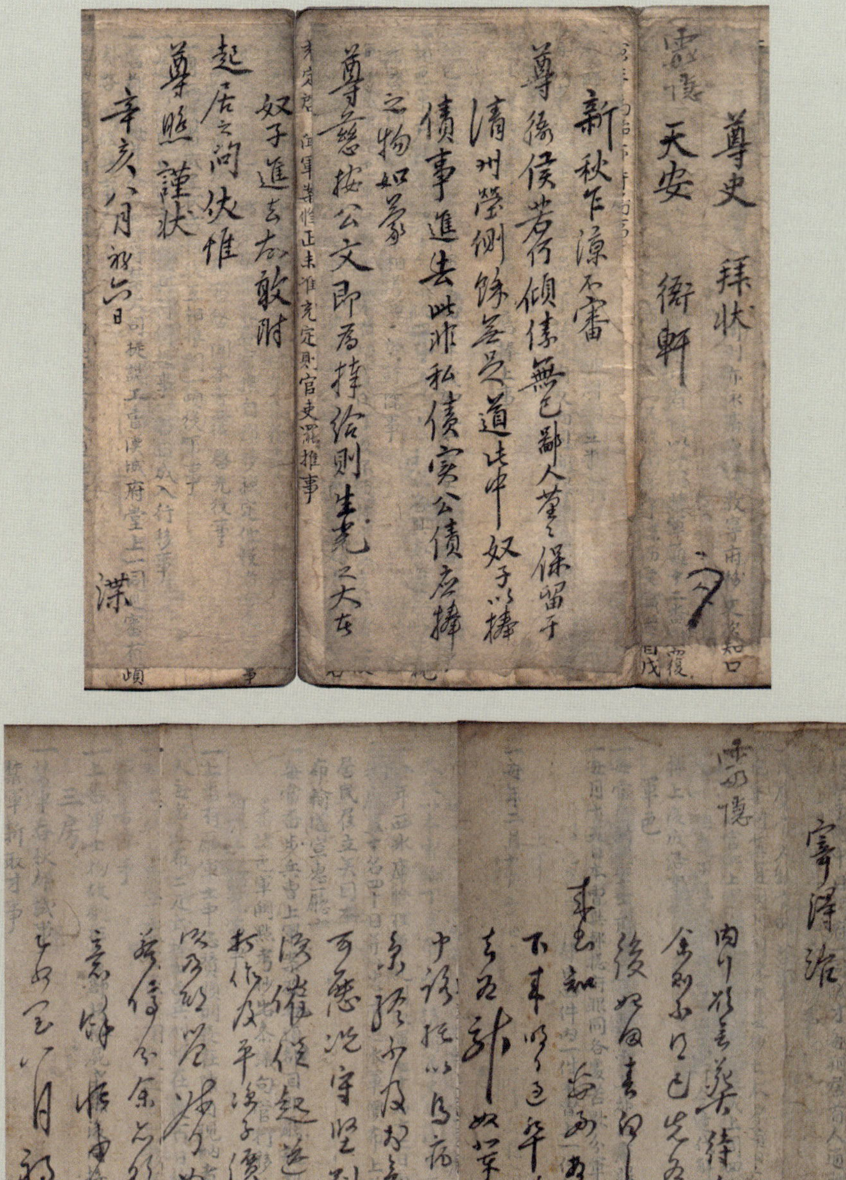

하은 선생의 간찰(霞隱先生簡札)

(위는 천안 관아[天安 衙軒]에 올린 글이고, 아래는 셋째 아들인 득치(得治)게 부친 편지이다.)

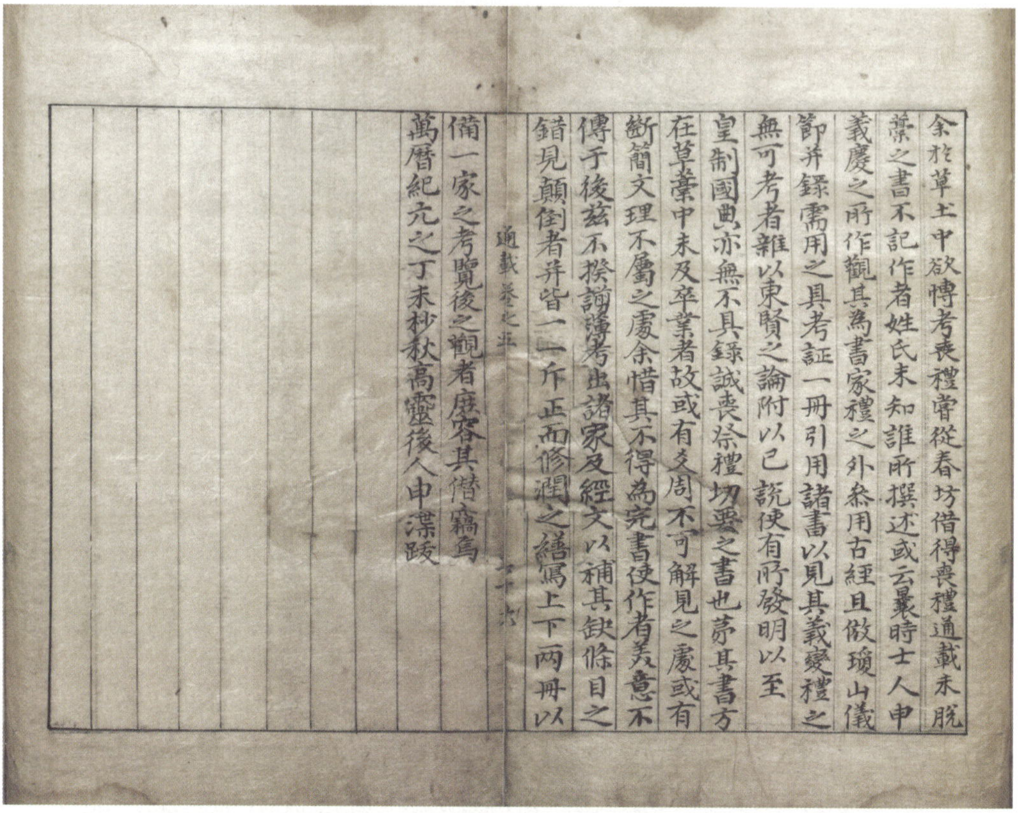

余於草土中欲傳考喪禮嘗從春坊借得喪禮通載末脱藁之書不記作者姓氏未知誰所撰述或云曩時士人申義慶之所作觀其爲書家禮之外參用古經且倣瓊山儀節并錄需用之具考証一冊引用諸書以見其義變禮之無可考者雜以東賢之論附以己説使有所發明以至皇制國典亦無不具錄誠喪祭禮切要之書也第其書方在草藁中未及卒業者故或有交周不可解見之處或有斷簡文理不屬之處余惜其不得爲完書使作者美意不傳于後玆不揆謭薄考出諸家及經文以補其缺條目之錯見顚倒者并皆一一斥正而修潤之繕寫上下兩冊以備一家之考覽後之觀者庶容其僭竊焉

萬曆紀元之丁未抄秋高靈後人申湜跋

通載卷之五 二十六

하은 선생의 《상례통재(喪禮通載)》 발문

봉계서원(鳳溪書院) 홍살문 주춧돌(충청북도 청주시 상당구 월오동 160번지 소재)

霞隱先生集

目次

시 | 詩

| 오언절구 | 五言絶句 |

|오언율시|五言律詩|

|칠언절구|七言絕句|

|칠언율시|七言律詩|

|장단구|長短句|

|집구|集句|

문 文

|부|賦|

|발|跋|

|서|書|

|계|啓|

|차|箚|

|소|疏|

|록|錄|

|제문|祭文|

부록 | 附錄

| 별장 | 別章 |

|제문|祭文|

|행장|行狀|

|묘갈명|墓碣銘|

|시장|諡狀|

|연보|年譜|

습유 | 拾遺

| 교서 | 教書 |

| 계 | 啓 |

| 차 | 箚 |

| 서 | 書 |

| 묘비문 | 墓碑文 |

| 제현 별장 | 諸賢別章 |

| 서 | 序 |

|상량문|上樑文|

|기|記|

霞隱先生集

시

詩

오언절구五言絶句

상산[1] 관아에서 일본 사신을 만나 즉석에서 절구 한 수를 읊다
商山衙中 見倭使 卽占一絶

찬성공[2]이 상주통판(尙州通判)으로 계실 때, 공의 나이가 겨우 십여 세였다. 마침 일본 사신이 상주에 이르러 공의 명민함과 수려함을 보고 앞으로 불러놓고 탄상하며 시를 짓게 하였다. 공이 곧바로 절구 한 수를 입으로 다음과 같이 읊으니, 일본 사신이 크게 놀라며 칭찬하였다. 이로부터 명성이 널리 퍼졌다.

贊成公通判尙州 公年纔十餘 適倭使到州 見公明秀 前致嘆賞 仍使製詩 公應口占一絶云云 倭使大驚稱賞 自是 名譽暢蔚

扶桑三島外　　부상[3]은 삼도[4] 밖 멀리 있고
華岳五雲中　　화악[5]은 오색구름[6] 속에 솟아 있네.
兩國千年好　　양국이 천 년간 우호를 다졌으니
孤舟萬里通　　한 척의 배가 만 리 길 통하네.

---

1) 상산(商山) : 상주(尙州)의 옛 이름이다.
2) 찬성공(贊成公) : 하은공(霞隱公)의 부친인 신중엄(申仲淹, 1522~1604)으로 자는 희범(希范)이다. 음직으로 감역을 시작으로 여러 고을의 수령을 지냈다. 임진왜란 때 공이 있어 동지중추부사에 올랐고, 좌찬성에 추증되었다.
3) 부상(扶桑) : 동쪽 바다 끝, 해가 뜨는 곳에 있다는 나무이다. 여기서는 동쪽에 있는 일본을 가리킨다.
4) 삼도(三島) : 동해 가운데 있다는 삼신산(三神山), 즉 신선이 산다는 봉래(蓬萊)·방장(方丈)·영주(瀛洲)의 세 섬을 이른다.
5) 화악(華岳) : 서울에 있는 삼각산 곧 조선(朝鮮)을 가리킨다.
6) 오색구름 : 원문의 '오운(五雲)'은 오색으로 빛나는 구름으로, 상서(祥瑞)를 뜻하는 말이다. 보통 왕의 거처를 나타낼 때 쓰는 표현이다.

눈 내린 밤에

雪夜

積雪中庭白　　눈 쌓여 안마당 온통 새하얀데
殘燈半壁靑　　잔등의 불빛 반벽에 푸르스레해.
冲襟無一物　　깨끗해진 마음속 걸림 하나 없어
靜坐閱幽經　　조용히 앉아 경전을 읽노매라.

解手頭空白　　헤어진 뒤 공연히 머리만 세더니
聯床眼更靑　　나란히 함께하니 더욱 반갑고말고.
深盃君且盡　　깊은 술잔 그대는 마다하지 말게
浮世我曾經　　덧없는 세상살이 겪어보았지 않나.

다시 앞의 시운을 써서 눈 속의 소나무를 읊다

再用前韻 咏雪中松

萬壑皆封白　　골짝 온통 눈 덮여 새하얀데
胡爲爾獨靑　　어찌하여 너만이 홀로 푸른고.
空將後彫訓　　속절없이 후조의 가르침[7]을
三復揖遺經　　거듭 새기며[8] 옛 경서에 읍하누나.

---

7) 후조(後彫)의 가르침 : 《논어(論語)》〈자한(子罕)〉에 "날씨가 추워진 뒤에야 소나무와 측백나무가 뒤늦게 시듦을 알 수 있다.[歲寒然後 知松栢之後彫]"라고 한 공자의 말씀을 가리킨다. 곧 추운 겨울에도 변함없이 푸른 소나무처럼 어떤 난관도 극복하고 자신의 신념을 꿋꿋이 지켜 나가는 것을 이른다.

8) 거듭 새기며 : 원문의 '삼복(三復)'은 삼복백규(三復白圭)로, 항상 가슴속에 명심하며 잊지 않겠다는 뜻이다. 《시경(詩經)》〈대아(大雅)·억(抑)〉에 "흰 옥돌 속에 있는 오점(汚點)은 그래도 깎아서 없앨 수 있지만, 말을 한 번 잘못해서 생긴 오점은 어떻게 해 볼 수가 없다.[白圭之玷 尙可磨也 斯言之玷 不可爲也]"라는 말이 나오는데, 공자의 제자인 남용(南容)이 매일 이 구절을 세 번씩 반복해서 외우자, 공자께서 이를 훌륭하게 여겨 자신의 조카딸로 처를 삼게 했던 고사가 있다. 《論語 先進》

눈 위의 달빛을 보고 우연히 읊다

雪月偶吟

白雪滿空庭　　하얀 눈 빈 뜰에 가득한데
明月來相照　　달 떠올라 서로를 비추네.
襟期與之同　　나의 지취도 이와 같나니
永夜還皎皎　　긴 밤 다시 밝고 깨끗해라.

수운헌[9]에서

水雲軒

故人佩酒來　　옛 벗이 술병을 차고서 오니
雪月添奇絕　　달빛 설경이 아름다움을 더하네.
携手極情歡　　손을 마주잡고 기쁜 정 다하니
心肝無楚越　　마음속엔 전혀 초월[10] 없고야.

우연히 읊다

偶吟

鳴籟吟風細　　읊조리듯 바람소리 소곤거리니
含腔對月淸　　곡조를 머금고 말간 달 마주하네.
徘徊心轉爽　　서성이다 마음 한결 시원해져
世事自無情　　세상만사 절로 무정해지누나.

9) **수운헌(水雲軒)** : 서울 인왕동(仁王洞)에 양곡(陽谷) 소세양(蘇世讓, 1486~1562)이 살던 옛집에 있던 건물 가운데 하나이다. 청심당(淸心堂), 풍천각(風泉閣), 수운헌(水雲軒) 등이 있었다. 또한 정관재의 부친 신중엄(申仲淹) 공이 상주통판으로 있을 때 관아 내에 수운헌이 있었다.

10) **초월(楚越)** : 초나라와 월나라처럼 서로 떨어져 상관없는 사이. 곧 마음의 간격. 서로 간의 거리가 아주 먼 것을 표현하는 말이다. 《장자(莊子)》 〈덕충부(德充符)〉에 "서로 다른 것을 따지면 다 같이 뱃속에 있는 간(肝)과 담(膽)도 초월처럼 멀다 할 것이다."라는 말이 있다.

달뜨는 저녁

月夕

新月皎於銀　　새로 뜬 달 은빛보다 하얗데
何如白雪白　　백설과 어느 쪽이 더 하얄까.
淸光相耀明　　깨끗한 빛 서로 비춰 밝으니
兩絕會今夕　　두 절경 오늘 밤에 만났구려.

홀로 앉아 '월' 자 운에 재차 차운하다

獨坐再次越字韻

三湘魚鴈稀　　삼상[11)]에는 소식[67)]이 드문데
千里音書絕　　천 리라 서신마저 끊어졌네.
故鄕豈不懷　　고향을 어찌 그리워하지 않으랴
莊舃猶吟越　　장석도 매일반 월을 읊조렸다지.[13)]

이자유에게 우스개로 지어 주다

戲贈李子瑜

厨間監役官　　주방 일을 감독하는 관원
縮坐如翁仲　　움츠려 앉은 모습 옹중[14)] 같아.
酒肉旣盈前　　술과 고기가 앞에 가득할 텐데

---

11) **삼상(三湘)**: '삼상'은 원상(沅湘)·소상(瀟湘)·증상(蒸湘)인데, 흔히 초나라의 충신인 굴원(屈原)이 유배되어 있던 상강(湘江) 유역 및 동정호(洞庭湖) 지역을 가리킨다. 굴원이 지은《초사(楚辭)》〈원유(遠遊)〉에 "상령이 비파를 탐하여, 해약과 풍이를 춤추게 하도다.[湘靈鼓瑟兮 令海若舞馮夷]"라고 하였다. 여기서는 조정이나 고향에 있지 못하고 바깥에 있는 상황을 뜻한다.

12) **소식**: 원문의 '어안(魚鴈)'은 물고기와 기러기가 서신을 대신 전한다는 데서, 일반적으로 편지를 뜻한다. 한(漢)나라의 소무(蘇武)가 흉노(匈奴)의 땅에서 비단에 쓴 편지를 기러기의 발에 매어 무제(武帝)에게 보냈다는 고사(故事)와, 옛날 사람이 먼 곳에 두 마리의 잉어를 보냈는데 그 뱃속에서 흰 비단에 쓴 편지가 나왔다는 고사에서 유래한 것이다.

13) **장석(莊舃)도 …… 읊조렸다지**: 고향이나 옛날 살던 곳을 추억하며 그리워하는 것을 이른다. 춘추시대 월(越)나라 사람 장석(莊舃)이 초(楚)나라에서 벼슬하다가 병이 들자 자기도 모르는 사이에 무의식적으로 월나라 노랫가락을 읊조렸다는 고사에서 비롯된 것이다.《史記 卷70 陳軫列傳》

14) **옹중(翁仲)**: 옹중석(翁仲石)으로, 분묘 앞에 서 있는 석상(石像)이나 망주석(望柱石)을 이른다.

胡寧慳一送　　한번 보내주길 어이 아끼시나.

處世苦無明　　세상 살아가며 밝은 이 만나지 못해
相從唯二仲　　오직 이중[15]만을 따라 노닐 뿐.
外人莫往來　　그 밖의 사람은 왕래하지 말지니
使我勞迎送　　보내고 맞이하기 수고롭다네.

재차 앞 시의 운자를 써서 이경저에게 주다
再用前韻 贈李京著

托契縱交明　　교분 맺어 사귐이 깨끗하니
親情如伯仲　　친한 정으론 형제와 같네.
百年願共歡　　평생 함께 즐기길 원하노니
一日寧相送　　하루라도 어이 떠나보내랴.

앞의 운을 써서 다시 짓다
再用前韻

伯也旣吹壎　　형이 질나팔 불라치면
秉篪又有仲　　피리를 잡는 아우 있네.[16]
一堂歡樂多　　온 집안 즐거운 일 많거니
世事都抛送　　세상일일랑 아예 던져버렸네.

---

15) 이중(二仲) : 한(漢)나라 때의 은사인 양중(羊仲)과 구중(裘仲)을 합칭한 말이다. 은사 장후(蔣詡)가 일찍이 향리로 돌아가 은거하면서 가시나무로 문을 막고 집안에 세 길을 내어, 오직 양중과 구중하고만 종유했다고 한다.《初學記 卷18》

16) 형이 …… 있네 : 원문의 '훈(壎)'과 '지(篪)'는 질나팔과 피리를 말한다.《시경》〈하인사(何人斯)〉의 "백씨가 질나발을 불거든 중씨는 젓대를 분다.[伯氏吹塤 仲氏吹篪]"라는 구절에서 온 말로, 대개 형제간의 우애를 뜻한다.

또 앞의 운을 써서

又用前韻

有志學朱程　뜻이 있어 정자와 주자를 배운 뒤로
常羞比管仲　관중에 비교됨을 부끄럽게 여겼어라.[17]
夙願未能酬　숙원이나 나라에 보답치 못하고
光陰謾自送　세월만 속절없이 저냥 보내누나.

鬖鬖日馭忙　성큼성큼 해 수레[18]가 바삐도 가니
我且訴羲仲　나는 또 희중[19]에게 하소연하네.
無使逝如斯　이토록 빨리 가게 하지 말지니
光陰容易送　세월이 너무도 쉬이 지나가네.

정관재에서 함께 이야기하며

靜觀齋共話

今日如何日　오늘이 어떠한 날인가
良朋會一齋　좋은 벗들 한 집에 모였네.
窓明几又淨　창 밝고 책상 또한 깨끗하니
端合吐心懷　심회를 토로하기 마침맞구려.

17) **관중(管仲)에 …… 여겼어라** : 어떤 사람이 증자(曾子)의 아들 증서(曾西)에게 관중(管仲)과 비교해서 누가 더 훌륭하냐고 묻자, 불쾌한 표정으로 "당신이 어떻게 나를 관중 따위에 견주는가.[爾何曾比予於管仲]"라고 대답하며 그의 패도정치(霸道政治)를 비판한 고사가 《맹자(孟子)》 〈공손추 상(公孫丑上)〉에 나온다. 관중의 패도정치가 아닌 인의정치(仁義政治)의 구현에 뜻을 두었음을 이른 것이다.

18) **해 수레** : 원문의 '일어(日馭)'는 중국의 신화 가운데 해를 위하여 수레를 부린다는 신(神)의 이름이다. 신화 속에 "희화가 해를 몰고 다닌다.[羲和爲日馭]"라는 말이 있으므로 그렇게 일컫는다. 희화(羲和)는 해를 몰고 다닌다는 인물이다.

19) **희중(羲仲)** : 태양을 가리킨다. 《서경(書經)》 〈우서(虞書)·요전(堯典)〉에 "요(堯) 임금이 희중(羲仲)에게 나누어 명하여 양곡(暘谷)이라는 우이(嵎夷)에 머물게 하시니, 희중은 나오는 해를 공경히 맞이하여 봄의 농사를 책력의 절기와 잘 맞도록 고르게 차례하였다.[分命羲仲 宅嵎夷 曰暘谷 寅賓出日 平秩東作]"라는 내용이 보인다.

다시 앞의 운자를 써서 내방해 준 이자유에게 사례하다
再用前韻 謝李子瑜來訪

明月來深院　　달은 깊은 동산에 떠오르는데
寒燈點小齋　　찬 등불 좁은 서재에 반짝이네.
翛然機事靜　　호젓이 세상일 없어 고요한데
獨坐詠閒懷　　홀로 앉아 한적히 회포 읊조리네.

재차 앞의 운자를 써서
再用前韻

悠悠無俗想　　유유하여라 속된 생각 없고
寂寂坐淸齋　　적적해라 청결한 서재에 앉네.
時復因詩興　　때때로 다시금 시흥이 일면
長吟一寫懷　　길게 읊어 회포 한번 적노라.

先生何所事　　선생은 일삼는 것이 무엇이뇨
高卧靜觀齋　　정관재에 높이 누우셨어라.
大谷傳衣鉢　　대곡에게 의발을 전해 받으셨나니
簪纓肯虆懷　　벼슬자리가 품은 뜻 얽맬 수 있으랴.[20]

---

20) **대곡(大谷)에게 …… 있으랴** : '대곡'은 성운(成運, 1497~1579)의 호이다. 그는 중종 때 사마시에 합격하였으나 형 성우(成遇)가 을사사화로 화를 입자 보은 속리산에 은거하였다. 그 후 참봉으로 임명되었으나 사퇴하였으며, 선조 때도 누차 임관되었으나 취임하지 않았고, 이지함·서경덕·조식 등 명현들과 교유하며 학문에 전심했다. 의발(衣鉢)을 전해 받는다는 것은 불사(佛師)가 그 제자에게 불법(佛法)을 전하여 주는 일을 말하는데, 뒤에는 사부(師傅)와 도제(徒弟) 사이에 도나 학문을 전수하여 계승함을 이르는 말로 쓰였다. 여기서는 하은공의 큰형님 정관재(靜觀齋) 신저(申渚)가 과거에 응시하려는 뜻을 버리고 대곡 성운의 문하에 들어가 학문에 열중하여 대곡의 학통을 계승했음을 두고 이른 말이다.

풍천각[21]

風泉閣

無端憑石榻　무단히 돌의자에 의지하자니
只是愛風泉　바람과 샘물소리[22] 사랑스럽네.
勝賞宜須記　좋은 경관 기억할 만하니
時維壬午年　그때가 바로 임오년이었다오.

飢猶餐石髓　배고플 땐 석수[78]를 먹고
渴便飮松泉　목마르면 솔 샘물 마시네.
隨處生涯足　어디서든 생애가 만족하니
何勞度百年　굳이 수고롭게 평생을 지내랴.

한밤에 추운 서재에 앉아

寒齋夜坐

淸霄易成感　맑은 밤 감회가 쉬이 일어나니
遠客自無眠　먼 길의 나그네 잠들지 못하네.
多小關心事　다소나마 마음에 걸리는 일은
秋霜着鬢邊　가을 서리 살쩍에 내린 것이네.[24]

---

21) **풍천각(風泉閣)** : 소세양(蘇世讓)의 집. 서울 인왕산 아래 인왕동(仁王洞)에 있었다. 이른바 청심당(淸心堂)·풍천각(風泉閣)·수운헌(水雲軒)으로 불렸다.

22) **바람과 샘물소리** : 원문의 '풍천(風泉)'을 해석한 것인데, 풍천각(風泉閣)을 지칭한 것으로 보인다.

23) **석수(石髓)** : 석종유(石鐘乳)라고도 하는데, 복용하면 신선이 되어 장생불로한다는 도교의 전설이 있다. 즉 돌고드름의 이명(異名)인데, 仙人들이 곧잘 이것을 복용한다고 한다. 《本草 石髓》

24) **가을 서리 …… 것이네** : 근심과 걱정으로 백발이 늘어났음을 이른다. 이백(李白)의 〈추포음(秋浦吟)〉 시에 "하얀 머리가 무려 삼천 장, 시름 때문에 이렇게 길어졌다오. 모르겠네 밝은 거울 그 어디에서, 이런 가을 서리를 얻게 되었는지.[白髮三千丈 緣愁似箇長 不知明鏡裏 何處得秋霜]"라는 구절이 있다. 《李太白集 卷7》

나물을 삶으며

煎蔬

山村無別味　　산촌이라 별미가 없어
石鼎煑新蔬　　돌솥에 새 나물을 삶네.
脆滑猶宜飽　　연하고 부드러워 배불리 먹으니
還知肉不如　　이참에 고기도 이만 못함 알았네.

난간에 기대어 '월' 자 운을 써서

倚欄用月字韻

携琴倚曲欄　　거문고 안고 난간에 기대 있자니
擡首看新月　　머리 들어 새로 뜨는 달 보누나.
淸光本烱然　　맑은 빛이야 원래 환하거늘
況得初晴雪　　더구나 눈 처음 개였음에야.

오지 않는 경저를 기다리며

待景著不至

去日言何易　　저번에 말은 어이도 쉬이 하고서
歸期踐詎遲　　온다던 기약 실천은 어찌 더딘가.
斜陽極目處　　석양에 눈 닿는 저 멀리 바라보다
獨自掩扉時　　쓸쓸히 혼자서 사립짝 닫노라.

무제

無題

日夕西風急　　해 기울고 서풍은 급히 부는데
空江起怒濤　　빈 강에는 성난 물결 일어나네.
孤舟巖下泊　　외로운 배 바위 아래 정박하니
客恨自難消　　나그네 한 저냥 달래기 어렵네.

이의산[25]의 시에 차운하다

次李義山韻

風急鳥頻驚　　바람이 세차니 새 자주 놀라고
夜深燈欲滅　　밤이 깊으니 등불 꺼지려 하네.
盈盈不得眠　　영영하여[26] 잠 이루지 못하니
百恨胷中結　　온갖 회한이 가슴속에 맺히네.

한밤에 앉아

夜坐

裊裊鷄三唱　　새벽닭 구성지게 세 번 울고
漫漫夜五更　　기나긴 밤은 하마 오경이라.
殘燈愁未歇　　쇠잔한 등불 시름은 그지없는데
遠客夢難成　　멀리 떠나온 길손 잠 못 이루네.

그윽한 회포

幽懷

十年多病客　　십 년 내내 병도 많던 나그네
千里滯遼城　　천 리 밖 요성[27]서 머물러라.
愁裡看新月　　시름 속에 새로 뜨는 달[28] 보거니
秋風不盡情　　가을바람 속의 다하지 않는 정이여.

---

25) **이의산(李義山)** : 만당(晩唐)의 시인 이상은(李商隱)으로, 의산은 그의 자이다. 기려(綺麗)한 풍격을 지닌 시를 즐겨 지었다.

26) **영영(盈盈)하여** : 마음속으로만 생각할 뿐 만나서 이야기해 보지도 못하는 한스러움의 표현인 듯하다. 고시(古詩) 중에 "찰랑찰랑 은하수 물 사이에 두고, 애틋하게 바라볼 뿐 말 한마디 못 건네네.[盈盈一水間 脈脈不得語]"라는 표현이 있다. 《文選 古詩十九首》

27) **요성(遼城)** : 황해도 수안군(遂安郡)의 이칭인 요산(遼山)을 이른다. 부친 신중엄(申仲淹)이 수안군수로 재임했던 시기에 지은 것으로 보이는데, 요성을 '멀리 떨어진 성'으로 보아도 무방하다.

28) **새로 뜨는 달** : 원문의 '신월(新月)'은 보통 초승달을 가리키나, 새로 가득 찬 보름달을 뜻하기도 한다. 참고로 백거이(白居易)의 시에 "십오일 밤 신월의 달빛, 이천 리 밖 벗의 마음.[三五夜中新月色 二千里外故人心]"이라는 표현이 있다. 《白樂天詩集 卷14 八月十五日夜禁中獨直對月憶元九》

추석

秋夕

旅館夜寥寥	여관의 밤 적막하기만 한데
霖鈴猶暗滴	빗방울만 가만히 떨어지누나.
千里未歸情	천 리 밖 돌아가지 못하는 심정
轉增風雨夕	비바람 부는 밤 한층 더해지네.

다시 앞 시의 운자를 써서

再用前韻

落日高樓上	낙조 속에 높다란 누각에 올라
迢迢望洛城	머나 먼 낙성(서울)을 바라보네.
秋風數行淚	가을바람 결에 두어 줄기 눈물
摠是未歸情	온통 돌아가지 못하는 정일레라.

簷雨自成鈴	처마 내린 빗물 저냥 방울소리 이뤄
聲聲和淚滴	소리소리 눈물과 섞여 뚝뚝 떨어져라.
遠客苦多情	먼 길 나그네 다정도 병이라
難堪度此夕	이 밤을 보내기 난감하구나.

이자유와 작별하며

奉別李子瑜

病裡逢離別	병든 가운데 만났다 이별하자니
情懷轉覺難	정회는 갈수록 견디기 어려워라.
臨分重摻手	이별을 앞두고 거듭 손잡자니
脉脉淚如瀾	말없이 눈물만 줄줄 흐른다오.

杳杳歸程遠	아득히 가실 길 멀고
蕭蕭征馬鳴	쓸쓸히 가는 말 운다.

臨岐慘將別　　갈림길에서 서글피 작별하려니
不奈去留情　　어쩌랴 떠나고 남아 있는 정을.

이별자리에서 입으로 읊어 또 주다
離筵口占 又贈

溪山風雪路　　눈보라치는 계산의 가시는 길
歸去且平安　　잘 돌아가시고 평안하길 비네.
莫向孤村宿　　외진 마을에 가서 묵지 마오
邇來多險難　　요사이 험난한 데 많지 않나.

또 한 수
又

마침 병중이라 먼데까지 가질 못하기에 이렇게 말한 것이다.

適病 未能遠將故云

病負溪橋別　　병으로 계교서 작별치 못해
中心耿不安　　안타까운 마음 편치 않다오.
床頭共握手　　침상에서 두 손 맞잡자니
脉脉兩情難　　두 사람의 딱한 심정이여.

감회가 있어
有感

宦路危而險　　벼슬길은 위태롭고 험난하나
林泉樂且安　　임천[29]은 즐겁고도 편안하지.
世人皆惑惑　　세상 사람들 미혹하여 쏠리니
始覺見機難　　기미를 살펴 알기 어렵고말고.

---

29) **임천(林泉)** : 산림천석(山林泉石)의 준말로, 수목이 울창하고 샘물이 흐르는 곳이다. 세상을 버리고 은둔하기에 알맞은 곳을 비유한다.

또 그윽한 거처를 읊다

又詠幽居

蕭然數間屋　초라한 두어 칸의 집이나
足庇一生安　한 평생 살기에 족하여라.
有耳都無聽　귀가 있어도 들리는 것 없으니
焉知世路難　세상길의 어려움 어찌 알리오.

懶眠仍懶起　게을리 자고 게을리 일어나니
隨處任身安　어디서든 편한 대로 몸을 맡기네.
朱門誰則貴　주문[30]을 그 누가 귀히 여기는가
此味知亦難　이렇게 사는 맛 알기도 어려우리.

林壑心長靜　숲 골짜기라 마음 늘 고요하고
茅齋膝易安　띳집 좁은 방도 편안함을 알겠네.[31]
自無營利計　명리를 꾀할 생각 전혀 없으니
何患保身難　일신을 보전하려 무어 근심하랴.

겨울밤

冬夜

夜久喧俱息　밤 깊어지니 시끄럽던 소리도 멈추고
床寒夢未安　침상이 차가우니 꿈자리 편치 않네.
縱無爲客苦　비록 나그네 된 고달픔은 없으나
惟覺解頤難　웃음 터뜨리기 어려움만 깨닫누나.

---

30) **주문(朱門)** : 붉은색으로 치장한 대문으로, 고관대작(高官大爵)이나 부호(富豪)의 집을 이른다.

31) **좁은 …… 알겠네** : 원문의 '슬이안(膝易安)'은 만족할 줄 알면 겨우 무릎을 용납할 정도의 조그만 방이라도 편안하다는 뜻이다. 도연명의 〈귀거래사(歸去來辭)〉에 "남쪽 창에 기대어 거리낌 없이 몸을 맡기니, 무릎을 겨우 들일 만한 곳이 편안하기 쉬운 곳임을 알겠네.[倚南牕以寄傲 審容膝之易安]"라고 하였다.

榻寒眠不就　자리가 차가우니 잠도 오지 않고
衾冷臥何安　이불 냉랭하니 누운들 어찌 편하랴.
縮膝終宵苦　무릎 움츠리고 밤새도록 고생하니
鷄窓待曉難　계창[32]에서 새벽 기다리기 어려워라.

窓明知月出　창이 훤하니 달 떠오른 줄 알겠고
樹靜覺風安　숲 고요하니 바람 잦아든 줄 깨닫네.
耿耿孤燈下　가물가물 외로운 등불 아래
愁懷却轉難　시름겨운 회포 물리치기 어렵다.

한가로이 거처하면서 이것저것 읊다
閒居雜詠

遠寺鐘鳴後　머언 절간의 종소리 들려오자
遙岑月上初　멀리 산 위로 달 갓 떠오르네.
幽人無夢寐　산중에 사는 이 잠들지 못하고
燃燭坐看書　촛불 켜고 앉아 서책을 보누나.

放迹林泉下　자취를 임천에 놓아 버리니
遊心太古初　마음은 아득한 태고적을 노니네.
閒來百無事　한유한 속에 아무 할 일 없으니
得句亦慵書　시구 하나 얻으면 게으르게 쓸 뿐.

北院雲歸後　북쪽 담장엔 구름 다 돌아가고
東園日出初　동쪽 동산에 해가 막 떠오른다.

---

32) **계창(鷄窓)** : 닭이 우는 창가라고 풀이할 수 있는데, 서재(書齋)의 별칭으로도 쓰인다. 진(晉)나라 때 연주 자사(兗州刺史) 송처종(宋處宗)이 잘 우는 닭 한 마리를 사서 항상 서재 창 사이의 조롱에 두고 매우 사랑하며 길렀다. 닭이 마침내 말을 하게 되어 송처종과 담론하였는데 매우 말재주가 있어 종일토록 그치지 않았다. 송처종이 이로 인해 언변이 크게 진전되었다고 한다. 송종계창(宋宗雞窓)의 고사가 남조 송(宋)나라 유의달(劉義達)의 《유명록(幽明錄)》에 나온다.

明窓機事靜　　밝은 창가에 세상일 조용하여
長對古人書　　길이 옛사람의 글을 대하노라.

藥鼎煙消後　　약 다리는 솥에 연기 사라지고
松欞睡起初　　솔 창가서 잠깨어 막 일어나네.
只緣身有病　　그저 이 몸에 병이 있는 까닭에
長自檢方書　　늘 제 스스로 방서[33] 뒤적인다.

松扇日斜後　　해 넘어가자 솔가지 나부끼고[34]
風靜酒醒初　　바람 고요해지자 술 깨려 하네.
悠然依竹几　　고즈넉이 대 궤안에 기대어
閒閱養生書　　한가롭게 양생서 펼쳐본다.

竹塢風歸後　　대숲 언덕에 바람이 지나간 뒤
松庭鶴睡初　　뜰 소나무에는 학이 졸고 있네.
翛然無箇事　　초연하게 별다른 일이 없어
一室對圖書　　한 칸 방에 도서를 대했어라.

剝啄驚門外　　쾅쾅 대문 두드리는 소리에 놀라니
林亭客到初　　숲속 정자에 방금 손님이 이르렀네.
欣然一長笑　　흔연히 한 번 크게 웃고서
相對共論書　　마주앉아 글 이야기 나눈다.

野村風殘後　　들녘 마을에 바람 잦아들고
山窓雪霽初　　산속 창가엔 눈이 막 개이네.
松醪獨酌罷　　솔막걸리 혼자 잔질하여 마시고

33) **방서(方書)** : 약방문(藥方文) 또는 의학의 방술을 적은 책이다.
34) **나부끼고** : 저본에는 '扇(선)'으로 되어 있으나, 전사의 오류로 보고 '翩(편)'으로 번역하였다.

靜坐閱經書　　조용히 앉아 경서를 펼쳐보노라.

客遠心懷苦　　나그네 먼 길에 마음이 괴로워
高樓眺望初　　높은 누각에서 저 멀리 바라보네.
故鄕知幾許　　고향산천 여기서 얼마나 되는가
雲樹杳音書　　구름숲에 소식은 아득만 하구나.

漢北魚潛日　　한수 북쪽에는 물고기 숨어 있는 날[35)]
天南鴈去初　　하늘 남쪽에는 기러기 날아오는 때라.
故鄕千里隔　　고향은 천 리 멀리 막혀 있어
不見數行書　　몇 줄의 편지조차 못 본다오.

겨울밤 나그네의 회포
冬夜客懷

耿耿燈將盡　　가물가물 등불은 사위어 가는데
悠悠夜向深　　아득하게 밤은 점점 깊어만 가네.
沉唫坐不寐　　읊조리며 앉아서 잠 못 이루는데
百恨揔關心　　온갖 회한들 죄다 마음에 걸린다.

脉脉羈懷苦　　끝없어라 나그네 괴로운 심사
悠悠別恨深　　유유해라 이별의 깊은 한이여.
多情中夜月　　다정하게도 한밤의 저 달은
客裡是知心　　객지의 이 마음 알아주리라.

風急松聲壯　　급한 바람에 솔바람소리 거센데
庭空月色深　　텅 빈 뜨락엔 달빛 깊고도 깊네.

35) 물고기 숨어 있는 날 : 날씨가 추워져 수온이 내려가니 물고기가 뛰놀기를 멈추고 깊은 물속에서 고요히 잠겨 있는 것이다.

清霄自無寐　하 맑은 한밤에 잠 못 드니
不必有愁心　꼭 수심이 있어서만 아니네.

齋靜喧俱息　고요한 서재 시끄러움 사라지고
燈殘夜欲深　희미한 등불 밤은 깊어만 가네.
寒窓耿不寐　찬 창가에서 애달파 잠 못 이루니
多小故鄉心　이런저런 고향 그리는 마음이어라.

寂寂松扉掩　솔 사립 닫혀 있는 적적한 때
寥寥竹院深　대숲 깊은 동산은 고요만하네.
翛然對黃卷　호젓하게 옛 서책을 마주하니
一點少塵心　한 점의 속된 생각 사그라진다.

우연히 읊다

偶唫

寂寂孤齋夜　외딴 집 밤 되어 더 적적한데
沉吟不寐時　읊조리면서 잠 못 이룰 때라.
卧聞窓外樹　창밖 나무에서 소리 들리니
風雪攪長枝　눈보라가 긴 가지 뒤흔드네.

野店鷄鳴後　시골 주막 첫닭 울고 난 뒤
藜床睡罷時　여상[36]에서 언뜻 잠을 깬 때.
松窓月欲落　솔그림자 드리운 창에 달 지려하니
淸影掛疎枝　성근 가지에 말간 달빛 걸렸어라.

大雪初晴後　큰 눈이 내려 막 개인 뒤에

36) **여상(藜床)** : 명아주 줄기로 엮어 만든 상탑(床榻)으로, 보통 간소한 좌탑(座榻)을 이른다.

高樓獨倚時　　높은 다락에 홀로 기댔어라.
千山皆玉境　　일천 산 온통 옥빛 세상이요
萬樹盡瓊枝　　일만 나무마다 옥가지일레라.

不堪幽興發　　느닷없이 그윽하게 흥이 일어
獨自倚樓時　　혼자서 다락에 의지하고 있네.
日落千山暝　　해 떨어져 온산이 어둑한데
野禽覓古枝　　들새가 옛 가지로 찾아든다.

酌罷松醪後　　솔막걸리를 따라 마신 뒤
風軒獨立時　　바람 부는 마루에 홀로 섰네.
柴扉人不到　　사립문짝엔 찾아오는 이 없고
幽鳥噪空枝　　새들만 빈 가지에서 지저귀네.

窓外風□緊　　창밖에는 바람이 세차고
庭中雪滿時　　뜰 안엔 눈 가득한 때라.
寒童謀暖酒　　추운 날 아이가 술 데우려
松下拾枯枝　　솔 아래서 마른 가지 줍네.

萬樹飄零後　　일만 나무들 잎 떨군 뒤
千山寂寞時　　일천의 산 적막한 때라.
蒼蒼終不變　　짙푸름 끝내 변치 않음은
獨自老松枝　　홀로 늙은 소나무 가지러라.

十載儒冠苦　　십년 간 유관[37]에 힘들었으니
窮途踽踽時　　궁도[38]에서 외로운 신세였네.

---

37)　**유관(儒冠)** : 벼슬 않은 선비를 이른다.
38)　**궁도(窮途)** : 길 가던 중의 곤궁함을 뜻한다. 전하여 곤궁한 경우의 뜻으로, 특히 벼슬할 길을 얻지 못

何當雲路上　　어떻게 하면 청운의 길에 올라
手折桂花枝　　손으로 계수나무 꽃가질 꺾을까.[39]

陽氣初生後　　양기가 처음으로 생겨난 뒤로
陰威欲改時　　음의 위세가 바뀌려 하는 때라.
梅窓訪消息　　매화 창가에서 봄소식 찾고자
寂寞倚寒枝　　적막하여 찬 가지에 기대어보네.

栗烈陰窮日　　매서운 섣달 추위 음기가 다하는데
蒼茫歲暮時　　창망한 속에 한 해도 다 저문다.
頑雲釀朔雪　　어둑 구름이 북풍한설 빚어내니
故勒野梅枝　　짐짓 들매화 가지를 억누르나.[40]

睡起松窓下　　소나무 창가에서 졸다 일어나
閒斟竹葉青　　호젓이 죽엽청[41] 따라 마시네.
醉來乘晩興　　술기운 거나하자 저녁 흥취 타고
響策步幽庭　　막대 잡고 그윽한 뜨락을 거닌다.

淡月窺窓白　　말가한 달이 창을 엿봐 환해지고
閒燈照壁青　　한갓진 등불은 벽에 비춰 푸르네.
夜深羣籟靜　　밤 깊어 모든 소리 잦아든데
獨鶴叫前庭　　홀로 학만이 앞뜰서 울더라.

하는 데에 쓰인다.

39) **손으로 …… 꺾을까** : 계수나무 꽃가지를 꺾는다는 말은 과거에 급제한 것을 말할 때 흔히 쓰는 말이다.

40) **짐짓 …… 억누르나** : 매서운 추위에 어서 봄이 오길 기대하지만, 이를 시기하듯 오히려 매화꽃을 피우지 못하게 막은 것 같다는 뜻으로, 아직 봄이 멀었다는 말이다.

41) **죽엽청(竹葉青)** : 술 이름으로 죽엽청(竹葉淸) 또는 죽엽주(竹葉酒)라고도 하는데, 전하여 미주(美酒)를 가리킨다. 《주보(酒譜)》에 의하면, 창오(蒼梧) 지방에서 술을 빚을 때 청결하게 하기 위하여 죽엽을 섞어 빚었다고 한다.

病裡頭空白　　병중에 속절없이 머리만 희어지고
吟邊句不青　　시 읊조려도 시구가 청신하지 않네.
清雪無一寐　　눈 내린 맑은 밤 잠도 오지 않으니
愛月步東庭　　달빛 사랑스러워 동쪽 뜰 거니노라.

매서운 추위
苦寒

狂風吹淅淅　　거센 바람 윙윙 불어제치고
密雪下霏霏　　빽빽한 눈발 펄펄 쏟아지네.
凜烈多寒氣　　매서운 추위에 한기 많노니
玄冥始有威　　현명[42]이 비로소 위세 있도다.

萬逕無人跡　　모든 길에는 인적 없고
千山絕鳥飛　　온 산엔 새들도 날지 않네.
薄醪斟又淺　　변변찮은 술에 잔질조차 많지 않으니
難却朔風威　　삭풍의 위세를 물리치기 어렵다마다.

한밤에 앉아 5수
夜坐 五首

銀蟾生後嶺　　은빛 달[43] 뒷산에 떠오르고
銅漏報初更　　물시계는 초경[44]을 알리네.
抱瑟憑風樹　　거문고 안고 바람 나무[45]에 기대어

42) **현명(玄冥)** : 겨울 귀신을 말한다. 《예기(禮記)》 〈월령(月令)〉에 "겨울을 주관하는 상제(上帝)는 전욱(顓頊)이요, 그 귀신은 현명(玄冥)이다." 하였다.

43) **은빛 달** : 원문의 '은섬(銀蟾)'은 은빛 두꺼비로 곧 달을 말한다. 달에 토끼와 두꺼비가 산다는 전설이 있어 옥토(玉兔), 은섬이 달의 이칭이 되었다.

44) **초경(初更)** : 조선시대에는 하룻밤을 초경(初更)·이경(二更)·삼경(三更)·사경(四更)·오경(五更) 등 5개의 경(更)으로 나누고, 다시 이경·삼경·사경은 5개의 점(點)으로, 초경과 오경은 3개의 점으로 나누었다. 일반적으로 초경은 오후 7~9시로, 초고(初鼓)라고도 한다.

45) **바람 나무** : 원문의 '풍수(風樹)'는 바람이 그치지 않는 나무라는 뜻으로, 어버이가 세상을 떠나 다시는

傷心弄羽聲　　가슴 아픈 심정에 우성[46]을 타누나.

掩亂愁千緒　　얽히고설킨 시름 천 가닥인데
丁東漏二更　　똑똑똑 물시계 이경을 알리네.
無端何處笛　　난데없이 어디서 피리를 부는가
吹送斷腸聲　　애간장 끊는 소리 들리어 온다.

松風殷萬壑　　솔바람소리 온 골짝 요란한데
雪月照三更　　눈 위의 달빛 삼경 밤 비추네.
底事南飛鴈　　어인 일로 남으로 나는 기러기
愁中落一聲　　시름 속에 한 소리 떨어뜨리나.

凍漏催三夜　　언 물시계는 삼경 밤 재촉하고
殘燈欲四更　　희미한 등불 사경이 되려 하네.
傷心寒外樹　　상심하는 가운데 을씨년스런 나무
葉葉動寒聲　　잎사귀마다 차가운 소리를 내더라.

冷杵鳴千戶　　냉랭한 다듬이소리 집집에서 울리고
寒鷄叫五更　　추위에 떠는 닭은 오경에 울어대네.
雙情終夜聽　　정겨운 두 소리 밤새도록 들으니
入耳摠愁聲　　귀에 들릴 적마다 모두 시름겹네.

봉양할 수 없는 자식의 슬픔을 비유하기도 한다. 공자(孔子)가 주(周)나라 구오자(丘吾子)에게 슬피 통곡하는 이유를 묻자 "나무가 조용하고자 하나 바람이 그치지 않고, 자식이 봉양하고자 하나 어버이가 기다려 주시지 않는다. 한번 가면 오지 않는 것은 세월이요, 다시 뵐 수 없는 것은 어버이이다."라고 대답하고는 강물에 몸을 던져 죽었다는 풍수지탄(風樹之歎)의 고사에서 유래한 것이다. 《孔子家語 卷2 致思》

46) **우성(羽聲)** : 오음(五音) 가운데 하나. 우성은 강개하고 격앙된 소리. 여기서는 음악을 연주한다는 의미로 쓰였다.

거문고를 타다

彈琴

有約人不來　　약속한 사람은 오지 않는데
無心月將照　　무심한 달빛 떠오르려 하네.
愁中撥鵾絃　　시름 결에 거문고 줄 퉁기니
悽調故難成　　구슬픈 곡조를 탈 수 없구려.

松風淡淡吹　　솔바람은 잔잔히 불어오는데
竹月娟娟照　　대숲의 달 곱디곱게 비추네.
長嘯復彈琴　　길게 읊조리다 거문고 타니
誰能解古調　　뉘라서 옛 가락 고이 알런고.

해질 무렵

落日

嶺日蕭蕭暮　　잿마루 해는 쓸쓸히 저물고
松風淅淅吹　　소나무 바람 솨솨 불어온다.
倚軒吟欲寫　　난간에 기대어 읊조려 시 쓰려니
思散不成詩　　시상 산만하여 잘 이뤄지지 않네.

새벽에 앉아

曉坐

羈人愁不寐　　나그네 시름겨워 잠 못 이루고
獨坐數寒更　　홀로 앉아 찬 쇠북소리 세누나.
未遂平生志　　평생의 뜻 이루지를 못하였으니
難堪此夜情　　견딜 수 없는 이 밤의 심정이여.

밤중에 앉아

夜坐

小院三更雪　작은 뜰엔 삼경에 눈 내리는데
孤齋一點燈　외론 서재에 등불 하나 밝히네.
寥寥成獨坐　적막 속에 홀로 앉았노라니
愁恨摠塡膺　수심이 온통 가슴을 메우네.

이 밤에 한 잔 술도 없으니

此夜無一杯

地迥風生樹　먼 외진 땅 나무에선 바람이 일고
簷虛月入窓　처마에 걸린 달빛 들창에 들어오네.
此時無一杯　이런 때 한 잔 술도 없으니
何以暢吟腔　어떻게 읊조리는 속낼 펼치나.

雪壑冬威甚　눈 쌓인 골짝엔 겨울 위세 매섭고
風窓夜氣寒　바람 치는 창에는 밤기운 차겁네.
此時無一杯　이런 때 한 잔 술도 없으니
何以慰詩肝　어떻게 이 내 시정 달래나.

庭面留殘雪　뜰 위에는 잔설 남아 있고
堂心點小燈　집안에 작은 등불 밝히네.
此時無一杯　이런 때 한 잔 술도 없으니
何以豁悲膺　어떻게 슬픈 가슴속 풀런가.

恨極知眠少　한 깊다보니 잠이 줄고
情多覺夜脩　정 많다보니 밤 길고야.
此時無一杯　이런 때 한 잔 술도 없으니
何以滌煩愁　어떻게 번민을 씻어내나.

落日迷遙峀　　지는 해 먼 멧부리에 아득하고
寒雲鎖遠林　　찬 구름 저편 숲에 잠기었네.
此時無一杯　　이런 때 한 잔 술도 없으니
何以抑歸心　　어떻게 고향 생각 누를 텐가.

柳意將舒岸　　버들개지 언덕에서 터나오고
梅心欲放堦　　매화꽃 뜨락에서 피려 하네.
此時無一杯　　이런 때 한 잔 술도 없으니
何以破孤懷　　어떻게 고독한 회폴 흩뜨리나.

鬢爲傷心白　　귀밑머리는 상심 속에 세어지고
顏因惜別衰　　얼굴은 애틋한 이별에 쇠해가네.
此時無一杯　　이런 때 한 잔 술도 없으니
何以慰羈思　　어떻게 나그네 심사 달래나.

竹影侵堦冷　　대 그림자 섬돌에 드리워 서늘하고
松聲繞檻淸　　솔바람 소리 난간을 감돌아 맑구나.
此時無一杯　　이런 때 한 잔 술도 없으니
何以答閒情　　어떻게 한적한 정에 수답하랴.

耿耿羈愁苦　　경경[47]해라 벅찬 나그네 시름
漫漫客路長　　지루하여라 길고 긴 나그넷길.
此時無一杯　　이런 때 한 잔 술도 없으니
何以寫中腸　　어떻게 이내 속마음 쏟아내랴.

寂寂孤吟罷　　적적해라 외로이 읊조리고 나니

---

47)　경경(耿耿) : 마음에서 사라지지 않고 염려스러운 심리상태를 이른다.

悠悠獨坐遲	유유해라 한참을 앉아 있노라니.
此時無一杯	이런 때 한 잔 술도 없으니
何以潤枯脾	어떻게 메마른 속을 적시랴.

밤중에 앉아

夜坐

悄悄宵將半	시름에 잠겨 밤 깊어 가는데
盈盈夢不成	가랑가랑 꿈을 이루지 못하네.
自然煩惱重	자연스레 번뇌가 거듭 더하니
非是爲鄕情	고향의 정 때문만은 아니라오.

冷榻三更坐	삼경 되도록 차가운 자리에 앉았으려니
殘燈萬恨成	사위어가는 등불 가에 한은 일만이 되네.
故園何日去	고향산천으로 어느 날에나 떠날꼬
杯酒爲深情	깊어가는 정에 술잔 들어 마신다.

咄咄中宵恨	쯧쯧 한밤중에 한스러움은
男兒志未成	남아가 뜻을 이루지 못함이라.
何緣撥塵垢	어떡하면 속진을 떨쳐버리고
一暢百年情	한번 백년의 정을 펼칠런가.

취중에 일어나

醉起

醉起寒窓夜	술에 취해 찬 창가 밤에 일어나니
遲遲漏欲三	더디더딘 물시계 삼경이 되려하네.
悄然眠不得	느른한 속에 잠을 이루지 못한데
客意轉難堪	나그네 심사 갈수록 견디기 어렵네.

婆娑醉舞亂　　나울나울 취중의 춤사위 어지러운데
月與影成三　　달과 그림자 더불어 모두 셋이로고.[48)]
此樂人誰識　　이 즐거움 어느 누가 알리요
陶陶興不堪　　도도한 흥취 견딜 수 없어라.

앞의 운을 써서 다시 짓다
再用前韻

勸君觥千百　　그대에게 권함은 술이 천백 잔이요
論心意二三　　마음을 논하면 뜻이 두세 가지라오.
陶然共成醉　　얼큰하게 다 같이 취하였거니
對月興那堪　　달 마주한 이 흥 어이 견디랴.

有美樽前客　　술자리에 좋은 손님 오시니
元非不速三　　셋 모두 불청객이 아니라네.
翻首病初起　　머리 돌이켜 병든 몸 일어나지만
滿酌豈能堪　　잔에 가득한 술 어찌 감내하리오.

排愁詩首百　　시름 몰아내려 시 백 수를 읊조리고
遣恨酒杯三　　가슴속 응어리 풀려 술 석 잔 마시네.
見月增歸思　　달 보니 돌아가고픈 생각만 북받치고
悠悠自不堪　　유유하여 스스로 감당하기 어렵다오.

拙句曾成六　　내 시는 진작 여섯 수인데
高詩只得三　　그대의 시는 고작 세 수뿐.
還憐吟思涸　　딱도 해라 시상이 모두 말라
強韻莫能堪　　강운[49)]을 능히 감당치 못했구려.

48) 달과 …… 셋이로고 : 이백(李白)의 시에 "잔을 들어 밝은 달을 맞이하노니, 나와 달과 그림자가 세 사람을 이뤘도다.[擧杯邀明月 對影成三人]"라는 명구가 있다. 《李太白集 卷22 月下獨酌》

-나는 이 운자로 6수를 이루었는데, 중실은 3수만 차운하는데 그쳤기 때문에 한 말이다.-

-此韻賦成六首 而仲實只次三首故云耳-

相對論文處　　서로 마주하고 글을 논하는 이곳에
飜成鼎足三　　번득 세발솥처럼 세 사람 모였구려.
韻苦吟還澁　　운자 넣기 힘드니 읊기도 껄끄러워
瓊琚我豈堪　　주옥같은 시편을 내 어찌 바라리오.

詩酒迎佳客　　시주로 아름다운 손님을 맞이하고
堂中坐列三　　마루에 세 사람이 벌려 앉았어라.
傑句君能賦　　걸출한 시구는 그대 능히 지으니
深盃我莫堪　　깊은 술잔 내 감당할 수 없다오.

寒窓初罷睡　　차가운 창가에서 막 졸다 깨니
凍漏已傳三　　언 물시계 하마 삼경을 알리네.
脉脉心無賴　　먹먹해라 이 마음 기댈 데 없어
閑然我獨堪　　한연하게 나 홀로 견딘다오.

遼河一爲客　　요하에서 한번 나그네 되니
忽忽過冬三　　어느덧 삼동 겨울 지나갔네.
滯久狐裘敝　　오래 머물다 가죽갖옷은 낡아지고
天寒愁正堪　　추운 날씨에 향수 정히 견딘다오.

一壑烟霞古　　한 골짝의 안개 노을 예스럽고
茅椽架兩三　　두세 시렁 얹은 띳집에서 사네.
清貧君莫歎　　청빈함을 그대는 탄식하지 말게

49) 강운(强韻) : 시(詩)를 짓기 어려운 운자(韻字)를 말하는데, 험운(險韻)이라고도 한다.

陋巷我猶堪　　누추한 시골서 나도 견뎌 산다오.[50)]

차운하여 중실에게 드리다
次呈仲實

杳杳關山外　　아득한 관산 밖으로
辭家月已三　　집 떠나온 지 석 달째.
他鄕若無子　　타향서 그대 없었더라면
客抱且奚堪　　나그네 시름 어이도 견디겠나.

앞의 운을 써서 다시 짓다
再用前韻

閒中心莫逆　　한적한 속에 내심 막역한 것은
風月我爲三　　바람과 달 그리고 나 셋이라네.
相伴繞淸興　　서로 짝하면 맑은 흥취 감돌아
幽居亦足堪　　으슥한 거처지만 견딜 만하다오.

넷이 함께 앉아 모진 추위 속에서 짓다
四人共坐 苦寒有作

有客飜成四　　객이 있어 번득 넷이 되니
除吾更作三　　나를 빼면 다시 셋이 되지.
寒窓風月夜　　찬 창가에 바람과 달이 있는 밤
酸苦與同堪　　추위에 고생을 함께 견디는구려.

50) 누추한 …… 산다오 : 안빈낙도(安貧樂道)의 생활을 말한다. 《논어》 〈옹야(雍也)〉에 "어질다, 안회(顏回)여! 한 대그릇의 밥과 한 표주박 음료로 누추한 시골에서 있는 것을 딴 사람들은 그 근심을 견뎌내지 못하는데, 안회는 그 즐거움을 변치 않으니, 어질다, 안회여!"라는 공자의 말씀이 있다.

다시 앞의 운을 써서 양중실에게 우스개로 지어 주다

再用前韻戱贈楊仲實

중실이 이미 삼아[51]라 풀이하고 보내온 시에 말하기를 '고기 차림이 하나도 없다'고 하였기에, 이를 뒤집어 희롱한 것이다.

仲實已訓三娥 而來詩云 肉陳曾無一 故反之語而戱之

肉陳寧無一　　고기 차림이 어찌 하나도 없다 하나
淸娥已滿三　　청아한 아낙 이미 셋이나 찼는데.
禦寒君若苦　　추위를 참아내기 그대 괴롭다 하면
呼凍我何堪　　언 몸을 호호 부는 나는 어쩌리오.

양중실을 놀려주다

嘲楊仲實

중실이 겨울추위가 여름더위보다 낫다고 하였기에 놀려준 것이다.

仲實以冬寒勝於夏熱 故嘲之

栗烈風兼雪　　매서운 추위가 바람과 눈을 겸하니
寒窓縮似龜　　찬 창가에서 거북처럼 몸 움츠리네.
何如五六月　　어떻게 생각하는가 오뉴월에
揮塵倚樓時　　티끌 끊고 누대에 기댈 때와.

擁裘憑冷榻　　갖옷 껴입고 차디찬 평상에 의지한데
縮頸學藏龜　　목을 움츠리니 몸을 감춘 거북인 듯.
已飽嚴冬苦　　고생스런 엄동 추위 다 겪어보았나니
休言勝夏時　　여름 때보다 낫다고 말하지 마시게.

---

51)　삼아(三娥) : 양귀비의 셋째 누이 괵국부인(虢國夫人)을 말한다. 여기서는 미인을 말하는 것으로 보인다.

'적' 자 운으로 짓다
用滴字韻

寂寂小庭幽	적적한 작은 뜰은 그윽한데
蕭蕭疎雨滴	쓸쓸하게 성근 비 내리누나.
愁裡自不堪	시름 속에 스스로 견디지 못해
獨倚高樓夕	저물녘 홀로 누대에 기대노라.

밤비
夜雨

蕭蕭一夜雨	한밤중에 쓸쓸히 내리는 빗줄기는
摠作斷腸刀	온통 애간장을 끊어내는 칼이어라.
盈盈自不寐	영영하여 절로 잠을 이루지 못하고
悲淚濕寒袍	슬픔의 눈물 차가운 도포를 적시네.

달밤에 한 구절씩 모아 짓다
月下集句

雪與月爭明 太和	눈과 달이 밝음을 다투니	태화
萬里乾坤白 伯源	하늘땅 일만 리가 하야네.	백원
-五字缺-	-5자 원문 빠짐-	
幽人自無眠 季收	유인은 절로 잠이 없어라.	계수

청심당에서 한 구절씩 모아 짓다
清心堂集句

清心堂下來 太和	청심당에 내려와 보니	태화
碧澗生明月 伯源	푸른 시내에 밝은 달 떠오르네.	백원
愛此風來泉 景著	바람결의 샘물 소리 사랑스러워	경저
踏破庭中雪 季收	뜨락의 쌓인 눈 밟고 걸어보네.	계수

오언율시五言律詩

작은 서재에서

小齋

偶得幽幽興　우연히 깊고 그윽한 흥취 일어
閒憑曲曲楹　호젓이 굽은 난간에 기대어보네.
臨風轉懷爽　바람을 맞으니 가슴속 시원해지고
對月意還淸　달을 마주하니 생각 바로 맑아지네.
美景初無價　승경이야 애초 값으로 논할 수 없고
良宵自有情　좋은 밤이라 절로 시정이 일어나네.
狂歌歌益壯　한껏 노래하자니 할수록 웅장해지니
非爲不平明　불평스러움을 밝히려는 것은 아니네.

한가로운 마음

閒意

地勝饒淸景　지세 좋아 맑은 풍경이 넉넉하니
漫漫未易收　여기저기 한눈에 다 보기 어렵네.
凉軒兼得樹　시원한 마루에 나무숲마저 얻었고
明月况逢秋　밝은 달밤 가을날을 맞은 데이랴.
已致機心靜　이미 기심[52] 가라앉아 고요하니
寧容俗念投　어찌 세속 생각을 받아드리겠는가.
閒中自有味　한유한 속에 기막힌 맛이 있으니
聊復任天遊　애오라지 자유롭게 노닐 수밖에.[53]

---

52) **기심(機心)** : 세상에서 명리를 꾀하려는 마음. 곧 사적인 목적을 이루기 위하여 교묘하게 기회를 엿보는 마음을 이른다.

53) **자유롭게 노닐 수밖에** : 원문의 '천유(天遊)'는 정신이 아무런 구속 없이 자연 속에 노니는 것으로, 《장

가을밤 나그네 회포

秋夜客懷

積雨初澄霽　오랜 비 활짝 개자마자
樓前月影淸　다락 앞 달그림자 맑아라.
晩風生野樹　저녁바람 들나무에서 불어오고
暮角響山城　저물녘 화각소리 산성서 울리네.
夜靜寒蛩咽　밤 고요하니 찬 벌레들 목메고
秋凉病鶴鳴　가을 서늘하니 병든 학 울어라.
此時愁耿耿　이때 애타는 시름은
都是故園情　다 고향의 정일레라.

강촌에서

江村

雨後汀洲靜　비 내린 물가는 고요만한데
秋風蘆欲花　갈바람에 갈대꽃 피려 하네.
烟沈郊外樹　안개는 들녘 나무에 잠기고
潮打水邊家　강 물결은 물가의 집 치누나.
遠浦歸帆重　먼 포구엔 가는 돛배 묵직하고
空江落日斜　빈 강에는 지는 햇살 빗기었네.
無端欸乃響　어디선가 노 젓는 소리 퍼지자
鷗鷺起平沙　물새가 모랫벌에서 일어나네.

자》〈외물(外物)〉에 "사람의 마음에는 그 무엇에도 구속되지 않는 천유가 있다. 방에 공간의 여유가 없으면 며느리와 시어머니가 다투고, 마음에 천유가 없으면 여섯 개의 감각을 담당하는 기관이 서로 싸운다.[心有天遊 室無空虛 則婦姑勃谿 心無天遊 則六鑿相攘]"라고 보인다.

나그네 회포

旅懷

去去關山路	가도 가도 관산의 길이요
悠悠嘆久征	아득히 머나 먼 길 탄식하네.
悲笳聞古塞	구슬픈 피리소리 옛 요새서 들려오고
斷腸叫空城	애끊는 소리는 빈 성에서 울부짖네.
霞盡秋天闊	노을이 다하자 가을 하늘 공활하고
煙消暮樹平	연기 사라지자 저녁 나무숲 평온하네.
壯懷嗟未展	장한 회포 펴지 못해 한탄하니
雄劍匣中鳴	웅장한 검이 칼집에서 우노라.[54]

당시를 차운하여 짓다

次唐詩

孤舟向晚泊	외론 배 저물녘에 정박하자니
遠客自多愁	먼 나그네 절로 수심 많아라.
明月松江夜	말간 달 뜬 송강의 밤이요
涼風水國秋	서늘바람 수국[55]의 가을이어라.
霧沉迷海浦	안개 자욱하여 바닷가 희미하고
潮漲失汀洲	조수 밀려오자 모래섬 사라지네.
未遂胡山志	호산의 뜻 아직 이루지 못했으니
浮生愧白鷗	덧없는 인생 백구에게 부끄럽네.[56]

---

54) **웅장한 …… 우노라** : 명검(名劍)이 임자를 만나지 못해 쓰이지 못한 것처럼 뛰어난 재능을 가지고서 세상에 나가 뜻을 펴지 못해 애석해 함을 뜻한다.

55) **수국(水國)** : 물나라라는 뜻으로, 주로 바닷가나 강가의 마을을 이른다. 수향(水鄕).

56) **호산의 …… 부끄럽네** : 저본의 '胡山(호산)'은 '湖山(호산)'의 오기로 보인다. 호산(湖山)은 강호와 산림이란 뜻으로 산수자연을 이른다. 곧 세상살이의 속박에서 벗어나 산수(山水) 사이에서 조용히 백구를 벗 삼아 은거하고자 하나, 관직 등에서 아직 은퇴하지 못한 것을 의미한다. 송(宋)나라 황정견(黃庭堅)의 〈등쾌각(登快閣)〉 시에 "만 리 돌아가는 배에서 긴 젓대를 희롱하니, 이내 마음 백구와 맹세하였다네.[萬里歸船弄長笛 此心吾與白鷗盟]"라고 하였다. 《古文眞寶前集 卷3 贈韋左丞》 《山谷外集 卷7 登快閣》

그 자리에서 붓을 달려 원언인에게 주다

席上走筆 贈元彦仁

湖海聞名久　　강호에서 명성을 들은 지 오랜데
遼山識面初　　요산에서 얼굴 처음 알게 되었네.
胷海何廓落　　바다 같은 가슴 속 어이도 넓은가
鄙吝自消除　　비루한 이 내 회포 모두 사라지네.
末路誰知我　　말세의 길에 누가 나를 알아주리오.
清詩更起予　　맑은 시로 날 다시 흥기시켜주시네.[57)]
猥將蹇拙句　　외람되이 졸렬한 시구를 엮어서
聊以續瓊琚　　주옥 같은 그대 시에 겨우 잇는구려.

큰형님을 모시고 수안에서 낙양을 향하며

自遂安陪伯氏向洛陽

遼山朝發軔　　요산서 이른 아침에 출발하여
薄暮抵新城　　저녁 무렵 신성[58)]에 이르네.
客意逢秋苦　　나그네 가을 만나 괴롭고
蟾光入夜清　　달빛은 밤이 되니 맑구려.
青衫空濕淚　　푸른 도포[59)]는 부질없이 눈물 젖고
白髮更添莖　　세는 머리는 갈수록 가닥이 늘어가네.
旅館愁無寐　　여관에서 시름 끝에 잠 못 이루니
寒蛩達曙鳴　　찬 벌레소리 새벽까지 그치지 않네.

---

57)　**맑은 …… 흥기시켜주시네** : 공자의 제자 자하(子夏)가 《시경》에 나오는 시를 잘 해석하며 평하자, 공자가 "나를 흥기시키는 자는 바로 자하이로구나. 비로소 함께 시를 말할 만하다.[起予者 商也 始可與言詩已矣]"라고 칭찬한 대목이 《논어》 〈팔일(八佾)〉에 나온다.

58)　**신성(新城)** : 황해도 신계(新溪)의 이칭으로, 서울과의 거리는 백 리이다.

59)　**푸른 도포** : 원문의 '청삼(青衫)'은 푸른 적삼이라는 뜻으로, 주로 품계가 낮은 관원의 복장을 가리키는 말인데, 여기서는 벼슬하지 못한 사람의 옷으로 쓰였다.

신계[60]에서 묵으며

宿新溪

黃昏投古館　황혼에 오랜 여관에 투숙한데
寂寞倚前楹　적막하게 앞 기둥에 의지하네.
月色庭中白　달빛은 뜰 가운데 새하얗고
溪聲檻外淸　시내소리 난간 밖에 맑아라.
沈吟愁未歇　깊이 읊조려 봐도 시름은 가시지 않고
長嘯恨難平　길게 휘파람 불어도 회한 잦기 어렵네.
明日關河路　내일 관하[61]로 떠나는 길은
迢迢萬里情　아득한 만 리의 외로운 정일러라.

신계 도중에서

新溪道中

纔穿踈柳下　성긴 버들 속을 헤지며 내려가자마자
轉入亂溪中　점점 어지러운 시내 안으로 들어가네.
落落懷難苦　쓸쓸하여라 고달픈 이 내 감회여
秋風客思忽　갈바람에 객의 심사 총총하여라.
登登山不盡　오르고 올라도 산은 다하지 않고
去去路無窮　가도 가도 길은 끝없이 이어지네.
晚飯靑莎岸　푸른 띠풀 언덕에서 저녁밥 먹고서
鳴鞭向洛東　채찍을 울리면서 낙동으로 향하네.

---

60) **신계(新溪)** : 황해도 신계현(新溪縣)으로 보인다. 신계는 동쪽으로 곡산군 경계까지 40리, 강원도 이천현(伊川縣) 경계까지 45리, 남쪽으로 평산부(平山府) 경계까지 21리, 우봉현(牛峯縣) 경계까지 38리, 토산현(兎山縣) 경계까지 37리, 서쪽으로 서흥부(瑞興府) 경계까지 41리, 북쪽으로 수안군(遂安郡) 경계까지 46리요, 서울과의 거리는 3백 48리이다. 《新增東國輿地勝覽》〈黃海道〉

61) **관하(關河)** : 함곡관(函谷關)과 황하(黃河)의 병칭으로, 고향이나 도성에서 멀리 떨어진 변방을 뜻한다. 여기서는 험준한 산천(山川)을 가리켜서 한 말로 보인다. 참고로 송(宋)나라 진사도(陳師道)의 시 〈송내(送內)〉에 "머나먼 관하 만 리 길을, 그대 떠나가니 언제나 돌아올꼬.[關河萬里道 子去何當歸]"라고 하였다.

우봉 가는 길에 구호[62]하다
牛峰道中口號

秋風吹颯颯　　설렁설렁 가을바람은 불어오는데
溪壑晩生凉　　시내 골짝엔 저물녘 서늘한 기운.
露重楓酣赤　　이슬 흠뻑 내려 단풍은 취한 듯 붉고
霜凋樹染黃　　서리 맞아 마른 잎새 물든 듯 노랗다.
異鄕時忽變　　타향에서 잠깐 사이에 절기가 바뀌니
遠客意何長　　먼 나그네의 뜻은 어찌 그리 유장한가.
杳杳歸程夐　　아득해라 돌아가는 길 멀고멀어
悠悠暗斷腸　　아련히 남몰래 애 끊어지는구나.

청석[63] 가는 길에 입으로 불러 짓다
青石道中口號

山雨隨風灑　　산비가 바람 따라 흩뿌려서
蕭蕭濕客裝　　쓸쓸한 나그네 행장 적시네.
柳歌溪上畔　　버들은 냇가에서 한들한들 노래하고
橋倒水中央　　다리는 물 가운데 거꾸로 비추네.
路險童頻蹶　　길이 험하니 동복은 자주 넘어지고
泥深馬累僵　　진흙탕 깊으니 말이 일쑤 쓰러지네.
前程問幾許　　묻노니 가야 할 길 얼마런고
明日抵華陽　　내일이면 화양에 이른다네.

---

62) **구호(口號)** : 입에서 나오는 대로 즉석에서 읊조려 시를 이룬 것을 이른다. 또한 그렇게 지은 시를 '구호'라고 한다.

63) **청석(青石)** : 황해도 금천군(金川郡) 고동면(古東面)에 있는 청석골[青石峴]인 듯하다. 《임하필기(林下筆記)》에 의하면, "청석동은 본부의 서북쪽 30리 되는 곳에 있는데 천마산의 서쪽 가지와 성거산의 북쪽 가지가 서로 마주 대하고 있어서 높은 절벽이 깎아지른 듯이 서 있다. 그래서 평안도와 황해도에서 서울로 가는 대로(大路)가 단애(斷崖)를 따라 절벽과 이웃하면서 사람과 말이 간신히 통과할 수 있는바 이처럼 꼬불꼬불하고 좁은 길이 20리나 된다."라고 하였다.

화학루 현판 위의 시에 차운하다

次化鶴樓板上韻

傑閣連雲漢	웅걸한 누각 은하수와 맞닿았고
奇花繞粉墻	기이한 꽃들 하얀 담장 에워쌌네.
憑高身轉少	높은 루에 기대서니 몸 더욱 왜소해지고
望遠意偏長	멀리 바라보자 의취가 유달리 길어지네.
景物春逾麗	경물은 봄에 더더욱 아름답고
風光夏亦凉	풍광은 여름 또한 시원하여라.
祗應仙子宅	생각하건대 응당 신선 집이요
非是世人鄕	세인들이 사는 곳은 아니라네.

겨울밤 나그네의 감회

冬夜客懷

小齋寒轉甚	작은 집이라 추위 점점 심한데
霜雪枕邊凝	눈서리가 베갯머리에 어리누나.
弊袍凉如水	낡은 도포는 물처럼 싸늘하고
愁懷亂似繩	객수는 헝클어진 노끈과 같네.
簷虛驚月影	휑한 처마 달그림자에 놀라고
窓破㤼風稜	부서진 창 모진 바람이 겁나네.
耿耿燈前坐	가물대는 등불 앞에 앉았으려니
終宵恨不勝	밤 다하도록 한을 가눌 길 없어라.

다시 앞의 운자를 써서 그윽한 거처를 읊다

再用前韻 咏幽居

幽居眞界靜	그윽한 거처는 선계인 양 고요한데
松月露珠凝	달 걸린 솔가지엔 이슬 구슬 맺혔네.
已分超塵網	진세의 그물 벗어남이 분수에 맞으니
寧知守準繩	법도에 얽매이는 일들 알 바 있으리오.

與人猶不忤　　남들과 함께해도 거스르지 않고
隨事太無稜　　매사에 언제나 모남이 없어라.
莫詑朱門貴　　고대광실 자랑 말거니
林泉轉百勝　　임천이 백배나 낫다오.

앞의 운자로 다시 지어 양중실에게 우스개로 드리다
再用前韻 戱呈楊仲實

仙娥初謫降　　선아[64]가 인간세상으로 귀양 오니
玉質似脂凝　　옥 같은 자태에 살결도 희고 고아라.
數載花間夢　　몇 년 동안 꽃들 속에서 꿈꾸다가
三生月下繩　　삼생 인연으로 월하노인이 맺어주었나.[65]
自然成繾綣　　자연히 곡진하고 애틋한 정이 이루어지니
非是藉威稜　　높은 위세 빙자하여 이렇게 된 것이 아니네.
信誓鴦衾裡　　원앙금침 속에서 맹세하려니
春情不自勝　　춘정을 마냥 억누를 수 있으리.

나그네 회포
客懷

旅齋何寂寂　　여관은 어찌 그리도 적적한고
冬夜更漫漫　　겨울밤 참으로 길기만 하구나.
攪樹風聲緊　　나무숲 휘젓는 바람소리 거세고
窺窓月影寒　　객창을 엿보는 달빛 싸늘하여라.
傷心悲遠客　　상심 속에 먼 나그네 애달프고
搔首憶長安　　머리 긁적이며 장안을 떠올리네.

---

64) 선아(仙娥) : 달 속에 있다는 항아(姮娥)를 가리킨다. 선녀(仙女).

65) 삼생(三生) …… 맺어주었나 : '삼생'은 불가의 문자로서 전세(前世)·현세(現世)·후세(後世)를 가리킨다. 월하노인(月下老人)은 전설상에 혼인을 주관한다는 신(神)으로, 붉은 끈을 가지고 다니면서 부부의 인연이 닿는 사람들의 발목을 꽁꽁 묶어 놓으면 어떠한 경우에도 부부의 연을 맺게 된다고 한다.《續玄怪錄 卷4》

達曙吟還苦　새벽까지 읊다 보니 다시금 괴로워져
愁懷不自寬　시름하는 회포가 누그러지지 않는구려.

小院人初絕　작은 집에 인적 끊겼는데
孤燈夜正漫　외론 등불 밤 정히 길어라.
旅懷千里遠　나그네 회포 천 리나 멀고먼데
歸夢五更寒　돌아가는 꿈은 오경 들어 차더라.
排悶猶增悶　번민을 떨치려다 외려 늘어나고
求安轉不安　편안키 구하나 더욱 편치 않네.
胷中多少恨　가슴 속의 하 많은 회한이여
難用酒杯寬　술잔으로도 달래기 어렵고야.

입석 가는 길에
立石道中

去去山關外　가도 가도 관산 밖이요
遲遲石逕中　더디더딘 바윗길이어라.
別懷猶未歇　이별의 회포 아직 가시지 않았는데
客恨自難窮　나그네의 시름은 저냥 끝이 없어라.
觸物心多感　닿는 데마다 마음에 감개가 많고
吟詩思不同　시구 읊조리나 시상과 같지 않네.
夕陽何處宿　해질녘 어느 집에서 묵어야 하나
桑柘數村空　뽕나무 밭 두어 마을 텅 비었구나.

앞의 운을 써서 다시 짓다
再用前韻

寂寂松窓靜　적적해라 솔창은 고요만 한데
悠悠坐夜中　하염없이 앉아서 밤을 지새운다.
才踈宜世棄　재주 엉성하니 세상에서 버려짐 당연하고

計拙任家窮　생계 졸렬하니 가난한 형편대로 살 뿐이네.
壯志終難變　웅대한 뜻 끝내 변치 않았으나
孤蹤孰肯同　외론 이 몸 누가 함께 하리오.
愁來仍獨酌　시름 속에 홀로 술잔 기울이자니
萬念轉成空　온갖 상념 도리어 헛것이로세.

객지에서 이것저것 읊다
客中雜咏

西嶽飛笻晚　서악에선 저물도록 지팡이 휘젓더니
東郊縱目初　동교에서는 처음 실컷 구경하였네.
烟開生野馬　연무가 걷히니 아지랑이 피어오르고
沙暖上江魚　물가 모래 따스하니 강 물고기 뛰누나.
物物含新意　경물마다 새로운 자태를 머금었고
人人戀舊居　사람마다 옛 살던 곳 그리워하네.
無私信造化　천지조화는 진실로 사심이 없는데
還恐有親疎　도리어 친소가 있게 될까 두렵네.

京洛雲山北　서울은 구름 산 북쪽인데
家鄉水國南　고향집은 물가 남쪽이라네.
花紅宮雨細　꽃은 궁중의 보슬비에 붉게 피었고
柳綠禁烟含　버들은 대궐 연무를 머금어 푸르네.
尊酒親朋樂　벗들은 동이 술 즐거워하고
桑麻父老談　부로들은 농사일 이야기하네.
如今漂泊裡　여태껏 이리저리 떠도는 신세라
萬事暮禽慚　인간만사 저녁 새에 부끄럽구나.

愁眼看花柳　수심 곁에 버들개지 눈에 들어온데
他鄉物自春　타향의 경물은 스스로 봄을 맞누나.

雙飛鵲撓樹	쌍쌍이 나는 까치는 나뭇가지 흔들고
獨立客隨人	홀로 선 나그네는 사람을 따라가네.
家破思東路	집을 떠나니 동으로 가는 길 생각나고
時危望北宸	시국이 위태하니 북쪽 대궐 바라보네.
無因一蹴到	한달음에 도달할 길 없으니
何處高飇輪	어디서 바람 수레 탈 것인가.
-右旅次春望-	-위는 여관에서 봄빛을 바라보며 읊은 것이다.-

漢師再出金	한나라 군대 서쪽에서 재차 출동하였고[66]
海寇七經年	섬나라 오랑캐의 난 칠 년이 지났네.
滿目天王地	눈에 가득한 건 우리 임금님의 땅이요
傷心日本煙	마음 아팠던 건 일본이 일으킨 먼지로다.
春催寒食淚	봄은 한식의 눈물을 재촉하고
雲斷錦城眠	구름은 금성[67]의 잠에 끊어지네.
多少公私恨	하고많은 공사간의 한은
乾坤不盡邊	천지에 다함이 없어라.
-右旅恨-	-위는 나그네의 한을 읊은 것이다.-

湖海無家客	호해를 떠도는 집 없는 나그네
風塵哭弟人	풍진세상의 아우 잃은 사람이네.
江東君更遠	강동으로 그대 멀리 가고
嶺外我誰親	영외에선 내 뉘와 친할꼬.
引鏡顔催骨	거울 당겨 보니 얼굴 앙상하고
咏詩鬢點銀	시 읊조리다 살쩍에 은빛 비치네.
異鄉流落處	타향에서 유락해 있는 이곳엔

66) **한(漢)나라 …… 출동하였고** : 임진란 때 명나라 군대가 조선을 구원하기 위해 두 번 출병한 것을 이른 듯하다.

67) **금성(金城)** : 큰 성이라는 뜻으로 도성(都城)을 지칭한 듯하다.

花鳥又逢春　　꽃 피고 새 우는 봄 또 맞누나.

春意方催物　　봄기운 바야흐로 경물을 재촉하는데
客行未定居　　나그네 발길 아직 거처 못 정했어라.
路愁江右遠　　행로는 강우[68]의 먼 길이라 걱정스럽고
邊恨晉陽虛　　외곽엔 진양[69]의 허술한 것이 한스럽네.
野柳烟汀晩　　들버들은 이내 낀 물가에 저물고
山禽曉枕初　　산새는 새벽 베갯맡에 지저귀네.
誰占棲息地　　뉘 있어 살 곳 마련해 주고
借我斲新畬　　내게 일굴 따비밭 빌려주랴
-右懷李汝實-　　-위는 이여실을 그리며 읊은 것이다.-

他鄉淹客路　　타향에서 머문 나그네 길
故國滿韶光　　고국엔 봄빛이 가득하겠지.
長鋏歌聲苦　　장협의 노랫소리[70] 괴롭기만 하고
空囊句語凉　　허전한 행낭에는 시구마저 썰렁쿠나.
梅應花逕白　　매화는 응당 꽃길에 하얗게 피었고
柳已錦亭黃　　버들개지 정자 가에 벌써 노래졌겠다.
不待雙眸極　　아득히 바라보길 기다리지 않아도
春心正自傷　　봄날의 심경 참으로 서글퍼지네.

68) 강우(江右) : 경상도를 낙동강을 기준으로 좌우로 나누어 안동을 중심으로 한 북부지역, 곧 대체로 지금의 경상북도에 해당되는 지역을 강좌(江左)라고 하고, 진주를 중심으로 한 남부지역, 곧 대체로 지금의 경상남도에 해당되는 지역을 강우(江右)라고 하였다.

69) 진양(晉陽) : 경상남도 진주(晉州)의 옛 이름이다. 한편 전국시대 때 조(趙)나라의 땅이름으로, 조간자(趙簡子)가 일찍이 윤탁(尹鐸)을 진양에 부임시켜 관대한 정치로 민심을 무마시켜 놓았는데, 뒤에 조간자의 아들 양자(襄子)가 지백(智伯)에게 쫓기게 되자, 진양으로 들어가 회복의 터전을 삼고 결국에는 승리를 거두었다. 그래서 위급할 때 대피할 수 있는 보장지(保障地) 즉 방어용 성지(城池)를 비유한다.

70) 장협의 노랫소리 : 장협가(長鋏歌)를 이른다. 제(齊)나라 사람 풍훤(馮諼)이 맹상군(孟嘗君)의 식객으로 있을 때 장검(長劍)으로 박자를 맞추면서 보다 나은 대우를 요구하며 불렀다는 노래로, 자신의 불우한 처지를 한탄하는 것을 뜻한다. 《史記 孟嘗君列傳》

櫪馬猶思走　마구간의 메인 말 내닫길 생각하고
籠禽不忘飛　새장에 갇힌 새는 날기를 잊지 않네.
龍鍾雙袖盡　구지레한 적삼 소매 해지고
磊落壯心違　뇌락한 장한 마음 어긋나네.
故國江山是　고국의 강산은 그대로인데
他鄉齒髮非　타향의 이 몸 예전이 아니네.
春情吟未了　봄날 정경 채 읊기도 전에
落日照征衣　낙조가 나그네 옷깃 비추네.

임진란 뒤에 짓다

亂後作

胡虜平何日　오랑캐들 어느 날에 평정될꼬
干戈已四年　전쟁이 일어난 지 벌써 네 해.
南疆淪卉服　남쪽 땅은 섬 오랑캐에 윤몰되고
東海變桑田　동쪽 바다는 뽕나무밭이 되었어라.
佐漢無韓信　한나라 보좌한 한신[71] 같은 이 없고
排秦孰魯連　진나라 배척한 노중련[72] 그 누구인가.
民心思澤久　민심은 은택을 생각한 지 오래니
此理恃蒼天　이러한 이치 하늘만 믿을 뿐이네.

---

71) **한신(韓信)** : 한 고조(漢高祖)의 개국공신으로, 고조의 대장이 되어 조(趙)·연(燕)·제(齊) 등을 차례로 공략하여 천하 통일의 기초를 확립하였다. 한나라가 천하를 통일한 뒤 회음후(淮陰侯)에 봉해졌다. 《史記 淮陰侯列傳》

72) **노중련(魯仲連)** : 전국 시대 제(齊) 나라의 고사(高士) 노중련(魯仲連)이다. 만약 진(秦) 나라가 천하를 지배하여 황제 노릇을 한다면 차라리 동해(東海)에 뛰어들어 죽겠다고 말한 고사가 있다. 《史記 魯仲連鄒陽列傳》

서애 류성룡에 대한 만시

挽柳西崖成龍

間世賢人出	세상에 뛰어난 현인이 출현하사
匡時相業隆	시국 바로잡은 재상의 업적 드높았네.
誓心如皎月	맹세한 마음 일월처럼 빛났고
憂國證蒼穹	나라 걱정 저 하늘이 증명하네.
進退皆關運	진퇴는 모두 운수에 관계되는 법
艱危獨有公	어려운 시대에 홀로 공이 있었네.
臨終遺表在	임종할 때의 유표[73]가 남아 있으니
千載識精忠	천년토록 그 충정을 알 것이로다.

久作儒林表	영구히 유림의 사표가 되시니
爭瞻山斗明	다투어 태산북두처럼 우러르네.
淵源遡伊洛	학문의 연원은 이락[74]과 닿아 있고
精彩動簪纓	뛰어난 기상은 고관대작을 움직였네.
鼎鼐官雖貴	정승의 벼슬자리 비록 높았어도
氷霜志自貞	서릿발 같은 지조는 꼿꼿하였네.
人忘難再覩	사람들 다시 뵙기 어려움을 잊겠지만
南望獨斷腸	남쪽을 바라보니 홀로 애가 끊어진다.

녹문 홍경신[75]에 대한 만시

挽鹿門洪慶臣

早託金蘭契	일찍이 금란계[76]에 의탁하여
飛翻共一時	한 때를 함께 훨훨 날았었네.
情因姻好密	정의는 혼인으로 친밀해지고

73) **유표(遺表)** : 대신이 임종하기 전에 군주에게 건의할 사항을 써 놓았다가 죽은 뒤에 올리는 글을 말한다.

74) **이락(伊洛)** : 정주학(程朱學)을 가리킴. 이락은 이수(伊水)와 낙수(洛水)로 정호(程顥)와 정이(程頤)가 여기에서 글을 읽었고, 주자(朱子)가 이 학통을 이어받았기 때문에 정주학의 대명사로 일컫는다.

心以歲寒期　　마음은 세한[77]으로 기약했네.
地下君無憾　　지하의 그대야 유감 없겠지마는
人間我獨悲　　인간세상의 나 홀로 슬퍼하노라.
靈輀哭送後　　통곡하며 상여를 떠나보낸 뒤
踽踽更何之　　외로이 다시금 어디로 가야하오.

서계 이득윤[78]에 대한 만사[79]

挽李西溪得胤

道東千載後　　도가 동방으로 온 지 천 년 뒤
奎璧降文明　　규벽이 문명을 내려 주셨네.[80]
氣像高山在　　기상은 높은 산처럼 우뚝하였고
胸襟活水淸　　흉금은 샘솟는 물처럼 깨끗했네.
蘭房曾托契　　난방[81]에서 일찍이 교분을 맺었고

75) **홍경신(洪慶臣, 1557~1623)** : 본관은 남양(南陽), 자는 덕공, 호는 녹문(鹿門)이다. 만전당(晩全堂) 홍가신(洪可臣)의 아우로 하은공의 처숙부이다. 부제학·부호군·병조참의·호조참의·우승지·대사성·부평부사 등을 두루 역임한 뒤, 좌승지·첨지중추부사에 이르렀다.

76) **금란계(金蘭契)** : 뜻이 같은 사람끼리 돈독한 우의로 결성한 모임을 말한다. 《주역》 〈계사전 상(繫辭傳上)〉에 "두 사람이 마음을 같이하니 그 예리함이 쇠를 끊을 만하다. 마음을 같이하는 말은 그 향기가 난초와 같다.[二人同心 其利斷金 同心之言 其臭如蘭]"라고 한 데서 나온 말이다.

77) **세한(歲寒)** : 어려움에 처해서도 절조를 변치 않는 것을 말한다. 각주 7)번 참조.

78) **이득윤(李得胤, 1553~1630)** : 본관은 경주(慶州)이고, 자는 극흠(克欽)이며, 호는 서계(西溪)이다. 서기(徐起)의 문하에서 수학한 뒤 박지화(朴枝華)에게 역학을 배우고, 1588년 진사가 되었다. 광해군 때 혼란한 정계를 피하여 고향에서 김장생(金長生)·정두원(鄭斗源) 등과 서한을 교환하며 역학과 음악에 대해 토론하였다. 음악에 남다른 관심을 두어 거문고에 관련된 명(銘)·부(賦)·기(記)·시(詩)·서(書)·악보·고금금보(古今琴譜) 등을 집대성하여 《현금동문유기(玄琴東文類記)》를 남겼다. 청주 신항서원(莘巷書院)의 9대 원장을 지냈고, 천곡(泉谷) 송상현(宋象賢)과 함께 신항서원에 추향되었다. 저서로는 《서계집》, 《서계가장결(西溪家藏訣)》이 있다.

79) 이 시는 《영원잡영 권하·하은선생편》의 '목록'에 오언율시로 분류하여 "만이서계득윤(挽李西溪得胤) 5수"라고 되어있는데, 오언배율(五言排律) 1편으로 보는 것이 맞을 듯하다.

80) **규벽(奎璧)이 …… 주셨네** : '규벽'은 이십팔수(二十八宿) 중 규성(奎星)과 벽성(壁星)의 합칭으로, 이 두 별은 모두 문운(文運)을 관장한다. 문명(文明)은 문장에 밝은 사람으로, 여기서는 서계 이득윤을 두고 한 말이다.

81) **난방(蘭房)** : 난의 향기가 그윽한 방. 《공자가어(孔子家語)》에 "선한 사람과 함께 있으면 마치 지초와 난초의 방에 들어간 것 같아서 오래되면 그 향기를 맡지 못하니 곧 그에게 동화되는 것이고, 불선한 사람

蓮籍幸聯名	연적[82]에 다행히 이름 나란히 올랐네.
鵬路雖垂翅	붕로에선 비록 날개를 떨구었지만[83]
鸞棲早振纓	난서에서 일찍이 갓끈을 떨치었네.[84]
軒裳非素志	헌상[85]은 본래의 뜻이 아니었고
泉石結幽盟	천석에서 그윽한 맹세[86]하였네.
絳帳攀先哲	강장[87]에서 선철을 따랐고
青衿引後生	청금[88]의 후생들 이끌었네.
詩書承義訓	시서[89]로 대의의 가르침 받들었고
學問用工程	학문은 일상의 공부를 따랐네.
讀易編三絕	주역을 좋아해 책 끈이 세 번 끊어졌고[90]

과 함께 있으면 마치 절인 어물 가게에 들어간 것 같아서 오래되면 그 냄새를 맡지 못하니 또한 그에게 동화되는 것이다.[與善人居 如入芝蘭之室 久而不聞其香 卽與之化矣 與不善人居 如入鮑魚之肆 久而不聞其臭 亦與之化矣]"라고 한 데서 온 말이다.

82) **연적(蓮籍)** : 연방(蓮榜)과 같은데, 조선조 때 사마시(司馬試)의 생원과(生員科)와 진사과(進士科)에 입격한 사람의 이름을 게시하던 방이다.

83) **붕로(鵬路)에선 …… 떨구었지만** : '붕로'는 대붕(大鵬)의 날아가는 길로 벼슬길을 뜻한다. 곧 고관대작(高官大爵)에는 이르지 못한 것을 비유한 것으로 보인다.

84) **난서(鸞棲)에서 …… 떨치었네** : '난서'는 난새가 깃든 곳이란 뜻인데, 여기서는 현사(賢士)가 작은 고을에 제수된 것을 의미한다. 후한(後漢)의 왕환(王渙)이 구람(仇覽)이 덕으로 사람을 교화시킨다는 말을 듣고 그를 주부(主簿)로 삼고 접견한 뒤에 그를 보내면서 말하기를 "가시나무는 난봉이 깃들 곳이 아니거니, 백리 고을이 어찌 대현이 있을 곳이리오.[枳棘非鸞鳳所棲 百里豈大賢之路]"라고 했던 데서 온 말이다. 《後漢書 卷76 循吏列傳 仇覽》 서계는 인조반정 이후 괴산군수로 부임하여 상소를 올려 그동안 쌓인 폐단을 제거하며 군현의 사람들이 의지하고 유랑민들이 돌아오게 하였다. 나아가 풍속과 교화를 돈독히 하여 향약(鄕約)을 밝혔고, 어린이들에게 학습을 권장하여 도훈장(都訓長)을 두는 등 의 풍속을 크게 변화시킨 일을 지칭한 듯하다.

85) **헌상(軒裳)** : 높은 관원이 타는 수레와 관복으로, 출세하여 고관대작이 되는 것을 이른다.

86) **천석(泉石)에서 그윽한 맹세** : 산림 속에 묻혀 자연을 즐기며 그윽하게 살겠다는 맹세를 이른다.

87) **강장(絳帳)** : 붉은 휘장이라는 뜻으로, 사석(師席)을 가리킨다. 후한(後漢)의 마융(馬融)이 항상 붉은 휘장을 드리워 앞을 가린 채 학생들을 가르친 고사에서 유래한 것이다. 《後漢書 卷60上 馬融列傳》

88) **청금(青衿)** : 청색으로 옷깃을 두른 복장을 말하며 선비의 복장, 또는 선비를 지칭하는 말로 쓰인다. 《시경》 〈정풍(鄭風)·자금(子衿)〉에 "푸르고 푸른 그대의 옷깃이여.[青青子衿]"라고 하였다.

89) **시서(詩書)** : 시경(詩經)·서경(書經)으로 여기서는 성현(聖賢)의 경전을 이른다.

90) **주역을 …… 끊어졌고** : 공자께서 만년에 《주역(周易)》을 좋아하여 무수히 많이 읽은 탓에 그 책을 묶었던 가죽 끈이 세 번이나 끊어졌다고 한 '위편삼절(韋編三絕)'의 고사가 있다. 《史記 卷47 孔子世家》 서계는 역학(易學)에 조예가 깊어 당호를 완역재(翫易齋)라고 하였다.

窮經歲幾更　경전을 연구하며 몇 해나 지냈던가.

遐齡膺介福　오래 수명은 큰 복을 내림이요

餘慶紹家聲　여경[91]은 가문의 명성을 이었네.

大耋嗟何及　대질의 서글픔 어이도 미쳤는가[92]

浮生夢忽驚　덧없는 인생 꿈인 듯 깜짝 놀랐네.

百年存沒恨　백 년 인생 죽고 삶에 한스럽고

萬事別離情　인간만사 모두 이별의 정일레라.

洙泗微源絕　수사[93]의 은미한 근원 끊어지고

儒林大廈傾　유림의 큰 집이 기울었네.

龍門孤月霽　용문에 뜬 외론 달 깨끗하고

鹿洞冷雲橫　녹동에는 찬 구름 비꼈어라.

醉後羊曇淚　술 취한 뒤에 양담의 눈물[94]

臨風灑九京　바람결에 구천에 뿌리노라.

---

91) **여경(餘慶)** : 자손들에게 끼친 선조의 복덕(福德). 《주역》 〈곤괘(坤卦)·문언(文言)〉에 "선을 쌓은 집안에는 반드시 남은 경사가 있다.[積善之家 必有餘慶]"라고 하였다.

92) **대질(大耋)의 …… 미쳤는가** : 죽음을 서글퍼한다는 말이다. 대질(大耋)은 해가 기우는 것으로 노년을 뜻하는데, 《주역》 〈이괘(離卦)·구삼(九三)〉에 "기운 해가 걸려 있음이니, 질장구를 두드려 노래하지 않으면 대질을 탄식함이다. 흉하리라.[日昃之離 不鼓缶而歌則大耋之嗟 凶]"라고 하였다. 또한 "미쳤는가"는 저본에는 '急(급)'으로 되어 있는데, 《서계집(西溪集)》에 근거하여 '及(급)'으로 바로잡아 번역하였다.

93) **수사(洙泗)** : 중국 산동성(山東省) 곡부(曲阜)를 지나는 두 개의 강물 이름으로, 이곳이 공자의 고향에 가깝고 또 그 강물 사이의 지역에서 그가 제자들을 가르쳤기 때문에 공자의 도를 뜻하는 말로 쓰인다.

94) **술 …… 눈물** : 서계의 죽음에 대한 슬픔과 그리움을 이른다. 진(晉)나라의 명재상인 사안(謝安)이 서주(西州)에 살았다. 사안은 생질인 양담(羊曇)을 평소 애지중지하였는데 사안이 죽자 양담은 차마 서주의 길을 가지 못했다. 하루는 몹시 술이 취해 자신도 모르는 사이 서주의 문에 이르렀다. 측근들이 "이곳은 서주의 문입니다."라고 말하자, 양담은 슬픈 감회를 이기지 못하여 말채찍으로 문을 두드리며 "생전에는 화려한 집에 살았는데 영락하여 산의 무덤으로 돌아갔네.[生存華屋處 零落歸山丘]"라고 한 조식(曹植)의 시를 외고 통곡하였다 한다. 《晉書 卷79 謝安列傳》

칠언절구七言絶句

배 안에서 적선의 시[95]에 차운하다

舟中次謫仙韻

春湖淡淡冷生烟　　봄 호수 맑디맑고 차가운 연무 피어나는데
一葦中流上下天　　거룻배 한복판에 들어가니 위아래가 하늘이네.
釣得游鱗何處泊　　펄떡이는 물고기 낚았으니 어디다 배를 대나
青帘遙拂杏花邊　　청색 깃발이 멀리 살구꽃 가에서 펄럭인다.[96]

겨울 밤

冬夜

冷突如氷久絕烟　　얼음장 같은 냉골 불을 넣지 않은지 오랜데
單寒宿客凜無眠　　찬 홑이불 속 나그네 추워서 잠 못 이루네.
四肢龜縮難伸屈　　사지는 거북처럼 움츠러들어 펴기도 난감해
此夜辛酸當一年　　오늘 밤새 고생은 한 해의 고생과 맞먹으리.

정관재에서 우연히 읊다

靜觀齋偶吟

涉臘遺經竟百函　　일백 궤짝의 경서를 섭렵해가며
窓前幾處飽辛酸　　몇 창가에서 얼마나 고생했던가.

---

95) 적선(謫仙)의 시 : '적선'은 이백(李白)을 가리킨다. 당나라 때 시인 하지장(賀知章)이 이백의 문장을 한 번 보고는 감탄한 나머지 '인간 세계에 귀양을 온 신선[謫仙]'이라고 극찬한 데에서 유래한 별칭이다. 이 차운시의 원운(原韻)은 〈배족숙엽급가사인지유동정(陪族叔曄及賈舍人至遊洞庭)〉 5수 중 둘째 수인 "南湖秋水夜無煙 耐可乘流直上天 且就洞庭賖月色 將船買酒白雲邊"이다.

96) 청색 … 펄럭인다 : '청색 깃발'은 옛날 주점의 문 앞에 세웠던 깃발을 말하고, '살구꽃 가' 또한 이른바 행화촌(杏花村)으로, 술파는 곳을 가리킨다. 당나라 두목(杜牧)의 시 〈청명(淸明)〉에 "묻노니 술집이 어디에 있는고? 목동이 멀리 복사꽃 핀 마을을 가리키네.[借問酒家何處有 牧童遙指杏花村]"라고 하였다.

傍人莫笑伊伊者　　곁 사람아 글 읽는 이 비웃지 말게나
勤慢由來判聖凡　　근면과 태만에 따라 성인 범인 갈리거늘.

소회를 쓰다
書懷

空負平生志不凡　　평소의 범상치 않은 뜻 다 이루지 못해
天寒猶自泣單衫　　차디찬 날씨 홑적삼에 눈물도 떨구었지.
道亨何日霜蹄健　　도가 형통해진[97] 날 힘찬 준마 타고
高步雲衢快放銜　　청운의 길[98]에서 쾌하게 달려보리라.

詩慕淸高不慕凡　　범속하지 않은 청고한 시를 사모하노니
漫將吟咏老靑衫　　속절없이 읊조리며 청삼[99]으로 늙어지네.
看來句句多豪態　　다시 보니 시구마다 호방한 기색이 뜨이니
恰似長程馬脫銜　　굴레 벗은 말이 장도를 내달리는 듯하구나.

추운 밤에 우연히 읊다
寒夜偶吟

霜雪凝腮手足痴　　뺨에 눈서리 서리고 수족은 곱아드는데
冷床坐卧皆維谷　　찬 침상에 앉았다 눕다 진퇴유곡이로고.
頑童猶不覺寒威　　미련한 종놈은 추위의 맹위에도 나 몰라라

---

97) **도(道)가 형통해진** : 원문의 '도형(道亨)'은 신곤도형(身困道亨)의 준말로, 몸은 비록 곤궁해도 도는 형통함을 이른다. 《주역》 〈곤괘(困卦)〉 괘사에 "곤은 형통하고 바르니 대인이어서 길하고 허물이 없다.[困亨貞 吉无咎]"라고 하였다. 주자의 《본의(本義)》에 "험함에 있으면서도 기뻐하니, 이는 몸은 비록 곤궁하나 도는 형통한 것이다.[處險而說 是身雖困而道則亨也]"라고 풀이하였다.

98) **청운의 길** : 원문의 '운구(雲衢)'는 청운 속에 있는 길거리란 뜻으로, 흔히 청운의 뜻을 펼쳐 조정에서 현달함을 가리키는 말로 쓰인다. 송나라 매요신(梅堯臣)의 시에 "여기에 오른 지 얼마 되지 않았는데 곧바로 구름 속 거리로 오른다.[於茲亦未幾 用直升雲衢]"라는 시구가 보인다.

99) **청삼(靑衫)** : 푸른 도포라는 뜻으로, 일반적으로 서생(書生)이나 품계가 낮은 관원의 복장을 가리킨다. 보통 실의에 빠진 하급 관리의 심정을 비유할 때 많이 쓰는데, 당나라 백거이(白居易)가 강주(江州)의 사마(司馬)로 좌천되었을 때 지은 〈비파인(琵琶引)〉에 "좌중에서 제일 많이 울었는가? 강주 사마의 푸른 도포가 눈물 젖어 축축하네.[座中泣下誰最多 江州司馬靑衫濕]"라는 구절이 나온다.

鼻息如雷窓下宿　　우레같이 코를 골며 창 아래서 잠들었네.

한밤에 앉아
夜坐

孤燈耿耿夜將深　　외론 등불 가물가물 밤은 깊어만 가는데
遠客襟懷不自禁　　먼 길 떠난 나그네의 감회 금할 길 없네.
直到五更無一寐　　곧장 오경에 이르도록 한숨도 못 자니
故園從來夢中尋　　고향산천 지금껏 꿈속에서만 찾는고야.

누암에서
樓巖

十里淸江曲曲幽　　십리의 맑은 강 굽이굽이 그윽한데
紅花無數夾長洲　　붉은 꽃 긴 물가를 끼고 가득 피었네.
閒來不禁春風興　　한가한 가운데 못내 봄날 흥이 겨워
盡日持竿上下舟　　온종일 낚싯대 쥐고 배로 오르내리네.

탄금대
彈琴臺

一上高樓意浩然　　높은 대에 한번 올라보니 뜻 호연해져
蒼波渺與碧天連　　푸른 물결은 아득히 하늘과 잇닿았네.
夕陽雲外孤帆過　　석양 속에 구름 밖 외로운 돛배 떠가니
橫破滄洲萬頃烟　　강가에 만경 연파를 가르면서 비껴가네.

澹澹春江潑綠油　　봄 강물은 맑고 맑아 푸른 기름 뿌린 듯
爲牽閒興獨登舟　　한유한 흥취에 끌리어 홀로 배에 올랐어라.
東風更贊幽人賞　　봄바람 다시 그윽한 사람의 감상을 도와
故放巖花映小洲　　바위에 꽃 피게 하여 작은 물가 비춰주네.

강변에 고색창연한 바위가 우뚝 솟아 있어, 기이하고 가파름이 천연으로 이뤄졌다. 바위 위에 깨끗하게 새로 지은 정사가 사랑스러워, 마침내 배를 매어놓고 올라가 조망하였다. 그 정사의 주인이 누구인지 알 수 없었으나, 농막에 몸을 숨기고 나와 보지 않고 어린아이를 보내 구태여 성명을 물어왔다. 그래서 첫 수에 이를 언급하였다.

江畔蒼巖斗起 奇峭天成 巖上淨舍 蕭洒新搆可愛 遂維舟登眺 主翁不知何許人也 而隱於農幙 不爲出 遣一小兒 強問姓名 故首篇及之

江上高亭巧且精	강가의 높은 정자 제법 정교한데
烟波渺渺一望平	안개 물결 아득히 시야 훤히 트이네.
主人亦是多情者	정사 주인 역시 다정한 사람인지
爲遣青衣強問名	아이 보내 굳이 이름을 물어오네.

그윽한 거처의 흥취

幽興

數間茅屋隔塵喧	두어 칸의 띳집이 시끄러운 세속과 떨어진데
樹影堆門碧一痕	나무 그림자 삽짝에 쌓이니 푸르름 일색이네.
酌罷山樽無箇事	동이의 술을 다 비워 마시고는 할 일이 없어
倚軒終日日昏昏	종일토록 난간에 기댄 채 어둑어둑 날 저문다.

巷僻都無車馬喧	외진 곳이라 거마의 시끄러움 도통 없고
庭前唯見碧苔痕	뜨락에는 단지 푸른 이끼 흔적만 보이네.
閒來試捲柴扉望	한가하여 주렴 걷고 사립문 멀리 내다보니
倦鳥飛歸日欲昏	지친 새들 날아들고 날도 어두워져 가누나.

비 오는 밤

夜雨

萬里關山憶故鄉	만 리 밖의 관산에서 고향을 생각하니
秋風羈思更茫茫	가을바람에 나그네 심사 또 망망해지네.

無端一夜寒窓雨	무단히 밤새 찬 창가에는 비 내리는데
斷盡愁人寸許腸	시름 감긴 길손 애간장 다 끊어지누나.

원언인의 시에 차운하다

次元彦仁韻

원사안[100]이 추고 경차관[101]으로 이 군을 왕래하였다.

元公士安爲推考敬差官 往來此郡

積雨初收宵月明	오랜 비 막 걷히자 하늘에 달빛 밝고
遠村長笛暗飛聲	먼 마을의 피리소리 가만히 날아드네.
闌干獨倚心無賴	난간에 기댄 채 마음 기댈 데 없으니
摠爲前宵惜別情	이 모두가 지난 밤 석별의 정 때문.

客窓寥寂月華明	적막한 객창에는 휘영청 달빛 밝은데
誰捻風前笛一聲	누가 바람결에 젓대 한 소릴 불어대나.
怊悵無人初別後	서운해라 처음 작별한 뒤로 누가 있겠나
有懷淸夜不堪情	그리움에 맑은 밤이면 정 견디지 못하네.

앞의 운으로 다시 지어 언인에게 주다

再用前韻 贈彦仁

勝宴初開畵閣明	성대한 연회 처음 열리니 단청 누각 환한데
天風吹送紫簫聲	하늘 바람 불어 와서 퉁소소리 전해 오네.
相携勸酌非關酒	서로 이끌며 술잔 권함은 술 때문이 아니요

100) 원사안(元士安) : 본관은 원주(原州), 자는 언인(彦仁)이다. 1586년(선조 19) 명나라에 간 하성절사(賀聖節使)와 하동지사(賀冬至使)가 회동관(會同館)에서 실화(失火)하여 명 나라 조정으로부터 문책을 당하게 되었다. 이때 원사안은 왕명을 받고 명나라로 들어가 표(表)를 올려 경위를 설명하고 사죄하였다. 이듬해 11월 직강으로 있을 때, 선조에게 동지사가 방물(方物)을 잃어버린 사건에 대해 충분히 조사하여 기록하지 못했음을 보고했는데, 이로 인해 사헌부의 탄핵을 받아 추국을 당하였다.

101) 추고 경차관(推考敬差官) : 죄의 혐의를 살피기 위해 임금의 명으로 중앙에서 파견하는 관원.

醉後要忘別後情　　취해서 이별한 뒤의 정회를 잊기 위함이지.

호연에게 주다
贈浩然

澹泊生涯似野僧　　담박한 살림살이 시골 스님과 같으니
一盂蔬飦飽何曾　　한 그릇 나물밥에 배부른 적 있었을까.
寧將遺棄人間事　　차라리 세상의 인간사 도외시하고
高臥雲山萬萬層　　만만 층의 구름 산에 높이 누우리.

학선정에서 입에서 나오는 대로 읊다
學仙亭口占

飛欄縹緲彩雲棲　　날 듯 아스라한 난간에 채색 구름 깃들고
十里平郊眼下低　　십 리의 너른 들판 눈 아래에 나지막하네.
別有此間奇絕處　　특별히 이 사이에 기막힌 절경이 있으니
晩風吹雨過前溪　　저녁 바람이 비를 몰아 앞 시내 지나가지.

광탄 가는 길에
廣灘道中

雪風凌亂曉來寒　　새벽 찬 기운에 눈보라마저 몰아치는데
水複山中道路難　　물 겹겹이 쌓인 산속 가는 길 험난해라.
多少苦懷何足歎　　수많은 괴로운 심정 굳이 한탄하랴
任他行客且姑寬　　저 길손 그럭저럭 마음 푸시오.

앞의 운을 써서 다시 짓다
再用前韻

石榻凌凌夜氣寒　　석탑은 차디차고 밤기운도 차가운데
風窓兀兀夢成難　　바람 창가에 우두커니 잠 못 이루네.
年來愁恨胷中積　　근래 들어 시름이 가슴에 답쌓이니

爲酌松醪強自寬　　솔막걸리 잔질하며 애써 누그리네.

나그네 심사
客意

霜風陣陣漏聲殘　　서릿바람 불어대고 물시계 소리 끊기려 한데
石榻寥寥曉氣寒　　석탑은 고요하고 새벽 기운 차갑기만 하네.
何處故園歸未得　　어디가 고향땅인가 돌아가지 못하는 몸
海西千里歲將闌　　천 리 밖 해서엔 한 해가 저물어 간다.

송헌에서
松軒

松軒獨坐喧俱息　　송헌에 홀로 앉았자니 시끄러움 다 사라지고
野雪初晴月色新　　들판에 날리던 눈 개이자 달빛 더욱 새로워라.
閑撫素琴三弄罷　　유연히 소금[102]을 어루만져 세 가락 타고나니
不堪幽興十分淸　　그윽한 흥치 십분 맑아져 주체할 수 없어라.

한밤에 앉아
夜坐

殘燈耿耿夜初深　　쇠잔한 등불 가물가물 밤은 깊어만 가는데
病客寥寥意難禁　　병든 길손 적막 속에 어쩔 수 없는 심사여.
雪榻倚來無一睡　　눈가의 평상에 의지한 채 한잠도 못 이루는데
烟村何處動寒砧　　이내 낀 마을 어디서 찬 다듬이소리 들려오나.

102) **소금(素琴)** : 아무런 장식도 없고 줄도 걸어 놓지 않은 거문고로, 은자(隱者)의 거문고를 뜻한다. 《송서(宋書) 卷93》 〈도잠전(陶潛傳)〉에 "도연명은 음률(音律)을 모르면서 소금(素琴) 한 벌을 집안에 두었는데 줄이 없다. 술기운이 얼큰하면 손으로 어루만져 뜻만 부쳤다."라고 하였다.

긴긴 밤

永夜

風殘深院漏聲遲	깊숙한 집에 바람 잦아들고 물시계소리 더딘데
正是愁人不寐時	정말 그야말로 시름겨운 사람 잠 못 이룰 때라.
家在洛中何日到	집은 서울에 있는데 어느 날에나 이를런가
思歸一夜鬢成絲	가고픈 마음에 하룻밤 새 머리가 허예지네.

山齋客散酒醒遲	산집에 손님들 흩어지고 술도 더디 깨는데
野樹烟沉日暮時	들나무는 연무에 잠기고 해 저무는 때로세.
捲地飄風吹陣陣	땅을 말아 올릴 듯 회오리바람 불어대는데
漫天密雨下絲絲	하늘을 뒤덮은 빗줄기 올올 촘촘 내리누나.

설재의 〈강천〉 시에 차운하다

次雪齋江天韻

銀海漫漫雪後天	눈 내린 세상은 아득한 은빛 바다
長江極目浩無邊	멀리 장강 바라보니 가없이 드넓어라.
乾坤盡入瓊瑤界	온천지가 온통 옥빛 세계로 들어가니
灝灝還如混沌前	휑하여 마치 혼돈 이전[103]으로 돌아간 듯.

寒江霽色接長天	맑게 갠 강물은 멀리 하늘과 잇닿았고
銀界茫茫不見邊	은빛 세계 망망하여 끝이 보이지 않네.
得趣漁翁慣淸景	흥취 얻은 어옹 맑은 풍경에 익숙한 듯
撑舟獨酌小洲前	배 대 놓고 작은 물가에서 혼자 잔질하네.

十里長江雪霽天	십 리의 긴 강에 눈이 개이고 나니
銀光遙接海雲邊	은빛은 멀리 바다 구름까지 잇닿았네.

103) 혼돈(混沌) 이전 : '혼돈'은 천지가 나누어지기 이전의 상태를 말한 것인데, 곧 세상이 개벽하기 전에 원기(元氣)가 나눠지지 않아서 한 덩어리로 뭉쳐 있던 시대를 이른다.

起來試捲孤篷看　　일어나서 외로운 선창을 열고 보노라니
萬景都輸一眼前　　일만 경치 시야 속에 모두 실어 오누나.

〈오강회고〉 시에 차운하다
次烏江懷古韻

烏江日夕怒濤驚　　오강에는 해 저물자 파도가 성난 듯 거세져
彷彿當時喑啞聲　　당시 항우의 노기 띤 고함소리 방불하구나.
八載兵戈無限恨　　팔년 동안 싸움 속에 못 다한 한이 있을 터
至今流水尙含情　　지금도 흐르는 강물 여전히 정을 머금었도다.[104)]

玉帳悲歌壯士驚　　장사가 놀라 옥장막에서 비장하게 노래하였으니
漢謳皆是楚軍聲　　한나라 노랫소리 모두가 초나라 군사의 소리라.[105)]
烏江落日西風急　　오강에 해 떨어지고 가을바람 급히 불어대는데
欲渡還羞兒女情　　건너려다 되레 아녀자 같은 정 부끄러워하였네.

---

104) **오강(烏江)에는 …… 머금었도다** : 초패왕(楚覇王) 항우(項羽)가 해하(垓下)의 전투에서 한 고조(漢高祖) 유방(劉邦)에게 패하고 나서 자신을 따르는 기병들에게, 자신이 군대를 일으킨 지 8년 동안 70여 차례 싸움에 진 적이 없는데도 지금 이런 곤경에 처한 것은 하늘이 자신을 망하게 한 것이라고 한탄하며 간신히 포위망을 뚫고 달아났다. 항우가 마침내 오강(烏江)에 이르자 정장(亭長)이 배를 대주며 강동(江東)에서 왕이 되어 권토중래할 수 있다고 하면서 건너기를 재촉하였다. 이에 항우는 자신이 강동의 자제 8천 명을 데리고 강을 건너 왔다가 이제 하나도 살아 돌아가지 못하니 무슨 낯으로 강동의 부형(父兄)들을 만나고, 또 마음속에 부끄러움이 없을 수 없다고 하면서 정장에게 오추마(烏騅馬)를 주고 스스로 목숨을 끊었다.《史記 卷7 項羽本紀》

105) **옥장막에서 …… 소리라** : 원문의 '옥장(玉帳)'은 주장(主將)이 거처하는 막사를 가리키는데, 여기서는 항우가 해하(垓下)에서 유방의 군대에게 포위된 상태의 군막(軍幕)을 말한다. 초(楚)나라 항우가 해하에서 한(漢)나라 유방의 군대에게 포위되어 있을 때 한나라 쪽에서 들려오는 초나라 노래를 듣고 초나라가 이미 한나라의 손에 들어갔다고 생각하고 낙담하며 노래하기를 "힘은 산을 뽑을 만하고 기개는 세상을 덮었건만, 시운이 이롭지 못함이여 오추마가 가지 않는구나. 오추마가 가지 않음은 어쩔 수 없거니와, 우미인아, 우미인아! 너를 어찌한단 말이냐.[力拔山兮氣蓋世 時不利兮騅不逝 騅不逝兮可奈何 虞兮虞兮奈若何]"라고 하였다. 우미인(虞美人)은 항우의 애첩이고, 오추마(烏騅馬)는 항우가 항상 타던 말이다.《史記 卷7 項羽本紀》

고가사를 본떠서 짓다 3수

擬古歌詞 三首

含愁芳草迷空谷	수심 머금은 방초는 빈 골짝에 아득하고
瀉恨潺溪更咽悲	한 쏟는 시냇물 소리 다시 슬피 흐느끼네.
舞殿歌臺何處是	가무 벌이던 누대와 전각은 그 어디던고.
夕陽飛韮爾應知	석양에 날리는 부추여[106] 너는 응당 알리라.

漫漫白雲山中暗	하늘에 가득한 구름 산중이 어둑해지고
漠漠寒雪嶺外翻	자욱이 내리는 눈발 고개 너머에 흩날리네.
有美梅香何處發	아름다운 매화 향기는 어디서 풍겨 오는고
不堪怊悵立黃昏	시름겨운 마음 견디지 못해 황혼에 섰어라.

三冬正苦衣裳脫	겨울 내내 겉옷 벗기 진정 힘들었는데
巖穴還逢雨雪霏	깊은 산속에서 다시 함박눈 만나누나.
雲蔽陽光雖未曝	구름이 햇살 가려 볕조차 쬐지 못하니
山中日落淚難禁	산중에 해가 지면 눈물을 금치 못하네.

중실에게 주다

贈仲實

珍重新詩頻見寄	진귀하고 소중한 시를 자주 부쳐 주니
華牋句句摠瑰琚	화려한 종이에 시구마다 모두 주옥일레.
明窓淨几高聲出	밝은 창가 정갈한 책상에서 크게 읊노라면
斗覺胷中鄙吝除	가슴속 비루한 속진이 문득 씻겨 나간다네.

106) 부추여 : 원문의 '구(韮)'는 오자로 보이는데, 자세히 알 수 없다.

청심당에서 달밤에 즉흥으로 짓다

淸心堂月夜卽事

幽人心事本來淸　　유인의 심사 본래 깨끗하기 마련인데
何況堂名又是淸　　더구나 당호까지 청심으로 지었음에랴.
雪月滿庭羣籟靜　　눈 내린 뜰에 달빛 가득하고 뭇소리 고요한데
箇中添却一分淸　　이 가운데 한 푼의 깨끗한 마음 더 보태었구려.

어떤 이에게 지어 주다

贈人

更上南樓惜別離　　다시 남쪽 누대에 올라 이별을 아쉬워하니
仙區後會定何時　　선경에서 훗날의 만남 어느 때에 정해질꼬.
吳洲見月遙相憶　　오주에서 달 보거든 멀리서 서로 생각키로[107]
倘記丹陽此日隨　　행여 단양에서 그날 어울렸던 일 기억할는지.

多情何忍此分離　　다정한 사이에 어찌 차마 이렇게 헤어지랴
更把深杯脉脉時　　다시 그득한 술잔을 잡노라니 먹먹해지누나.
南去野城元不遠　　남쪽 야성[108]으로 떠나지만 원래 멀지 않으니
秋風匹馬倘相隨　　가을바람에 필마로 서로 따를지도 모르겠구려.

半生於世太支離　　반평생 세상살이 너무도 지루한데
自笑浮名誤昔時　　우스워라 헛된 명성으로 그르친 세월.
嶺外投荒還不恨　　영외 거친 땅으로 내쳐졌지만 한스럽지 않나니
芳隣猶幸共君隨　　좋은 이웃 있어 다행스레 그대와 함께 다녔다오.

---

107) **오주(吳洲)에서 …… 생각키로** : 벗을 그리는 정을 표현한 것으로, 이백(李白)의 〈송장사인지강동(送張舍人之江東)〉 시에 "오주에서 달을 보시거든 천 리 밖의 나를 생각해 주시게.[吳洲如見月 千里幸相思]"라고 하였다. 《古文眞寶 前集 卷1》

108) **야성(野城)** : 경상북도 영덕(盈德)의 옛 이름이다.

그윽한 일[109]

幽事

山回百轉水千重　　산은 수백 겹 둘러있고 물은 일천 굽이인데
中有冥冥遯世蹤　　그 가운데 깊고 깊게 세상 피한 자취 있어라.
東社老僧居最近　　저편 절간의 노승이 매우 가까운 곳에 사노니
隔林風送數聲鍾　　숲 너머 바람이 두어 마디 종소릴 실어 보내네.

경오년 넷째 아들이 생원과에 올랐기에 강목 한 질을 주면서 함께 써 주다

庚午第四男登生員科 書與綱目一帙

年來衰病日侵尋　　근래 들어 노쇠함과 질병이 날로 더하는데
見汝榮光喜不禁　　영광스런 너를 보니 기쁨을 금할 길 없구나.
自歎儒家無長物　　선비 집안이라 진귀한 물건 없음이 한스럽지만
却將綱史表歡心　　다만 강목만으로 기쁨 마음을 표할 뿐이다.

중씨 졸재공의 시에 삼가 화운하다

奉和仲氏拙齋公韻

唇舌叢中白髮長　　온갖 비방 속에 흰머리 늘어만 가는데
一年猶自滯雷陽　　한 해를 그대로 남녘에서 보냈습니다.
相思千里空相望　　천 리 멀리 그리면서 속절없이 바라보니
何日黃花共泛觴　　어느 날에 국화꽃 함께 술잔에 띄우나요.

抱琴無語立黃昏　　거문고 안고서 말없이 황혼에 서 있자니
風打空山萬壑喧　　바람 치는 빈산엔 온 골짝 요란스런 소리.
世路秖今看益險　　오늘날 세상길 갈수록 험해짐만 보이니
不如高卧老衡門　　형문에 높이 누워[110] 늙어짐만 못하리.

---

109) 그윽한 일 : 원문의 '유사(幽事)'는 세상일과 무관한 자연 속의 조용한 일들을 이른다.

110) 형문(衡門)에 높이 누워 : 원문의 '형문'은 은자(隱者)가 주거하는 누추한 집이다. "높이 누워"의 원문인 '고와(高臥)'는 마음을 고상하게 가지고 세상일을 피하여 벼슬도 마다한 채 은거하고 있는 것을 이른다.

칠언율시七言律詩

화학루에 올라 우연히 읊다
登化鶴樓 偶吟

寧親久滯海西州	어버이 모시고 오래간 해서에 머물자니
愛勝長憑化鶴樓	승경이 좋아 길이 화학루에 기대었어라.
數畝方塘初得雨	몇 이랑 되는 연못에는 금세 비가 내리고
一天明月正逢秋	하늘 가득 밝은 달은 정녕 가을을 만났네.
風前寒嘯心猶爽	바람결에 읊조리니 마음 오히려 상쾌하고
醉後狂歌興轉悠	취중에 소리쳐 노래하니 흥 더욱 유유해라.
此景若將輸入句	이런 정경을 장차 시구에 다 실을라치면
詩篇應汗百千牛	그 시편 천백 마리 소를 땀나게 하고말고.[111]

數年多病滯遼州	몇 년 동안 잦은 병으로 요주[112]에 머무르니
撫劍悲歌獨倚樓	칼자루 잡고 서글피 읊조리며 누대에 기대있네.
客恨重重難滌酒	나그네 한 답쌓이니 술도 씻어내기 어렵고
覊愁耿耿不宜秋	객지의 쓸쓸함 짙어져 가을이 안 맞고말고.
一生壯氣空抛擲	일생의 장한 기상 그냥 던져 버리고
半世雄圖竟謬悠	반평생의 큰 지략 결국 어그러졌어라.
末路風波看益險	말로의 풍파 더욱 험난함 보겠으니
藏身吾欲學蝸牛	이 몸을 숨기고 달팽이를 배우련다.[113]

111) 그 …… 하고말고 : 한우충동(汗牛充棟)의 고사를 원용한 표현이다. 곧 어마어마한 양의 시작(詩作)이 나올 것이라는 말이다. 유종원(柳宗元)의 〈육문통묘표(陸文通墓表)〉에, "그 서적을 집에 저장하면 동우(棟宇)에 꽉 들어차고 밖으로 내보내면 소와 말을 땀나게 한다.[處則充棟宇 出則汗牛馬]"라고 한 데서 유래하였다.

112) 요주(遼州) : 황해도 수안(遂安)의 별칭. 요산(遼山). 서주(西州).

113) 달팽이를 배우련다 : 분분하게 명리(名利)를 다투는 세상에 휩쓸리지 않고 유유자적하게 살겠다는 말

零飄數載別皇州　　떠돌아다닌 지 몇 해 동안 서울을 떠나오니
愁裡長吟依翠樓　　시름 속에 길게 읊조리며 화학루에 기댔어라.
一陣淸風驅溽暑　　한바탕의 청량한 바람은 무더위 몰아내고
半簾疎雨報新秋　　발 틈으로 뿌리는 성근 비 새 가을 알리네.
孤鴻雲外聲猶苦　　구름 밖의 외로운 기러기 소리 외려 고단코
獨客天涯思更悠　　하늘가의 외론 나그네 심경 다시 유유하여라.
遙想故園田事畢　　멀리 생각하니 고향에는 농사일 다 마치고
柳堤閑放老農牛　　버들 언덕엔 농사짓던 늙은 소 한가롭겠다.

화학루에서 짓다
題化鶴樓

遠承綸命到西州　　왕명 받들고 서쪽 고을에 이르니
御史風情第一儔　　어사의 풍정 제일의 짝이로구나.
天上仙娥來畫閣　　천상의 선녀가 화려한 누각으로 내려오고
雲間鶴馭降靑樓　　구름 사이로 학을 탄 신선 단청 누대로 오네.
嬌生素面娥眉蹙　　교태부리는 하얀 얼굴에는 예쁜 눈썹 찡그리고
羞滿丹腮粉汗流　　수줍음 가득한 붉은 뺨엔 분내 배인 땀 흘러라.
未必新人不如舊　　반드시 새 사람이 예전 사람만 못한 건 아니니
相思何用謾搔頭　　서로 그리며 부질없이 머리 긁적일 것 있으랴.

飄飄仙駕住遼州　　표표히 나는 신선의 수레가 요주에 멈추니
落落精神逈絕儔　　뇌뢰락락[114]한 정신 무리를 훨씬 초월하시네.
蔭下淸威傾翠蓋　　깨끗한 위엄에 푸른 일산을 기울이고[115]

이다. 원문의 '와우(蝸牛)'는 달팽이의 두 뿔에 만(蠻)과 촉(觸)이라는 나라가 각기 자리 잡고서 하루가 멀다 하고 영토 쟁탈전을 벌인다는 우화에서 비롯된 것이다.《莊子 則陽》

114) **뇌뢰락락(磊磊落落)** : 뜻이 고상하고 원대하여 잗다란 일에 구애받지 않는 것을 말한다.《진서(晉書)》〈석륵재기(石勒載記)〉에 "대장부의 행사는 의당 뇌뢰락락하여 마치 일월처럼 명백해야 한다.[大丈夫行事 當磊磊落落 如日月皎然]"라고 하였다.

115) **푸른 일산을 기울이고** : 원문의 '경취개(傾翠蓋)'는 길가에서 서로 만나 수레의 일산을 기울이고 잠깐 이야

況承華筵陟朱樓　　붉은 누각 화려한 잔치자리에 오르심에랴.
枉詩偃蹇臨軒寫　　지어 주신 시 우뚝하니 정자에 나와 쓰셨고
愧汗淋漓竟夜流　　부끄러워 땀이 흥건하니 밤새도록 흘렀어라.
喜見朝來瓊句報　　아침부터 주옥 같은 시구를 반갑게 보니
奉緘三復屢掀頭　　몇 번이고 외워 보면서 고개 자주 끄덕이네.

화학루 현판의 시에 차운하다
次化鶴樓板上韻

誰創名樓破秘慳　　숨기고 아껴둔 곳[116]에다 멋진 누각 누가 세웠나
倚來清快若驂鸞　　올라보니 청쾌하여 난새와 학을 탄 듯하구나.[117]
縈回水勢圍平野　　굽이도는 물의 형세는 평야를 에둘렀고
宛轉雲容媚遠山　　동글동글 구름 모습은 먼 산에 어여쁘네.
麗日遲遲明畵閣　　고운 햇살 길고 길게 화려한 누각 밝히고
光風泛泛慶朱欄　　바람은 살랑살랑 붉은 난간서 경하하네.
莫言下界無眞界　　인간 세상에 신선 세계 없다 말하지 마오
始信羣仙在此間　　신선들이 이 사이에 있다는 말 믿겠도다.

地不秘焉天不慳　　땅은 숨기지 않고 하늘도 아끼지 않았으니
危樓翼翼若翔鸞　　높다란 누각 너울너울 난새가 나는 듯하네.
似蹲似立高低樹　　웅크린 듯 선 듯한 것은 높고 낮은 나무요
如走如飛遠近山　　달리는 듯 나는 듯한 건 원근의 산이로다.
溪柳碧光迷彩閣　　시냇가 버들 푸른빛은 채색 누각에 아른대고

기한다는 뜻으로, 두 사람이 서로 처음 만났지만 의기투합함을 이른다. 《사기(史記)》 권83 〈추양열전(鄒陽列傳)〉의 “흰머리가 되도록 오래 사귀었어도 처음 본 사람처럼 느껴질 때가 있고, 수레 덮개를 기울이고 잠깐 이야기해도 오랜 벗처럼 느껴지는 경우가 있다.[有白頭如新 傾蓋如故]”라는 말에서 유래한 것이다.

116) **숨기고 …… 곳** : 하늘이 아껴두고 땅이 감추어 둔 곳이라는 뜻으로, 일반 사람의 눈으로는 쉽게 찾을 수 없는 비경(秘境)이나 명소(名所)를 가리킨다.

117) **난새와 학(鶴)을 탄 듯하구나** : 신선이 되어 승천하는 것 같다는 말이다. 강엄(江淹)의 별부(別賦)에, “학을 타고 은하수에 오르고, 난새를 타고 하늘에 오른다.[駕鶴上漢 驂鸞騰天]”라고 하였다.

野花紅影襯彫欄　들녘의 붉은 꽃들 아로새긴 난간에 다가섰네.
登臨但覺風生腋　올라보니 겨드랑이에 바람 일어남을 깨닫겠으니
恍惚還疑出世間　황홀경에 세상 밖으로 나간 줄 도리어 의심하네.

부질없이 짓다
漫成

十載風塵汨沒時　십년 동안 풍진세상에서 골몰하기만 했을 뿐
家貧計策百無奇　집안이 빈한해도 별다른 생계 하나 없었네.
愁中漸覺青天去　수심 속에 푸른 하늘[118] 떠나감을 깨닫겠고
病裡還憐白髮隨　병든 몸에 가련하게 흰머리 뒤따르네.
世事坐慵皆落落　세상일은 게으른 성품으로 인해 모두 낙락하고
功名緣拙故遲遲　공명 사업은 졸렬한 사람이라 더디기만 하였네.
從來萬念都虛耳　그동안의 온갖 생각 모두 허사가 되었으니
爭似樽前倒一巵　술동이 앞에서 한 잔을 기울임만 할까 보냐.

天地歸來世道難　천지간에 살아오면서 세상길 험난한데
塵寰無處可開顔　풍진세상에서 얼굴 활짝 펼 곳 없어라.
衰毛颯颯催年老　노쇠한 머리털 슬몃슬몃 늙음을 재촉하고
病骨稜稜刧歲寒　병든 몸뚱이 비썩비썩 추운 날씨 겁나네.
回首故園雲共遠　옛 동산 돌아보니 구름과 함께 아득하고
備心別恨路俱漫　이별의 한 대비하려니 길이 모두 멀구나.
孤吟吟罷還多感　외로이 읊조림 마치니 되레 감회가 많아
獨倚風欞淚自汍　바람 부는 난간에 기대니 눈물이 흐른다.

---

118) **푸른 하늘** : 원문은 '청천(青天)'으로, 풍진과 상대어의 의미로 밝고 깨끗한 세계 또는 청렴한 관리를 비유한 것으로 보인다.

우연히 읊조리다

偶吟

遠客悠悠我獨坐	아득해라 먼 나그네길 나 홀로 앉았노라니
殘燈炯炯點銀缸	쇠잔한 등불 반짝반짝 은항아리에 점찍은 듯.
風生谷口寒侵榻	골짝에 바람 이니 찬 기운 평상에 스며들고
雪滿庭心冷透窓	뜨락에 눈 가득하니 냉기가 창으로 들어오네.
野店家家鳴急杵	들녘 집집에서 다듬이 소리 급하게 울려대니
山村處處吠驚狵	산골 마을 여기저기서 삽살개가 놀라 짖누나.
終宵耿耿都無寐	밤새도록 말똥말똥 도무지 잠 못 이루니
負固守城傲不降	험고함 믿고 성을 지키며 오만하게 항복치 않네.

고을 관아 깨끗한 밤에 우연히 읊다

郡齋淸夜偶唫

迢遞關山歲事徂	멀고 먼 관산에는 한 해가 넘어가는데
胷中萬念轉縈紆	가슴 속 일만의 상념은 더 얼키설키하네.
衰毛漸逐秋霜變	노쇠한 터럭 점점 가을 서리 따라 변하고
羈跡還同夜月孤	나그네 모습 저 달 같이 외로운 신세로고.
斷鴈驚寒雲外叫	추위에 놀란 외기러기 구름 밖에서 울어대고
歸鴻失侶塞邊呼	짝 잃고 돌아가는 기러기는 변방에서 부르짖네.
客愁磊落無由破	더미더미 객지의 수심 깨트릴 길 없으니
自酌羅浮盡一壺	나부춘[119] 자작하며 한 병을 다 마시노라.

關塞風霜歲易徂	변방의 바람서리에 세월은 쉬이도 가는데
多端客恨自相紆	이런저런 나그네의 심회 절로 얽혀 있구나.
病來鬢髮垂垂白	병든 뒤로 귀밑머리는 올올이 희어지고
老去情懷耿耿孤	늙어 가며 정과 회한만 짙어져 고적하네.

---

119) **나부춘(羅浮春)** : 소식(蘇軾)이 혜주(惠州)에 있을 적에 만든 술 이름인데, 나부산(羅浮山)이 보이는 혜주에서 술을 빚었다 하여 붙여졌다.

僻界無人堪寂寞	궁벽한 곳 인적 없으니 적막감 참아내고
他鄕有酒孰招呼	타향이라 술 있어도 누구를 불러 마시랴.
胸中欲滌愁千斛	가슴 속 천곡의 수심을 씻으려 하거니
將盡春江百萬壺	봄 강에서 백 병 만 병의 술 마셔대리.

客裡光陰忽忽徂	객지의 세월은 홀홀히 흘러만 가는데
滿襟愁緖日纒紆	가슴속 시름의 실마리 날로 얽기 설기네.
淸霄有恨詩情苦	맑은 밤에는 안타까움에 시정만 고단하였고
空館無人旅夢孤	빈 객관에는 사람 없어 나그네 꿈 쓸쓸하네.
野外寒鴉驚月散	들밖엔 찬 까마귀 달빛에 놀라 흩어지고
林中宿葉受風呼	숲속의 묵은 나뭇잎 바람 받아 소리 나네.
他鄕物色皆成感	타향의 물색은 온통 감회에 젖게 하지만
排悶時時啜瓦壺	울적한 심정 달래려 때마다 술병 들이키네.

贈仲實

중실에게 주다

頭邊歲月若輕梭	머릿가에 세월이 가벼운 북마냥 빨라
客裡愁懷付短歌	객지의 심회를 짧은 노래에 부치노라.
撫釰自憐多感慨	검을 어루만지니 별의별 감개에 애달프고
撥絃誰復解峨嵯	거문고 튕겨도 뉘 다시 아양곡[120] 이해하랴.
年來歲事猶深蕩	요즘 들어 세상일 그저 무덤덤해지고[121]

120) 아양곡(峨洋曲) : 원문은 '아차(峨嵯)'로, 고산곡(高山曲)을 달리 표현한 것이다. 고산곡은 춘추시대 거문고의 명인인 백아(伯牙)가 타고 그의 벗 종자기(鍾子期)가 들었다는 거문고 곡조로, 원명은 고산유수곡(高山流水曲)이다. 백아가 거문고를 잘 탔는데 종자기는 이것을 잘 알아들었다. 그리하여 백아가 마음속에 '높은 산[高山]'을 두고 거문고를 타면 종자기는 이를 알아듣고 "아, 훌륭하다. 험준하기가 태산과 같다.[善哉 峨峨兮若泰山]"라고 하였으며, 백아가 마음속에 '흐르는 물[流水]'을 두고 거문고를 타면 종자기는 이를 알아듣고 "아, 훌륭하다. 광대히 흐름이 강하와 같다.[善哉 洋洋兮若江河]"라고 하였다. 이를 지음(知音)이라 하여 친구 간에 서로 상대의 포부나 경륜을 알아줌을 비유하게 되었다. 《列子 湯問》

121) 세상일 그저 무덤덤해지고 : 저본에는 '歲事猶深蕩'으로 되어 있으나, 전사(傳寫)의 오류로 보고 '歲(세)'를 '世(세)'로, '深(심)'을 '淡(담)'으로 번역하였다.

老去功名轉跌蹉　　늙어갈수록 공명은 더욱 어그러지네.
強叩衰腔吟欲寫　　노쇠한 몸 추슬러가며 읊조려 쓰려 하나
還嫌禿筆凍難呵　　몽당붓마저 얼어붙어 입김 불기 야속구려.

병마절도사 신경징[122]에 대한 만사
挽申兵使景澄

聞公制閫湖西日　　들으니 공이 호서의 병권을 맡는 날에
上壽椿堂世共榮　　춘부장께 축수하니 세상이 다 부러워하였네.
已慟斑衣成素絰　　색동옷[123]이 상복으로 바뀐 것이 애통하고
忍看牙纛變丹旌　　절도사 깃발이 명정으로 변한 걸 차마 보랴.
回首人來今多改　　둘러보니 모여 있는 분들 옛사람 거의 없고
屈指年光未再更　　손 꼽아보니 해가 채 두 번이 지나지 않았네.
同里同宗相好意　　같은 문중 같은 마을에서 서로 좋아했던 마음에
不堪題挽淚沾纓　　만사 쓰자니 갓끈 적시는 눈물 감당치 못하겠네.

---

122) **신경징(申景澄, 1565～1621)** : 본관은 고령(高靈), 자는 정숙(淨叔)이다. 무과에 급제하여 만포첨사·비인현감·훈련원부 정·남도우후·온성부사·영암군수·전라좌수사·경상수사·충청병사 등을 역임하였다. 1618년(광해군 10)에 공홍수사 재직 중에 해적선을 잡은 공로로 승급되었다.

123) **색동옷** : 원문의 '반의(斑衣)'는 채색된 옷으로, 자식이 부모를 즐겁게 하기 위해 입은 어린아이의 복장을 뜻한다. 춘추시대 초(楚)나라에 노래자(老萊子)라는 은사(隱士)가 있었는데, 어버이를 모시는 효성이 지극하여 나이 일흔에 색동옷을 입고 재롱을 피워 어버이를 즐겁게 해드렸던 고사가 있다. 《小學 稽古》

장단구長短句[124]

무제
無題

牧陂得雨深	소치는 언덕 비 내려 자욱한데
牧童和露滋	목동은 이슬에 흠뻑 젖었어라.
牧童朝牽牧牛去	목동이 아침에 소 끌고 꼴 먹이러 갔다가
暑日還收牧牛疲	더운 한낮에는 지친 소 다시 불러들이네.
前溪後陌任自行	앞 시내 뒷밭두둑 마음껏 돌아다니며
小犢大牛相應鳴	송아지와 어미 소 서로 대꾸하며 우누나.
揮鞭落日倒騎歸	소 몰아 해거름에 거꾸로 탄 채 돌아오니
一笛長風牛背橫	한 젓대소리 바람결에 소 등에 비꼈어라.
還將餘興叩角歌	다시 여흥 있어 소뿔 두드리며 노래하니
若此甯戚誰爲多	이를 영척과 누가 더 낫다고 해야 할까.[125]

124) 저본에는 '배율(排律)'로 구분하였으나, 배율은 제언시(齊言詩)로 일운도저(一韻到底)인데 반해, 이 시는 잡언시(雜言詩, 長短句)이며 전운(轉韻, 換韻)하였으므로 칠언고시(七言古詩) 또는 장단구(長短句)가 마땅한 바, 장단구로 수정하였다.

125) **소뿔 …… 할까** : 춘추시대 위(衛)나라 영척(甯戚)이 제나라에 가서 빈궁하게 지내며 소에게 꼴을 먹이다가 제 환공(齊桓公)을 만나 쇠뿔[牛角]을 치며 자기의 신세를 한탄하는 노래를 부르자, 환공이 그를 비범하게 여겨 수레에 태우고 와서 객경(客卿)에 임명한 고사가 있다.

집구集句[126)]

犬吠門前知客至 李收	문 앞에 개 짖으니 손님이 오신 줄 알겠고	계수
葉鳴窓外覺風來 景著	창밖에 나뭇잎 나부끼니 바람 부는 줄 알겠네.	경저
空齋寂寥多幽趣 李收	적막한 빈집에 그윽한 흥취 많으니	계수
自起翛然滿酌盃 景著	얼른 몸 일으켜 잔 가득 술 따르네.	경저

126) **집구(集句)** : 타인과 함께 시구를 지어 모아 만든 시(詩).

문

文

부賦

‘졸자는 한가롭다’[127]는 글귀에 대한 부 拙者逸賦

을해년 향시에 공이 장원을 했으니, 16세 때이다.

乙亥鄕試 公居魁 十六歲時也

何時俗之工巧兮 어찌하여 세속의 사람들은 교묘한가
競乘時而騁智 다투어 때를 틈타 지혜를 부리도다.
旣自以心爲形役兮 스스로 마음을 육신의 노예로 삼음이여
競勤苦而無俾 다투어 애써 고생하지만 보탬이 없도다.
聞拙者之有逸兮 듣건대 졸자는 편안함이 있다하니
感濂溪之格說 염계의 올바른 말씀에 감동하였도다.
念旣絶於物欲兮 생각에서 물욕을 끊어버렸음이여
心坦蕩而自適 마음이 평탄하고 유유자적하도다.
原守己之有要兮 몸을 지킴에는 본래 요체가 있음이여
在澹然而無爲 담담하여 작위 함이 없는데 있도다.
苟役役於營求兮 구차히 영리를 추구함에 골몰함이여
身自勞而自危 몸이 스스로 수고롭고 위태하도다.
肆君子之拔俗兮 이리하여 군자는 세속을 초탈함이여
獨葆光而養拙 홀로 광채 감추고 졸함을 기르도다.[128]

---

127) **졸자(拙者)는 한가롭다** : 북송(北宋)의 유학자 염계(濂溪) 주돈이(周敦頤)가 지은 〈졸부(拙賦)〉에 나오는 글귀로, “교자(巧者)는 말을 잘 하고 졸자(拙者)는 말이 없으며, 교자는 수고롭고 졸자는 한가하며, 교자는 남을 해치고 졸자는 덕이 있으며, 교자는 흉하고 졸자는 길하다.[巧者言 拙者默 巧者勞 拙者逸 巧者賊 拙者德 巧者凶 拙者吉]”라고 하였다. 여기서 교자는 약삭빠르고 잔재주가 많은 사람이고, 졸자는 지둔하고 재주가 없는 사람을 이른다. 〈졸부〉는 《성리대전(性理大全)》 70권에 수록되어 있다.

128) **광채 …… 기르도다** : 외물(外物)에 대한 관심을 끊고 재지(才智)를 발산하지 않으며 성실한 내면을 기

心無華而悃愊兮	마음에 꾸밈이 없고 진실함이여[129]
口不言而欲訥	입은 말하지 않고 어눌코자 하도다.[130]
循天理而不悖兮	천리를 따라 어긋나지 않음이여
與萬物而無競	만물과 더불어 다툼이 없도다.
絕外慕而不求兮	외물을 흠모하는 마음[131] 끊고 추구하지 않음이여
恒居易而俟命	항상 평이함에 처하여 천명을 기다리도다.[132]
任天眞之浩浩兮	천진[133]의 여유롭고 여유로움에 맡김이여
去智慮之規規	지혜와 생각의 급급함을 버리었도다.
身無辱於安分兮	분수를 편안히 여김에 몸에 욕됨이 없음이여
心自閒於知機	기미를 아는 데서 마음이 한가로워지도다.[134]
旣蕩蕩而無憂兮	마음이 끝없이 넓어서[135] 근심이 없음이여
夫何往而不自得	무엇을 한들 스스로 만족하지 않겠는가.
得斯守拙之爲貴兮	이에 수졸[136]함을 귀하게 여김이여

르면서 한가로이 사는 것을 이른다.

129) **꾸밈이 …… 진실함이여** : 《후한서(後漢書)》 〈장제기(章帝紀)〉에 "안온하고 조용한 관리는 진실하고 꾸밈이 없어, 하루하루 계산해보면 부족할지라도 다달이 계산해보면 항상 유여하다.[安靜之吏 悃愊無華 日計不足 月計有餘]"라고 한 데서 온 말이다.

130) **말하지 …… 하도다** : 《논어》 〈이인(里仁)〉에 "군자는 말에는 어눌하고 행실에는 민첩하고자 한다.[君子欲訥於言而敏於行]"라는 공자의 말씀이 보인다.

131) **외물을 흠모하는 마음** : 원문의 '외모(外慕)'는 부귀공명 따위의 외적인 것을 사모하는 마음 곧 이익과 명성.

132) **평이함에 …… 기다리도다** : 《중용장구(中庸章句)》 제14장에 "군자는 평이함에 처하여 천명을 기다리고, 소인은 위험한 짓을 행하면서 요행을 바란다.[君子居易以俟命 小人行險以徼幸]"라는 말이 보인다. 이에 주자는 거이(居易)는 현재의 위치에 따라 행함이고, 사명(俟命)은 밖의 것을 원하지 않는 것이라고 하였다.

133) **천진(天眞)** : 하늘에서 부여받은 순수한 성품 또는 진솔함을 이른다.

134) **분수를 …… 한가로워지도다** : 송(宋)나라의 학자 소옹(邵雍)의 〈안분음(安分吟)〉에 "분수를 편안케 하면 몸에 욕됨이 없고, 기미(幾微)를 알면 마음이 스스로 한가로워지네. 비록 인간 세상에 살더라도, 도리어 인간 세상에서 벗어나야 하네.[安分身無辱 知機心自閑 雖居人世上 却是出人間]"라고 하였다.

135) **마음이 …… 넓어서** : 무엇에도 구애받지 않고 활달한 자세로 군자의 넓고도 여유 있는 마음가짐을 말한다. 《논어》 〈술이(述而)〉에 "군자는 마음이 넓고 여유 있는 반면에, 소인은 항상 근심으로 가득 차 있다.[君子坦蕩蕩 小人長戚戚]"라는 공자의 말씀이 보인다.

136) **수졸(守拙)** : 세상과 어울리기 위해 교사(巧詐)한 짓을 하지 않고, 자신의 진솔한 본성을 지키며 살아가는 것을 이른다. 참고로 도잠(陶潛)의 시에 "남쪽 들판의 끝 황량한 밭을 일구고서, 고졸(古拙)한 본성

不求安而自逸	편안함 구하지 않아도 절로 편안하도다.
嗟世人之貿貿兮	아 세상 뭇 사람들이 무지몽매함이여
謾智巧之是逞	부질없이 지혜와 기교만 부리도다.
志常馳於營爲兮	뜻이 항상 경영함에 치달림이여
紛行險而僥倖	분분히 위험한 짓을 행하면서 요행을 바라도다.[137]
畢竟智窮而力殫兮	필경에는 지혜와 힘 모두 다함이여
徒戚戚兮奚益	한갓 근심 걱정한들 무슨 유익함 있으랴.
是所爲巧者之反拙兮	이에 교묘함이 도리어 졸함이 됨이여
果孰得而孰失	과연 어느 것이 득이요 실이겠는가.
曰余藏六於江湖兮	강호에다 거북처럼 내 몸을 숨김이여[138]
羞與世而抹摋	세상과 더불어 말살됨을 부끄럽게 여기도다.
甘處約而守靜兮	기꺼이 곤궁함에 처하면서 고요함을 지킴이여[139]
循天然而樂天	천연에 순응하며 천명을 즐기노라.
保吾拙而無營兮	나의 졸함을 보전하며 경영함이 없음이여
聊頤神而永年	애오라지 정신을 수양하며 천수를 누리리라.
演周子之遺訓兮	주자[140]께서 남기신 훈계를 연역함이여
作短箴而自飭	짧은 잠언을 지어서 스스로를 조심하노라.

지키며 전원에 돌아와 사노매라.[開荒南野際 守拙歸田園]"라는 구절이 있다.《陶淵明集 卷2 歸田園居》

137) **위험한 …… 바라도다** : 각주 132) 참조.

138) **거북처럼 …… 숨김이여** : 원문의 '장륙(藏六)'은 구장륙(龜藏六)의 준말로, 거북이가 위험을 만나면 머리와 꼬리, 네 발을 등껍질 속으로 숨겨서 해를 피하므로, 후대에 재주와 덕이 있는 사람이 자신을 드러내지 않고 은거하여 남들의 질시와 화를 면하는 것을 비유하는 의미로 사용되었다.《雜阿含經 卷43》

139) **곤궁함에 …… 지킴이여** : 곤궁함에 처한다는 것은《논어》〈이인(里仁)〉에 "인하지 못한 자는 오랫동안 곤궁함에 처할 수 없으며 장구하게 즐거움에 처할 수 없으니, 인자(仁者)는 인을 편안히 여기고 지자(智者)는 인을 이롭게 여긴다.[不仁者 不可以久處約 不可以長處樂 仁者安仁 知者利仁]"에서 원용한 것이고, 고요함을 지킨다는 것은 청정(淸靜)하게 살며 세상에 욕심이 없음을 이른 것으로《도덕경》제16장에 "텅 빔의 극치에 이르고 고요함을 돈독하게 지켜라.[致虛極 守靜篤]"라고 하였다.

140) **주자(周子)** : 송유(宋儒)인 염계(濂溪) 주돈이(周敦頤)에 대한 존칭이다.

'어려서 이루어짐은 타고난 천성과 같다'[141]는 글귀에 대한 부
小成若天性賦

《희역》〈몽괘(蒙卦)〉에 어릴 때에 바름을 길러주어야 한다는 글귀[142]를 상고하고, 《예기》〈학기(學記)〉편에 미리 가르쳐야 한다는 글[143]을 우러르노라. 진실로 제때에 잘 기른다면 곧 천리(天理)를 온전히 보전할 것이다. '어려서 이루어짐은 천성'이라는 말씀을 듣고 성인께서 밝게 가르쳐주셨음을 기뻐하였다. 어린아이의 마음은 본래 순수하니, 어찌 사려가 멋대로 생겨나겠는가. 한 마음이 맑아 거짓이 없기에 어버이를 사랑하고 형을 공경할 줄을 안다. 만 가지 성품이 모두 갖춰 있음을 알 수 있으니, 하늘이 부여한 큰 덕을 온전히 한 것이다. 이러한 때에 길러줌이 있으면 진실로 성인이 되는 법칙이니, 나이가 들어 점점 성장할수록 결국에는 습관에 따라 서로 차이가 벌어지게 된다. 인자한 성품은 날로 사그라져 온 마음을 물욕에 빠뜨리게 된다. 비록 흠칫 놀라 돌아올 줄을 알지만 부지런히 애써도 이루기 어려움을 어찌하랴. 그러므로 군자가 이를 측은하게 여겨 어릴 적에 가르칠 것을 간곡히 당부하였던 것이다. 자라면서 말할 줄 알 때로부터 가르치고 기르기를 제때에 맞게 하여 부모께 효도하고 임금께 충성하는 도리와 자기 몸을 닦고 남을 다스리는 방법을 좌우에서 잡아주고 끌어주면서 귀에 박히고 뱃속에 가득 차게 해야 한다. 어릴 때에 바름을 길러준다면 어찌 장성해서 실행하는 데에[144] 잘못됨이 있겠는가. 마음과 지혜가 함께 자라고 습관이 교화로 더불어 서로 이루어진다. 그래서 덕성이 이미 어린아이일 때[145] 이루어지고 타고난 자품이 편

---

141) 어려서 …… 같다 : 이 글귀는 공자의 말씀으로 《대대례기(大戴禮記)》 권3 〈보부(保傅)〉에 "어려서부터 기른 습관은 본성과도 같아서 익숙해지면 평상처럼 된다.[少成若性 習貫之爲常]"라고 보이는데, 《안씨가훈(顔氏家訓)》 〈교자편(教子篇)〉에 "어려서 이루어진 것은 천성과 같으며, 반복해서 익숙한 것은 원래 그러한 것과 같다.[小成若天性 習慣如自然]"라고 인용되었다.

142) 《희역(羲易)》 …… 글귀 : 희역은 복희씨(伏羲氏)가 팔괘(八卦)를 그은 역이라는 말로, 《주역》의 별칭이며, 〈몽괘(蒙卦)·단전(彖傳)〉에 "어릴 때에 바름을 길러줌이 성인이 되는 공부이다.[蒙以養正 聖功]" 하였는데, 정이(程頤)의 《역전(易傳)》에 "개발되지 않은 것을 몽이라고 하니, 순일(純一)하고 개발되지 않은 어릴 때에 그 바름을 기르는 것이 곧 성인이 되는 공부이다." 하였다.

143) 《예기(禮記)》 …… 글 : "대학의 법은 발하기 전에 미리 금함을 가르치는 것을 예(豫)라 이르고, 적당한 시기에 가르치는 것을 시(時)라 이른다. [大學之法 禁於未發之謂豫 當其可之謂時]"라는 구절이 있다.

144) 장성해서 실행하는 데에 : 원문의 '장행(壯行)'은 어려서 열심히 공부하는 것은 뒤에 장성해서 이것을 실천하려 함을 말한다. 《맹자》 〈양혜왕 하(梁惠王下)〉에 "대저 사람이 어려서 학업을 닦는 목적은 장성해서 이것을 실행하기 위함이다.[夫人幼而學之 壯而欲行之]"라고 하였다.

145) 어린아이일 때 : 원문의 '황소(黃小)'는 《소미통감절요(少微通鑑節要)》 31권에 "모든 백성이 갓 태어난

안히 행하는 데에[146] 가까워진다. 어려서 이루어짐의 효용을 위대하게 여기니, 실로 덕(德)에 들어가는 계제가 된다. 아, 성인의 시대가 멀어지면서 가르침도 해이해져 가르쳐 기르는 것을 미리하지 못함이 개탄스러우니, 청소년 시절 때부터 어리석어져 급기야 노인이 되어서는 무식하게 될 뿐이다. 나는 우매하게 태어났지만 또한 천성을 똑같이 받음을 다행으로 여긴다. 비록 올바름 기르기를 몹시 부족이 하고 일찍 하지도 못했지만 뒷날에 천성처럼 되기를 바라며, 이에 시비를 판별하고자 부(賦)를 지어 스스로 힘써 크게 경계하노라.

稽養正於羲易 仰以豫於學記 苟及時而頤養 斯全其天理 聞少成之天性 喜前修之昭晣 赤子心本自混一 豈思慮之橫生 淡一心之無僞 知愛親與敬兄 諒萬善之俱存 全天賦之大德 倘有養於此時 信作聖之準則 年熚熚而漸長 遂相遠於所習 良性日以消鑠 汩一心於物欲 縱瞿然而知返 奈勤苦之難成 故君子之斯惻 務眷眷於幼時 自提孩而能言 能教養之及期 孝親忠君之道 修己治人之法 左提而右撕 俾盈耳而充腹 旣蒙養之以正 奚壯行之有失 心與智而俱長 習與化而相成 德性已成於黃小 天資自近於安行 偉小成之功用 實入德之階梯 噫 聖遠而敎弛 慨教養之不豫 自青陽而蚩蚩 及黃髮而茫茫 幸吾生之愚蒙 亦天性之同得 縱養乏之不早 庶成性於後日 斯訟而作賦 勖自強而惕若

것을 황(黃)이라 하고, 4세를 소(小)라 하고, 16세를 중(中)이라 하고, 22세를 정(丁)이라 하고, 60세를 노(老)라 한다. 황(黃)은 입이 노란 것으로 새의 새끼들은 어려서 머리가 노란 것을 이르고, 소(小)는 가늘고 약함을 이른다.[凡民 始生爲黃 四歲爲小 十六爲中 二十二爲丁 六十爲老 黃者謂稚幼髮黃也 小謂細弱也]"라고 하였다.

146) **편안히 행하는 데에** : 억지로 힘쓰지 않고도 저절로 행하게 되는 것. 곧 힘 안 들이고 행하는 것을 말한다. 《중용장구》 제20장에, "어떤 사람은 태어나면서부터 도를 알고, 어떤 사람은 배워서 알고, 어떤 사람은 곤고해져서야 알게 되지만, 그 도를 알게 되는 점에 있어서는 모두 마찬가지이다. 어떤 사람은 자연히 편하게 느끼면서 도를 행하고, 어떤 이는 이롭게 생각해서 행하고, 어떤 사람은 억지로 힘써서 행하지만, 공을 이루는 점에 있어서는 모두 마찬가지이다.[或生而知之 或學而知之 或困而知之 及其知之一也 或安而行之 或利而行之 或勉强而行之 及其成功 一也]"라고 하였다.

발跋

《상례통재》에 대한 발문[147]
喪禮通載跋

내가 거상(居喪)하는 중에 상례(喪禮)를 널리 상고해 보려고 일찍이 세자시강원(世子侍講院)에서 아직 탈고되지 않은 상태의 '상례통재(喪禮通載)'를 빌렸었는데, 지은이의 성씨가 기재되어 있지 않아 누가 찬술한 것인지 알 수 없었다. 혹자는 '전에 사인(士人) 신의경(申義慶)이 지은 것'이라고 하였다. 책의 만듦새를 살펴보니, 《가례》[148] 이외에도 고경[149]을 참고하여 원용하였고, 또한 경산의 《가례의절》[150]을 본떠 상례 때 필요한 기물들을 아울러 기록하였으며, 《상복고증(喪服考證)》 1책은 여러 책을 인용하여 그 의의를 드러냈다. 그리고 변례[151]로서 상고할 수 없는 경우에는 우리나라 명현의 의론을 종합하고 자기의 설을 덧붙여 분명하게 밝혀 놓은 부분이 있었다. 심지어는 명(明)나라의 제도와 우리나라의 전례(典禮)에까지 갖추어 기록하지 않은 것이 없으니, 진실로 상례(喪禮)와 제례(祭禮)에 절실하고 긴요한 책이었다. 다만 그 책이 초고 상태로 미처 작업을 끝마치지 못하였으므로 지워서 알아볼 수 없는 곳도 있고, 글이 잘려져 문리(文理)가 이어지지 않는 곳도 있었다.

나는 완전한 책이 되지 못해 작자의 아름다운 뜻이 후세에 전하지 못하는 것을 애석하게 여겼다. 이에 용렬한 재주를 헤아리지 않고 제가(諸家) 및 경문(經文)을 고찰하여 그 중에

147) 이 발문은 《상례통재(喪禮通載)》에 실려 있는바, 이를 근거하여 오탈자를 바로잡아 번역하였다.

148) **《가례(家禮)》** : 송(宋)나라 주자(朱子)가 지은 것으로 전 5권에 부록이 1권인데 《문공가례(文公家禮)》 또는 《주자가례(朱子家禮)》라고도 함. 주로 관혼상제(冠婚喪祭)에 관한 예제(禮制)인데, 원(元)·명(明) 시대는 물론, 우리나라에서도 많이 준용하였다.

149) **고경(古經)** : 진(秦)나라 이전의 경서란 뜻으로, 여기서는 《의례(儀禮)》를 가리킨 것으로 보인다.

150) **경산(瓊山)의 《가례의절(家禮儀節)》** : '경산'은 명(明)나라의 학자 구준(丘濬)으로, 자는 중심(仲深), 호는 심암(深菴)이며, 경산 출신이어서 경산 선생이라고도 한다. 《가례의절(家禮儀節)》은 구준의 저술로, 주희(朱熹)의 《가례》를 당시의 제도에 맞게 가감하고 매 장(章)의 끝에 주석과 고증을 붙여 8권으로 편찬한 책이다.

151) **변례(變禮)** : 비정상적이거나 예외적으로 일어나는 상황에서 지켜야 하는 예법(禮法). 곧 특수한 상황에 직면하여 상례(常禮)로 행하지 못하고 임기응변으로 행하는 예를 이른다.

빠진 부분을 보완하고 뒤섞이고 거꾸로 된 조목도 아울러 하나하나 바로잡고서 윤색하여 상·하 두 책으로 깨끗하게 써서 집안사람들이 상고하고 열람할 수 있도록 갖추어 놓는다. 뒤에 이를 보는 사람은 나의 참람함을 용서해주기 바란다.

만력 기원 정미년(1607) 9월

余於草土中 欲博考喪禮 嘗從春坊 借得喪禮通載未脫藁之書 不記作者姓氏 未知誰所撰述 或云曩時士人申義慶之所作 觀其爲書 家禮之外 參用古經 且倣瓊山儀節 幷錄需用之具 考証一冊 引用諸書 以見其義 變禮之無可考者 雜以東賢之論 附以己說 使有所發明 以至皇制國典 亦無不具錄 誠喪祭禮切要之書也 第其書方在草藁中 未及卒業者 故或有爻周不可解見之處 或有斷簡文理不屬之處 余惜其不得爲完書 使作者美意不傳于後 玆不揆譾薄 考出諸家及經文 以補其缺 條目之錯見顚倒者 幷皆一一斤正而修潤之 繕寫上下兩冊 以備一家之考覽 後之觀者 庶容其僭竊焉

萬曆紀元之丁未杪秋

《의례고람》에 대한 발문

儀禮考覽跋

《의례》[152] 한 책은 곧 주공(周公)이 지은 것이다. 위로 천자(天子)와 제후(諸侯)로부터 아래로 공경(公卿)과 사대부(士大夫)에 이르기까지 집안과 고을과 나라에서 행하는 예가 다 갖추어지지 않은 것이 없었는데, 불행하게도 끝내 진화[153]를 입게 되었다. 경서가 흩어져 없어진 뒤에 고당생이 《의례》 17편을 얻었지만,[154] 《의례》에 남아 있는 것은 오직 〈사상례(士喪禮)〉, 〈사우례(士虞禮)〉 등뿐으로, 천자·제후·경대부에 대한 의례는 모두 빠져 있었다. 고정 주문공[155]이 《의례》를 경(經)으로 삼고 《예기(禮記)》를 전(傳)으로 삼아, 《의례경전통해》[156]를 수찬하여 그 없는 것을 보충하고, 또 《상례(喪禮)》를 면재 황 선생[157]에게 부탁하여 수정하고 보완하게 하니, 이것이 《의례경전통해속》[158]이다. 그리하여 삼천 삼백 가지의 위의와 예의[159]가 찬연히 다시 갖추어져서 비로소 완전한 책이 되니, 참으로 예가(禮家)의

---

152) 《의례(儀禮)》 : 주(周)나라 때 관(冠)·혼(婚)·상(喪)·제(祭) 등을 기록한 글. 《주례(周禮)》·《예기(禮記)》와 합쳐 삼례(三禮)라 일컫는다.

153) 진화(秦火) : 진(秦)나라 시황제(始皇帝)가 즉위 34년에 의약(醫藥)·복서(卜筮)·종수(種樹)에 관한 책 이외의 모든 사상가(思想家)의 책들을 거두어 불살라 버린 이른바 분서(焚書) 사건을 말한다.

154) 고당생(高堂生)이 …… 얻었지만 : 한(漢)나라 초기에 노(魯)의 고당생이 진화(秦火)에 타고 남은 예경(禮經) 17편을 전수하였고, 그 뒤에 대덕(戴德)과 대성(戴聖)에 이르러 대대적으로 전(傳)이 편찬되었다 한다. 《漢書 卷88》 한나라 유학자가 예를 말한 것은 모두 대덕의 글을 기본으로 하였다.

155) 고정(考亭) 주문공(朱文公) : '고정'은 주자(朱子)가 살았던 곳의 지명으로, 주자의 별호이며, 문공(文公)은 그의 시호이다.

156) 《의례경전통해(儀禮經傳通解)》 : 송나라 주자가 《의례》를 중심으로 《예기》와 경사(經史)에 있는 예설(禮說), 선유(先儒)들의 학설을 모아 편찬한 책으로 원집 37권과 속집 29권으로 되어 있다. 원집의 내용은 가례·향례·방국례 등이고, 속집은 황간(黃榦)이 편찬한 상례편 15권과 양복(楊復)이 편찬한 제례편 14권으로 구성되어 있다.

157) 면재(勉齋) 황 선생(黃先生) : 송나라 때 학자 황간으로 자는 직경(直卿), 호는 면재(勉齋), 시호는 문숙(文肅)이다. 주자(朱子)의 고제(高弟)이고, 셋째 사위이기도 하다. 주자의 《의례경전통해(儀禮經傳通解)》를 완성하였다.

158) 《의례경전통해속(儀禮經傳通解續)》 : 주자의 문인인 황간이 편집한 책으로 모두 29권이다. 상례(喪禮)와 제례(祭禮)에 관한 것은 주자가 초고를 만들지 못하였기 때문에 그가 죽은 뒤 황간이 보충하고, 다시 양복(楊復)이 이것을 정리하여 완성한 것이다.

159) 삼천 삼백(三千三百)가지의 위의(威儀)와 예의(禮儀) : 《예기》 〈예기(禮器)〉에 "경례(經禮)가 삼백(三百) 가지이고, 곡례(曲禮)가 삼천(三千) 가지이다." 하였는데, 경례는 큰 예법을, 곡례는 작은 예법을 말한다. '위의'는 곡례(曲禮)를, '예의'는 경례(經禮)를 이른다. 또한 《중용》 20장에 "文武之政 布在方策 …… "과 27장에 "禮儀三百 威儀三千 待其人而後行 …… "이라고 보인다.

원조(元祖)요, 만세의 보전(寶典)이다. 그런데 이 책이 세상에 매우 드물어 사람들이 볼 수가 없었다. 비록 예를 좋아하는 사람이라도 역시 모두 고경(古經)에 어두워 조금이라도 상례(喪禮)를 행해야 할 처지가 되면 방향을 잃고 어쩔 줄 모르는 처지를 면치 못하니, 나는 일찍이 이를 안타깝게 여겨왔다.

지난 해 상중(喪中)에 있을 때, 어떤 사람에게서 《의례경전통해속》을 빌리고는 상례(喪禮)를 상고하여 날마다 일찍이 보지도 듣지도 못했던 말들을 반복하여 읽으면서 가슴에 새겨둘 자료로 삼았다. 다만 이 간책(簡策)이 많고 크며 편목이 각각 달라서 한번 보고 분명하게 알 수가 없었고, 주소가(註疏家)의 해석이 뒤섞여 나와서 숙독하여 한 번에 통하는 자가 아니면 갑자기 상고하기가 어려웠다. 내가 이를 기록하는 틈틈이 분수에 넘친다는 것을 모르고 따로 통고(通考)하는 글을 만들어 찾아보기 편하게 하려 하였다. 그래서 사상례(士喪禮)와 상기(喪記)를 합하여 하나의 편으로 만들고, 간혹 다른 편에 뒤섞여 나오는 것이 있으면 역시 하나로 합쳐 각각 종류에 따라 서로 붙이고, 주소의 번다한 글은 깎아내고 뜻을 해석한 것만 취하였다. 주소의 해석이 명확하지 않은 경우에는 《예기》 등 여러 책에서 발췌하여 주석으로 달아 돕게 하였고, 차례와 조목은 한결같이 《주문공가례(朱文公家禮)》를 따랐다.

《의례(儀禮)》가 나온 뒤로는 《주문공가례》가 한 시대의 예제(禮制)로 정해져서 오늘날 이를 사용하는 것으로는 《주문공가례》만한 것이 없고, 고금의 예가 똑같지 않은 것은 주문공(朱文公)이 또한 일찍이 《주문공가례》에 절충해 놓았다. 이제 이미 조목으로 취하였으니, 주문공이 가례를 제작한 뜻이 또한 명확하고, 보잘것없는 후학인 나 역시 《주문공가례》처럼 한결같이 고례(古禮)를 본떠서 만든 것이요 사적으로 지은 것이 아니다.

초고가 겨우 완성되었지만 세월이 순간 지나갔고 이 일 저 일로 많이 바빠 한동안 작업을 끝마치지 못하였다. 다행히도 이번에 한가한 몸이 되어 다시 더 수정하여 고치고 차례로 엮은 다음 깨끗이 써서 모두 6책으로 만들고 양복(楊復)이 지은 〈의례도(儀禮圖)〉를 뒤에 붙였다. 이는 한가할 때 열람할 것에 불과할 뿐이요, 감히 사우(士友)들과 함께 하고자 한 것은 아니다. 보는 이들은 나의 참망함을 용서하기 바란다.

만력 신해년(1611) 5월 일

儀禮一書 乃周公之所制也 上自天子諸侯 下至卿大夫士 家鄕邦國之禮 莫不畢備 不幸而卒被秦火 高堂生得十七篇於散亡之餘 所存者只士喪士虞等篇 天子諸侯卿大夫

之禮則皆缺焉 考亭朱文公 以儀禮爲經 禮記爲傳 旣修儀禮經傳通解 以補其亡 又屬喪禮于勉齋黃先生 使之修而補之 是爲儀禮經傳通解續 於是 三千三百之威儀禮儀粲然復備而始爲成書 誠禮家之鼻祖 萬世之寶典也 第恨其書絶罕於世 人莫能見 雖好禮之人 亦皆昧昧於古經 少遇喪禮 未免迷方失措 余嘗病之 頃年在草土時 嘗從人借得通解續 攷閱喪禮日記所未見所未聞之語 以爲圭復服膺之資 顧其簡策浩穰 篇目各異 未能一覽了然 且註疏家訓釋錯出 非熟讀一通者 倉卒難考 余於箚記之隙 不揆僭猥 欲別作通考之書 以便飜閱 合士喪禮喪記而一之 間或有錯見於他篇者 亦合而一之 各得以類相從 刻其註疏繁文 惟取解義而若疏釋不明者 取禮記諸本 註以羽翼之 而其序次條目 則一用朱文公家禮 蓋自儀禮以後 定爲一代成制 今用之者 莫如家禮 古今禮不同者 文公亦嘗折衷於家禮 今旣取以目 則文公制作家禮之意 亦明 而小子後學 亦可以家禮之作 一倣古禮而非私撰也 藁甫就而隙駟易過 人事倥偬 久未卒業 幸玆投閑 復加修改 編次繕寫 共成六卷 附楊復儀禮圖于後 不過爲閒中攷覽而已 非敢欲與士友共之也 觀者恕其僭妄焉

萬曆 辛亥 五月 日

《오복통고》에 대한 발문

五服通考跋

옛날에는 상기(喪期)에 정해진 시기가 없어서[160] 단지 심상[161]만을 행하였으니, 은(殷)나라의 고종(高宗)은 양암 3년을 하였으나[162] 상복의 제도에 대해서는 알려진 것이 없었다. 주공(周公)에 이르러 비로소 상복의 경서[163]가 있었고, 자하(子夏)가 전(傳 주석서)을 지어 그 의의를 드러내었다. 이에 자참[164]과 공시[165]의 복제(服制)에 대한 조목이 가지런히 갖추어지면서 각자 친소(親疏)에 따라 상복의 경중을 두게 되었다. 그러나 성인(聖人 주공(周公))이 계셨던 시대와 거리가 멀어질수록 예(禮)의 뜻이 점차 쇠퇴해져서 비록 제도가 있어도 잘 행하는 자가 드물었으니, 《시경(詩經)》의 〈소관〉[166]이 이 때문에 이를 풍자한 것이다. 한(漢)나라

---

160) **상기에 …… 없어서** : 상기(喪期)는 상례(喪禮)에 있어서 대렴(大斂)을 마친 다음 날 복제(服制)에 따라 상복(喪服)을 입는 것을 말한다. 《주역》 〈계사전 하(繫辭傳下)〉에 "옛날 장례(葬禮)하는 자들은 섶을 두껍게 입혀서 들 가운데 장례(葬禮)하여 봉분(封墳)하지 않고 나무를 심지 않으며 상기(喪期)가 일정한 수(數)가 없었다.[古之葬者 厚衣之以薪 葬之中野 不封不樹 喪期無數]"라고 보이는바, 이는 옛날에는 상례(喪禮)가 구비되지 않았음을 말한 것이다.

161) **심상(心喪)** : 상복은 입지 않고 마음속으로만 애도하고 술과 고기를 먹지 않음을 이른다. 옛날에는 부모의 상에도 이렇게 하였는데, 후대에는 상례가 정리되면서부터 오직 스승과 벗 그리고 부재모상(父在母喪)의 경우 어머니를 위해 자최기년복(齊衰期年服)을 입고 1년 동안 심상을 하였다.

162) **양암(諒闇) 3년을 하였으나** : 양암은 고대에 상주(喪主)가 거처하던 곳으로, 제왕의 거상(居喪)을 의미하는 말로 쓰인다. 왕이 상을 당하면 3년 동안 정사를 직접 돌보지 않고 거상에만 전력하는 것이 예법이었다. 《예기》 〈상복사제(喪服四制)〉에 "은나라 고종이 양암에 있으면서 3년 동안 말씀하지 않았다.[高宗諒闇 三年不言]"라는 내용이 보인다. 《서경》 〈열명상(說命上)〉에는, "왕이 양암에서 3년을 거상하여 이미 상을 면하고도 말씀하지 않았다.[王宅憂亮陰三祀 旣免喪 其惟弗言]"라고 하였고, 또 《논어》 〈헌문(憲問)〉에는 고종이 양암(諒陰)에서 3년 동안 말하지 않았다면서, 그 까닭에 대해 "임금이 죽었을 때에는 백관들이 자기의 직책을 총괄하여 3년 동안 총재의 명을 듣는다.[君薨 百官總己 以聽於冢宰三年]"라고 설명한 공자의 말씀이 실려 있다.

163) **상복(喪服)의 경서(經書)** : 《의례》의 〈상복〉 편을 이른다.

164) **자참(齊斬)** : 상복(喪服)의 참최(斬衰)·자최(齊衰)를 말한다. 자최는 거친 베로 짓되 아랫단을 좁게 접어 꿰맨 것으로 어머니는 3년, 조부모는 1년, 증조부모는 5개월, 고조부모는 3개월을 입는다. 참최는 아랫단을 접어서 꿰매지 않은 것으로 아버지와 남편의 3년상에만 입는다.

165) **공시(功緦)** : 오복(五服) 가운데서 9개월 복에 해당하는 대공(大功)과 5개월 복에 해당하는 소공(小功) 그리고 3개월 복에 해당하는 시마(緦麻)를 가리키는데, 주로 손자와 종손자 이하의 항렬이나 다소 먼 친족이 이에 해당한다.

166) **소관(素冠)** : 삼년상(三年喪)을 행하지 않음을 풍자한 시(詩)로, 《시경》 〈회풍(檜風)〉의 "행여 흰 관을 쓴 상주의 수척함을 볼 수 있을까? 노심초사하노라.[庶見素冠兮 棘人欒欒兮 勞心慱慱兮]"라고 한 데서 온 말로, 즉 인심이 야박해져서 부모를 위해 삼년상 입는 것을 볼 수 없는 세태를 풍자한 시이다.

문제(文帝)가 상기(喪期)를 단축한 이후로 마침내 날짜를 달수로 바꾼 제도를 따라서 대상(大喪 국상(國喪))을 36일에 마쳤으니,[167] 이는 매우 전거가 없는 것이었다. 후세에 잘못된 것을 잘못된 채로 답습하고 이를 제대로 정리하여 바로잡지 못해 당(唐)나라 초기에 이르기까지 그러하였다. 그러다가 당나라 태종(太宗)이 위징(魏徵)과 함께 자못 예제(禮制)를 강구하여 큰며느리[嫡婦]는 예전의 복제(服制)에 대공복(大功服)이었으나 기년복[168]으로 올렸고, 지차며느리[衆子婦]는 예전의 복제에 소공복(小功服)이었으나 대공복(大功服)으로 올렸고, 수숙[169] 간에 예전에는 복이 없었는데 소공복을 입게 하였다. 증조(曾祖)에게는 자최 삼월(齊衰三月)의 복을 입었는데 오월복으로 늘렸고, 외숙을 위하여는 시마복[170]을 입었는데 소공복으로 올려 이모(姨母)와 똑같게 하고, 외손을 위하여는 시마복을 입었는데 소공복으로 올려서 보답하게 하였다. 아버지가 살아 계실 경우에 어머니를 위해서는 예전 복제에는 기년복을 입었는데, 고종(高宗)이 무후(武后)의 상을 따라 3년으로 늘릴 것을 청하였고, 부인은 남편의 이모와 외숙을 위하여 예전에는 복이 없었는데 명나라 황제가 남편을 따라 복을 입게 하였고, 또 외숙모에게는 시마복(緦麻服)으로 늘려 입게 하였다.

장열과 소숭 등이 《개원례(開元禮)》를 찬술하여[171] 한 시대의 전례(典禮)로 정하였으니, 그 덜고 더한 것 역시 그들의 의도에서 나온 것이 아니었고, 대체로 예전부터 인습하던 예를 따랐던 것이다. 송(宋)나라 때에 이르러 시부모의 복은 지팡이를 짚지 않는 기년복이었는데 남편을 따라 삼년복을 입게 하였고, 명나라 때는 이를 확대하여 부모의 복은 모두 참최 삼년[172]의 복을 입게 하였다. 우리나라의 제도는 비록 명나라의 제도를 참작하였으나 이 가운

167) **한(漢)나라 …… 마쳤으니** : 한 문제(漢文帝)가 삼년복상(三年服喪)의 제도를 하루를 한 달로 계산하는 이일역월제(以日易月制)로 고쳐서 36일 만에 상복을 벗게 한 것을 말한다. 《漢書 卷4 文帝紀》

168) **기년복(期年服)** : 한 돌 동안만 입는 복(服). 곧 1년 복이다.

169) **수숙(嫂叔)** : 형제의 아내와 남편의 형제 곧 형수와 시동생. 또는 시숙과 제수.

170) **시마복(緦麻服)** : 오복(五服) 중에서 가장 짧은 3달 동안 입는 상복이다. 본종(本宗)의 종증조(從曾祖)·삼종형제(三從兄弟)·중증손(衆曾孫)·중현손(衆玄孫)과 외친(外親)의 당형제자매(堂兄弟姊妹)·처모(妻母) 등의 상사(喪事)에 입었다. 상복은 익힌 삼베로 만드는데 대공(大功) 보다는 올이 거칠고, 소공(小功) 보다는 고운 베를 썼다.

171) **장열(張說)과 …… 찬술하여** : 당나라 현종(玄宗) 개원(開元) 19년에 장열이 《현경례주(顯慶禮註)》의 내용이 앞부분과 뒷부분이 서로 다르니, 이를 절충하여 당나라의 예(禮)로 삼아야 한다고 아뢰자, 황제가 조서를 내려 소숭(蕭嵩) 등으로 하여금 찬정(撰定)하게 한 책이 《개원례(開元禮)》이다. 원명(原名)은 《대당개원례(大唐開元禮)》이다.

172) **참최 삼년(斬衰三年)** : 오복(五服) 중 가장 무거운 복(服)으로, 거친 삼베로 짓고 아랫단을 꿰매지 않은 상복을 3년 동안 입는 복제(服制)를 말한다. 《朱子家禮 卷4 喪禮 成服》

데 역시 세속에 따라 더하고 덜한 것이 많으니, 고금의 복제(服制)의 연혁이 시대마다 각각 달라서 일일이 헤아리기가 어렵다.

세상의 학자들은 단지 《주자가례(朱子家禮)》만 높이고 숭상하여 하나같이 따를 줄만 알고, 옛 예(禮)가 어떠했는지, 지금의 제도가 어떠한지는 알지 못하고, 역대의 연혁에 대해서도 깜깜하다. 비록 박식하고 고아하며 예를 좋아하는 군자라도 역시 여러 책을 널리 고찰한 뒤에야 그 중 한두 가지를 알 뿐이니, 나는 속으로 이를 안타까워해 왔다.

때마침 한가한 중에 있게 되어 예서(禮書)를 열람하다가 자신의 변변찮음을 스스로 헤아리지 못하고 고금에 행했던 제도를 한데 모으고 차례대로 나열해 적어서 일목요연하게 하고, 또 고금의 연혁을 각 조목마다 아래에 배치하였으며, 《고려사(高麗史)》에 실려 있는 고려의 제도에 이르기까지 모두 수집하지 않은 것이 없다. 그리고 친속의 오복[173] 이외에도 예컨대 스승과 벗·거주·동찬·개장[174]의 경우와 군현의 아전들이 수령을 위한 것과 복례(僕隷)들이 주인을 위하여 입는 복들도 아울러 기록하여 도합 상·하 두 권으로 만들고는 이름을 《오복통고(五服通考)》라고 하였으니, 참람한 죄를 진실로 면하기가 어렵다. 그러나 한 집안의 편람을 위한 것에 불과할 뿐이요, 감히 사우(士友)들과 함께하고자 한 것은 아니니, 보는 분들은 부디 용서하기 바란다.

천계(天啓) 을축년(1625) 5월 상순

古者 喪期無數 只行心喪 殷之高宗 諒闇三年 而喪服之制 蓋未有聞 至於周公 始有喪服之經 子夏作傳 以發其義 於是 齊斬功緦之服 井井有條 各因親踈而服爲之輕重 然而去聖愈遠 禮意漸衰 雖有其制 能行之者鮮矣 此詩之素冠所由刺也 自漢文短喪之後 遂用以日易月之制 大喪三十六日除 其無稽甚矣 後世承訛襲謬 莫之釐正 以至於唐初泯泯也 唐太宗與魏徵 頗講禮制 嫡婦舊服 大功而升爲期年 衆子婦舊服小功而升爲大功 嫂叔舊無服 而令服小功 曾祖齊衰三月 而加爲五月 爲舅緦也 而升小功俾同於姨 爲甥緦也 而升小功 使爲之報 父在爲母 舊服期 而高宗從武后之喪 請增爲

173) **오복(五服)** : 다섯 가지 복제(服制)로 삼년복(三年服)·기년복(朞年服)·대공구월복(大功九月服)·소공오월복(小功五月服)·시마삼월복(緦麻三月服)을 이른다.

174) **거주(擧主)·동찬(同爨)·개장(改葬)** : '거주'는 자신을 관직에 추천한 사람이고, '동찬'은 한집에 살면서 함께 밥을 지어먹은 사람이고, '개장'은 선조에 대한 이장(移葬)으로, 벗은 물론이요 이들에게도 모두 3월복을 입는다. 다만 스승에게는 3년, 또는 기년 9월·5월·4월 등 정리(情理)에 따라 입는다.

三年 婦人爲夫之姨舅舊無服 而明皇令從夫而服 又增舅母服緦麻 張說蕭嵩之輩 撰述開元禮 定爲一代之典 其所損益者 亦非出於己意 蓋由流來因襲之禮然也 洎乎宋朝 舅姑之服 不杖期而令從夫而服三年 皇朝有大焉 父母之服 俱斬衰三年 我國之制則雖倣皇朝 而其中亦多因俗增損 古今服制之沿革 代各不同 難以悉數 世之學者 徒知尊尙家禮 一遵行之 而不知古禮之如何 今制之如何 且於歷代之沿革 昧昧如也 雖以博雅好禮之君子 亦必遍考諸書然後 知其一二焉 余竊病之 適在閒中 披閱禮書之暇 自不揆譾薄 裒集古今所行之制 次第列書 使之一覽瞭然 又置古今沿革於逐條之下 以至麗制之載於麗史者 無不俱收 親屬五服之外 如師友擧主同爨改葬 與夫郡縣吏爲守令 僕隸爲其主之服 亦皆幷錄 合爲上下兩卷 名之曰五服通考 僭竊之罪 固無所逃 而不過爲一家便覽而已 非敢欲與士友共之也 觀者幸恕焉

天啓 乙丑 五月 上澣

서書

창석 이준[175]에게 주는 서한
與李蒼石埈書

제가 만 리 먼 길을 가는데 한 말씀 주시기 원합니다. 남행길은 수일 내에 출발하려 하니, 가까운 때 여가를 틈타 찾아뵙고자 합니다. 송구하게 말씀드리건대, 일전에 말씀드린 '국만등록(國挽謄錄)'을 간절하게 한번 보고자 하니, 찾아서 부쳐 주시기 바랍니다. -위의 서찰은 「관동별장(關東別章)」 첩(帖) 끝에 보인다.-

萬里有行 願賜一言 □□南行 欲於數日內將發 近欲乘暇委拜 就怕前達國挽謄錄 切欲一見 望賜搜付 -右書見關東別章帖末-

175) 이준(李埈, 1560~1635) : 본관은 흥양(興陽), 자는 숙평(叔平), 호는 창석(蒼石), 시호는 문간(文簡)이다. 서애 류성룡의 문인으로 임진왜란 때에는 의병을 일으켜 왜적과 싸웠다. 광해군 때 정인홍에 반대하여 벼슬을 버리고 고향으로 돌아갔다가 인조반정 이후에 다시 등용되어 응교·사간·승지·대사간·부제학 등을 지냈다. 이준은 정경세(鄭經世)와 더불어 류성룡의 학통을 이어받아 당시의 학계에서 중요한 위치를 차지했으며, 남인(南人)의 세력을 결집하고 여론을 주도하였다. 저서로는 《창석집》이 있다.

계啓[176)]

○ 갑오년(1594, 선조 27) 정월 초1일에 하은공이 가주서[177)]로서 입시(入侍)하였다. 초4일에 도승지 장운익(張雲翼)이 아뢰기를, "가주서 신모(申某)가 병으로 직무를 행하지 못하고 있으니, 다른 가주서를 차출하는 것이 어떻겠습니까?" 하니, 그대로 윤허하셨다.

8월 초4일에 공이 다시 가주서로서 출근하여 당직을 섰고, 초8일에 체직되었다. -12월 1일에 졸재공이 사간이 되었다.-

甲午正月初一日 公以假注書入侍 初四日 都承旨張雲翼 啓曰假注書申某病不仕 他假注書差出何如 依允

八月初四日 公復以假注書 仕直 初八日遞 -十二月一日 拙齋公爲司諫-

○ 을미년(1595, 선조 28) 4월 16일 임진년[임진왜란] 공신(功臣)을 책록할 적에 이순신(李舜臣) 등에게 효충장의적의협력선무공신(効忠仗義迪毅協力宣武功臣)의 칭호를 내렸는데, 공이 이날에 승정원 주서 겸 춘추관 기사관(承政院注書兼春秋館記事官)으로 당직을 섰다가 선무종훈[178)]에 녹훈(錄勳)되었다. 공이 의병장으로 있을 때의 일로 훈공록(勳功錄)에 올랐는데, 이것은 원종공신(原從功臣)이었고, 그 문서의 앞부분이 정원일기(政院日記)에 실려 있

176) **계(啓)** : 신하가 임금에게 상주(上奏)하는 문서의 한 양식으로, 차(箚)·소(疏)와 함께 지식인들의 문자생활에서 정통산문의 주의체(奏議體)로 간주하므로 문집에 수록하였다.

177) **가주서(假注書)** : 승정원(承政院)에서 주서(注書)에게 사정이 있어 그 업무를 대행할 인원이 필요할 때 임시로 임명하는 관원으로, 승정원(承政院)의 정7품 벼슬인 사변가주서(事變假注書)를 가리키기도 하는데 정원 외의 주서로 비변사(備邊司)와 국청(鞫廳)의 일만을 맡아보기도 하였다.

178) **선무종훈(宣武從勳)** : 선무원종공신(宣武原從功臣)을 이른다. 공신을 녹훈할 적에 여기에 직접 참여하지는 않았더라도 간접적으로 공로가 있는 분을 '원종공신'으로 기록하였는데, 이를 '종훈(從勳)'이라고 약칭하였다.

으나 미처 찾아내지 못하였다.

손곡(蓀谷) 이달(李達)이 공에게 지어 준 〈억석행(憶昔行)〉[179] 시에,

憶昔亂離初　지난 날 기억건대 난리 초에
身在洪陽城　이 몸은 홍양성[180]에 있었지.
城邊數百家　이 성 주변 수백의 인가에는
鷄犬不得寧　닭과 개들도 무사하지 못했네.
夫君正年少　무릇 그대는 한창 젊은 나이로
氣爽金天精　장쾌한 기상 가을하늘처럼 깨끗했네.
清東作軍號　깃발에 '청동충의군'이라 쓰고[181]
募義來聚兵　의병 모집하여 군대를 모았지.
兵粮未易辨　병사들의 식량을 마련하지 못하여
慷慨淚沾纓　강개하며 눈물이 갓끈을 적시었지.
力微志猶堅　힘은 미약해도 의지는 견고하였지만
時危事不成　위태로운 시국에 큰 일 이루지 못했네.
于時屬遑遑　이때의 상황이 황황급급하고
朝野聞哭聲　조야에는 곡소리만 들렸었지.
焚燒及宗社　종묘사직까지 불타 버렸으니
況問閭里氓　하물며 마을 백성들을 물으랴.
寇賊不知數　왜적들 그 수효도 알 수 없고
灰燼餘兩京　잿더미만 두 서울에 남았네.[182]

179) 이 시는 이달(李達)의 《손곡시집(蓀谷詩集)》에 〈옛날을 추억하여 정랑 신설에게 지어 주다.[憶昔行贈申正郎渫]〉라는 제목으로 실려 있어, 이를 근거로 오자를 바로잡고 해석하였다. 임진란 초기에 신 정랑(申正郎)의 의병 규합과 항전 그리고 이로 인한 강개한 의기(義氣)와 간난신고의 상황 등을 진술하고, 조야와 민생의 전란 참상과 명나라의 군대 원조로 나라가 회복하는 기쁨 등을 기록하고 있다.

180) **홍양성(洪陽城)** : 옛 홍주(洪州)의 성으로 홍주는 지금의 홍성(洪城)이다.

181) **깃발에 …… 쓰고** : 〈하은 선생 연보〉에, 하은공이 임진년(1590) 33세 당시, "충청도에서 병사를 모집하여 의병장이 되고, 호남의 김천일(金千鎰)·고경명(高敬命), 영남의 곽재우(郭再祐)와 함께 격문을 돌려 맹약하고 기호(旗號)를 '청동충의군(清東忠義軍)'이라 하였다."라는 글이 보인다.

182) **잿더미만 …… 남았네** : 두 서울은 서울과 평양으로 이들 지역도 모두 왜적에게 점령당하였다.

郊原血漂流　　들과 언덕에는 피가 흘러내리고
道路尸縱橫　　길거리엔 시체들만 즐비하였지.
萬姓如鳥散　　만백성은 새떼처럼 흩어져서는
竄伏各偷生　　도망가고 숨어서 각자 살길 찾았네.
癘疫忽潛遘　　전염병이 홀연히 덮쳐 나돌더니
死亡逾戰爭　　전쟁보다 죽은 사람 더 많았네.
嗟嗟天子聖　　아아 성명하신 천자께서
命將出東征　　장수에게 동쪽으로 출정케 하시니
旌旗蔽長空　　깃발들 나부껴 하늘 뒤덮고
炬火雷電驚　　대포소리 우레 같아 놀랐네.
首事箕王都　　제일 먼저 평양성에서 싸워
破竹遊刃迎　　파죽지세로 칼날을 놀리었네.[183)]
漢京賊先遁　　한양에서 적들이 먼저 도망치니
大駕隨公卿　　임금의 수레 공경들이 뒤따랐네.
草創朝儀在　　처음으로 조정의 위의 갖춰지니
庶見王都淸　　도읍이 청정해진 걸 보게 되었네.
一旅復夏業　　적은 군사로 나라 왕업 회복한 일[184)]
簡策傳諸經　　기록되어 여러 경서에 전해지고 있네.
無忘在莒心　　거 땅에 있을 때 잊지 않고[185)]

---

183) 파죽지세로 …… 놀리었네 : 《진서(晉書)》 〈두예전(杜預傳)〉에, "대나무를 쪼갤 때 몇 개의 마디만 지나가면 모두 칼을 대는 대로 쉽게 갈라진다.[破竹 數節之後 皆迎刃而解]"는 말이 있고, 《장자》 〈양생주(養生主)〉에 포정(庖丁)이 소를 잡을 때 능란한 솜씨로 칼을 놀려[遊刃] 부위별로 해체한다는 이야기가 있다.

184) 적은 …… 일 : 원문의 '일려(一旅)'는 일려일성(一旅一成)의 준말로, 일려는 군사 500명이고, 일성(一成)은 사방 10리(里)의 땅이니, 적은 수의 군사와 작은 면적의 땅을 뜻한다. 하(夏)나라의 소강(少康)은 일려와 일성으로, 하나라를 찬탈한 한착(寒浞)을 멸하고 하나라를 중흥시켰다. 하나라 왕 상(相)에 이르러 유궁국(有窮國)의 제후인 이예(夷羿)에게 멸망하였는데, 이예의 가신인 한착이 또다시 이예를 죽이고 왕위를 찬탈하였다. 상(相)의 유복자인 소강이 일려의 군대와 일성의 땅을 가지고 한착을 쳐서 마침내 우왕이 세운 하나라의 왕업을 회복하였다. 《春秋左氏傳 哀公 元年》

185) 거(莒) 땅 …… 않고 : 고난을 당했던 때를 잊지 말자는 뜻이다. 춘추시대 제(齊)나라에 내란(內亂)이 일어나서 공자(公子) 소백(小白)이 거(莒) 땅으로 망명하였다가 그 후 본국으로 돌아와 임금의 자리에

日日望聖明　　날마다 임금님 바라보았네.
朝廷共協力　　조정에선 모두 협력하고
臣子盡忠誠　　신하들은 충성을 다했네.
誰能更多事　　누가 다시 일이 많다 하랴
從此致昇平　　이로부터 태평시대 이루리라.

라고 하였다. 주서(注書)로서 4월 30일까지 출근하였다.

乙未四月十六日 錄壬辰功 策李舜臣等効忠仗義迪毅協力宣武功臣號 公於是日 以承政院注書兼春秋館記事官 仕直 錄宣武從勳 公有義將時勳功錄 此原從功而其上首簿籍 載政院日記 未及攷出 蓀谷李達有贈公憶昔行詩曰 憶昔亂離初 身在洪陽城 城邊數百家 鷄犬不得寧 夫君正年少 氣爽金千精 淸東作軍號募義來聚兵兵粮未易辦慷慨淚沾纓力微忠猶堅時危事不成于時屬遑遑朝野聞吠聲焚燒及宗社况問閭里氓寇賊不知數灰燼餘兩京郊原血漂流道路尸縱橫萬姓如鳥散竄伏各偸生癘疫忽潛遘死亡逾戰爭嗟嗟天子聖命將出東征旌旗蔽長空炬火雷電驚首事箕王都破竹遊刀迎漢京賊先遁大駕隨公卿草創朝儀在庶見王都淸一旅復夏業簡策傳諸經無忘在莒心日日望聖明朝廷共協力臣子盡忠誠誰能更多事從此致太平 以注書仕至四月三十日

○ 병신년(1596, 선조 29) 2월 초2일에 우부승지 윤담휴(尹覃休)가 시강원의 말로써 아뢰기를, “본원(本院)의 관원으로 현재 남아 있는 사람은 12명뿐입니다. 그런데 겸보덕 김시헌(金時獻)과 겸사서 강첨(姜籤)은 도체찰사 종사관으로 남쪽 지방으로 내려갔고, 겸필선 한준겸(韓俊謙)과 겸사서 김신국(金藎國)은 봉사(奉事)로 지방에 있으며, 겸문학 김홍징(金弘徵)과 정경세(鄭經世)는 옥당(玉堂)에 입번하였고, 겸필선 유대정(兪大禎)은 도체찰사의 종사관으로, 필선 윤교립(尹敎立)은 훈련도감의 낭청으로 나가 있어서 모두 본원의 임무만을 오로지할

오르니, 이 사람이 환공(桓公)이다. 한(漢)나라 유향(劉向)의 《신서(新書)》에, “환공이 관중(管仲), 포숙(鮑叔), 영척(甯戚)과 함께 술을 마셨는데, 포숙이 술잔을 들고 일어나서 ‘바라건대 우리 주군(主君)께서는 망명하여 거 땅에 계실 때의 일을 잊지 마소서.’ 했다.” 하였다.

수가 없습니다. 사서 신설(申渫)은 휴가를 받아 외처(外處)에 있으며, 겸설서 윤의립(尹義立)은 병 때문에 나오지 못하고, 다만 문학 이심(李愖)과 설서 정혹상(鄭斅常)만이 늘 본원에 출근할 뿐이어서, 권강[186]하고 교정(校正)하는 등의 사무가 체모를 이루지 못하고 있습니다. 그러니 김시헌과 강첨에 대해서는 체직을 명하시고 서울에 있는 무고(無故)한 사람으로 속히 대임자를 차출하소서. 또 보국[187]이 한 원(院 세자시강원)의 장관이온데, 사체(事體)가 다른 예(例)와 같지 않습니다. 오래도록 차출하지 않은 것도 또한 평안하게 하는 일이 아니니, 이번 정사[188]에서 차출하는 것이 어떻겠습니까?"하니, 윤허한다고 전교하셨다.

丙申二月初二日 右副承旨尹覃休 以侍講院言啓曰 本院官員 見存者十二人 而兼輔德金時獻 兼司書姜籤 以都體察從事官南下 兼弼善韓俊謙 兼司書金蓋國奉事在外 兼文學金弘微鄭經世 玉堂入番 兼弼善兪大禎 以都體察從事官 弼善尹敎立 以訓鍊都監郎廳 幷不能專一於本院之任 司書申渫受由在外 兼說書尹義立病未出仕 只有文學李愖 說書鄭斅常在本院 勸講校正等事 不成模樣 請金時獻姜籤命遞以在京無故人急速差出 且輔國爲一院之長 事體與他例不同 久不差出 亦爲未安 請今日政差出何如 傳曰允

○ 3월 18일 정사(政事)에서 봉훈랑(奉訓郎)으로 사간원 정언이 되었다.

三月十八日 政爲奉訓郎 司諫院正言

○ 8월 28일 홍문관 부제학 이호민(李好閔), 부응교 김상용(金尙容), 교리 권희(權憘), 부교리 이심(李愖), 수찬 신설(申渫), 저작 김광엽(金光燁)이 다음과 같이 아뢰었다.

---

186) 권강(勸講) : 임금이나 세자를 모시고 경전의 강의하는 일이나 그 일을 맡은 사람을 지칭한다.

187) 보국(輔國) : 정1품 보국숭록대부(輔國崇祿大夫)의 약칭이다.

188) 정사(政事) : 도목 정사(都目政事). 이조와 병조에서 해마다 행하는 12월과 6월의 인사를 이른다. 12월에 행하는 것을 대정(大政), 6월에 행하는 것을 소정(小政)이라고 한다.

"신들이 삼가 어제 대신들에게 내리신 전교를 보고는 서로 바라보며 깜짝 놀라 더 이상 읽을 수가 없었습니다. 세자에게 섭정(攝政)하게 하는 일은 예전에 임시로 시행한 때가 있기는 하였지만, 대부분 치세(治世)가 이루어져 태평하거나 임금께서 연로하시어 정사를 보살피지 못하게 된 뒤에야[189] 했던 것입니다. 지금은 왜적의 대군(大軍)이 아직 물러가지 않고 있어 사태가 위난(危難)함에 처해 있음이 임진년보다도 더하고, 역적들의 옥사(獄事)도 겨우 끝나 백성들의 마음이 안정되지 않았으니, 지금이야말로 낮이나 밤이나 분발하여 힘쓰더라도 오히려 잘 되지 않을까 두렵습니다. 더구나 성상께서는 춘추(春秋)가 젊으시므로 천지(天地)와 조종(祖宗)의 기대하는 바가 매우 크고, 신민(臣民)들의 우러르며 바라는 바가 대단하니, 지나치게 겸양하시어 큰일을 해보려는 마음을 멈추시고 눈앞의 위급을 돌보시지 않는 것은 합당하지 않습니다.

우리나라는 천자(天子)의 조정을 부모처럼 섬겨서 무릇 할 일이 있으면 반드시 먼저 천자에게 아뢰어야 하기에, 이미 동궁(東宮)을 책봉(冊封)해 주기를 청했지만 준허(準許)받지 못했는데, 어떻게 갑자기 섭정(攝政)을 말씀하신단 말입니까. 또 천자의 조정에서도 성상의 춘추가 아직 젊으시고 질병이 심하지 않으심을 잘 알고 있는데, 또한 무슨 말로 섭정하겠다고 청할 수 있겠습니까. 이런 사리는 너무도 분명하여 진실로 성명(聖明)께서도 깊이 통촉하고 계실 것인데, 매양 온당치 않은 전교를 내리시어 대신들이 밤이 새도록 합문(閤門)에 엎드려 있으면서도 한 마디 말도 진달(陳達)하지 못하게 하시니, 대소(大小)의 신료(臣僚)들이 황황급급하여 기상(氣像)이 근심스럽고 비참하기만 합니다.

성상께서 이전의 역사를 다 보셨겠지만 어찌 이러한 때가 있었습니까. 이는 국가의 액운(厄運)이 끝나지 않았고 신들의 성의가 부족하여 온갖 일들이 결딴나는 지경에 이르렀기에 성상께서 아득하게 여기고 계시기 때문일 것입니다.

그리고 동궁 또한 조종들과 신민들이 촉망하는 바인데, 평소에 병이 많은데다 이러한 하교를 들을 때마다 침식(寢食)을 전폐하여 더욱 건강을 해치게 되오니, 신들이 이 때문에 더욱 절박하고 민망함을 견디지 못하게 됩니다. 성상께서 동궁을 보호하시는 마음도 아마도 마땅히 이렇지는 않으시리라고 봅니다.

---

189) **연로하시어 …… 뒤에야[倦勤]** : 《서경》 〈대우모(大禹謨)〉에 "짐이 제위에 있은 지가 33년이다. 늙어서 부지런히 해야 할 정사에 게으르니, 너는 태만히 하지 말아서 짐의 무리를 거느리라.[朕宅帝位 三十有三載 耄期 倦于勤 汝惟不怠 總朕師]"라는 순(舜) 임금의 말씀이 실려 있다.

삼가 바라건대 성명께서는 대신들의 성의를 받아들여 속히 앞서의 명을 거두어 주소서. 이렇게 되면 비록 한 때 우연히 현혹되는 생각이 있으셨다 하시더라도 신명이 도우사 화평한 복을 크게 받아 중흥의 왕업(王業)을 이루게 되지 않겠습니까. 가슴을 치며 간절하게 바라는 마음을 견디지 못하겠기에 황송하게 감히 아룁니다."라고 하였는데, 비답(批答)은 내리지 않으셨다.[190)]

八月二十八日 副提學李好閔 副應教金尙容 校理權憘 副校理李惿 修撰申渫 著作金光燁 啓曰 臣等 伏見昨日下大臣之教 相視震駭 口不敢讀 攝政之擧 前雖有過行之時率出於治成逸豫 耄期倦勤之後 今則大賊未退 事機處懸之難 有甚於壬辰 逆獄纔畢民志未定 此定日夜奮勵 猶懼不濟之秋 况自上春秋鼎盛 天地祖宗之所期待甚大 臣民所仰望甚茂 不宜過自冲謙 以沮有爲之心 不顧燃眉之急也 我國事天朝如父母 凡有所爲 必先奏聞 旣請封東宮 而未蒙準許 豈敢遽以攝政爲言乎 且天朝明知聖上春秋尙富 疾病未甚 其又何辭請攝乎 此理甚明 固聖明之所深燭 而每下未安之教 至於大臣 終宵伏閤 片言不得上達 大小遑遑 氣像憂慘 聖上歷覽前史 豈有如此之時乎 由是國家厄會未盡 臣等誠意衰薄 以致萬事壞裂 天聽邈然也 東宮 且是祖宗臣民之所屬望 而素多疾恙 每聞此教 寢膳俱廢 益致重傷 臣等尤不勝切悶焉 在聖上保護之心亦恐不當如是 伏乞聖明聽納大臣之誠 亟收前教 則雖有一時偶惑之症 神明所佑 丕受和平之福 以成中興之業 不勝叩心祈懇 惶恐敢啓 批答不下

○ 29일 홍문관이 아뢰기를,

"신들이 어제 민망함과 절박함을 견디지 못하여 외람되이 간곡한 심정을 진달하였습니다. 그런데 지척에 있는 궐문으로 한 마디 말도 상달되지 못하게 하시기에 만 번 죽임을 당할 것을 무릅쓰고 다시 지엄지밀(至嚴至密)한 정전(庭殿)에까지 들어갔지만 성명(聖明)의 하명을 얻지 못하고 날이 어두워져서 형편상 감히 계속 있을 수가 없어 안타까워하며 말없이 물러나와 밤새도록 대궐 밖에서 기다렸습니다. 애타는 충정에 대신들이 3일 동안 궐하(闕下)에 엎드

190) 이 기록은 《선조실록》 78권, 선조 29년(1596) 8월 28일 계해(癸亥) 4번째 기사이다. 이 기사를 근거하여 오탈자를 바로잡아 재해석하였다. 이하 같은 경우에는 동일하게 처리함.

려 있고, 백관들이 업무를 내려놓고 모여 있으니, 조야(朝野)가 어수선하여 듣고 보기에 어찌 할 바를 모르겠습니다. 예부터 위아래가 서로 막혀 있어 한 마디도 소통되지 않고 심지어 옥체의 기거(起居)도 또한 들을 수가 없는데도 나라의 일을 잘할 수 있었던 때가 있었습니까? 성명께서는 절박한 심정을 굽어 살피시어 멀리 있는 사람과 가까이 있는 사람들의 마음을 모두 안정케 하소서. 죽음을 무릅쓰고 감히 아뢰닙니다." 하였는데, 비답은 내리지 않으셨다.

二十九日 玉堂啓曰 臣等昨日不勝悶迫之至 濫陳危懇 而咫尺閶闔 一言終不得達 不冒萬死 更入至密之庭 而亦未得聖命 至於昏暮 勢不敢居 悶默而退 終宵守闕 葵忱耿耿 大臣三日伏闕 百官曠職相聚 朝野洶洶 聞見倉皇 自古 安有上下相阻 片言不相通 至於玉寢起居 亦不相聞而可以爲國事之時乎 幸願聖明俯察悶迫之情 以定遠邇之心 昧死敢啓 批答不下

○ 11월 1일 조강[191]이 있었다. 주상께서 《주역》 고괘[192]를 강(講)하셨다. 신설(申渫)이 아뢰기를, "왕후를 섬기지 않고 그 뜻을 고상하게 지닌다는 것에 대해 《정전(程傳)》과 《본의(本義)》의 해석이 다릅니다."[193] 하였다.[194]

十一月一日 朝講 上講周易蠱卦 申渫曰 不事王侯 其志高尙 程傳與本義 異矣

○ 검토관 신설이 아뢰기를,

"성상께서 친히 종묘(宗廟)에 나아가 제사를 올리는 일이 오래도록 거행되지 아니하니, 대

191) 조강(朝講) : 아침에 여는 경연(經筵). 경연은 임금이 학덕(學德) 있는 신하를 궁중에 불러 경사(經史) 등을 강독(講讀)하고 논사(論思)하는 자리인데, 여는 시각에 따라 조강·주강(晝講)·석강(夕講)이 있었다.

192) 고괘(蠱卦) : 64괘의 하나로 괴란(壞亂)이 극진하여 다시 다스려지기 시작하는 상(象)이라 함.

193) 왕후(王侯)를 … 다릅니다 : '왕후를 섬기지 않고 그 일을 고상히 한다'는 것은 고괘의 상구 효사(上九爻辭)이며, 《본의(本義)》는 주자의 《주역》 해설이고, 《정전(程傳)》은 정이(程頤)의 《주역》 해설인데, 《본의》에는 상구(上九)가 일을 담당하지 않은 것으로 해석하였고, 《정전》에는 현인군자가 세상에 불우하여 고결하게 스스로 지조를 지키는 것으로 해석하여, 약간의 차이가 있으나 크게 다르지는 않다.

194) 이 기록은 《선조실록》 82권, 선조 29년 11월 1일 계사(癸巳) 2번째 기사의 일부이다.

궐 안팎의 신하와 백성들이 모두 답답한 마음을 품고 있습니다. 지난번 명이 내려져서 장차 이를 거행하려 하자, 원근에서 그 말을 듣고 기뻐하고 감축하지 않는 사람이 없었습니다. 그런데 뜻밖에 비로 인해 중지하니, 신민(臣民)들이 크게 기대하는 마음에 실망스러울 뿐만 아니라 하늘에 계신 조종(祖宗)의 혼령 역시 어찌 실망스러움이 없겠습니까. 알성[195]의 경우에도 친제(親祭)를 중지했다는 이유로 또한 행사를 중지하고 말았습니다. 먼 곳의 선비들이 알성(謁聖)을 거행하신다는 말씀을 듣고 비록 늙은 선비들도 모두 서둘러 올라와서 성대한 덕을 가진 성상의 광채 보기를 기대하였는데, 중도에 '후일로 늦춰 거행한다'는 소식을 듣고 도로 내려간 사람들이 적지 않았고, 올라온 사람들 역시 매우 많습니다. 지난 정시[196]를 보건대, 선비들의 수효가 거의 2천 명에 이르렀으니 난리 이후의 과거로 어찌 이와 같이 성대한 적이 있었겠습니까. 정시는 이미 시행했거니와 알성을 위해 올라왔다가 예(禮)를 보지 못하게 되었으니, 대부분의 선비들이 낙담하지 않은 이가 없었습니다. 삼가 조보[197]를 보니, 친제(親祭) 및 알성(謁聖)을 뒤로 늦춰 거행한다 하면서 다시 어느 때로 늦춰 정한다는 말이 없었습니다. 내년 봄에 할 것인지, 어느 때 할 것인지를 미리 때를 정하여 먼 곳의 선비들로 하여금 때에 맞춰 올라오게 한다면 아마도 그들을 흥기시키는 희망이 있을 것입니다." 하니, 알았다고 전교하셨다.

우부승지 정기원(鄭期遠)이 아뢰기를 "오늘 조강에서 검토관 신설이 아뢴 종묘 친제(宗廟親祭)와 문묘 알성(文廟謁聖)에 대해 뒤로 물려 날을 잡는 일은 모두 재결이 없었기에 여쭙니다." 하였다.

檢討官申渫啓曰 親享太廟 久未擧行 中外臣民 皆懷悶欝 頃日命下將行 遠近聞之 莫不歡忻感祝 不意以雨停之 不特臣民顒望之心缺然 祖宗在天之靈 亦豈無缺然乎 至於謁聖 以停行親祭之故 亦停行 遠方士子 聞謁聖之擧 雖老儒皆奔走上來 冀見盛德之光 中路聞退去 還爲下去者不少 而其上來者 亦甚多矣 以頃日庭試觀之 士子之數

195) **알성(謁聖)** : 임금이 성균관 문묘(文廟)의 공자 신위(神位)에 참배하는 것인데, 이때에 보이는 시험이 알성시(謁聖試)이다.

196) **정시(庭試)** : 조선시대의 문무(文武) 과거(科擧)로서 3년마다 정기적으로 시행하는 식년시(式年試) 외에 임시로 시행하던 여러 별시 중의 한 종류로, 나라에 경사스러운 일이 있을 때 대궐 안에서 보이는 과거이다.

197) **조보(朝報)** : 조정(朝廷)에서 있었던 일을 날마다 적어서 반포하는 문서로, 지금의 관보와 같은 것이다.

幾至二千 亂後科擧 豈有如此之盛者乎 庭試則已爲之矣 爲謁聖上來 而未覩禮 多士之子 無不落莫 伏覩朝報 親祭及謁聖退行云云 而更無某時退定之語 或明春或某時預爲定時 使遠方士子 及期上來 則庶有興起之望矣 傳曰知道

右副承旨鄭期遠啓曰 今日朝講 檢討官申渫所啓 宗廟親祭 文廟謁聖 退行卜日事 幷無發落敢稟

○ 정유년(1597, 선조 30) 2월 초6일에 우승지 기자헌(奇自獻)이 홍문관에서 건의했던 말을 아뢰기를,

"상번[198] 4명 중에 교리 남이공(南以恭)과 노경임(盧景任)은 출사[199]하였고, 부교리 이형욱(李馨郁)은 지방에 있으며, 홍경신(洪慶臣)은 아직 숙배하지 않아서 부제학 윤담의(尹覃義)만 있을 뿐이라 그밖에 입직을 교체할 관원이 없습니다. 홍문관 관례에 한 수찬을 상번으로 삼는다는 것으로써 수찬 신설(申渫)을 우선 상번으로 올려 추이[200]하여 입직(入直)하도록 하는 것이 어떻겠습니까?" 하니,

윤허한다고 전교하셨다.

丁酉二月初六日 右承旨奇自獻 以弘文館言啓曰 上番四員內 校理南以恭盧景任出使 副校理李馨郁在外 洪慶臣未肅拜 只有副提學尹覃義 更無相替入直之員 館中例 以一修撰爲上番 修撰申渫姑陞上番 以爲推移入直何如 傳曰允

○ 경자년(1600, 선조 33) 8월 초1일에 사헌부 장령 신설이 아뢰기를,

"무장 현감 장국주(張國柱)는 글을 몰라 흙덩이같이 어리석은 자로서 백성들이 혹 억울

198) 상번(上番) : 여기서는 홍문관의 입직자 중에 상위 관품인 직제학(直提學)에서 수찬(修撰)까지를 말한다. 홍문관의 당직을 상·하의 두 조로 편성하여, 직제학에서 수찬까지를 상번이라 하고, 부수찬(副修撰) 이하 정자(正字)까지를 하번(下番)이라 하였다.

199) 출사(出使) : 사명을 받고서 지방으로 출장가거나 외방으로 사신(使臣)으로 나가는 일을 이른다.

200) 추이(推移) : 벼슬자리가 갈릴 때, 후임자를 추천하고 옮겨 가는 일. 또는 경우나 형편에 따라 알맞게 변통하는 것을 이른다.

한 일을 하소연하면 무조건 혹형을 가하고 아전이 이를 이용하여 간계를 부리므로 온 고을에 원망이 자자합니다. 호남의 큰 고을을 이런 사람의 손에 맡겨 제멋대로 망치게 할 수 없으니, 파직하도록 명하소서. 난리를 겪은 이후로 기강이 해이해져서 사단(事端)이 발생할 수 있는 폐단이 날로 더욱 심해지니 말하기조차도 한심합니다. 서울에 대기시킨 양남(兩南)의 역마는 평소에 담당관이 아니면 탈 수가 없는 것인데, 근래에 병조 낭관들이 모두 타고 다니므로 몇 안 되는 우졸(郵卒)들이 그 괴로움을 견디지 못하니 여론이 이를 매우 온당치 못하게 여깁니다. 앞으로는 일체 금하게 하소서." 하니,
아뢴 대로 하라고 답하셨다.[201]

庚子八月初一日 掌令申渫來啓曰 茂長縣監張國柱 目不知書 有同土塊 民或赴愬 輒以酷刑加之 吏掾爲奸 闔境怨恣 湖南巨邑 不可付諸此人之手 任其壞敗 請命罷職 經亂之後 紀綱解弛 濫觴之弊 日以益甚 言之寒心 京立兩南驛之馬 在平時 非色官 則猶不得騎 而近來兵曹郎官 率皆騎把 孑遺郵卒 不堪其苦 物情深以爲未便 請今後一切禁斷 答曰依啓

○ 8월 초2일에 장령 신설(申渫)이 보내온 계문(啟文)에,
"남양부사 이세온(李世溫)은 전에 남원목사로 있을 적에 명나라 군대가 지나가면서 쇄마[202]를 내어달라고 요구하자, 이세온은 수행하는 통역관이 이를 만류하지 않았다고 화를 내고는 틈을 타서 그를 잡아다가 곤장을 때려 즉사시킨 뒤에, 처음에는 구금하여 죄를 다스리는 것처럼 감사에게 보고했다가 곧 병세가 심하여 관청에 출보(出保)되었다고 보고하더니 또 곧바로 물고(物故 사망)하였다고 보고했다니, 극히 형편없는 자입니다. 그리고 또 해서의 수령으로 있을 때에는 공가(公家)에서 곡물을 사들일 남포(藍布)의 값을 관가의 힘으로 마련하여 숫자만 채워놓고 그 남포는 공공연하게 자기가 차지하여 연안(延安)의 인가(人家)에 쌓아 두었는데, 그곳을 지나는 사람은 보지 않은 자가 없습니다. 그 정상(情狀)이 너무도 놀라우니 이런 사람에게 다시는 수령의 직임을 맡게 해서는 안 됩니다. 파직을 명하시고 서용

201) 이 기록은 《선조실록》 128권, 선조 33년(1600) 8월 1일 신미(辛未) 7번째 기사이다.
202) 쇄마(刷馬) : 각 지방에 관용(官用)으로 배치(配置)해두던 말.

하지 마소서." 하니,

아뢴 대로 하라고 답하셨다.[203)]

八月初二日 掌令申渫來啓曰 南陽府使李世溫 前爲南原府使時 有唐兵過去 責出刷馬 溫怒其跟行通事之不爲止之 乘間捉致 杖之卽斃後 始以囚禁推治搽報監司 旋以病重出保管廳報之 又卽報以物故 極爲無狀 而且爲海西守令時 公家貿穀藍布價 則以官力措備充數 而其藍布公然入己 積置於延安人家 過客莫不見之 情狀亦爲駭愕 如此之人 不可復爲守令之任 請命罷職不敍 答曰 依啓

○ 초5일에 장령 신설(申渫)이 보내온 계문에,

"삼가 호조가 사간원의 계사(啓辭)에 근거하여 다시 마련한 재상 사목(災傷事目)을 보니, 차례로 차츰 등급을 낮추되 혹 우심재[204)]의 아래에 또 한 등급을 낮추기도 한다고 운운하였습니다. 비록 참작해서 등급을 낮춘 것 같기는 하지만 네 등급의 명칭이 그대로 있으니, 이것은 오히려 억지로 배정한 것이 됩니다. 과연 이런 법으로 한다면 각도의 전부[205)]를 앉아서 계산할 수 있을 것이니, 경차관(敬差官)을 굳이 보낼 필요가 있겠습니까. 지금 나라에 일이 많아 경비가 한창 늘어나고 있어서 원래 세금 외에도 복정[206)]이나 쇄마(刷馬) 등과 같은 조세 명목이 고슴도치의 털과 같아 이루 다 말할 수 없게 되었음을 보게 되는데, 털끝만한 것도 모두 백성에게서 나오기에 이미 극도로 지쳐있습니다. 그런데 또 인산[207)]의 공역을 만나 노동력과 경비가 또한 적지 않습니다. 그런데 지금 만약 등급을 나누어 억지로 배정한다면 반드시 거두어 채우려할 것이니, 그렇게 되면 가까스로 살아남은 백성들이 장차 어떻게 이를 마련해내겠습니까. 형편상 반드시 뿔뿔이 흩어져 도적이 될 것이니 실로 우려하지 않을 수 없습니다. 호조가 등급을 나누어 억지로 배정한 재상 사목(災傷事目)을 거행하지 말

203) 이 기록은 《선조실록》 128권, 선조 33년 8월 2일 임신(壬申) 1번째 기사이다.

204) **우심재(尤甚災)** : 재실(災實)의 등급 가운데 하나로, 가장 피해가 심한 지역을 의미한다. 재해의 정도에 따라 초실(稍實)·지차(之次)·우심(尤甚)·최우심(最尤甚)의 네 등급으로 구별하였다.

205) **전부(田賦)** : 농지에 매기는 세금.

206) **복정(卜定)** : 조선시대 공물(貢物) 이외에 필요한 것이 있을 때 상급 관청에서 결정하여 하급 관청으로 하여금 각 지방의 토산물을 강제로 납입케 하는 일을 말한다.

207) **인산(因山)** : 국장(國葬). 왕가의 장례를 할 때에는 산을 인해서 능(陵)을 만든다 하여 이른 말이다.

게 하소서.

군자감 별영(軍資監別營)은 본디 훈련도감(訓鍊都監)에서 설치한 것으로, 몇 해 전부터 서로(西路)에서 운반해온 양곡을 이곳에서 받아들여 남쪽으로 수송했습니다. 이로부터 다른 도의 쌀과 콩도 다투어 본영(本營)의 창고에 내려놓기를 요구합니다. 이는 본영이 강가에 위치해 있어 육지에 부리기가 편하고 운반하는 말의 삯이 허비되지 않기 때문입니다. 다만 그 창고의 공간이 겨우 1만 섬 정도밖에 넣을 수가 없는데, 절반도 방출시키기 전에 새로 가져온 것으로 찹니다. 이 별영이 본감(本監)에 소속된 지가 오래되었으나 담당 관서에서는 몇 섬이 손실되었는지를 알지도 못하고 있는데, 이는 실로 간사한 관리들이 술수를 부려 그 수를 정확하게 모르도록 한 데서 말미암은 것입니다. 이 별영은 사람이 없는 곳에 있는데다가 사방에 담장이 없으며, 문과 벽도 허술합니다. 그런데 근래에는 일이 많아서인지 지키는 군사를 정해서 보내지도 못하고 있으니 공공연히 도둑맞을 우려가 없지 않습니다. 더군다나 요사이 본감의 하인(下人)들을 다른 관청에 종속시켜서 한 감영의 인력이 두 곳으로 나뉘었기에 곡식을 방출하는 모든 일들이 제 모양을 이루지 못하고 있습니다. 그러하니 별영에 쌓인 곡식을 우선 있는 대로 다 쓰고 앞으로 다시는 창고를 나누지 말며, 소속된 관리들은 본감으로 돌려보내게 하소서. 군자감 주부 김춘복(金春福)은 사람됨이 용렬하고 어리석으며 글도 몰라 모든 관련 문서와 장부를 다 아래 관리에게 맡기고 있습니다. 전곡(錢穀)의 책임을 이런 사람에게 맡길 수 없으니, 체직을 명하소서." 하니,
비답하시기를, "윤허한다. 재상(災傷)에 관한 일은 그 옳고 그름과 이해관계에 대해 알지 못하겠으니, 의논하여 처리하겠다." 하고, 이어 좌부승지 황정철(黃廷喆)에게 전교하기를, "호조로 하여금 대신들과 상의하여 조처하도록 하라." 하셨다.[208]

初五日 掌令申渫來啓曰 伏見戶曹 因諫院啓辭 改磨鍊災傷事目 則或以次稍降 或尤甚之下 又降一等云云 雖似有參量降等之事 而四等之名尙存 則是猶爲據定也 果如是法 則各道田賦 可坐而算 敬差官 亦何必遣乎 目今國家多事 經費方殷 元賦之外 如卜定刷馬等事 色目如蝟 不可勝言 秋毫皆出於民 已極困悴 而又遭因山之役 勞費亦爲不貲 今若分等據定 是必取盈焉 則孑遺殘民 將何以辦出乎 其勢必至於散而爲盜 固

208) 이 기록은《선조실록》128권, 선조 33년 8월 5일 을해(乙亥) 1번째 기사이다.

不可不慮也 請戶曹災傷擄定事目 勿爲擧行 軍資監別營 本是訓鍊都監所設 而頃年以來 西路運糧 納此而輸之於南方 自此他道米豆 爭求下倉於本營 蓋以本營臨江 便於下陸 不費馬價故也 但其庫間 纔容萬石 放下未半 新取又盈 此營之屬于本監已久 而該曹不知其幾石之虧欠 實由奸吏舞術 使不知其數也 營在無人之地 四無墻垣 門壁虛踈 而近因多事 守直軍士 又不定送 亦不無公然偸竊之患 加以近日本監下人 投屬他司 一監力分兩處 放糧諸事 不成模樣 諸外營儲穀 爲先傾庫用下 今後更勿分倉 所屬官吏 還于本監 軍資監主簿金春福 爲人庸愚 目不知書 凡干文簿 悉委下吏 錢穀之任 不可付諸此人 請命遞差 答曰 允 災傷事 不知是非利害 當議處 仍傳于左副承旨黃廷喆曰 令戶曹 與大臣議 處之

○ 초9일에 대사헌 기자헌(奇自獻), 집의 윤성(尹惺), 장령 신설(申渫), 지평 이현영(李顯榮)이 아뢰기를,

“제주목사 성윤문(成允文)과 판관 이정생(李挺生)은 그곳의 한 기생을 간통하고 서로 다투기까지 하여, 위 아래로 관계가 어긋나는 일이 많고 인심이 몹시 놀라워하고 있습니다. 해외의 중지(重地)를 이 두 사람에게 그대로 맡겨 둘 수가 없습니다. 파직시키소서.

교하현감 이탁(李侘)은 인물이 패려하여 정처(正妻)를 박대하고 그의 친구에게 간통하게 하여 사람들에게 버림을 받았습니다. 관직에 있는 자로 몹시 형편없습니다. 그리고 쇄마(刷馬)의 값을 공공연히 더 징수하여 자기가 차지하였으므로 온 고을이 떠들썩합니다. 아울러 파직시키소서.” 하였다.[209]

初九日 大司憲奇自獻 執義尹惺 掌令申渫 持平李顯榮 啓曰 濟州牧使成允文 判官李挺生 奸其本土一妓 至於相爭 上下之間 事多乖戾 物情擧駭 海外重地 不可仍付兩人之手 請罷職 交河縣監李侘 人物悖戾 薄其正妻 使其友人奸之 見棄於人類 居官尤極無狀 刷馬價 公然濫徵入己 一境嗷嗷 請幷罷職

209) 이 기록은 《선조실록》 128권, 선조 33년 8월 9일 기묘(己卯) 3번째 기사이다.

○ 12일에 장령 신설(申渫)이 보내온 계문에,

"지난번의 옥당록[210]은 명망이 드러나지 않은 사람이 없지 않을 뿐만 아니라 심지어는 바야흐로 죄적(罪籍)에 있는 자까지도 그 속에 참여되었기에 많은 사람들이 매우 온당치 못하게 여기고 있습니다. 의정부(議政府)가 다시 상의하여 조처하게 하소서." 하니,

아뢴 대로 하라고 답하셨다.

十二日 掌令申渫來啓曰 頃者玉堂之錄 非但不無名望未著之人 至於方在罪籍者 亦參其中 物情 極以爲未便 請命都堂 更議處置 答曰 依啓

○ 13일에 장령 신설(申渫)의 계문에,

"근년에 와서 관방[211]이 흐트러져 관직에 적합하지 않은 자들마저 모두 달려들어 청탁을 하며, 온갖 방법으로 권세에 붙어 이익을 꾀하여 반드시 하고 싶은 것을 기어이 얻고서야 그만둘 뿐이니, 식자들이 한심하게 여긴 지 오래됩니다. 여러 도감(都監)의 낭청[212]의 경우에는 불량한 학생들이 대부분 임명되기를 도모하여 바로 군직(軍職)에 붙여 있다가 근무한 지 6개월도 되기 전에 중국 장수에게 청탁하여 자게[213]하도록 하거나 혹은 당상관에게 계청하도록 청탁하여 6품으로 승급된 자가 이루 헤아릴 수 없습니다. 그리고 6품으로 올라간 다음에는 도감을 전제[214]로 여기고 그 괴로움을 싫어하여 도리어 도감의 직임을 제대로 수행하지 않고 즉시 수령이 되기를 도모하여 가버리니, 작상[215]의 외람됨이 지금보다 더 심한 때는 없습니다. 그 용렬하고 추잡함이 이와 같은 데다 공무를 빙자하여 사욕을 채우면서 비루하게 작폐하는 일이 또한 많으므로 경외(京外)의 사람들 가운데 통분해하지 않는 이가 없

---

210) **옥당록(玉堂錄)** : 홍문록(弘文錄)과 같은 말이다. 홍문관의 벼슬아치를 뽑을 때 부제학(副提學) 이하 여러 홍문관원이 각각 뽑고자 하는 사람의 이름 아래에 권점(圈點)을 찍어 그 점수의 많고 적음과 그 사람들의 이름을 기록하여 놓은 책이다. 홍문관에 결원이 생겼을 때에는 이조에서 이 책에 기록된 대상자 가운데 세 사람을 추천하면, 임금이 낙점하여 뽑는다.

211) **관방(官方)** : 관리가 직무를 관장함에 있어 지켜야 하는 법례(法例), 또는 규율(規律)을 말한다.

212) **낭청(郎廳)** : 어느 관아(官衙)의 실무를 관장하는 정5품 이하의 벼슬아치.

213) **자게(咨揭)** : 자문(咨文)과 게첩(揭帖)을 작성하는 것인 듯하다.

214) **전제(筌蹄)** : 물고기를 잡는 통발과 토끼를 잡는 올가미. 곧 목적을 달성하기 위한 방편을 말한다.

215) **작상(爵賞)** : 벼슬과 상훈(賞勳). 국가나 왕실에 큰 공이 있는 사람에게 작위(爵位)로 상주는 것. 상(賞)으로 가자(加資)할 경우는 상가(賞加)라 한다.

습니다. 그러니 도감의 낭청들을 도태시키고 앞으로는 모두 실직을 거친 사람으로 충원하게 하며, 비록 공로가 있어서 당연히 상을 주어야 할 자이더라도 차례에 따라 올려주어서 등급을 뛰어넘는 폐단이 없게 하소서. 이미 6품에 올랐더라도 날짜가 너무 적은 자는 이조로 하여금 적발하여 개정하게 하소서."

"민생(民生)이 극도로 곤궁한데다가 또 국상(國喪)을 만나게 되어 각도의 역군이 한 달 넘게 걸려서 올라온 지가 오래되었는데 인산(因山)의 터를 쉽게 정하지 못함으로 인해 앉아서 날짜만 보내고 식량 자루가 비어가고 있습니다. 처음 역소(役所)에 왔을 때는 걱정이 없었으나 지금은 이미 기한이 지나 그들이 먹을 것도 오히려 넉넉하지 못하여 빌리거나 구걸하는 자가 매우 많습니다. 그런데 도감의 하인배 중에는 온 가족을 데리고 온 자까지 있어서 이들을 침해하고 작폐하는 일이 이루 다 말할 수가 없습니다. 역군 1명마다 매일 지급받는 쌀의 수량이 정해져 있는데 그 쌀의 많고 적음에 따라 그 역사가 힘들고 덜한 차이를 둡니다. 만약 계속해서 이대로 나간다면 장차 흩어질 염려가 있으니, 매우 한심합니다. 이것은 낭청이 제대로 단속하지 못하고, 또 감역관을 대부분 이서[216] 출신자로 충원하여 비루한 짓을 자행하게 된 데에서 말미암은 것으로 듣는 이들이 놀라지 않는 이가 없습니다. 바라건대 낭청을 추고하고 용렬한 감역관을 일일이 도태시켜 도감의 체면을 높이고 역군의 고통을 덜어주게 하소서.

오늘 거둥하실 때는 어가를 수행하는 인원이 매우 적어 심지어 형조·공조와 한성부 의 당상까지도 와서 참여하여 말 한마디라도 하는 자가 없었으니, 보기에도 지극히 미안스러운 일입니다. 뚜렷하게 공적인 일이 있었던 자를 제외하고는 아울러 추고를 명하소서." 하니, 아뢴 대로 하라고 하셨다.[217]

十三日掌令申渫啓曰 近年以來 官方淆亂 不合除職之人 亦皆奔走請囑 百計鑽刺 必得所欲而已 識者之寒心久矣 至於諸都監郎廳 則無良學生之輩 率多圖差 卽付軍職 察任未滿六朔 或請於天將 使之咨揭 或囑於堂上 使之啓請 而六品陞敍者 不可勝數 既出六品之後 則視都監猶筌蹄 厭憚其苦 反不供都監之任 旋卽圖於守令而去 爵賞之猥濫 未爲甚於此時 惟其庸雜如此 憑公營私 鄙陋作弊之事 亦多有之 京外之人 莫不痛憤 諸都監郎廳 請命澄汰 今後 悉以實職人塡差 雖或有功勞應賞者 次次陞授

216) 이서(吏胥) : 각 관아(官衙)에 속한 구실아치를 통틀어 말한다.
217) 이 기록은 《선조실록》 128권, 선조 33년 8월 13일 계미(癸未) 2번째 기사이다.

俾無超躐之弊 已出六品之中 日數太淺者 亦令該曹 摘發改正

民生困悴之極 又遭國恤 各道役軍 跨一朔上來已久 而緣因山未易卜吉 坐費日字 囊橐垂罄 始赴役所 今則已過期限 自食猶患不給 借貸丐乞者甚多 而都監下人輩 至有擧家往者 侵虐作弊 罔有紀極 每軍一名 日俸米有數 視其米之多少 而上下其役之苦歇 若此不已 將有潰散之患 極爲寒心 此由於郎廳不能檢飭 又其監役官等 多以吏胥中散身充差 恣行鄙陋之事 聞者莫不駭愕 請郎廳推考 庸雜監役官 一一汰去 以重都監體面 以紓役軍怨苦

今日擧動時 隨駕之員甚少 至於刑工曹漢城府堂上 無一言來參 所見極爲未安 顯有公告者外 請幷命推考 答曰 依啓

○ 무신년(1608, 광해군 즉위년) 4월 초1일에 도승지 이상의(李尙毅), 좌승지 신설(申渫), 우승지 이경함(李慶涵), 좌부승지 유공량(柳公亮), 우부승지 강복성(康復誠), 동부승지 윤의립(尹義立)이 아뢰기를,

"신들이 삼가 엊그제 본원에 내린 비망기[218]를 보니, 성상께서 염려하신 것은 참으로 그럴 만한 이유가 있었으나, 말씀 속에 너무 드러내신 듯하여 신들이 머리를 맞대고 상의하면서 가만히 구구하게 불안한 마음을 이기지 못하였사옵니다. 대저, 정구(鄭逑)는 초야에서 학문을 돈독히 한 사람으로서 세상에 드문 성상의 예우를 받아 평상시의 격식을 깨뜨리고 대사헌에 발탁되었습니다. 정구가 은총에 감격하여 일에 따라 과감히 말할 것을 생각하는 것이 어찌 다른 사람과 비교가 되겠습니까. 그가 차자를 올려 진달한 말은 비록 일이 되어가는 형편이 어떠한지 모른 것이라 하더라도, 그의 대의(大意)는 실로 인군을 사랑하고 나라를 걱정하여 성상으로 하여금 만 가지의 선한 일을 구비하고 한 가지의 허물도 없도록 하기 위한 데서 나왔을 뿐입니다. 더구나 정구가 맡고 있는 직책은 언관입니다. 언관은 설령 과격한 말이 있다 하더라도, 새로운 교화를 펴리라 기대하고 있는 이런 때를 당하여 진실로 용인하여 받아들이고 가납(嘉納)하여 장려함으로써 언로(言路)를 더욱 열어야 합니다. 그밖에 곡절은 더 돌아볼 것이 없습니다. 왕의 말씀은 한번 내려지면 사방에 전송(傳誦)되지만, 저 멀리 있

218) 비망기(備忘記) : 임금의 명령을 적어서 승지(承旨)에게 전하는 문서이다.

는 백성들이 어찌 조정의 일이 되어가는 형편을 다 알겠습니까. 혹시 보통 사람의 마음으로써 폐하의 마음의 깊이를 엿본다면 어찌 불안한 일이 아니겠습니까. 또한 성상께서 새로 보위(寶位)에 오르시어 제일 먼저 어진 선비를 찾아내어 정구(鄭逑)와 정인홍(鄭仁弘) 같은 이들을 직접 뽑으시고 특별한 자리를 맡겨서 함께 이상적인 정치를 이룩하려고 기대하시니, 어진 이를 높이고 도를 즐기는 뜻이 지극하고도 극진하셨습니다. 무릇 보고 듣는 사람이면 누군들 감격하지 않겠습니까. 불행히 정인홍이 병으로 돌아갈 것을 청하였는데 성상께서 허락하시고 잘 조섭하고 오도록 하였습니다. 또 듣건대 정구도 돌아갈 계획을 이미 정했음을 전날 올린 차자에까지 나타냈다 합니다. 이들이 한번 가버린 뒤에는 다시 올 시기를 기필할 수 없으니, 특별히 만류하는 조치가 있어야 할 듯 하여 신들이 감히 청합니다.

우리 성상께서 망극한 변을 만나신 뒤에는 외로이 상중에 계시며 애통해하신 것이 정도를 넘어, 가까이 모시는 신하들 또한 일찍이 초췌해지신 모습을 관망하면서도 성상의 안후를 제대로 살피지 못한 지 하루 이틀이 지나 석 달이 되었으니, 여러 신하들의 민망하고 답답한 심정이 어떠하겠습니까.

지난번 홍문관이 차자를 올려 아침과 저녁의 여가에 신료들의 인접(引接)을 청한 것은 그 뜻이 실로 우연이 아닌데, 성상께서 거처가 비좁다고 하시며 의논하여 처리하겠다고 하교하셨습니다. 신들이 삼가 생각건대, 신하와 임금 관계는 자식과 부모 관계와 같아서 상하 간에 정의가 넘쳐흐르니, 굳이 거처가 넓어진 뒤에야 바야흐로 인접을 허락하시겠습니까. 오직 성심으로 아랫사람을 인접하여 임금과 신하 사이에 막힘이 없게 하는 데 있고, 거처의 넓고 좁은 것에 그다지 구애되지는 않을 듯합니다. 엎드려 원하옵건대 성상께서는 선조(先朝)에서 이미 행했던 사례대로 속히 여차[219]에서 인대(引對)하길 허락하시어 예를 행하는 틈틈이 아울러 국사를 논하소서. 그리하시면 종묘와 사직 그리고 새로 정사를 펼치시는 데에 매우 다행이겠습니다. 변변치 못한 신이 성상과 근밀한 자리에 있으면서 일찍이 하나하나 잘못된 점은 바로잡아 구원하여서 그 일을 바르게 하라는 말씀을 받들고는 황공하고 감격스러운 가운데 마침 소회가 있어 아뢰지 않을 수가 없었습니다. 너무도 두려운 마음을 가누지 못하겠습니다." 하니,

비답하시기를, "계사[220]의 내용이 지극하다. 다만 생각하는 바가 있으면서 말로 드러내지 않

219) 여차(廬次) : 상제가 거처하는 자리.

220) 계사(啓辭) : 공사(公事)나 논죄(論罪)에 관하여 임금에게 아뢴 말이나 글을 말한다.

은 것뿐이니, 이는 상하가 서로 뜻을 이해하지 못한 것이다. 할 말을 다하고 서로 갈고닦는다면 무슨 해로울 것이 있겠는가. 인접하는 일은 거처가 매우 비좁고 병 또한 차도가 없으니, 형편을 따라 처리하겠다." 하셨다.[221] -이때 정구가 대사헌으로서 임해군(臨海君)에게 전은[222]해야 함을 상소로 극력 진달하였다.-

戊申四月初一日 都承旨李尙毅 左承旨申渫 右承旨李慶涵 左副承旨柳公亮 右副承旨康復誠 同副承旨尹義立啓曰 臣等伏見頃日下本院備忘記 聖慮所及 固亦有在而言辭之間 似未免太露 臣等聚首相議 竊不勝區區未安之忱 夫鄭逑以山野篤學之人 蒙被聖上不世之遇 破其常格 擢置臺長 逑之感激恩寵 思有以隨事敢言者 豈他人比哉 其所箚陳之說 雖未知事體之如何 而乃其大意 實出於愛君憂國 欲使聖上萬善俱備而一疵不存而已 况逑所處之職 言官也 言官雖有過激之言 當此新化想望之日 固當容而受之 嘉而納奬之 以益開言之路 其他曲折 有不暇顧也 王言一下 四方傳誦 彼遐遠之民 豈盡知朝家之事體乎 如或以常人之情 窺陛下之淺深 則豈不未安矣乎 且聖上新登寶位 首求賢士 如鄭逑鄭仁弘等 簡自上衷 擢置異常 期於共圖至治 其尊賢樂道之意至矣盡矣 凡在瞻聆 孰不感激 不幸仁弘以病乞還 而自上許 令善攝而來 又聞逑之歸計已决 至形於前日箚 一去之後 再來遲速 亦未可必 似當有別樣勉留之擧 臣等敢以爲請 惟我聖上 自遭罔極之變 煢煢在疚 哀毁過禮 近侍諸臣 亦未嘗觀望墨容 審察聖候 一日二日已過三月之久 羣下悶欝之情 爲如何哉 頃者玉堂上箚 請於朝晡之暇 引接臣僚 其意實非偶然 上敎以居處挾窄 從當議處爲辭 臣等竊念臣之於君 猶子之於父 上下之間 情誼藹然 豈待居處寬敞然後 方許引接乎 惟在推誠接下 使堂陛無隔 居處之寬窄 恐不深拘 伏願聖上依先朝已行之例 亟許引對於廬次 講禮之餘 幷論國事 則宗社幸甚 新政幸甚 臣以無似 待罪近密 曾奉一一匡救 以正厥事之敎 惶感之中 適有所懷 不得不達 無任悚慄隕越之至 答曰 啓辭至矣 但有所懷而不言 則是上下之意不通也 盡言而交修 有何所妨 引接事 居處甚窄 病未有差 從當爲之 -時鄭逑以大憲力陳全恩臨海之䟽-

221) 이 기록은《광해군일기[중초본]》2권, 광해 즉위년 4월 2일 무오(戊午) 4번째 기사이다.

222) 전은(全恩) : 은혜를 온전히 하다. 곧 부자 형제 사이의 정의를 손상시키지 않고 잘 보전한다는 뜻으로, 곧 임해군을 죽이지 말라는 말이다.

○ 또 아뢰기를,

"신들은 모두 보잘 것 없는 자들로 함부로 후설[223]의 자리에 있으면서 항상 적임자가 아니라는 생각을 해왔습니다. 지난번 상의원(尙衣院)의 은기(銀器) 타조(打造) 계목[224]을 엎드려 살펴보니, 마음에 편치 못한 바가 있었습니다. 그런데도 즉시 우러러 여쭙지 못하였으니, 성상께서 일에 따라 바로잡아 구원하라는 계책을 저버린 것입니다. 홍문관에서 공의(公議)로 발론한 것은 신들의 과실을 정확히 지척한 것이니, 부끄럽고 황송하며 떨리는 마음에 더욱 몸 둘 바를 모르겠습니다. 땅에 엎드려 죄를 기다립니다." 하니,
전교하시기를, "이 일은 으레 만드는 물건이라 나 역시 미처 살피지를 못하였다. 이미 만들지 말라고 하였으니, 죄를 기다리지 말라. 다시 일에 따라 법도대로 진언하라." 하셨다.

又啓曰 臣等俱以無似 冒居喉舌 常思不稱 頃日伏見尙衣院銀器打造啓目 心有所未安而不卽仰稟 以負聖上隨事匡救之計 玉堂公議之發 正中臣等之失 慚惶戰灼 益無所容 伏地待罪 傳曰 此乃例爲之物 予亦未及致察矣 已令勿造 勿爲待罪 更加隨事進矩

○ 4월 초10일에 교서 저작(校書著作) 변경윤(邊慶胤)이 상소하여 입계[225]하니, 전교하시기를, "정광성(鄭廣成)을 패초[226]하여 신문하라." 하셨다.

도승지 이상의(李尙毅)와 좌승지 신설(申渫) 등이 아뢰기를, "정광성은 즉시 패초하겠고, 변경윤이 준 편지는 지금 가지고 왔습니다. 편지의 내용과 등서하여 들인 것을 살펴보니 별로 다름이 없었습니다. 진실로 마땅히 받아들여야 하겠으나 신들이 가만히 생각하건대, 민가에서 사사로이 서로 주고받은 편지는 말이 몹시 무례하고 거만하여 어린 사람과 미천한 사람의 편지는 함부로 어른에게 보여드리지 않는데 더군다나 지존(至尊)에 있어서이겠습니까. 이같은 사사로운 편지를 기어코 성상께서 보시도록 하였으니, 몹시 불편하기 짝이 없습니다. 궐

223) **후설(喉舌)** : 목구멍과 혀, 즉 왕명의 출납과 정부의 중대한 언론을 맡았다는 뜻으로 승지(承旨)의 직임. 곧 승정원(承政院)의 관원을 이른다.

224) **계목(啓目)** : 임금에게 작은 일에 관한 사실을 보고할 때 쓰는 문서를 말한다.

225) **입계(入啓)** : 대궐에 들어가서 임금에게 구두(口頭)로 직접 아뢰거나 계장(啓狀)을 올리는 일.

226) **패초(牌招)** : 승지(承旨)를 시켜 왕명(王命)으로 신하를 부르던 일. 명(命) 자를 쓴 목패(木牌)에 부르는 신하의 이름을 써서 승정원(承政院)의 하례(下隸)를 시켜 보냈다.

안팎에 당전(堂殿)은 매우 존엄한 곳인데, 외간의 편지를 가져다가 드리는 경우는 예전에도 사례가 없었거니와 뒷날의 폐단을 우려하지 않을 수 없습니다. 신들이 오늘 아침에 진달하고자 하였지만 황공하여 감히 하지 못하였습니다. 이제 편지의 원본을 들이라는 하교를 받들게 되니, 그간의 소회를 다 아뢰지 않을 수 없기에 어리석음을 무릅쓰고 감히 아룁니다." 하니, 비답하시기를, "변경윤이 자기네들의 편지 보낸 일을 상소문 내용에 언급한 것은 나에게 그 일을 자세히 알게 하기 위한 의도이기 때문에 변경윤을 불러서 그 편지를 베끼어 들이도록 하였으니, 내가 공연히 한 것이 아니다. 변경윤이 써서 아뢴 뒤에 정광성에게 보냈다는 편지 원본도 들여서 볼 것이니, 이것이 불가한 일인 줄 나는 모르겠다. 대체로 일을 처리할 때에는 그 곡절을 자세히 안 뒤에야 들일 것이 없을 수 있으니 그 편지를 들이도록 하라." 하셨다.

四月初十日 校書著作邊慶胤上疏 入啓 傳曰 鄭廣成牌招問

都承旨李尙毅 左承旨申濮等啓曰 鄭廣成卽爲牌招 邊慶胤所貽書 今已持來 觀其簡辭與謄入者 別無異同 固當入 而臣等竊念 閭閻私相通簡 語多褻慢 少者賤者之書 猶不敢傳示於長者 況至尊之前 如此私書 至溷聖鑑 極爲未安 內外之間 堂殿甚尊 取納外間文書 古無其例 後日之弊 不可不慮 臣等朝者 欲爲陳達而惶恐不敢 今承封入原書之教 不得不畢其所懷 冒昧敢禀 答曰 邊慶胤 以自中貽書事 幷及於疏內者 其意欲令予詳知之故 招慶胤 使之書入 予非偶然也 慶胤書啓之後 廣成處所貽本書入見 未知其不可也 凡處事 詳悉其曲折 然後可無所入 其書封入

○ 또 아뢰기를,

"변경윤의 앞뒤 상소의 내용은 방자하고 오만스럽기 짝이 없습니다. 그런데도 성상께서 용납하고 내버려두라는 전교를 내리셨습니다. 성상의 도량이 하늘과 같아 보통보다 만 배나 더 뛰어나시니 이를 보고 듣는 사람들 중에 그 누가 감격하지 않겠습니까. 신들이 가만히 보건대, 사사로운 편지 내용 중에 윤기(倫紀)를 무시하고 의리를 해치는 말은 대단히 불경(不敬)하여 신하로서 차마 볼 수 없는 것이기에 참으로 통분스럽고 가증스럽습니다. 그러나 다만 생각건대, 사사로운 편지로 인하여 잡아다가 신문하는 데까지 이른다면 넓으신 도량에 손상이 있을까 두렵습니다. 더군다나 바른 말을 구하는 간절하고 측은하게 여기는 성상의 뜻이 이제 막 온 나라에 전파되었는데 이러한 조치가 있게 되면 먼 지방에서 이 소식을 전해 듣고 그 자세한 내막을 모르면서 반드시 깜짝 놀라며 실망하는 사람이 있을 것입니다. 저 되지못한 일개 변경윤이야 진실로 아까울 것이 없지만, 새로운 교화를 함께 바라고 있는 오늘날에 관계되는 바가 작지 않습니다. 신들은 모두 변변치 못한 사람으로서, 언관의 자리에서 죄를 기다리며 구구한 우려가 없을 수 없기에 몽매함을 무릅쓰고 우러러 진달드립니다." 하니,

비답하시기를, "아뢴 뜻은 알았다. 다만 편지 보낸 일을 상소문 가운데 언급한 것은 나로 하여금 알게 하려한 의도이다. 편지의 내용을 보니, 위를 범한 어지러운 말들이 있었고, 임금을 무시하고 도리에 어긋나게 군 죄를 내버려 두고 물어보지 않을 수 없다. 이것은 언로(言路)에는 관계가 없는 것이고, 이런 일을 다스리지 않으면 인군(人君)을 협박하고 자기 속셈대로 하는 무리가 장차 뒤를 이어 계속해서 일어날 것이니, 이런 우환을 염려하지 않을 수 없다." 하셨다.

又啓曰 邊慶胤前後疏辭 極爲狂妄 而自上有容而置之之教 聖度如天 出尋常萬萬 凡在瞻聆 孰不感激 臣等竊視私書中 無倫悖辭之言 大涉不敬 有臣子若不忍見者 誠爲痛惡 第念因其私書 至於拿問 則恐或有損於包荒之量 况求言懇惻之旨 纔播於中外 而有此擧措 則遠方傳聞 未詳曲折 必有駭聽而缺望者 彼幺麼一慶胤 固不足惜 其於更化想望之日 所關非細 臣等俱以無狀 待罪近密 不能無區區之慮 冒昧仰達 答曰 啓意知道 但貽書之事 幷及於疏中者 其意欲使予知之也 見其書辭 旣有犯上亂言 其無君不道之罪 不可置而不問 此則不係於言路 此而不治 則脅君上行胸臆之輩 將接踵而起 此患不可不慮也

○ 5월 초8일에 대사헌 신식(申湜)이 아뢰기를,

"대개 피혐[227]은 옛 제도가 아닙니다. 정경세(鄭經世)가 상소에서 이름을 들어 곧바로 배척하려고 했던 것이 아니라 말하는 사이에 범연히 언급한 것입니다. 또 동료들과 가부(可否)에 대한 의견을 상의하지도 않고 분분히 피혐하였으니, 만일 대각(臺閣)의 관원들이 일을

227) 피혐(避嫌) : 사헌부에서 탄핵하는 사건에 관련된 관원이 벼슬길에 나가던 것을 피하는 일. 사건에서 혐의가 풀릴 때까지 벼슬길에 나가지 않는 것이 관례였다.

당해 직무를 극진히 하기를 피혐하는 것과 같이 한다면 무슨 일인들 잘 처리하지 못하겠습니까. 신은 조용히 자신의 소견을 지키고자 하오며, 상소에서 말한 그 사람은 바로 신과 혼인 관계가 있는 집 사람이므로 피하지 않을 수 없습니다. 신을 파직시키소서." 하니,
비답하시기를 "사직하지 말고 대죄[228]하라." 하셨다.[229]

五月初八日 大司憲申湜啓曰 大槪避嫌 非古也 鄭經世之疏 非擧名指斥 泛然論及 且不通可否於同僚 紛紛避嫌 若使臺官 當事盡職 如避嫌之爲 則何事不濟 臣竊欲固守己見 而所謂其人 卽臣婚姻家也 不可不避也 請命罷斥 答曰 勿辭 待罪

○ 24일에 좌승지 신설(申渫)이 아뢰기를,
"정경세의 상소가 선왕의 조정을 범한 것이 너무도 패만스러웠습니다. 성상께서 엄한 형률로 조치하려 하셨으나 언로를 막게 될까 염려하여 특별히 벌을 감해주셨습니다. 엎드려 성상께서 내린 교지를 읽고 성상의 뜻이 어디에 있는지 알고 나서 지극히 감격스러운 심정을 가누지 못하였습니다. 설령 경세가 단지 성상에게 있지도 않은 과실을 말했는데도 반드시 용인하여 사전의 경계로 삼고 처벌하지는 않으신 것입니다. 그런데 말해서는 안 되는 일을 가지고 감히 말해서는 안 되는 때에 말하였으니, 비록 경세가 반드시 자신의 죄를 뉘우치고 죽기를 구하는 것조차도 그렇게 될 수 없을 것입니다. 그런데 신이 구구히 염려하는 바는 성상께서 즉위하신 당초에 맨 처음 구언[230]의 교지를 내려 온 나라의 사람들로 하여금 생각하고 있는 것을 다 말하도록 하였으니, 이는 장차 그들이 말을 하도록 인도하신 것입니다. 그런데 만약 경세에게 결국 말 때문에 죄를 얻게 하신다면 원근에 잘못 소문나서 반드시 의혹을 갖게 될 것이니, 비록 큰 화기(禍機)가 보이지 않는 속에 숨어 있더라도 기꺼이 밝으신 성상을 위하여 말하려 하지 않을 것입니다. 이렇게 되면 결국 국가의 복이 아닙니다. 성상의 고굉(股肱)인 대신(大臣)이 처벌해서는 안 된다고 하고, 성상의 이목(耳目)인 대간(臺臣)이 처벌

228) 대죄(待罪) : 죄가 내려짐을 기다린다는 뜻인데, 여기서는 임금의 처분을 기다리라는 뜻으로 보인다.
229) 이 기록은 《광해군일기[정초본]》 4권, 광해 즉위년 5월 8일 계사(癸巳) 1번째 기사의 일부로, 자세한 내용은 해당 기사 및 《광해군일기[정초본]》 4권, 광해 즉위년 5월 2일 정해(丁亥) 2번째 기사 참조.
230) 구언(求言) : 임금이 신하나 사림(士林)에게 국정에 대한 직언(直言)을 구하는 것이다.

해서는 안 된다고 하며, 옥당의 논사(論思)하는 신하도 역시 처벌해서는 안 된다고 하니, 묘당(廟堂)과 삼사(三司)가 어찌 모두 정경세의 사당(私黨)이라서 그를 변호하려는 것이겠습니까. 빌며 청하는 바는 실로 한 나라의 공정한 말인데도 성상께서 받아들이지 않으시니, 오늘날의 온당치 못한 것이 정경세를 죄주는 하나의 일에 달려 있을 뿐만이 아니게 될까 두렵습니다. 역적의 후손은 관직을 삭탈하고 형벌에는 가볍고 무거운 것이 있는데 말을 한 사람에게 죄주는 것도 매한가지입니다. 이 어찌 밝으신 성상에게 있을 수 있는 일이겠습니까. 신은 외람되이 측근의 자리에 있으면서 여러 차례 성명에게서 '일에 따라 잘못된 것을 바로잡으라'는 교지를 받았으면서도 입을 다물고 말하지 않았으니, 그 죄 만 번 죽어 마땅합니다. 진실로 이 일이 혹 새로운 정사에 하나의 흠이 될까 염려하여 할 수 없이 어리석음을 무릅쓰고 나아가 우러러 아룁니다." 하니,

비답하시기를, "정경세의 일은 이미 삼사(三司)에 말했으니, 억지로 구제하려고 하지 말라." 하셨다.[231)]

二十四日 左承旨申渫啓曰 鄭經世 觸犯先朝 極涉悖慢 自上欲置之重律 而慮防言路 特從末減 伏讀聖教 有以知聖意之所在 不勝感激之至 設令經世 但言聖躬所無過失 必將容忍 以爲先事之戒而不之罪耳 惟其不可言之事 敢言於不可言之日 雖經世 亦必悔罪 求死之不得矣 第臣區區過慮 聖上於嗣服之初 首下求言之旨 許令中外 盡陳所懷 蓋將導之使之言也 若使經世終以言獲罪 則遠近傳訛 必將疑惑 雖有大禍機 伏於冥冥 而莫肯有爲聖明言之者矣 終非國家之福也 大臣聖上股肱 而曰不可罪 臺臣聖上之耳目 而曰不可罪 至於玉堂論思之臣 亦曰不可罪 則廟堂三司 豈皆經世之私黨 而爲之營護者哉 所祈請者 實是一國之公言 而聖上不賜嘉納 竊恐今日之未安 不獨在罪經世之一事而已也 逆裔則削職 罰有輕重而罪言者 則一也 此豈聖明所宜有哉 臣本忝居近密 屢承聖上隨事匡救之教 而緘默不言 罪合萬死 誠恐此擧或爲新政之一疵 不得不冒昧仰達 答曰 經世之事 已諭三司矣 勿爲強救

231) 이 기록은 《광해군일기[중초본]》 2권, 광해 즉위년 5월 24일 기유(己酉) 2번째 기사이다.

○ 무신년(1608, 광해군 즉위년) 6월 8일에 우승지 신설(申渫)이 아뢰기를,

“발인할 때에 승지(承旨)와 사관(士官)이 수행하는 것은 《오례의(五禮儀)》에서 고찰해 보니, 명확한 조문이 없었습니다. 비록 임금이 거둥할 때라도 승지와 사관이 다만 대가(大駕)를 호종하여 가고, 별도로 살아계실 때와 같이 대여(大轝)를 시위(侍衛)한다는 조문이 없습니다. 비록 내상(內喪)일 경우라도 승지 두 사람만 수행한다고 나와 있으니, 없는 일을 한두 가지 소견만 가지고 제멋대로 억측으로 정할 수 없기에 감히 성상의 재결을 여쭈오며, 털끝만큼도 한쪽에 치우친 뜻이 조금도 없습니다. 이제 예문관(藝文館)의 차자를 보니, ‘승정원이 잘못 헤아려서 사관은 나아갈 수 없다하면서 이에 대해 설명하려 하였으나 할 수가 없자 곧 내상에는 수행하는 사관이 없다는 조문을 원용하여 그렇게 한 말이니 또한 이상하지 않습니까’라고 운운하였습니다. 그런데 아뢰는 말 사이에 불평스러워 하는 데가 많으니, 마치 승정원이 사관으로 하여금 나아가게 하고 싶지 않아서 그런 의도를 가지고 계품[232]한 것처럼 하였습니다. 당초에 계품한 말은 비록 한 원(院)의 동료들과 상의하여 정한 것이나, 신의 해방(該房)에 들어가 아뢴 것이니, 잘못 헤아린 실책은 신이 바로 당해야 합니다. 또 해조(該曹)에서 애초에 주서와 사관 한 명이 나아간다는 조문이 없었기에, 차자에서 이를 근거하여 증거로 삼아 그 일을 사실화하였으니, 송종[233]하는 큰 예에 어두워 일을 제대로 살피지 못한 죄를 더욱 면하기 어렵습니다. 황공함을 이기지 못하고 죄를 기다립니다.” 하니,

전교하시기를, “대죄(待罪)하지 말라.” 하셨다.

戊申六月八日 右承旨申渫啓曰 發引時隨參承旨史官 考諸五禮儀 旣無明文 雖親行之時 承旨史官 只扈大駕而去 別無象生時侍衛大轝之文 雖內喪有承旨二人 所無之事 不可以一二所見 擅自臆定 敢稟睿裁 而略無一毫偏着之意 今見藝文館箚子 有曰政院錯料 以爲史官不當進去 求其說而不得 乃引內喪無史官之文而爲之之辭 不亦異乎云云 辭氣之間 多挾不平 有若本院 不欲使史官進去 有意啓稟者然 當初啓稟之辭 雖與一院同僚商議勘定 而自臣該房入啓 錯料之失 臣正當之 且該曹初無注書史官一員進去之文 而箚中據此爲證 以實其事 送終大禮 昏不致察之罪 尤所難免 不勝惶恐 待罪 傳曰 勿待罪

232) 계품(啓稟) : 신하가 구두나 글로 임금에게 여쭈어 아룀.

233) 송종(送終) : 죽은 사람을 마지막으로 보내는 것. 곧 장례(葬禮).

○ 또 아뢰기를,

"사관이 산릉(山陵)에 따라가 참여하는 조항은 임금이 거둥할 때의 경우가 아니면 예문(禮文)에 의거할 만한 조항이 없습니다. 그러기에 전날의 계품(啓稟)이 있었던 것입니다. 예문관의 상·하번(上下番) 외에 남은 인원이 많습니다. 그런데도 군부(君父)를 송종(送終)하는 예를 당하여 시종하는 신하들이 산릉에 나아가지 않는다면 인정과 형식에 있어 흠결이 될 것 같습니다. 예문(禮文)에 기록되지 않은 일은 신들의 의견을 가지고 경솔하게 단정할 수 없기에, 해조(該曹)로 하여금 의논하여 처리하게 하는 것이 어떻겠습니까? 하니,

전교하시기를, "윤허한다." 하셨다.

又啓 史官隨參山陵一欵 非親幸時 則無禮文可據 所以有前日之啓禀矣 藝文館上下番外 多有餘員 而當君父送終之禮 侍從之臣 不進山陵 則其在情文 似爲欠缺 而非禮文所載之事 不可以臣等意見 率爾斷定 令該曹商議處之如何 傳曰 允

○ 8월 10일에 동지사 신설(申渫)이 아뢰기를,

"신들의 이번 사행(使行)은 이미 조정에서 분부한 명을 받고서 광녕[234]의 현지 사정을 미리 살펴보았습니다. 신들이 엎드려 생각하건대 저들의 흉악한 모략과 은밀한 계책은 우연히 말하는 사이에 언급된 것 같지는 않으나, 도무지 이를 증명할 비근한 형적(形迹)이 없어서 게첩(揭帖)을 올려 황제에게 보고함에 이르렀습니다. 황제에 보고된 다음에는 과관[235]이 이를 근거로 하여 공격하고 헌신(憲臣)이 논박할 것인데, 비록 우리나라 사신에게 극비로 하려하더라도 통보에 전파되어 천하에 전해질 것입니다. 이렇게 되면 일이 이미 드러났다고 말할 수 있습니다. 중국의 제도는 우리나라와 달라서 비록 기밀(機密)에 관계되는 장주(章奏)일지라도 역시 숨기고 발표하지 않는 일은 없으니, 곧 간행하여 유포하여 사람들이 다 볼 수 있습니다. 그러한즉 중국 조정의 신하들 또한 어찌 금령(禁令)이 반드시 행해짐만을 보장하여 우리나라가 전혀 알지 못한다고 하겠습니까. 중국 조정의 논의가 당당하게 이미 그들의

---

234) **광녕(廣寧)** : 지금의 요녕성 북진(北鎭)으로 조선 사행이 심양을 지나 산해관으로 향하면서 지나가는 곳이다.

235) **과관(科官)** : 도찰원(都察院) 소속인 이(吏)·호(戶)·예(禮)·병(兵)·형(刑)·공(工) 6과(科)의 급사중(給事中)과 15도 감찰사(監察使)의 통칭으로 보인다.

간교한 계책을 꺾었으니, 만약 이로 인해 타첩[236]이 되어 다시 제기하지 않는다면 이는 진실로 다행일 것입니다. 만일 그 논의가 여전히 그치지 않아 혹 이성량[237]을 옳게 여기는 자가 봉박[238]하기를 분분하게 하여 이 사건이 점차 과격해져서 일이 마침내 크게 벌이지면, 우리나라 사신들이 관사 안에 머물러 있으면서 한 마디 하소연이라도 하여 그 통박한 사정을 밝힘이 없어서는 안 됩니다. 이것은 나라의 큰일에 관계되니, 어찌 하찮은 일로 보아 듣고도 듣지 못한 것처럼 할 수 있겠습니까.

삼가 듣건대, 지난 연간에 정응태가 터무니없는 사실을 꾸며서 우리나라를 모함할 당시[239] 객관에 있던 사신들이 정문[240]으로 각 아문(衙門)에 호소하였습니다. 비록 천자에까지 전달(轉達)되지는 못했지만, 중국 조정의 관리들은 이를 의롭게 여기지 않은 이가 없어 심지어는 통보(通報)에 내기까지 하였다고 합니다. 그러니 천자의 조정의 의혹을 푸는 것이 그 어찌 적은 일이겠습니까. 이 또한 근래에 이미 있었던 일입니다. 하물며 오늘날의 일은 무함(誣陷)에 그칠 뿐만이 아님에 있어서이겠습니까.

신들은 불행히도 이런 판국을 만났으니, 억울함을 호소함이 마땅한가의 여부는 진실로 미리 강구하지 않을 수 없습니다. 설사 정문을 작성한다하더라도 짓는 말의 가볍고 무거운 것 또한 신들이 감히 마음대로 처리할 수 없으니, 의정부에게 숙의하여 변란에 대처하는 계책을 명백히 하도록 지시하소서. 또 승문원에게 정문을 지어 주게 하여 생각하지 못한 사태에

---

236) **타첩(妥帖)** : 별 일 없이 순조롭게 해결되어 안정됨.

237) **이성량(李成樑, 1526~1615)** : 명나라 신종(神宗) 때의 장군으로, 광녕 총병(廣寧總兵)과 요동 자사(遼東刺史) 등을 지냈다. 그의 고조는 본래 조선 사람으로 명나라에 귀화하였다. 임진왜란 때 조선에 출병한 이여송(李如松)이 바로 그의 아들이다. 《明史 卷238 李成梁列傳》
《광해군일기[중초본]》 6권, 광해 즉위년 7월 29일 계축(癸丑) 5번째 기사에, "이 때에 광녕총병 이성량이 명나라 조정에서 책봉을 인준하지 않은 것을 알고 도어사 조집(趙潗)과 함께 은밀히 주청하기를, '조선이 형제간에 서로 다투고 있으니, 군사를 일으켜서 습격 탈취하여 군현으로 삼으소서.'하자, 병과 도급사중송일한(宋一韓)과 급사중(給事中) 사학천(史學遷)이 아뢰기를, '조선이 비록 그런 흠이 있지만, 천개소문(泉蓋蘇文)처럼 임금을 시해한 죄가 없고 천조(天朝)를 섬기어 신하의 예절이 어긋나지 않았으니, 성량이 이러한 주청을 하지 않았어야 합니다. 청컨대 그의 병권을 파하여 경사로 돌아와 늙도록 하고, 아울러 조집도 파면하여 변방에서 일을 일으키려 한 죄를 징계하소서.' 하니, 황제가 따랐다." 하였다.

238) **봉박(封駁)** : 황제가 부당한 조령(詔令)을 내렸을 경우에 신하가 이를 그대로 봉함하여 돌려보내고 논박하는 일이다.

239) **정응태(丁應泰)가 …… 당시** : 선조 31년(1598) 명나라 병부 주사(兵部主事) 정응태(丁應泰)가, 조선에서 왜병을 끌어들여 중국을 침범하려 하고, 또 조선의 왕들이 대대로 조(祖)·종(宗)의 호(號)를 사용했다는 등 여러 가지 사안을 열거하여 신종(神宗)에게 제본(題本)을 올려 무함한 사건을 이른다.

240) **정문(呈文)** : 외국에 파견된 사신이 일이 있어 해당 부서에 보내는 글 또는 그런 글을 보내는 일을 이른다.

대비하게 하소서. 정문을 베껴 쓸 적에 글씨 잘 쓰는 사람이 없어서는 안 되기에 사자관[241] 한 명도 데리고 가는 것이 어떻겠습니까?

八月十日 冬至使申渫啓曰 臣等此行 旣蒙朝廷分付着令 打聽廣寧事情 臣等竊念彼之兇謀秘計 非如說話間偶然言及 都無形迹之比 至具合揭 已經皇覽 科官攻之 憲臣駁之 雖或極秘于我國使臣 而播諸通報 傳之天下 則可謂事已彰著矣 中朝之制 與我國殊異 雖係機密之章奏 亦無秘而不宣之事 則刊印流布 人皆得見 則中朝之人亦豈保其禁令之必行 而謂我國全然不知乎 中朝論議 堂堂旣已折其奸謀 若因此妥帖 不再提起 則斯固幸矣 萬一其議尙未止息 或右李者 封駁繽紛 轉輾相激 事遂張大 則我國使臣 留在館裡 恐不可無一言號籲以明其痛迫之情 此係國之大事 豈可視爲薄物細故而聽若不聞哉 伏聞頃年間 丁應泰搆誣我國之時 在館使臣 呈文呼訴於各衙門 雖不得轉于宸聽 而中朝之官 莫不義之 至出諸通報云 其釋天朝之疑惑者 豈淺淺哉 此亦近事之已例 况今日之事 不翅搆誣而已乎 臣等不幸遇此事機 則訴寃當否 固不可不預講 設使果爲呈文 措語輕重 亦非臣等所敢擅便 請令廟堂 熟議處變之策 明白指授 且令承文院 撰給呈文 以備不虞 呈文寫時 不可無寫手 寫字官一人 亦爲帶去何如

○ 비변사[242]에서 아뢰기를,

"삼가 동지사 신설(申渫) 등의 계사(啓辭)를 보니, 일을 담당한 신하로서 매우 우려하며 마땅히 하지 못할 것이 없어야 할 것입니다. 옛사람은 국경 밖으로 나갈 적에 오히려 뜻밖에 일어날 일에 대해 세 번쯤 생각하고 나갔는데, 더구나 지금은 조짐이 이미 나타났으니 또한 어찌 그런 일이 꼭 없으리라고 보장하겠습니까. 다만 눈앞의 형세로 요량해 보건대, 고부사[243]가 예부[244]에 장계를 올릴 때 이미 조사(詔使)의 행차가 책봉을 제주(題奏)하는 데 미쳤으니, 책

241) **사자관(寫字官)** : 승문원(承文院)의 한 벼슬로 문서(文書)를 정서(正書)하는 일을 맡아보는 관직.

242) **비변사(備邊司)** : 조선조 때 군국(軍國)의 일을 맡아서 처리하던 관청으로 일명 비국(備局) 또는 주사(籌司)라고도 한다. 중종 5년(1510)에 삼포왜란(三浦倭亂)이 일어나자 임시로 도체찰사(都體察使)를 두어 변방 관련 업무를 처리하게 하였는데, 명종 때 을묘왜변(乙卯倭變)이 일어나자 상설기관으로 되었다. 임진왜란 이후에는 변경 문제뿐만 아니라, 국내의 사무도 관장하였으므로, 의정부를 대신해서 명실 공히 최고 아문이 되었다가 고종 2년(1865)에 폐지되었다.

봉은 아직 준허(准許)받지 못했으나 장차 준허할 뜻으로 이미 그 단서를 보였습니다. 그리고 봉주사(封奏使)와 진주사(陳奏使)의 행차가 서로 잇달아 가니 봉사[245]의 완료됨이 필시 신설 등이 북경에 당도하기 전에 있었던 듯싶습니다. 이성량이 이미 탄핵을 받았고[246] 봉사 또한 완료되었고 보면, 그 사이에 지난번의 말을 제기하여 천자의 귓전을 어지럽혔을 이치가 없을 것 같습니다. 설령 사전에 최선의 계책으로 미리 정문(呈文)을 갖추어 쟁변(爭辯)하고자 한다 해도 반드시 이성량의 원고(原藁)를 상세히 보고, 사(史)·송(宋) 과도[247] 등의 참본[248]을 참고한 뒤에야 저 교활한 이들이 불화의 단초를 엿보고 모함하여 차지할 계책을 세운 것들을 두루 알아 대응할 수 있습니다. 만약 이성량이 허구 날조하여 말을 지어 이르길, 본국(本國 우리나라)에 아무 죄가 있으니 토벌해야 한다고 하였다면 정문에 마땅히 그의 말을 근거로 잡아 극력 쟁변하면서 통렬히 변론해야 할 것이고, 단지 본국에 아무 단서가 있다고 지칭하며 때를 틈타 차지해야 한다고 했다면 마땅히 이치에 의거하여 순조로운 말로 천청(天聽 황제)이 감동되시기를 기대해야 할 것입니다. 이 둘 사이에서 말을 만들고 뜻을 표현함이 현격하게 다를 것인데, 이와 같이 하고서도 본고를 아직 보지 못하였으니, 지금 어떻게 에서 미리 헤아려 미래의 말을 만들 수 있겠습니까. 대체로 진위를 따져보지는 않았지만 저들이 만약 지칭한 대로 틈타 차지해야 한다면서 토벌을 청한 일이 있었다면, 이는 바로 변방의 신하로서 공명과 이익만을 추구한 말입니다. 중원(中原)에는 사람이 있어 왔으니, 마땅히 과도관(科道官)이 이렇게 운운할 것입니다. 지금의 상황으로 보면 이성량의 말이 이간질을 하려는 계책에 있는 듯하니, 만일 이를 진달하여 변무하고자 한다면 말이 올바르고 의기가 씩씩해야 할 것이요 할 말이 없음을 걱정할 것이 없습니다. 다만 우리나라는 천조(天朝 명나라)와 함께 일의 체모가 엄절하되, 다른 나라들처럼 체제와 형세가 균등하여 번번이 큰 소리로 통렬히 꺾어버리고 쾌히 물리칠 수 있는 것이 아니니, 반드시 말이 순리에 맞고 조리가 곧아서 저들로 하여금 스스로 깨닫도록 하여야만 비로소 완전무결하여 후회가 없을 것입니다.

243) **고부사(告訃使)** : 국상(國喪)이 났을 때 부음(訃音)을 알리기 위해 중국에 보내던 사신.

244) **예부(禮部)** : 명나라의 예부(禮部).

245) **봉사(封事)** : 밀봉하여 황제가 직접 뜯어보게 한 상주문. 여기서는 책봉(冊封)하는 일로 보인다.

246) **이성량(李成樑)이 …… 받았고** : 각주 237) 참조.

247) **과도(科道)** : 과도관(科道官)의 준말로, 명(明)·청(淸) 때 급사중(給事中)과 각 도의 감찰어사(監察御史)를 통칭한 것이다.

248) **참본(參本)** : 관리의 죄상을 적발하여 조정에 보고하는 글을 말한다.

이제 문구의 대략을 말하자면 이러합니다. 우리나라는 작은 나라로 바다 밖에 있는데도 실로 고황제[249]가 세워주셨습니다. 옛날 주(周)나라 세종(世宗)은 쇠란한 세상의 중주[250]이었는데도 구구한 작은 신의로 오히려 강남의 약소국들로 하여금 대국(大國 주나라)을 상대하여 방어태세를 갖추지 못하게 하지 않았는데, 하물며 당당한 천조가 바다 밖의 우리나라를 인(仁)으로 덮어주고 내지(內地)처럼 여기심에이겠습니까. 임진년 변란 때에는 천하의 온 힘을 다하고 내탕(內帑)의 저축까지 기우려서 작은 나라(우리나라)를 구제하셨으니, 이 작은 나라의 생명이 있는 부류가 모두 신의(信義)에 감복하고 믿어서 밤낮으로 조금이라도 은혜에 보답할 것을 생각하고 있지만 그러지 못하고 있습니다. 그런데 어찌 변방의 신하가 천자의 지극한 신의를 본받지 못하고 함부로 스스로 헤아려서 영토만 늘릴 생각으로 위로는 천총(天聰)을 어지럽히고 아래로는 이 작은 나라를 놀래고 의혹되게 하기를 어찌 도모할 생각을 하겠습니까. 천조가 이미 이 작은 나라를 자식같이 여기시니, 작은 나라의 만백성이 천조를 부모와 같이 우러러 떠받들지 않은 사람이 없습니다. 이 작은 나라가 200년 동안 천조를 섬기면서 다행히도 큰 죄를 면하며 지금에 이르렀는데, 천조에 있어서도 어찌 차마 오늘날 정당한 이유 없이 이씨(李氏)의 종묘사직으로 하여금 장차 의탁할 데가 없게 하겠습니까. 이 작은 나라는 궁벽하고 누추하여 변변찮은 세금마저 제대로 나오지 못하고 병장기도 날카롭지 못하니 비유하자면 돌밭을 차지하고 있는 것과 같아 쓸데가 없기에 다만 천조에 신의를 잃는 누를 더할 뿐입니다. 이렇게 말을 만들되 얻어 들은 기록과 자세하고 소략한 절문에 또한 모름지기 상세하게 손질을 가하여 힘써 기세를 부리는 일이 크게 돌연히 드러남이 없게 한 뒤에라야 호소하는 글을 올리는 예에 거의 부합할 것입니다. 그러나 이는 천 리 밖에서 예측하여 판단하는 말에 달려있으니, 만약 중조(中朝)에서 이성량의 원고를 얻어 보거나 천조의 의론을 듣게 한다면 또한 반드시 우리 것과 크게 서로 어긋남이 있을 것입니다. 그러나 이는 사신들이 상황에 따라 대처하는 책임에 달려있습니다. 이에 감히 아룁니다." 하니,

알았다고 전교하셨다.[251]

---

249) **고황제(高皇帝)** : 명(明)나라를 건국한 태조 주원장(朱元璋, 1328~1398)을 가리킨다. 묘호는 태조이고, 시호는 고황제이며, 재위 연호에 따라 '홍무제(洪武帝)'라고도 한다. 재위 기간은 1368~1398이다.

250) **중주(中主)** : 중간 정도의 군주.

251) 이 기록은 《광해군일기[중초본]》 3권, 광해 즉위년(1608) 7월 29일 계축(癸丑) 5번째 기사에 일부가 실려 있다.

備邊司啓曰 伏見冬至使申渫等啓辭 當事之臣 深虞隱慮 宜無所不至 古人出疆 尙且三思於慮外 況今兆已見矣 亦安保其必無也 第以目前形勢料之 告訃使狀啓禮部 旣以詔使之行 及於題封 則封雖未准 而其將許之之意已示其端 而封奏陳奏兩使之行相繼而往 封事之完 必在於渫等未赴之前 成樑旣已被參 封事且完了 則其間似無提起前說以亂天聽之理矣 設欲先事良圖 預其呈文以爲爭辨之地 必須詳見成樑元藁 參之以史宋科道等兩件參本然後 其狡屬伺覘搆捏釁端 以爲可取之計 可以周知而應之 若成樑搆捏爲辭曰 本國有某罪可討云 則呈文之辭 宜執其辭 力爭而痛卞之 若只稱本國有某端可以乘時而取之 則當據理順辭 冀動天聽 二者之間 措辭命意懸絶而如此 而未見本藁 今何能逆覩於千里之外 預成未來之辭乎 大槩未論眞僞 彼若指稱 有釁可乘而請討 則是乃邊臣功利之說 中原有人 宜科道之有此云云 以今料之 成樑之說 似在乘釁之計 如欲陳卞 則辭直意壯 不患無辭 但本國與天朝 事體嚴截 非如列國體敵勢均 輒可以大言 相加痛折而快却之 必須辭順理直 令彼自悟然後 乃可以十全而無悔 今欲措語大略 則小邦雖在海外 實高皇帝所樹立也 昔時周世宗 衰世之中主 區區小信 猶能使江南國主 待大邦 不爲不設備 況堂堂天朝 仁覆海外 視同內服 壬辰之變 竭天下之力 傾帑藏之儲 拯濟小邦 小邦含生之類 服義而恃信 日夜思効涓埃而不可得 豈料邊臣不躰聖天子至信 妄自忖度 思啓封疆 上以眩亂天聰 下以驚惑小邦 天朝旣子視小邦 小邦羣生 無不父戴天朝 小邦二百年 服事天朝 幸免大戾 以至于今 其在天朝 豈忍今日無故而使我李氏宗社 將無所托歟 小邦僻陋 不腆財賦之所不出 兵刃之所不利 譬如石田取之 不足爲用 而只益天朝失信之累 以此措辭 而其得聞之錄 詳略之節 亦須詳加斟酌 務使氣無大突露然後 庶合呈訴之禮 然此在千里懸斷之辭 若使中朝 得見元藁及打聽天朝論議 則又必有與此大相逕庭者 此在使臣臨時專對之責 敢啓 傳曰 知道

○ 기유년(1609, 광해군 1) 3월 23일에 동지사 신설이 와서 아뢰기를,

“신들이 나가서 탐문(探聞)을 하니, 노추[252]가 중년[253]에 사총영(社總營)에 급히 알려오기

252) **노추(老酋)** : 늙은 오랑캐라는 뜻으로, 청나라 태조 누르하치(奴乙哈赤)를 가리킨다. 누르하치는 건주(建州) 일대를 통일한 다음, 차츰 세력을 넓혀 1616년에 황제의 자리에 올라 국호를 후금(後金)이라 하였으며, 1618년에 명나라에 대하여 칠대한(七大恨)을 선포하고 공격하였다.

를, '홀호[254]가 조선은 지난 날 우리와 원수가 되므로 이제 치려 한다고 이르기에, 우리들이 조선은 본래 예의가 있어서 중국을 공경히 섬겼고 중국도 한집안처럼 생각하니 침범하면 안 된다는 뜻으로 두 번이나 알도록 타일렀습니다. 그런데 홀호의 조정이 끝내 명령을 듣지 않기에 우선 총병관(總兵官)에게 알립니다.' 하니, 총병관이 대답하기를 '우리 천조가 조선을 한 집안과 같이 여기는 것은 너희들이 다 아는 바이다. 홀호는 너의 친가(親家)이니, 네가 말한 바를 어찌 듣지 않겠는가. 너희들은 잘 타이르고 끝끝내 명령을 듣지 않으면 먼저 홀호를 치고서 올 것이니, 내가 마땅히 큰 상으로 보답하겠다'고 운운하니, 중년에 명을 듣고 돌아갔다고 합니다. 신들이 강을 건넌 뒤에 곧바로 시급히 아뢰려 하였지만 도하(都下)의 인심이 이미 흉흉하여 만약 다시 시급히 아뢴다면 더욱 소요(騷擾)할 것이므로 이제서 들은 것을 적어서 아뢰옵니다." 하니,

알았다고 전교하셨다.

己酉三月二十三日 冬至使申渫來啓曰 臣等出來探聽 則老酋中年 馳報于社總營曰 忽胡云朝鮮昔日與我爲仇 今欲擊之 俺等以朝鮮素有禮義 敬事中朝 中朝視同一家 不可侵犯之意 再爲曉諭 而忽朝終不聽命 故先告于老爺 總兵答曰 天朝與朝鮮視同一家 爾等所共知 忽胡是汝之親家 爾之所言 何可不聽 爾等善爲開諭 終不聽命 則先擊忽胡以來 我當重賞以報云云 於中年聽命回云云 臣等欲於越江之後 卽爲馳啓 而都下人情 已極洶洶 若復馳啓 益致騷擾 故今此所聞書啓 傳曰 知道

○ 24일 비망기에,

"동지사 신설이 궁각[255]을 사 오고 또한 구입해 온 책자를 올렸다. 동지사와 서장관에게는 각각 숙마[256] 한 필을, 상통사(上通事)에게는 반숙마[257] 한 필을 내려주어 권면하는 뜻을 보이라." 하셨다.

253) 중년(中年) : 평년(平年).
254) 홀호(忽胡) : 북방 오랑캐 홀자온(忽刺溫)의 부족. 홀융(忽戎)이라고도 한다.
255) 궁각(弓角) : 활을 만드는 데 쓰이는 물소의 뿔.
256) 숙마(熟馬) : 잘 길들여진 말.
257) 반숙마(半熟馬) : 절반쯤 길들여진 말.

二十四日 備忘記 冬至使申渫 弓角貿來 又進冊子 使書狀各熟馬一匹 上通事半熟馬一匹賜給 以示嘉奬之意

○ 28일에 사간원에서 아뢰기를,

"동지사로 갔다가 돌아온 신하들은 중국 조정에서 내리는 상은(賞銀)도 받기 전에 서둘러 먼저 황조(皇朝)에 하직인사를 드렸다 하니, 이미 사체(事體)를 잃었고, 그러고도 객관(客館)에 머물러 있기에 싫증나고 괴롭다는 사유로 제독(提督)에게 글을 올리기까지 하였는데, 그 언사의 뜻이 도리에 어긋나며 거만하고 격노하는 온당치 못한 말이 많이 있어 제독이 이를 질책하는 지경에 이르렀습니다. 일개 소방(小邦)의 배신(陪臣)으로 성상께서 사대(事大)하시는 정성을 본받지 않고 일을 처리하는 것이 전도되고 어긋나서 이 지경에 이르렀으니 놀라지 않은 사람이 없습니다. 상사 신설(申渫), 부사 윤양(尹暘), 서장관 최현(崔晛)을 모두 파직하소서." 하니,

비답하시기를, "만 리 길에서 겨우 돌아오자마자 파직하는 것은 지나치게 무거우니 추고하는 것이 가하다." 하셨다.[258)]

4월 초4일에 사간원에서 아뢰니, 아뢴 대로 하라고 답하셨다.

二十八日 院啓曰 回還冬至使臣等 未收賞銀之前 遽先辭朝 已失事體 反以留館厭苦之故 至於呈文提督 而辭意悖慢 多有激怒未安之語 以致提督之嗔責 一小邦陪臣 不體聖上事大之誠 處事顚倒繆戾至此 莫不爲駭 請上使申渫、副使尹暘、書狀崔晛 竝命罷職 答曰 萬里纔還 罷職過重 推考可也

四月初四日 院啓 答曰 依啓

258) 이 기록은 《광해군일기[정초본]》 14권, 광해 1년 3월 28일 기유(己酉) 2번째 기사와 《광해군일기[정초본]》 14권, 광해 1년 3월 29일 경술(庚戌) 2번째 기사이다. 참고자료로 박여량(朴汝樑)의 《감수재선생문집(感樹齋先生文集)》에 〈請罷冬至使臣等〉이 있다.

○ 초6일에 사간원에서 아뢰기를,

"신들이 동지사 신설(申渫) 등이 가지고 온 예부 자문(禮部咨文)을 가져다 보건대, 말단을 열어보니 '조선국의 국사를 임시로 맡은 한 사람[朝鮮國權署國事一員]에게 황제가 상을 내린다.'라고 하였습니다. '일원(一員)'이라고 칭한 것[259]은 몹시도 온당치 못한 바가 있으니, 사신된 자는 마땅히 예부에 진정하여 기필코 고쳤어야 하는데 끝내 한 마디 변명도 없이 몽매하게 그대로 받아왔습니다. 그 사명을 형편없이 봉행한 죄가 크므로 여론이 모두 놀라고 분개해 합니다. 상·부사 및 서장관을 속히 나국하라 명하소서." 하니,

비답하시기를, "이미 파직하였으니 어찌 나국할 필요가 있겠는가. 윤허하지 않는다." 하였다.[260]

사헌부의 논계(論啓)가 들고 일어났는데, 아뢴 바의 뜻은 똑같았다.

비답하시기를, "'권서 국사 일원(權署國事一員)'이라는 말은 예부가 이미 써서 주었으니, 사신들이 미처 개정을 요청하지 못한 것은 실정상 어쩔 수 없는 일이니, 나국하는 것은 과중하다. 자꾸 번거롭게 하지 말라." 하셨다.[261]

13일에 사간원과 사헌부에서 아뢰니, 아뢴 대로 하라고 답하셨다.

初六日 院啓 臣等取見回還冬至使申渫等賫來禮部咨文 末端計開 欽賞朝鮮國權署國事一員云 一員之稱 極有所未安 爲使臣者 所當陳情於禮部 期於必改可也 終無一言辯 曚然受賞來 其奉事無狀之罪大矣 物情莫不駭憤 上 副使書狀官 亟命拿鞫 答曰既已罷職 何至於拿鞫 不允

府啓俱發 啓意同 答曰 無情之事 拿鞫過重 重勿煩

十三日 院府啓 答曰 依啓

259) '일원(一員)'이라고 칭한 것 : 새로 즉위한 광해군을 '국사를 임시로 맡은 한 사람'이라고 지칭한 것을 이른다.

260) 이 기록은 《광해군일기[중초본]》 15권, 광해 1년(1609) 4월 6일 정사(丁巳) 1번째 기사이다.

261) 이 기록은 《광해군일기[중초본]》 6권, 광해 1년 4월 6일 정사(丁巳) 2번째 기사와 《광해군일기[중초본]》 6권, 광해 1년 4월 11일 임술(壬戌) 1번째 기사이다.

차箚[262]

홍문관에서 올린 차자[263]

8월 15일, 홍문관 부제학 이호민(李好閔), 교리 권협(權悏), 부교리 이담(李湛), 부수찬 신설(申渫), 저작 김광엽(金光燁) 등이 엎드려 아룁니다.

"신들이 삼가 보건대 근래에 천재(天災)와 시변(時變)이 잇달아 발생하더니 요즘에 와서는 장성[264]이 나타나 다급하게 견고(譴告)하므로 성상께서는 측신[265]하시게 되고 여론이 모두 해괴하게 여기고 있습니다. 신들이 경연(經筵)에서 시종하면서도 학문이 천인(天人)의 이치에 어두워 능히 성상의 덕을 우러러 도와 천심(天心)에 보답하지 못하고, 그저 추구[266]와 같은 약간의 책략만 가지고 공구수성[267]하시는 전하께 진달하고 있으나 저렇듯 채택할 만한 말이 없으니, 어찌 재변(災變)을 해소하는데 조금이라도 도움이 될 수 있겠습니까. 이제 요망한 혜성[268]이 비록 사라졌지만 나타난 이유를 알지 못하고 있고, 나랏일이 날로 어려워

262) **차(箚)** : 차자(箚子). 조선시대 신하가 왕에게 올리는 간단한 서식의 상소문(上疏文)이다. 송 태조(宋太祖)가 얼굴에 위엄이 있으므로 신하들이 직접 말을 아뢰기 어려워서 할 말을 글로 써 올린 것이, 임금에게 차자를 올리는 시초가 되었다고 하는데, 건의하고 정사를 논하는 문체로 되었다.

263) 이 차자는 홍문관에서 왕의 수신, 종묘 및 문묘의 친향, 민심의 위무, 하의상달 등에 관해 올린 것으로, 《선조실록》 78권, 선조 29년(1596) 8월 25일 경신(庚申) 3번째 기사이다.

264) **장성(長星)** : 빛나는 긴 꼬리를 끌고 해를 중심으로 포물선을 그리며 운행하는 살별로, 예로부터 병란(兵亂)을 예고하는 요성(妖星)이라 하여 불길한 징조로 여겼다. 종류에 따라 패(孛)·혜(彗)·참창(欃槍)·치우기(蚩尤旗)·순시(旬始)·왕시(枉矢) 등으로 나뉘었다. 《漢書 文帝紀 注》《說苑 辨物》

265) **측신(側身)** : 측신수도(側身修道). 재앙을 만나 백성을 걱정하며 두려운 마음으로 자신을 반성하고 닦아 나가는 제왕의 자세를 가리키는 말이다. 《詩經 大雅 雲漢 序》

266) **추구(芻狗)** : 옛날 중국에서 제사 때 쓰던 짚으로 만든 개를 가리키는데, 제사가 끝나면 버리던 물건이므로 아무런 가치가 없게 되어 버린 것을 비유한 말로 쓰인다.

267) **공구수성(恐懼修省)** : 옛사람들은 사람에게 잘못이 있으면 하늘이 재변(災變)을 내려 경계의 뜻을 보인다고 생각했다. 그러므로 천변(天變)이 생기면 임금은 그 천변을 두려워하여, 몸을 닦고 허물을 반성하였다. 《주역》 〈진괘(震卦) 상(象)〉에 "우레가 거듭된 것이 진이니, 군자가 보고서 두려워하여 닦고 살핀다.[洊雷震 君子以 恐懼修省]"라고 하였는데, 정전(程傳)에 말하기를 "군자가 우레가 거듭되어 위엄이 있고 진동하는 상을 관찰하고서 두려워하여 스스로 닦고 따라서 살핀다. 군자는 하늘의 위엄을 두려워하여 몸을 닦고 바루어서 그 허물을 살펴 고칠 것을 생각한다."라고 하였다.

지는데도 반드시 닥칠 위망(危亡)을 앉아서 기다리게 되었기에 구구하나마 충성을 바치고자 하는 정성이 다시 마음속에 간절하였습니다. 그런데 구언(求言)하시는 교지를 마침 이때에 내리셨으니, 감히 저희의 생각을 모두 말씀드려 한 가지 터득한 우견[269]이라도 바치지 않아서야 되겠습니까. 아, 지금의 당면한 일에 대해 말해야 할 것이 많습니다만, 우선 그 중에도 시급하고 절박한 것을 들어 말씀드리겠습니다. 신들이 듣건대 '임금의 한 마음은 모든 교화의 근원이다'라고 하니, 그 마음을 다스리는 길은 전적으로 학문하는데 달려 있습니다. 단 하루라도 학문하지 않으면 마음이 꽉 막혀지거늘 하물며 복수하는 마음을 가다듬게 되는 것도 이 학문을 통해서이고, 어지러운 세상을 바로잡으려는 의지를 분발하게 되는 것도 이 학문을 통해서입니다. 그러므로 군마를 쉬게 하고 도를 강론하며[270] 시국이 어수선한 때에도 학문을 폐하지 않았고, 배 안에서도 강학하기를[271] 오히려 나라가 망하는 날에도 독실하게 했던 것입니다. 그 당시에 있어서도 실정에 맞지 아니한 것 같으나 돌이켜 당시의 급선무를 생각해보면 진정 이에서 벗어나지 않습니다. 신들이 삼가 살피건대, 전하께서 부지런히 경연(經筵)에 나가시어 《주역》의 이치를 연구하심에 그 정미하고 오묘한 것을 이미 스스로 터득하셨으니, 진실로 훈고(訓詁)만을 풀어주는 강관(講官)을 기다리실 필요가 없으십니다. 그렇지만 이 강학(講學)으로 인하여 신료들을 자주 접견하시게 되므로 큰 계책을 서로 따져보기 편하여 작고 하찮은 불빛도 해와 달빛에 도움 되는 바가 있을 것입니다. 그리하여 군신이 한자리에 모여 나랏일을 토론하며 이 어려운 시기를 함께 타개하기를 기대하였습니다. 그런데 근래 들어 성상의 안후(安候)가 편치 않으시고 또 급히 추국(推鞫)해야 할 일들에 구

---

268) **혜성(彗星)** : 옛사람들은 혜성의 출현을 재해(災害)나 병란의 예조(預兆)로 여겼다.

269) **한 가지 터득한 우견(愚見)** : 아무리 바보라도 일천 가지 생각을 하다 보면 한 가지쯤 좋은 꾀를 낼 수 있다는 뜻의 겸사로, 《사기(史記)》 권92 〈회음후열전(淮陰侯列傳)〉의 "지혜로운 자도 천 가지 생각 중에 반드시 하나의 잘못이 있고, 어리석은 자도 천 가지 생각 중에 반드시 하나의 옳음이 있다. 그러므로 광부의 말이라도 성인은 채택한다고 하는 것이다.[智者千慮 必有一失 愚者千慮 必有一得 故曰狂夫之言 聖人擇焉]"라는 말에서 나온 것이다.

270) **군마(軍馬)를 …… 강론하며** : 원문의 '식마 논도(息馬論道)'는 군중(軍中)에 있으면서도 학문을 폐하지 않았다는 뜻으로, 광무제(光武帝)를 두고 한 말이다. 《후한서》 〈번준열전(樊準列傳)〉에 "광무황제가 천명을 받아 중흥할 때 군웅이 소란하고 깃발이 어지러우며 동서로 전쟁하느라 편안히 거처할 겨를이 없었다. 그런데도 오히려 창을 내려놓고 육예를 강론하고 군마를 쉬게 하고 도를 강론하였다.[及光武皇帝受命中興 群雄崩擾 旌旗亂野 東西誅戰 不遑啟處 然猶投戈講藝 息馬論道]"라고 하였다.

271) **배 안에서도 강학(講學)하기를** : 원문의 '주중 강학(舟中講學)'은 송(宋)나라가 금(金)나라 군사에게 쫓기는 위급한 상황에서도 배 안에서 승상(丞相) 육수부(陸秀夫)가 매일 《대학》 장구(章句)를 써서 임금에게 권강(勸講)한 고사. 《송사(宋史)》 451.

애되어 강연(講筵)이 오랫동안 중단되고 있으니, 측근의 신하들도 접견할 기회가 드물게 되어, 명령의 전달이 단지 소환(小宦)에게 의존하고, 좌우에서 모시는 일도 궁첩(宮妾)을 벗어나지 못하십니다. 전하께서도 이런 마음 답답하여 활짝 펴지기를 기대하시나 예전과 같지 않음을 반드시 깨닫고 계실 것입니다. 이 때문에 태평한 세상에서 좋은 정치를 해 보려 꾀하더라도 오히려 일을 이루어 내지 못할까 하는 두려움이 앞서는 것이 사실입니다. 그런데 하물며 복수하고 어지러운 세상을 바로잡는 일에는 지금이 어느 때인데 깊은 궁중에서 편히 계시면서 스스로 분발하고 격려하지 않으십니까. 이 점을 신들이 민망하게 여기고 있는 바입니다. 이제는 날씨도 선선해지고 역적들의 옥사(獄事)도 거의 끝나게 되었으니, 진실로 원하옵건대 성상께서는 촌음도 마땅히 아끼실 것을 생각하시고, '하루 동안 햇볕을 쬐고 열흘 동안 추운 것'[272]처럼 됨을 경계해야 함에 진념하시어 하루에 세 차례 신료들을 접견하시고 낮이나 밤이나 힘쓰고 조심하옵소서. 또 강론(講論)의 여가에 때로 편전(便殿)에 납시어 시무(時務)에 관해 헌책(獻策)하고자 하는 군신(群臣)들을 입대(入對)하도록 허락하시되, 진실로 수용할 만한 말이면 칭찬하고 가납(嘉納)하여 시행하시고, 만일 쓰임이 맞지 않으면 너그럽게 용납하시고 그대로 두게 하시어, 민간의 질고와 정치의 득실에 이르기까지 성상께 진달되지 아니함이 없게 하신다면, 선왕(先王)의 학문을 이어 밝혀서 광명함에 이를 뿐만 아니라, 장차 모든 계책이 다 거행되고 뭇 선언(善言)들이 모두 쓰여서, 위아래의 사이에 성심으로 서로 미덥게 되고 나약하고 목전의 편안함만 추구하는 습속이 제거되는 것을 볼 수 있으실 것입니다. 그렇지만 여기에 또한 크게 민망하고 답답한 점이 있습니다. 대저 종묘(宗廟)에 친향(親享)하는 한 가지 일에 대해서는 전부터 진언(進言)하는 사람이 많았는데도, 성상께서 지나치게 자신을 폄하해서 아직도 거행하지 않고 계시므로 중외(中外)의 신하와 백성들은 떠들면서 의심하기를 '전하께서 비록 자신에게 죄주기를 간절하게 하는 것이기는 하지만 어찌 응당 거행해야 할 예절을 오래 폐할 수 있느냐.'라고 하고 있습니다. 비록 전하의 마음을 알고 있는 사람이라 하더라도 오히려 당연한 원칙에 벗어나고 있다고 여기고 있고, 전하의 마음을 알지 못하는 사람들은 모두 전하의 효성이 쇠박(衰薄)한 것으로 의심하고 있습

272) 하루 …… 추운 것 : 《맹자》 〈고자 상(告子上)〉에 나오는 일폭십한(一曝十寒)이다. 맹자가 말씀하기를, "천하에 아주 쉽게 생장하는 물건이 있더라도 하루 햇볕을 쬐고 열흘을 춥게 하면 제대로 생장하는 것이 없을 것이다. 내가 임금을 만나는 날은 드물고 내가 물러 나오면 춥게 하는 자가 이르니 임금에게 싹이 있은들 어쩌겠는가."라고 하였다.

니다. 왜 이렇게 말씀드리는가 하면, 대체로 효자가 어버이를 섬길 적에 비록 어버이에게 죄를 지었다 하더라도 죄를 지었다고 핑계를 대면서 어버이를 뵙지 않는 것을 용납하지 않습니다. 만일 부모를 뵙지 않는다면 이것은 어버이에게 죄 지은 것을 달갑게 여기고, 어버이가 기뻐하는데 이르는 도리[273]를 생각하지 않는 것이니, 비록 효성이 부족하게 되었다고 말해도 좋을 것입니다. 전하의 효성으로써 어찌 이를 알지 못하시겠습니까마는 오직 인혐(引嫌)하심이 너무 지나쳐서 사사로운 뜻에 도리어 현혹되어 스스로 그만둘 수 없는 지극한 심정이 지나쳐서 폐해서는 안 되는 자식의 직분을 폐하시게 된 것을 또한 유독 어쩌실 것입니까?

아, 종묘의 신위(神位)가 난을 피해 풀밭에 계시던 당시의 일이야 어찌 차마 말할 수 있는 일이겠습니까 마는, 다행히도 조종(祖宗)들의 묵묵하게 보우하심에 힘입어 다시 도성(都城)으로 돌아왔지만 종묘는 빈 터가 되어 잡초가 자라고 있으므로 슬픔만 생기고 임시의 종묘는 황량하게 여염집에 끼어 있으니, 하늘에 계신 조종의 영령이 또한 장차 의탁할 데가 없어 떠돌게 된 것입니다. 이런데도 전하께서는 한 번도 침문(寢門)에 나아가 위안하는 예절을 차리지 않으셨으니, 조종들의 영혼이 어디서 위안을 받아 평안하게 될 수 있겠습니까. 전하의 마음이 편하신 뒤에야 조종의 영령 또한 편안할 것인데, 전하의 마음이 편안하신지 편치 않으신지 모르겠습니다. 조종들께서 전하에게 바라기는 '오늘 오지 않으면 내일은 꼭 오겠지.' 하고, 또 '이 달에 오지 않으면 다음 달에는 반드시 오겠지' 생각하며 기다린 지 이미 4년이 되었습니다. 그런데도 끝내 오지 않으므로 반드시 괴이하게 여겨 탄식하기를 '제사를 주관하는 자손이 어찌 차마 나에게 이러는 것인가.' 하여 한없이 이상하게 여기실 것이고 또 따라서 이를 꾸짖을 것이니 '내게 후손이 있어서 제향을 잘 올린다.'고 선뜻 말씀하시려 하겠습니까. 지난번 하향[274] 날에 향(香)을 받으러 온 인마(人馬)가 대궐문 밖에서 벼락 맞은 것이 감히 무슨 일 때문에 그렇다고 분명히 지적하여 말할 수는 없지만, 하늘이 재이(災異)로 견책을 보인 것이 마침 뭇사람들이 일제히 민울하게 생각할 때에 나왔으니, 하늘의 은미한 뜻

273) **어버이가 …… 도리** : 고수지예(瞽瞍底豫)의 고사이다. 고수(瞽瞍)는 순(舜) 임금의 아버지로 성품이 완악하여 순 임금을 여러 차례 죽이려고 시도했으나 순 임금은 끝까지 효도를 극진히 하여 필경에는 고수가 감화되었다 한다. 《맹자》 〈이루 상(離婁上)〉에 "순 임금이 부모 섬기는 도리를 다하자 고수가 즐거워하게 되었다. 고수가 즐거워하니 천하가 교화되고, 고수가 즐거워하니 천하의 아버지와 아들 된 자들의 도리가 정해졌다. 이를 일러 큰 효도라 한다.[舜盡事親之道而瞽瞍底豫 瞽瞍底豫而天下化 瞽瞍底豫而天下之爲父子者定 此之謂大孝]"라고 하였다.

274) **하향(夏享)** : 하향대제(夏享大祭)라고도 하는데, 음력 4월에 종묘에 지내던 대제이다.

을 또한 볼 수 있습니다. 또 전하께서는 매번 하교(下敎)하시기를 '나는 죄인이니, 태묘(太廟)의 뜰을 다시 밟을 수 없다.'고 하셨습니다. 전하께서 과연 죄인으로 자처하실 것 같으면 더욱 마땅히 공경하고 효도하는 마음을 일으키시어[275] 친히 태묘에 이르러서 죄과를 자책하고 거듭 용서를 빌 겨를이 없을 실텐데, 어찌 한갓 나는 죄가 있다고 하시면서도 곧장 조종의 영전에 사죄하지 않으시고 아울러 향사(享祀)에 몸소 참여하지 않으십니까. 이 이치는 아주 분명하여 단연코 의심할 여지가 없는데, 전하께서는 왜 가리어지고 막히셨습니까. 문묘[276]의 경우에 있어서도 참배하셔야 했는데도 아직 종묘에 친향을 못했다는 이유로 거행하지 않고 계십니다. 아, 그리하여 학교(學校)의 정사가 실추되고 말았습니다. 임진란 이래로 명교[277]가 땅에 떨어져 자식으로서 아버지의 상에 복을 입을 줄도 모르고 어버이의 유골을 묻자마자 머리에 소관[278]을 쓰고서 술과 고기를 멋대로 먹는 자가 있는가 하면, 몸소 적의 진중에 들어가 종처럼 무릎을 꿇고 복종하여 일한 자가 있기도 하는 등 기강이 멸절되어 금수(禽獸)와 같아져 오늘날에 이르러서는 명색(名色)이 선비라는 자들이 다시는 책을 읽는 것이 무엇하는 일인지도 알지 못한 채 오직 흥판[279]하는 것만 이야기하고 있고, 영리한 어린 아이들도 모두 서책을 끼고 배우는 것은 하찮게 여기고서 다투어 무기를 들고 전쟁놀이만 하고 있는 형편으로, 2백 년이나 예의를 지켜온 나라가 오랑캐의 풍속으로 변해 버렸으므로 신들은 통곡이 나오는 것을 가누지 못하겠습니다. 이제 만약 전하께서 진작하여 학교를 닦아 밝히지 않으신다면 신들은 이들 왜적이 비록 물러가기는 하였지만 나라가 나라답지 않게 될까 삼가 두렵습니다. 엎드려 원하건대 전하께서는 의심을 풀고 느껴 깨달으시어 단번에 생각을 바꿔 속히 좋은 날을 가려서 먼저 친향(親享)을 거행하시어 위로는 조종의 영령을 위로하고 아래로는 신민(臣民)의 의혹을 풀어준 연후에 문묘의 알현도 차례로 거행하심으로써 만고의 도

275) 공경하고 …… 일으키시어 : 《예기》 〈내칙(內則)〉에 "부모에게 허물이 있으면 기운을 가라앉히고 기쁜 낯빛과 부드러운 목소리로 간하되, 간하는 말이 받아들여지지 않더라도 더욱 공경하고 효도하여, 부모가 기뻐하면 다시 간한다.[父母有過 下氣怡色 柔聲以諫 諫若不入 起敬起孝 悅則復諫]"라고 한 데서 나온 말이다.

276) **문묘(文廟)** : 문선왕(文宣王 공자)을 모신 사당. 문묘는 성균관(成均館) 경내에 있는데, 공자를 비롯한 사성(四聖)·십철(十哲) 및 송조 육현(宋朝六賢)의 위패(位牌)를 모신 대성전(大成殿)과 공자의 제자 및 조선·중국의 유현(儒賢)들의 위패를 모신 동무(東廡)·서무(西廡)와 부속 건물로 되어 있으며, 춘추 중월(春秋仲月 2월과 8월)에 정례적으로 제사한다.

277) **명교(名敎)** : 유교를 가리키는 것으로, 유교는 인륜의 명분을 밝히기 때문에 이렇게 말한다.

278) **소관(素冠)** : 상(喪) 당했을 때 쓰는 관.

279) **흥판(興販)** : 많은 물건들을 흥정하여 판매하는 일.

맥(道脈)을 채우고 온 나라 선비들의 기개를 진작시키는 한편, 가르쳐서 기르는 도를 매양 현사들의 관문[280]에 나아가 강론하시고 인도하여 이끄는 방법을 몸소 극진히 실행하시어 배움의 길로 돌아갈 바가 없는 동몽(童蒙)에게 훈도(訓導)를 가려서 가르치게 하고, 초야에 덕을 숨겨 세상에 드러나지 않은 큰 학자들을 성의로 추대하여 나오게 하며, 덕행을 우선하면서 문학을 뒤로 하고 염치(廉恥)를 장려하고 부박(浮薄)한 것을 잠잠하게 하여 나쁜 풍속이 하루아침에 다 없어지게 하옵소서. 이렇게 되면 효도로 나라를 다스리는 교화가 이루어져 민심을 모이게 할 뿐만이 아니라 또한 젊은이들은 진보하게 되고 어른들은 덕이 있게 되어, 조정에서는 예모[281]의 시를 노래하고 세상은 이들 때문에 편안해지는[282] 효과가 나타나서 한 번 전이(轉移)하는 사이에 금방 풍모가 변하게 될 것입니다.

옛날에 한 고조(漢高祖)가 경포(黥布)를 치고 돌아올 적에 노(魯)나라를 지나다가 공자에게 제사했었습니다. 전쟁으로 어지러운 때에 간략하게 한번 제사한 것이 그다지 관계될 것이 없을 듯하지만, 그 정신과 기맥(氣脈)이 마침내 4백 년 왕업(王業)의 기초가 되었었으니, 후세 임금들이 거울삼아야 할 일입니다. 아, 오직 백성이 나라의 근본이니, 근본을 견고하게 하지 않아서는 안 되는 법인데, 오늘날은 민생들의 곤궁과 고통이 극도에 달했습니다. 대컨 백성 중에는 전쟁 통에 죽고 굶주림에 죽고 병에 걸려 죽은 사람이 몇 천 몇 만 명인지 알 수 없고 촌락은 텅 비고 밥 짓는 연기가 끊어졌습니다. 그런데도 고을의 관료는 또 백성이 없다고 그 요역(徭役)을 폐할 수 없다 하여 부세(賦稅)를 내게 된 이들이 바로 이 백성들입니다. 성(城)을 쌓게 된 이들이 바로 이 백성들입니다. 군사 훈련을 하게 된 이들이 바로 이 백성들입니다. 물건을 운반하게 된 이들이 바로 이 백성들입니다. 수군(水軍)으로 삼게 된 이들이 바로 이 백성들입니다. 별부(別賦)를 더 내게 된 이들이 바로 이 백성들입니다. 말을 동원하여 명나라 군대에 바치게 된 이들이 바로 이 백성들입니다. 외롭게 남아 있는 백성에게 한없는 부역을 수응하게 하니, 이것은 열 사람의 부역을 한 사람이 감당하는 꼴이고, 백 집의 부세를 열 집이 마련하는 형편이니, 어찌 민생들이 곤궁해지고 또 원망하게 되지 않겠

---

280) **현사(賢士)들의 관문(關門)** : 성균관(成均館)을 이른다.

281) **예모(譽髦)** : 명예 있는 준재(俊才). 《시경》 〈사제(思齊)〉에 "옛사람이 싫어함이 없이 선비들을 칭찬하여 준걸스럽게 하셨도다.[古之人無斁 譽髦斯士]"라고 하였다. 옛사람은 문왕(文王)을 가리킨다.

282) **이들 때문에 편안해지는** : 우리나라에 선비와 뛰어난 인재가 많음을 이른다. 《시경(詩經)》 〈문왕(文王)〉 3장(章)에 "훌륭한 많은 선비들이 이 왕국에 태어났도다. 왕국이 낳았으니 주나라의 동량이로다. 많고 많은 선비여, 문왕이 편안하시도다.[思皇多士 生此王國 王國克生 維周之楨 濟濟多士 文王以寧]" 하였다.

습니까. 바야흐로 재산을 다 쏟고 살림이 무너질 지경인데 백성들이 항심[283]을 지니고 있어도 조정의 호령과 방백[284]의 독촉이 사나운 호랑이보다 엄하고 성화(星火)보다 더욱 급박하게 재촉하여 조금이라도 부족한 점이 있으면 때리고 쓰러뜨려 피가 낭자하여 신음하는 백성들이 그 명령을 감당하지 못하여 마치 물과 불 속에 들어 있는 것과 같게 되었습니다. 그러니 백성들은 오직 국가가 나를 학대하는 것만 알고 국가가 우리를 구제해 주는 것은 알지 못하게 되었으니, 군주를 사랑하고 추대하는 마음이 어디에서 나오겠습니까. 이리하여 윗사람을 질시하고 원망하며 배반할 계획을 다투어 품고 서로 이끌어서 도적이 됩니다. 지난날 호서(湖西)의 변란을 보더라도 며칠 동안에 추종하는 자들이 바람에 쓸리듯 모여들어 비록 웅덩이 속에서의 적들의 농락[285]이 얼마 되지 않아 평정이 되었지만 민심의 소재를 충분히 알 수 있는 것입니다. 이런 때에 백성들을 어루만져 진정케 하여 불안한 마음을 안정시키지 않으면 인심이 더욱 서로 의혹스러워하여 마침내는 뜻밖의 변란이 생기게 될까 깊이 두렵습니다. 옛날 말에 '백성은 물과 같아서 배를 띄워 주기도 하고 또한 배를 전복시키기도 한다'[286]고 하니, 비록 평시라도 또한 더욱 삼갈 만한데 하물며 이같이 곧바로 넘어질 듯한 때에 있어서겠습니까. 삼가 바라건대 전하께서는 민암[287]은 두려워해야만 하는 것임을 아시고, 썩은 새끼줄[288]이 끊어지기 쉬운 것임을 생각하시어 백성 보기를 다칠 듯이 여기시되 오히

---

283) **항심(恒心)** : 일정한 마음. 《맹자》 〈양혜왕 상(梁惠王上)〉에 "일정한 생업이 없어도 언제나 선한 본심을 견지할 수 있는 것은 선비만이 가능한 일이다. 일반 백성의 경우는 일정한 생업이 없으면 선한 본심을 지킬 수 없게 된다. 이처럼 선한 본심이 없어지게 되면 방탕하고 편벽되고 간사하고 넘치게 행동하는 등 못할 짓이 없게 된다.[無恒產而有恒心者 惟士爲能 若民則無恒產 因無恒心 苟無恒心 放僻邪侈無不爲已]"라는 말씀이 나온다.

284) **방백(方伯)** : 한 지방 제후(諸侯)의 우두머리란 뜻으로 조선조 때에는 관찰사(觀察使)의 별칭으로 쓰였다.

285) **웅덩이 …… 농락** : 원문은 '황지도롱(潢池盜弄)'인데, 무지한 백성들이 일으킨 반란을 비유하는 말로 쓰인다. 황지(潢池)는 작은 웅덩이를 가리킨다. 《한서(漢書)》 권89 〈공수전(龔遂傳)〉에 "바닷가는 멀리 떨어져 있어 임금의 교화가 미치지 못하여 백성들이 굶주림과 추위에 떨고 있는데도 관리들이 돌보아 주지 않습니다. 이 때문에 폐하의 적자(赤子)들이 폐하의 군사를 훔쳐서 웅덩이 안에서 병정놀이를 하게 한 것입니다.[海瀕遐遠 不霑聖化 其民困於饑寒 而吏不恤 故使陛下赤子 盜弄陛下之兵於潢池中耳]"라고 말한 데서 유래하였다.

286) **백성은 … 한다** : 《순자(荀子)》 〈왕제(王制)〉에 "백성은 물과 같고, 임금은 배와 같은데, 물이 배를 띄워 주기도 하고, 물이 배를 전복시키기도 한다."라고 하였다.

287) **민암(民巖)** : 민정(民情)의 험난함을 산의 험준함에 비유한 말이다. 《서경》 〈소고(召誥)〉에 "왕은 감히 뒤늦게 하지 마시어 백성들의 험함을 돌아보고 두려워하소서.[王不敢後 用顧畏于民碞]"라고 한 데서 온 말이다.

288) **썩은 새끼줄** : 원문의 '후색(朽索)'은 후색어육마(朽索馭六馬)의 약어로, 썩은 새끼줄로 6마리의 말을 부림

려 필부(匹夫)라도 살 곳을 얻지 못하게 될까 걱정하시어 자식처럼 보호하시고, 하나의 명령이라도 혹 해를 주게 될까 염려하여 시급하기 않은 공물(貢物)과 부세(賦稅)는 일체 면제해 주어 멀뚱히 장부만 쳐다보고 있게 하지 말 것이며, 긴요하지 않은 성(城)에 대한 부역은 적절한 시기에 정지하여 파하여 한갓 완게[289]하지 않게 해야 할 것입니다. 그리하여 오직 백성을 편하게 하려는 것으로 정사를 삼아 편하게 해주는 도리에 입각하여 백성을 부림으로써[290] 조금이라도 쉬게 하고 각자 삶의 즐거움 얻기를 기대하신다면, 소생시켜 주는 은택이 백성의 골수에 스며들어, 시골 거리에서 불만을 품고 반란을 생각하는 자들이 무마해주는 속에 저절로 사라질 것이며, 그 윗사람을 친애하고 그 어른을 위해 죽을 마음을 갖게 되어, 아무리 그들에게 어떤 일을 시켜도 원망하지 않게 될 것입니다.

아, 직언(直言) 듣기를 싫어하는 것은 곧 인주(人主)의 큰 병통이거니와 말씀을 드려도 써 주지 않는 것은 병통 중에서도 더욱 심한 경우입니다. 그러므로 '말을 듣는 것이 어려운 것이 아니라 말을 쓰는 것이 어렵다.' 하였고, 또 '잘난 체하는 기색이 천 리 밖에서 오는 사람을 막는다.'[291] 하였으니, 진실로 말한 것이 귀한 말이면 반드시 쓰거니와 받아들이기를 정성스럽게 해야 합니다. 이번에 전하께서 구언(求言)을 해도 말이 이르지 않는다고 하교하셨습니다마는, 이것이 어찌 조정에 정론(正論)을 하는 사람이 없고 초야(草野)에 곧은 말을 하는 사람이 적어서 그런 것이겠습니까. 이는 대개 전하께서 구언하기를 정성스럽게 하지 않으신 것입니다. 그러므로 진언(進言)하고자 하는 선비가 물러서게 되고, 듣기만 하고 시행하지 않으시기 때문에 흥기하는 뜻이 모두 좌절되면서, 모두들 내가 옳은 것을 말하더라도 나의 말을 반드시 들어주지 않을 것이고, 내가 옳은 것을 논하더라도 내가 논한 것을 반드시 시행해 주지 않으리라 여겨서인 것입니다. 그러니 누가 시행도 되지 않을 빈말을 하여 전하의 성청(聖聽)을 번독하게 하려 하겠습니까. 비록 더러는 계책을 진헌(進獻)하고 상소를 올리는 사

과 같다는 말이니, 곧 민심은 이탈하기 쉬운 것임을 비유한 것이다. 《서경(書經)》 〈오자지가(五子之歌).〉

289) **완게(玩愒)** : 완세게일(玩歲愒日)의 준말로, 안일한 일상에 빠져 세월을 허비하는 것이다.

290) **편하게 …… 부림으로써** : 《맹자》 〈진심 상(盡心上)〉에 "편하게 해 주는 도리에 입각해서 백성을 부리면 아무리 수고롭더라도 백성이 원망하지 않고, 살게 해 주는 도리에 입각해서 백성을 죽이면 비록 죽더라도 백성이 죽이는 자를 원망하지 않는 법이다.[以佚道使民 雖勞不怨 以生道殺民 雖死不怨殺者]"라는 맹자의 말씀이 나온다.

291) **잘난 체하는 …… 막는다** : 원문의 '이이(訑訑)'는 자신의 지혜를 스스로 만족히 여겨서 선언(善言)을 좋아하지 않는 모양이다. 《맹자》 〈고자 하(告子 下)〉에 "잘난 체하는 음성과 얼굴빛이 사람들을 천 리 밖에서 막는다.[訑訑之聲音顏色 距人於千里之外]"라는 글이 보인다.

람이 있기도 하지마는, 이렇게 잇달아 올린 소장(疏章)들이 한갓 궤(櫃)에 그득한 묵은 종이가 되어 버린다면, 아! 이것이 또한 무슨 도움이 있겠습니까. 전하께서는 조언을 구하고는 있지만 그런 말이 이르지 않는다고 탄식만하지 마셔야 할 것이니, 이것이 말이 이르지 않는 이유입니다. 오늘 신들의 의론도 만일 전하께서 체념(體念)하여 시행하지 않으신다면 또한 쓸데없는 문서가 될 뿐입니다. 삼가 바라건대 전하께서는 범상하게 보지 마시고 특별히 채납해 주시어 언제나 구언(求言)하시고 청납[292]하실 때 정성스럽게 하시어 차이가 없게 하여 단지 구언만 할 것이 아니라 오직 들어주기에 힘써 주시고, 단지 들어주기만 할 것이 아니라 오직 시행하기에 힘써 주옵소서. 그래서 우 임금은 좋은 말을 들으면 절했다는 말을 스승으로 삼고,[293] 당 태종이 간언에 상을 내린 일[294]을 법으로 삼으신다면, 훌륭한 말이 숨겨지지 않고 곧은 의론이 뜰에 가득 차게 되어 아래로 은혜가 행해지게 됨으로써 날마다 찬양[295]하는 아름다움이 있게 될 것입니다. 신들이 지척에 있는 이영각[296]에 있으면서도 오랫동안 입시(入侍)하지 못하였기에 성상을 우러러보며 사모하는 지극한 마음을 가누지 못하겠습니다. 이에 어리석은 소견을 감히 올리니 밝으신 성상께서는 통찰하소서. 재결하여[297] 주시기 바랍니다.

八月十五日弘文館副提學李好閔 校理權悏 副校理李湛 副修撰申渫 著作金光燁等

292) **청납(聽納)** : 신하의 말을 받아들이는 것.

293) **우(禹)임금은 …… 삼고** : 우 임금처럼 훌륭한 말을 들으면 수용해야 한다는 뜻이다. 《서경》 〈대우모(大禹謨)〉에 "우(禹)가 창언에 절하며 '아! 너의 말이 옳다.' 하셨다.[禹拜昌言曰 俞]"라고 보이는데, 주자는 《집전》에서 "창언은 덕이 성대한 말이다.[昌言 盛德之言]"라고 주하였다. 《맹자》 〈공손추 상〉에도 "우왕은 선한 말을 들으면 절하셨다.[禹聞善言則拜]"라고 보인다.

294) **당 태종(唐太宗)이 …… 일** : 《통감절요》 〈당기(唐紀)〉에 "위징(魏徵)이 당 태종에게 '신이 다행히 폐하를 섬기게 되었는데, 폐하께서는 신을 양신(良臣)이 되게 하시고 충신이 되게 하지 마소서.' 하자, 태종이 '충신과 양신이 다른가?' 하였다. 위징이 '직(稷), 설(契), 고요(皐陶)는 임금과 신하가 마음을 합쳐 함께 존영(尊榮)을 누렸으니, 이들은 충신이며, 용방(龍逄), 비간(比干)은 면전에서 간쟁을 하다가 자신들은 죽고 나라는 망했으니, 이들은 충신입니다.' 하였다. 태종이 기뻐하여 비단 500필을 하사하였다." 하였다.

295) **찬양(贊襄)** : 임금을 보좌하여 정치를 성취하게 함. '찬'은 보좌(輔佐), '양'은 성취(成就)의 뜻. 《서경(書經)》 고요모(皐陶謨)의 "찬찬양재(贊贊襄哉)"에서 나온 문자이다.

296) **이영각(邇英閣)** : 경연청(經筵廳)을 이른다. 이영각은 송대(宋代) 금원(禁苑)의 궁전 이름으로 영재(英材)를 가까이 한다는 뜻이다.

297) **재결하여** : 원문의 '진지(進止)'는 진퇴(進退)와 같은 말로 당(唐)나라 때부터 성지(聖旨) 받드는 것을 진지라 하였는데, 대개 성지가 나오라 하면 나오고 그치라 하면 그치는 데서 왔다.

伏以 臣等竊見 近來天災時變 層出疊臻 至於頃者 長星譴告斯急 聖上側身 輿情咸駭 臣等待罪經幄 學昧天人 既不能仰贊聖德以答乾心 而只將芻狗若干策略 陳於修省之聽 其言之無足可採如彼也 則何足爲弭災之一助乎 今者 妖彗雖滅 而不知徵應之所在 國事日艱 而坐待危亡之必至 區區願忠之誠 復有耿耿于中者 而求言之旨 適及此時 敢不罄竭餘蘊 以効一得之愚哉 嗚呼 當今之事 可言者多矣 就其切急者言之 臣等聞人主一心 萬化之原 其所以治此心者 亶在於學問 一日不學 則心卽茅塞之矣 况乎勵復讎之心者 以此學也 奮拔亂之志者 亦以此學也 是故 息馬論道 不廢於搶攘之際 舟中講學 猶篤於覆亡之日矣 其在當時 雖若迂遠 而顧念當時之急務 誠不越乎此矣 臣等伏覩 殿下勤御經筵 研究易理 其精微蘊奧 聖明之所已自得 固無待於徒釋訓詁之講官 而第以因此講學 頻接臣僚 則謀猷胥便於可否 螢爝或補於日月 庶幾都兪一堂 共濟艱難 而近緣玉候之愆豫 且拘鞫事之方急 講筵久停 臣鄰罕接 命令之傳 但憑於小宦 左右之侍 不外乎宮妾 殿下亦必自覺其此心欝欝思暢而不如前矣 以之圖治於昇平之世 猶懼其不濟 况復讎拔亂 此何等時而可以遑處深宮之中 不自奮勵乎 此臣之所以悶焉者也 今則天氣新凉 逆獄垂畢 誠願聖上 念寸陰之當惜 軫十寒之可戒 晉接晝三 乾健夕惕 且於講論之暇 時御便殿 羣臣之欲獻時務者 許令入對 言苟可用 則褒納而行之 如不中用 則優容而置之 以至民間疾苦 政治得失 無不盡徹於黈纊之下 則不特聖學緝熙于光明 將見羣策畢擧 衆善咸用 上下之間 誠意相孚 而委靡姑息之習或可祛矣 抑有大悶欝於此者 夫親享太廟一事 自前進言者多矣 聖上過自貶損 尙不擧行 中外臣民 莫不嘖嘖相訝 以爲殿下雖切於罪己 豈意久廢擧行之禮乎 雖知殿下之心者 猶以爲過於當然之則 而其不知殿下之心者 卽皆疑殿下誠孝之衰薄也 何以言之 蓋孝子之事親 雖得罪於父母 不容諉以得罪 而不見於父母 苟不見於父母 則是甘得罪於父母 而不思所以底豫之道 雖謂之孝誠衰薄可也 以殿下之誠孝 豈不知之 而惟其引謙太過 私意反惑 過不能自已之至情 而廢不可廢之子職 亦獨何哉 嗚呼 廟貌播遷 越在草莽 當時之事 尙忍言哉 幸賴朝宗默祐 重還舊都 寢陵丘墟 黍離生哀 權殿荒凉 寄在閭閻 祖宗在天之靈 亦將棲遑無所依矣 於是而殿下 又不一造寢門 以伸慰安之禮 祖宗之靈 何所慰而安之哉 殿下之心安然後 祖宗之靈亦安 未知殿下之心安乎 不安乎 祖宗之所望於殿下者 則以爲今日不來 則明日必來 今月不來 則後月必來 待之今已四年 而終不之來 則亦必恠而歎之曰 吾有道曾孫 胡寧忍予 恠之不已 而

又從而嗔之 其肯曰予有後而能享我哉 頃於夏享之日 雷震受香人馬於闕門之外 雖不敢的指某事之應 而災異之譴 適出於衆情齊欝之時 則天之微意 亦可見矣

且殿下每教曰 予罪人也 此足不可更踐廟庭 殿下果若以罪人自處 則尤宜起敬起孝 親假有廟 引罪申謝之不暇 豈不徒曰予有罪 而不卽謝罪於祖宗之前 并與享祀而弗躬乎 此理甚明 斷無可疑 殿下何蔽之錮也 至於文廟 亦當展謁而以尙闕廟享之故 未遑修擧 嗚呼 學校之政墜矣 喪亂以來 名敎掃地 子焉而不知服父之喪 掩親之骸 頭素冠而酒食自恣者有之 身入賊中 奴膝服役者有之 人紀滅絶 有同禽獸 以至於今日 則名爲士子者 不復知讀書爲何事 而惟談興販 童稚穎悟者 亦皆以挾冊爲末務 而爭戲操戈 二百年禮義之邦 幾變爲左衽之俗 臣等不勝痛哭焉 今若不自上振作 而修明學校 則臣等竊恐此賊雖退 不爲國矣 伏願殿下 釋然感悟 幡然改圖 亟涓吉日 先行親祀 上以慰祖宗之靈 下以解臣民之惑 然後文廟之謁 次第而行 以塡萬古之道脉 以振一國之士氣 敎養之道 每講於賢士之關 導迪之方 克盡其躬行之實 童蒙之無所歸學者 擇訓導而敎之 鴻儒之晦德林泉者 推誠意而來之 先德行而後文學 奬廉恥而默浮薄 使偸風汚俗 一朝盡畢 則不但孝理成化 民心可萃而已 亦且小子有造 成人有德 朝歌譽髦之詩 世見以寧之効 風采立變於一轉移之間矣 昔漢高祖擊黥布而還 過魯而祀孔子 當干戈交亂之時 草草一享 似若無甚關焉 其精神氣脉 卒基四百之王業 後世人主可以鑑矣 嗚呼 民惟邦本 本不可以不固 今日民生之困苦極矣 夫民之死於兵 死於飢 死於病者 不知幾千萬人 村落空虛 人煙斷絶 縣官又不能以無民而廢其徭役 以之出稅者此民也 以築城者此民也 以之鍊兵者此民也 以之轉輸者此民也 以之爲舟師者此民也 以之加別賦者此民也 以之刷馬供億于天兵者 亦此民也 以孑遺之民 應無窮之役 是十人之役 一人當之 百家之賦 十室辦焉 奈之何民不窮且怨也 方傾財破産矣 其恒心而朝廷之號令 方伯之催督 嚴於猛虎 急於星火 少有不及 鞭仆狼藉 民之嗷嗷 不堪其命者 如在於水火之中 惟知國家之虐我 不知國家之拯己 愛戴之心 何從而出乎於是 疾視長上 爭懷怨叛之計 相率而爲盜爲賊 以頃日湖西之變觀之 數日之內 從者靡然 雖潢池盜弄 不日卽平 而民之所存 足可以見矣 不於此時 撫綏鎭定 以安反側之心 則深恐人心益相疑惑 終有意外之變也 古云民猶水也 所以載舟 亦能覆舟 雖在平時 亦益可愼 況如此奄奄岌岌之時乎 伏願殿下 知民巖之可畏 思朽索之易絶 視之如傷 而猶恐匹夫之不獲 保之若子 而且慮一令之或害 貢賦之不急者 一切蠲免 而毋虛

視於文簿 城役之不緊者 及時停罷 而不徒乎玩愒 惟以便民爲政 期於佚道使之 使斯民迨可小休 而各得生生之樂 則惠鮮之澤 浹民骨髓 村巷之囂然思亂者 自化於撫摩之內 而親其上死其長 雖役之而不怨矣 嗚呼 厭聞直言 乃人主之巨病 而言且不用 亦其病之尤者也 故曰聽言非難 用言尤難 又曰訑訑之色 距人於千里之外 良以言貴 必用而聽納以誠也 今殿下以求言之不至爲教 此豈朝廷乏正論 草野少讜言而然哉 蓋殿下求言之不誠也 故進言之士且退 聽言之不行也 故興起之意頓挫 皆以爲我雖言是 我言必不聽也 我雖論是 我論必不行也 孰肯出無施之空言 以煩於殿下之聽哉 雖或間有獻策陳疏之人 而連章累牘 徒爲滿櫃之陳紙 則吁亦何補之有哉 殿下莫嘆言之不至也 此言之所以不至也 今日臣等之論 殿下若不體而行之 則亦歸於虛文而已 伏願殿下 勿視泛常 特賜採納 凡求之聽之 亦以之至誠而無間 不但求之而惟其聽 不但聽之而惟其行 師夏禹之拜昌 法唐宗之賞諫 則嘉言罔伏 讜論盈庭 惠可底行 而有思日贊襄之休矣 臣等咫尺邇英 久不入侍 不勝瞻天戀聖之至 敢進瞽說 伏惟聖明 澄察焉敢進止

홍문관에서 올린 차자[298)]

병신년(1596) 11월 19일에 부제학 윤승훈(尹承勳), 응교 윤돈(尹暾), 부응교 권협(權悏), 부교리 남이공(南以恭), 수찬 신설(申渫)이 차자(箚子)를 올리기를,

"삼가 아룁니다. 신들은 직책상 전하를 가까이 모시고 있으면서 나라의 일이 날로 잘못되어가고 민심이 날로 흩어져 가는 것을 눈으로 보면서 근심과 두려움을 견딜 수 없어 재차 성상께 호소하오니 살펴주십시오.

가만히 생각하건대, 이들 왜적이 반드시 기동하려는 형세가 있다고는 하나 아직 동향이 보이지는 않고, 두려워할 만한 소문이 들린다고는 하나 아직 두려워할 만한 실상은 없습니다. 황신[299)]이 한 번 보고한 것밖에는 소식이 끊어져서 적의 동정을 알 수 없습니다. 가령 왜적이 기동한다 하더라도 아득히 천 리 밖에 있어서 영향도 미치지 않는데 무엇이 두렵겠습니까. 그런데도 원근 지역이 소란스럽고 그중에서도 서울 안이 더욱 극심하여 물끓듯 물결이 갈라지듯 정신없이 달아나고 피하다가 도적에게 약탈을 당하고 길에 쓰러지는 자까지 있으니 이것이 참으로 무엇 때문이겠습니까? 다 전하의 마음이 한번 동요되었기 때문입니다. 이로 인해 전하께서는 해와 달 같은 밝음을 지니고 계시나 점점 어두워지고, 굳건한 결단력이 있으시나 날로 유약해져 분발하고 마음을 가다듬는 의지가 없어지셨습니다. 심지어 조정의 위에 계시면서 기상이 움츠러드셔서 깊이 탄식하고 분발하시는 기상을 보지 못하였으니, 함께 큰 계책을 강론한다고 해도, 어찌 할 수 없다느니 어느 곳이 피할 만하다느니 하는 데에 지나지 않고 있습니다. 아, 이것이 어찌 나라를 위한 큰 계책이겠습니까. 왜적이 이르기 전에 방비할 대책을 강구하지는 않고 먼저 물러가 피할 곳을 논의하면서, 말하기를 큰 계책이라고 한다는 것은 신 등이 아직 들어보지 못한 것입니다.

얼마 전 비변사(備邊司)에 내리신 전교를 삼가 보건대, 전하께서도 물러가 피하는 것을 큰 계책으로 여기고 계신 것을 알 수 있었기에 신들은 편치 않았습니다. 이 말은 다만 이미 드러난 사실에 의거하여 그 흥한 것을 다행으로 여기고 그 망한 것을 슬퍼하는 마음에서 논하

298) 이 차자는 홍문관에서 파천에 대한 논의보다는 힘껏 싸울 계책을 세우는 것이 옳다고 올린 것으로, 《선조실록》 82권, 선조 29년(1596) 11월 19일 신해(辛亥) 6번째 기사이다.

299) **황신(黃愼, 1560~1617)** : 본관은 창원(昌原), 자는 사숙(思叔), 호는 추포(秋浦)이다. 1592년(선조 25) 임진왜란이 일어난 뒤 다시 기용되어 지평으로 명나라 송경략(宋經略)을 접반했다. 1596년(선조 29) 절충장군이 되었으며, 통신사로 명나라 사신 심유경(沈惟敬) 등을 따라 일본에 다녀왔다.

는 것일 뿐입니다. 그러니 어찌 잘못 지키면 망하고 달아나 피하면 흥할 수가 있다고 하는 것을 본받아 경계로 삼을 수 있겠습니까. 삼국(三國)의 흥망의 이유가 사적(史籍)에 분명히 실려 있으니, 어찌 속일 수 있겠습니까. 전하께서 그 말이 그른 줄 아시면서 도리어 취함이 있으신 것은 무슨 까닭입니까? 전하의 마음이 지나치게 동요되신 것이 아니겠습니까. 오늘의 이른바 큰 계책이라 하는 것에 반드시 망할 형세가 있는 것이 한둘이 아니라 매우 많으니, 이는 무슨 이유에서이겠습니까? 경성(京城)에서 한 걸음 물러나면 해서(海西)로 갈 뿐이고, 해서에서 어쩔 수 없이 물러나게 되면 관서(關西)로 갈 뿐이고, 관서에서 부득이 물러나게 되면 요(遼)가 있을 뿐인데, 전하께서 어찌 요하를 건너가실 수 있겠습니까.

신들이 듣건대, 적이 말하기를 '왕년에 뜻대로 된 것은 저들이 안일에 빠져있었기 때문이나, 이제는 병사가 훈련되고 싸움에 익숙하여 도모하기 쉽지 않다.' 하였다니, 이것은 방비가 있는 것을 두려워하는 것입니다. 만약 형세를 이용하여 유리한 데로 인도하고 스스로 강해지도록 힘쓴다면, 왜적이 아무리 강하더라도 승패를 따져볼 것이니, 어떻게 감히 경솔하게 쳐들어올 수가 있겠습니까. 그렇게 하지 않고서 먼저 우리 스스로 물러나 위축되어 저들이 멀리까지 달려들게 내버려둔다면 또한 위태롭지 않겠습니까.

오늘날의 인심은 병란이 일어난 처음과는 달라서 3군(三軍)과 만백성이 다 싸우고 지키기를 바라니, 이것이 하늘의 뜻이기는 하나 또한 이해(利害)를 헤아리는 마음에서 나온 것입니다. 전하께서 이런 민심을 활용하신다면 모두 충의(忠義)를 이룰 것이므로 난(亂)은 염려할 것이 없습니다. 그러나 이런 민심을 거스르고 저버린다면 민심이 변해 적을 따르게 되어 내환(內患)이 당장 닥치게 될 것입니다. 국가 존망의 기미가 전하의 동작 하나에 결정되는데, 민간에서 전하는 말에 의하면, 전하께서는 얼마 안가서 떠나려 하시면서 다시 경보(警報)가 있게 되면 대가(大駕)도 이어서 움직일 것이라 하고 있습니다. 처음에는 그렇게 여기지 않았으나, 마부와 말을 정리하여 해서(海西)로 나르느라고 길에 잇달았다는 말을 듣고서는 신들도 또한 의심을 품게 되었습니다. 진언(進言)하는 자가 경성을 지킬 수 있다고 말하면서도 그 지키는 방도를 말하지 않으므로, 전하께서 믿지 않으시는 것입니다. 신들은 반드시 왜적이 이른 그때서야 경성을 지키려 해서는 안 된다고 생각합니다. 이를 집에 비유하자면 울타리를 견고하게 하는 것이 집을 지키는 방도입니다. 하삼도(下三道 경상·전라·충청도)는 경성의 울타리인데, 비록 무너졌다고는 하나 정병(精兵) 수만을 얻을 수 있고, 식량이 적다고는 하나 몇 달을 지탱하기에 충분하며, 장수가 될 만한 인재가 없다고는 하나 그래도 힘껏 싸울 병사가 있으니, 이들로 하여금 요해지에 나누어 거점으로 삼도록 하고 서로 호응하게 한다면 어찌 싸우고 지키는 계책이 되지 않겠습니까. 경성으로 말하면 성안의 백성들이 바야흐로 1만이 넘고 포수(砲手)·살수(殺手)가 1천이 넘습니다. 여기에 관서·해서·경기의 군졸을 더하고 중국에서 온 3만의 군사를 합하면 군사가 적다고 할 수 없을 것이고, 태창(太倉)의 곡식에 중국에서 보내온 곡식을 더하면 양식도 적다고 할 수 없습니다. 그 밖에 공격하여 찌르고 쏘는 기구가 다 갖추어져서 기계(器械)도 풍부하니, 위아래가 의리를 떨치고 장상(將相)이 힘을 합하여 전하의 신무(神武)하심으로 진압한다면, 경성을 어찌 지킬 수 없겠습니까. 전하께서 성 안을 돌아보시더라도, 무릇 성지(城池)가 견고하고 군량이 모여 있고 기계가 많은 것이 경성과 같은 데가 다시 어디에 있기에 반드시 버릴 땅이라고 생각하십니까? 물러나 피한다는 말을 중국이 듣게 되면 또한 어떻게 생각하겠습니까. 작은 나라를 돌보는 마음이 게을러질는지도 모르니, 어찌 한심하지 않겠습니까.

신들은 몇 가지 일로써 전하의 마음이 한결같이 동요되기만 하고 나라의 일은 어찌할 도리가 없는 지경이라고 치부하심을 알겠습니다. 이런 위망(危亡)한 때를 당해서는 의당 편전(便殿)에 납시어 대신과 신료들이 자주 진대(進對)하도록 허락하여 큰 계책을 면전에서 결정하시고 한편으론 여러 가지 계책을 널리 듣기도 하여 어렵고 힘든 국난을 극복하기에 겨를이 없으셔야 할 텐데, 구중궁궐 안에 깊이 들어앉으신 채 합문(閤門)을 오랫동안 닫아걸고는 아무리 긴급한 일이 있어도 문서에만 의지하시니, 신들은 괴이하게 여깁니다. 대각(臺閣)에서 올린 소차와 온 나라의 상소가 잇따라 올라와도 기꺼이 받아들인다는 말씀이 글에 나타나지 않으며 재량하여 취택하시는 뜻이 명령에 보이지 않고, 일체를 관례로 내리시면서 다만 회계[300]만 명하시고 회계한 말에 불만이 많으시니, 충성스러운 말과 지극한 의론이 결국 헛된 곳으로 돌아가고 마는 꼴이라 신들은 한탄스럽습니다. 도성 안팎의 백성들이 모두 쌀을 내어 군량(軍糧)을 돕는 판에 내수사[301]의 면포(綿布)를 관은(官銀)으로 바꾸라고 명하시니, 신들은 이 일이 과연 성상의 분부에서 나왔는지 모르겠습니다. 그런데 만분의 하나라도 외간(外間)에서 말하는 것과 같다면, 전하께서는 군수(軍需)에 쓰지 않고 은과 바꿔서 무엇에 쓰려고 하시는 것입니까?

300) **회계(回啓)** : 임금의 물음에 대하여 신하들이 심의하여 대답하던 일을 말함.
301) **내수사(內需司)** : 왕실 재정의 관리를 맡아보던 관아이다. 궐내에서 쓰는 쌀·베·잡물(雜物)과 노비(奴婢) 등에 관한 사무를 관장하였다. 《經國大典 吏典 內需司》

아, 전하의 한 마음이 보이지 않는 속에서 한 순간이라도 흔들리게 되면 만사가 와해되어 수습할 수 없게 됩니다. 위망의 화(禍)가 적이 오기도 전에 이른다는 것을 전하께서도 어찌 듣지 못하셨겠습니까. 참으로 통탄스럽습니다. 엎드려 바라건대, 전하께서는 가벼이 움직이려는 생각을 진정하시어 만백성을 안정시키는 근본으로 먼저 삼으시고, 구차히 피하려는 사심을 먼저 극복하시어 난리를 다스리고 적을 치는 기반으로 삼으시며, 환하게 다시 도모하고 꿋꿋하게 분발하여 속히 큰 계책을 정해 진취할 방책을 계획하고, 성상의 의지를 확고히 지켜서 후인(後人)의 의논을 의혹되게 하지 말며, 인심을 반드시 따라야 할 것으로 여겨 물러가 보전할 것을 생각하지 마시고, 경성을 반드시 지켜야 할 것으로 여겨 안팎을 보수하여 지키며, 마음을 열고 정성을 보여 공묵[302]하는 깊은 마음을 넓히고, 속을 비우고 간언(諫言)을 받아들여 막힌 언로(言路)를 열며, 내탕[303]을 풀어 양식을 보태고, 재물을 탐냄을 경계하는 뜻을 깊이 간직하여 온 백성으로 하여금 성상의 마음이 어디에 있는지를 환히 알게 하소서. 그러면 어느 누가 감동하고 고무하여 나아가 죽는 것을 영화롭게 여기고 물러가 살려고 하는 것을 욕되게 여기지 않겠으며, 적을 충분히 평정하지 못하겠습니까. 바라건대, 밝으신 성상께서는 유의하소서." 하였는데,

비망기로 답하시기를, "차자를 살펴봤다. 매우 가상하게 여긴다. 다만 우리나라의 일은 문사(文士)의 오활한 계책에서 그르쳐지는 경우가 많거니와, 국가의 큰 계책은 묘당에서 처리할 일이니, 의논하여 처리하도록 하겠다." 하셨다.

丙申十一月十九日 副提學尹承勳 應敎尹暾 副應敎權悏 副校理南以恭 修撰申渫 伏以 臣等職在近密 目見國事之日非 民心之日散 不勝憂惶 再叫天闕 惟聖明垂察焉 竊惟 此賊雖有必動之勢 而未見必動之形 雖聞可懼之聲 而未有可懼之實 黃愼一報之外 消息斷絶 賊之動靜 未可知也 假使賊動 邈在千里 影響不及 尙可懼哉 遠近騷然 都下甚急 湯沸波折 蒼皇奔避 至有被盜劫掠 顚仆于道 是誠何哉 良由殿下之心一動

302) 공묵(恭默) : 침묵(沈默)한 태도로 나라를 잘 다스리는 방법을 생각함이다. 《서경(書經)》 〈열명 상(說命上)〉에, "공경하고 침묵하여 치도(治道)를 생각하노라니, 꿈에 상제께서 나에게 어진 보필을 주시다.[恭默思道 夢帝賚豫良弼]"라고 하였다.

303) 내탕(內帑) : 국고(國庫)를 이르는 말. 송(宋)나라 섭적(葉適)의 《종론일(終論一)》에 "폐하께서 2년 동안 혁파로 인해 발생한 경비를 회계한 결과 6천만 민(緡)이라고 하여 내탕(內帑)에 남은 재정을 전부 지출하여 보조해 주었다."라고 하였음.

故也 是故 殿下有日月之明 而漸至暗昧 有乾剛之斷 而日就荏弱 莫有奮發砥礪之志 以至廊廟之上 氣像蕭然 未見感慨激昂之風 相與講論大計者 不過曰無可奈何 曰某地可避 嗚呼 是豈大計也哉 賊未至矣 而不講備禦之策 先議退避之地 乃曰大計也者 臣等未之聞也 伏覩頃日下備邊司之教 有以知殿下 亦以退避爲大計也 臣等竊以爲未安也 是說也 但據已然之跡 幸其興悼其亡而論之耳 豈有謬守之而亡 出避之而興 而可爲法戒哉 三國興亡之故 昭載于籍 焉可誣也 殿下知其說之非 而反有取焉 何哉 殿下之心 無奈過動乎 今日之所謂大計 有必亡之勢 不一而足 何也 退京城一步 則海西而已 退海西不已 則關西而已 退關西不已 則惟有遼耳 殿下其可渡遼乎 臣等聞賊言往歲之得志 以彼之恬嬉也 今則兵鍊戰習 未易圖也 是畏其有備也 若因勢利導 懋爲自強 則賊雖强 亦有勝敗之慮 何敢輕進 不然而先自退縮 任其長驅 則不亦殆哉 今日人心 異於變初 三軍萬姓 咸願戰守 是雖天意 亦出利害之心也 殿下順而用之 則盡成忠義 亂不足慮也 逆而棄之 則運而徇賊 內患立至矣 存亡之幾 決於殿下一動靜 而民間傳言中 殿下日將發 再有警報 大駕亦將繼動 初不以爲然也 及聞整理夫馬 轉輸海西 相屬於道 臣等亦惑焉 進言者亦曰 京城可守 而不言其所以守 故殿下不信也 臣等以爲 非必賊至然後 方爲守城 譬之於家 固藩籬 所以守家也 下三道 京城之藩籬也 雖曰蕩殘 精兵可得數萬 糧食雖少 足支數月 將才雖乏 猶有力戰之士 若使分據要害 互爲聲援 則豈不爲戰守之計哉 至於京城 則城中民方萬餘 砲殺手千餘人 添之以關西海西京畿之卒 合之天朝三萬之兵 則兵不爲少 大倉之粟 繼之以天朝 則食不爲少 其他攻擊刺射之具皆備 器械又富也 如使上下奮義 將相協力 鎭之以殿下神武 則京城豈可以不守乎 殿下環顧城中 凡城池之固 兵糧之聚 器機之多 更有如京城者 而以爲必棄之地乎 天朝聞之 亦且以爲如何 而字小之心 或幾乎怠矣 豈不寒心哉 臣等且以數事 知殿下之心一於動 而付國事於無可奈何之地乎 當此危亡之時 正宜出御便殿 大臣羣僚 頻許進對 或面決大計 或延攬羣策 以濟艱難之不暇 而深居九重 久閉閤門 雖有緊急 只憑文書 臣等竊怪焉 臺閣之箚 中外之疏 相繼沓至 嘉納之辭 不形於筆札 裁擇之意 不見於命令 一切例下 只令回啓 回啓之辭 多不滿意 忠言至論 竟歸虛地 臣等竊嘆焉 一廛之民 皆出斗米 以助軍粮 而內需綿布 命易官銀 臣等未知此事 果出於聖旨 而萬分有一如外間之云云 則殿下不爲軍需之用而奚用於貿銀哉 於戲 殿下一心乍動於冥冥之中 而萬事瓦裂 莫可收拾 危亡之禍 不待賊至 殿下亦豈不知 誠可痛哉

伏願殿下 先定輕動之一念 以爲鎭萬民之本 先勝苟且避之私心 以爲拔亂討賊之基 皎然改圖 毅然奮發 亟定大計 規畫進取之策 確守聖志 毋惑後人之論 以人心爲必可順 而勿思退保 以京城爲必可守 繕守內外 開心見誠 以恢恭默之淵衷 虛懷納諫 以闢閉塞之言路 發帑助糧 深存殉貨之至戒 使一國之民 曉然知聖心之所在 則孰不感動鼓舞 榮於進死 辱於退生而賊不足平也 惟聖明留意焉 備忘記曰 省箚 深用嘉焉 但我國之事 誤於文士之迂計者多矣 國家大計 自有廟堂 從當議處

소疏

세자 분조 때 올린 소
上世子分朝時

인조대왕(仁祖大王) 5년 정묘년(1627) 봄에 오랑캐 장수 아미타수(阿彌他水) 등이 몰래 의주(義州)를 습격하고 2월에 정주(定州)를 함락하니, 성상께서 대궐을 나와 강화(江華)로 떠나시고 소현세자(昭顯世子)는 분조(分朝)하여 남쪽으로 내려가 공주(公州)에 이르렀다.

초1일에 호군 신설(申渫)이 상소하여 아뢰기를,

"신이 직산(稷山)에 도착하여 외람됨을 무릅쓰고 피눈물을 흘리며 소장(疏章)을 지어 저하께 올렸는데, 특별히 은총의 답을 주시고 이어서 소대[304]하여 간곡하게 권면하는 내용으로 유시하시니, 신은 감격의 눈물을 흘리고 곧바로 죽음으로 보답하고 싶었으나 그럴 길이 없었습니다. 신은 이미 한 번 죽음으로 보답하기로 작정하였으므로 근력이 이미 쇠약해진 것도 헤아리지 않고 대가(大駕)가 가시는 길을 뒤따랐습니다. 그러면서 날마다 애태우고 급박한 형세를 보니, 크게 소리 내어 간곡히 호소하지 않을 수 없었습니다.

아, 저하께서는 명을 받고 남쪽지방으로 내려가시니, 종묘사직을 저하에게 맡기신 바가 어떠하며 만백성이 저하를 우러러 바라는 바가 어떠하겠습니까. 앞쪽으로는 이미 형세상 반드시 지켜낼 만한 땅이 없고, 뒤로는 또 길을 앞질러 가로막고 방어할 만한 진(陣)도 없어서, 마치 밤중에 가다가 길을 잃은 사람의 처지가 되어 날마다 칠팔십 리를 달려가면서도 쉬지를 못해 사졸들이 발이 부르트고 다리를 절고 있으니, 저하의 계책은 장차 어떻게 하시려는 것인지 그리고 어디로 가시려 하시는 것인지 모르겠습니다.

만에 하나 적의 선봉이 경성으로 쳐들어와 점거하고는 한강을 건너 남쪽으로 뒤쫓아 온다면 이미 뒤를 막아줄 군사가 없으므로 저들은 무인지경(無人之境)을 달리듯이 할 것인데, 이러한 지경에 이르러 호종(扈從)하는 신하로 지명 받은 몇 사람을 제외한 그밖에 수행자들

304) 소대(召對) : 군주가 신하를 불러서 정사(政事)나 경의(經義) 등의 문제를 물어보고 대화하는 것을 말한다.

은 반드시 단번에 흩어져 궤멸되고 말 것입니다. 사람들을 모이게 하면 국왕이 되지만 사람들이 흩어지면 필부(匹夫)가 될 뿐이니, 저하께서는 필부의 행차가 되어 행보를 장차 어디로 하시렵니까? 신은 이에 저도 모르게 하염없이 실성통곡(失聲痛哭)하게 됩니다.

신이 얼핏 들으니, 조정의 계책으로 금강 일대를 지키려 한다 하는데, 신은 삼가 불가하다고 생각합니다. 금강은 한강 같은 큰 강에 비할 바가 못 되고, 강의 본줄기마저 길지 않아 상류에는 얕은 여울이 곳곳에 있습니다. 금강으로부터 동쪽 위로는 백리를 못 가 사람들이 모두 건널 수가 있으므로 신은 결코 지킬 수 없다는 것을 압니다. 그런데도 설령 지키게 한다면, 호서(湖西) 한 도(道)의 백성들이 무슨 죄가 있어서 적의 손에 넘어가 어육[305]이 되는 곳으로 만들려 하십니까. 한강 상류 쪽으로는 얕은 여울이 많지 않고, 한강 동쪽에서 영월의 경계까지는 대부분 물이 깊어 배를 써야하는 곳이니, 각각 지방관에게 남은 군졸들을 수습하여 얕은 여울을 지키게 하고, 대군(大軍)은 한강과 동작(銅雀)의 사이에 진을 쳐서 한쪽으로는 강화(江華)를 외곽에서 지원하게 하고, 한쪽으로는 학가[306]의 후방을 막게 하소서. 저하(邸下)는 금강 산성(錦江山城)을 굳게 지키면서 우선 긴 강물로 스스로 보장(保障)하시고 감군어사(監軍御史)를 파견하여 장수와 병사의 마음을 격려하게 하고, 만약에 한 장수와 한 병졸이라도 명령을 따르지 않으면 반드시 참하여 대중에게 조리를 돌리게 하소서. 저하가 먼저 스스로 떨쳐 일어나시어 우레치고 바람 불듯이 하신다면 하삼도(下三道 충청·전라·경상도)의 영웅호걸의 선비들이 틀림없이 모두 소식을 듣고 호응할 것이니, 인심이 분발된 뒤에는 무슨 일인들 못하겠습니까. 적들이 만약 이를 듣게 되면 또한 조선에 사람이 있음을 알게 되어 야밤에 달아나느라 겨를이 없을 것입니다.

신이 어제 전주(全州)의 한 사례를 삼가 보건대, 포수(砲手) 수백 명이 광성참(廣性站)에 와서 저하의 수레를 맞이하고 그대로 저하를 따라서 남쪽으로 내려가니, 이와 같은 굳세고 날랜 군졸들을 저하께서는 어찌 반드시 자신을 호위하는 데 쓰실 필요가 있겠습니까. 전라병사(全羅兵使)가 거느린 1만 명의 병사들이 곧 이를 참인데, 만일 전주의 포수들을 전라병사에게 배속케 하여 한강 등지에서 막아 지켜내게 한다면, 저하의 행차는 호위를 기대하지

305) 어육(魚肉) : 물고기와 육고기를 통칭한 말로, 많은 사람이 참혹하게 죽음당하는 것을 어육에 비겨 말한 것이다. 《후한서(後漢書)》 〈중장통전(仲長統傳)〉에 "백성들을 어육으로 만들어 그 욕심을 채웠다.[魚肉百姓 以盈其欲]"라는 구절이 보인다.

306) 학가(鶴駕) : 왕세자의 행차를 이르는 말.

않더라도 저절로 호위가 되는 것이니, 하필 이들을 거느린 연후에야 호위가 된다고 하실 것이 있겠습니까.

신은 또 어리석고 망령된 소견이 있사와 만 번 죽기를 무릅쓰고 아룁니다. 적이 대동강을 건너지 않았을 때에 대조[307]의 호령이 이미 밖으로 통하지 않았고, 불행히도 적이 도성을 점거하자 조정의 호령이 끊어졌으니, 어떻게 장수와 병사들을 불러 모아 군무(軍務)에 응하게 할 수 있었겠습니까. 저하께서 비록 신통한 무략(武略)과 영명한 결단으로 조금도 미비한 계책이 없으시나, 상벌을 내리고 격려하는 권한을 마음대로 시행한다는 혐의에 핍박되어 제대로 시행되지 않습니다. 반드시 대조(大朝)에 자문을 얻은 뒤에야 시행하는 방식으로 하게 되면 군대의 정황상 좋지 않습니다. 그러니 주상께서 적병이 멀리 있는 틈을 이용하여 벗어나시어 남쪽으로 나오시되, 종묘사직과 제전(諸殿)은 강화에 남겨 두고 예전과 같이 막고 지키게 하고 다만 간쟁을 담당할 약간의 신하만을 거느리고서 반드시 양천강(陽川江)을 건너지 말고 부평(富平) 사이 길을 경유하여 수원에 이르실 것 같으면 며칠 지나지 않아 수원에 도착할 수 있을 것이니, 이보다 더 좋은 방법이 없습니다. 그래서 장수와 병사들도 주상께서 남쪽으로 순행[308]하며 싸움을 독려하신다는 말을 들으면 누군들 눈물을 흘리면서 사력을 다하지 않겠습니까. 저 적들이 만일 주상께서 남으로 순행한다는 소식을 듣게 되면 반드시 강화(江華) 공략에 전력하지 않을 것입니다. 이와 같이 되면 종묘사직과 여러 궁전들을 보전할 수 있을 것이니, 이것이 첫째로 이로운 점입니다.

주상께서는 남쪽으로 순행하시어 사방의 충성스럽고 의로운 선비를 불러 모아 병사를 규합하여 나라를 회복하는 도모로 삼으신다면 하삼도에서 군주를 위해 충성을 다하겠다는 군사가 날마다 이를 것입니다. 이들로 강나루를 지키고, 이들로 적의 뒤로 돌아가서 휘젓기도 하고 공격하게 한다면, 저 적들이 반드시 깊이 들어와 우리 군대의 후방을 범하지는 못할 것이니, 이것이 둘째로 이로운 점입니다.

그러니 저하께서는 적이 평산[309]에 이르기 전에 종묘사직을 지킬 대계(大計)로 급히 선전관을 보내어 대조에 장계하여, 주상께서 남쪽으로 순행하실 것을 봉청(奉請)하여 함께 협력

307) **대조(大朝)** : 세자가 분조(分朝)에 있을 때 임금이 있는 곳을 일컫는 말로, 여기서는 곧 인조가 있는 강화(江華)의 행재소(行在所)를 가리킨다. 참고로 세자가 있는 분조는 '소조(小朝)'라 한다.

308) **순행(巡幸)** : 임금이 나라를 두루 다니며 살펴보는 일. 여기서는 파천(播遷)의 의미이다.

309) **평산(平山)** : 황해도 남동쪽에 위치한 지명으로, 평주(平州)의 다른 이름이다.

해서 방어하신다면 충성스럽고 의로운 선비들이 다투어 서로 분발을 할 것이니, 어떤 적인들 진압하지 못하겠습니까. 주상께서 조정 신하들의 그릇된 의론에 잘못 속아서 비록 강화로 들어가셨지만 영명한 결단과 일세에 뛰어나신 지혜로 역시 반드시 후회하실 것입니다. 만일 저하의 치계[310]의 간절함을 들으신다면 반드시 선뜻 고쳐 생각하시고 곧 강화를 떠나 남쪽으로 순행하실 것입니다. 엎드려 원하건대, 저하께서는 신의 이 상소를 체찰사(體察使) 및 호종한 상신(相臣)들에게 내려서 속히 의논하여 처분하도록 명령을 주시면 종묘사직의 복이 되고, 잃은 땅을 회복하는 터전이 될 것입니다. 신들은 강개 발분함을 이기지 못해 머리를 우러르고 애처롭게 호소하옵니다. 삼가 죽음을 무릅쓰고 아룁니다.

仁祖大王五年丁卯春 胡將阿彌他水等 潛襲義州 二月陷定州 上出行江華 世子分朝南巡至公州 初一日 護軍申渫上疏曰 臣行到稷山 冒上瀝血之章 特賜寵答 繼之以召對 獎諭丁寧 臣感涙交流 直欲隕首上報而無從也 臣旣以一死自許 不揆筋力已衰 而追隨行塵之後 日見悶迫之形 不得不大其聲而疾呼也 嗚呼 邸下受命南下 宗祀之所付託於邸下者 爲如何 生命之所仰望於邸下者 爲如何 而前頭旣無形勢必守之地 後面又無把截防禦之陣 如夜行失路之人 日馳七八十里而不休 使士卒繭足蹣跚 未知邸下計將安出而亦將何之乎 萬一賊鋒 入據京城 渡江南追之 則旣無捍後之軍 如入無人之境 到此地頭 扈從諸臣 落點之外 其他隨行者 必一時潰散 人聚則爲國君 人散則爲匹夫 邸下作匹夫之行 行將安之乎 臣於此 不覺失聲痛哭之長也 臣似聞廟筭欲守錦江一帶 臣竊以爲不可 錦江非如漢水大江之比 只是源流不長 上流之淺灘 處處皆然 自錦江迤東 不百里 人皆可渡 臣決知不可守也 設使可守 湖西一道之民 何辜而付之賊手 爲魚肉之塲乎 漢江上流 淺灘無多 而自漢江東至寧越之境 皆是水深用舟之處 各令地方官 收拾餘卒 保守淺灘 大軍結陣於漢江銅雀之間 一爲江華外援 一爲鶴駕後捍 邸下堅守錦江山城 姑以長江自保 發遣監軍御史 激厲將士之心 如有一將一卒 不用命則必斬徇衆 邸下先自奮發 雷勵風飛 則下三道英雄豪傑之士 必且聞風響應 人心旣奮 則何事不可爲乎 賊若聞之 亦知朝鮮有人 宵遁之不暇矣 臣昨日伏見全州一事 砲手數百 來迎鶴駕於廣性站 還隨邸下而南下 如此驍軍之卒 邸下何必自衛

310) 치계(馳啓) : 사람을 시켜 말을 달려 급히 임금에게 아뢰는 것.

乎 全羅兵使一萬之兵 朝夕且至 如令全州砲手 屬之兵使 使之捍守于漢江等處 則邸下之行 不期衛而自衛 何必自帶然后 謂之自衛乎 臣且有愚妄之見 冒萬死而達焉 賊不渡浿江 而大朝號令 已不通於外 而不幸或賊據都城 朝廷號令絶矣 其何以號召將士而應軍務乎 邸下雖神武英斷 筭無遺策而賞罰激勵之權 逼於專行之嫌 不得自行必咨禀大朝然後 行之如此 軍情解休 莫如主上乘賊兵在遠之隙 拔身南出 留置廟社諸殿于江華 防守如故 只率若干當爭之臣 不必渡陽川江 由富平間路 以達于水原 則不出數日 可到水原 將士聞主上南巡督戰 則孰不揮淚而盡其死力乎 彼賊如聞主上南巡 則必不專力於江華 若此 廟社諸殿可保 此一利也 主上南巡 召集四方忠義之士 爲糾兵恢復之圖 則下三道勤王之師日至 以之把守江灘 以之繞出賊後 或撓之 或攻之彼賊必不得深入犯軍忌 此二利也 邸下迨賊未到平山之前 以宗社大計 急遣宣傳官馳啓于大朝 奉請主上南巡 與之協力控禦 則忠義之士 爭相奮發 何賊之不能平乎 主上見誤於朝臣之謬議 雖入江華而英斷高世之智 亦必悔之矣 如聞邸下之馳啓懇切 則必將幡然改圖 而卽出南巡矣 伏願邸下 下臣此疏於體府及扈行諸相臣 亟賜議處 則宗社之福 恢復之本也 臣等不勝慷慨發憤 仰首哀鳴之地 謹昧死以聞

록錄

임진사적
壬辰事蹟

임진년(1592)-우리 선조 25년- 4월에 왜적 평수길[311]이 그의 장수 평수가(平秀家)를 보내어 쳐들어오니 상(上)이 서쪽으로 파천[312]하였다. 공이 호서(湖西)에서 병사를 모집하여 의병장이 되었고, 호남의 김천일(金千鎰)과 영남의 곽재우(郭再祐)가 모두 의병장으로 각각 공적을 세웠다. 어숙권[313]이 '호서의 청주(淸州) 이하 여러 군 및 호남만이 보전되었다'고 운운한 것이 이것이다. 계사년(1593)에 상이 도성(都城)으로 돌아왔다.

壬辰-我宣廟二十五年-四月 倭賊平秀吉 遣其將平秀家 入寇西巡 公於湖西 募兵爲義兵將 湖南之金千鎰 嶺南之郭再祐 皆以義將各有功焉 魚叔權曰 湖西淸州以下諸郡及湖南獨全云云是也 癸巳 上還都

311) **평수길(平秀吉)** : 풍신수길(豊臣秀吉, 1536~1598)을 가리킨다. 어렸을 때 평신장(平信長, 1534~15 82), 즉 오다 노부나가가 양자로 삼아 성을 평씨(平氏)로 고쳐 길렀다. 평신장의 뒤를 이어 관백이 된 후에 풍신(豊臣)이라는 성을 썼다.

312) **파천(播遷)** : 임금이 도성을 떠나 다른 곳으로 피란하던 일. 임진왜란을 만나 선조가 도성을 버리고 의주(義州)로 피난한 것을 가리킨다.

313) **어숙권(魚叔權, ?~?)** : 명종 무렵의 학자로서 호는 야족당(也足堂), 본관은 함종(咸從)이며, 좌의정 어세겸(魚世謙)의 손자이다. 최세진(崔世珍)을 사사하여 이문(吏文)과 중국어에 능통하여 중종 20년(1525)에 이문학관(吏文學官)이 되었고, 시평(詩評)·시론(詩論)에 뛰어났다. 저서에 《패관잡기(稗官雜記)》와 《고사촬요(攷事撮要)》가 있다.

제문祭文

아계 이산해에 대한 제문[314]

祭鵝溪李山海文

유세차 기유년(1609) 10월 기유삭 5일 계축에 분에 넘치게 총애를 입은 동지중추부사 신식(申湜), 행 평해군수 신설(申渫) 등이 삼가 술과 과일로 제물을 마련하여 아계 이 상국(李相國)의 영전에 공경히 제를 올립니다.

維歲次 己酉十月己酉朔五日癸丑 忝寵 同知中樞府事 申湜 行平海郡守 申渫等 謹以酒果之奠 敬祭于鵝溪李相國之靈

嗚呼哀哉	아 슬픕니다.
惟公之德之才之美	공의 아름다운 덕과 아름다운 재주
勳業之隆	훈업의 융성함과
文章之邃	심오한 문장들
磊磊落落	우뚝하게 드높아서[315]
國有信史	미더운 국사(國史)에 실려 있으니
何容管窺	어찌 좁은 안목으로
妄贅一二	망령되이 군말을 덧붙이리까.
顧惟申渫	돌아보건대 저는
忝在姻屬	외람되이 인척이 되어
衰門杖公	우리 집안에서 공을 의지하기를
不啻喬嶽	교악[316] 같이 했을 뿐만이 아닌데

314) 이 제문은 《아계유고(鵝溪遺稿)》의 연보 부록, 제문(祭文) 편에 실려 있는바, 이를 근거하여 누락된 부분 및 오자를 바로잡아 번역하였다.

315) 우뚝하게 드높아서 : 원문의 '뇌뢰낙락(磊磊落落)'은 뜻이 높아서 작은 일에 구애받지 않고 우뚝함을 말한다.

316) 교악(喬嶽) : 태산교악(泰山喬嶽). 본래 태산(泰山)을 가리키는 말인데, 덕과 명망이 태산처럼 높아 사

自公之逝	이제 공께서 세상을 떠나셨으니
誰因誰極	누구를 통하며 누구에게 가야 합니까.[317]
公私慟切	공사 간의 애통한 심정에
五情如灼	오장이 불타는 듯합니다.
薄奠將忱	하찮은 제수에 정성을 담아서
辭以紓悲	글로 슬픔을 풀려하오니
淚隨言瀉	눈물이 따라서 흐릅니다.
知耶不知	아시는지요 모르시는지요
嗚呼哀哉	아 슬픕니다.
尙饗	부디 흠향하소서.

람들에게 존경을 받는 인물을 비유한다.

317) **누구를 …… 가야 합니까** : 《시경》 〈용풍(鄘風)·재치(載馳)〉에 "큰 나라에 하소연하고프나, 누구를 찾아가야 하나.[控于大邦 誰因誰極]"라고 한 말을 원용한 것이다.

녹문 홍경신[318]에 대한 제문

祭鹿門洪慶臣文

嗟嗟我公　아 우리 공께서
胡至於斯　어찌하여 이 지경에 이르셨는가.
我今來哭　내가 이제 와서 곡하노니
知耶不知　아시는가 모르시는가.
上年之冬　지난해 겨울
我來京師　내가 서울에 올라 왔을 때
公乃見訪　공께서 이내 찾아주시어
笑語怡怡　기쁘게 담소하였는데
今何冥邈　지금은 왜 그리도 아득히 멀어서
莫接謦欬　기침소리조차 접할 수 없게 되었는가.
呼慟靈前　영전에 소리쳐 부르다가 통곡하니
五內如碎　오장이 찢어지는 듯 하도다.
嗚呼哀哉　아 애통하도다.
若公之德　공의 아름다운 덕과
之才之美　공의 아름다운 재주는
求之古人　옛사람들 가운데서 찾아보아도
實罕比儔　실로 비견될 사람이 드물도다.
平生孝友　한평생 극진한 효성과 우애는
屋漏無愧　옥루[319]에 부끄럽지 아니했도다.
驚世藻思　세상을 놀라게 한 문장은
特其餘事　여사[320]일 뿐이었도다.

---

318) 홍경신(洪慶臣, 1557~1623) : 본관은 남양(南陽), 자는 덕공(德公), 호는 녹문(鹿門)이다. 각주 75) 참조.

319) 옥루(屋漏) : 집에서 가장 어두운 서북쪽 방구석을 가리키는데, 아무도 모르는 자기의 마음속이라는 의미로 쓰인다. 여기서는 보는 사람이 없는 곳이란 뜻이다. 《시경》 〈억(抑)〉에 "혼자 방 안에 있는 그대의 모습을 살펴볼 때에도, 으슥한 방구석에 부끄러움이 없도록 할지어다.[相在爾室 尙不愧于屋漏]"라는 말이 나온다.

320) 여사(餘事) : 여가에 하는 일. 곧 그다지 중요하지 않는 일이란 의미로 쓰였다.

晩而釋屩	만년이 되어서야 벼슬길에 들어
遂登膴仕	마침내 높은 자리에 올랐도다.
翺翔玉署	홍문관에서 나래를 펼치며
出入鑾坡	한림원에 출입하였도다.
歴颺中外	내외직을 두루 맡아
蔚有聲華	명성이 성대하게 드러났도다.
位猶不滿	지위는 오히려 만족스럽지 않으나
天意伊何	하늘의 뜻이니 어찌리오.
仁者必壽	어진 이는 반드시 장수한단 말
理或僭差	이치가 어긋난 것 같도다.
嗚呼哀哉	아 애통하도다.
自我識荊	내가 공을 처음 알게 된 지
于今幾年	지금에 몇 년이나 되었는가.
毎對瓊樹	고결한 공을 마주할 때마다
肝膽炯然	속마음 훤히 드러내었도다.
飛騰一時	한 시대에 날아올라
迄相後先	지금까지 서로 앞서고 뒤섰도다.
契合金蘭	금란지계[321]를 맺으니
不啻膠漆	교칠[322]뿐만이 아니었도다.
重以姻親	거듭 혼인을 맺어
情誼益密	정의 더욱 친밀하였도다.
我卜我基	내 살 곳을 자리 잡을 때

321) **금란지계(金蘭之契)** : 《주역》 〈계사전 상(繫辭傳上)〉에 "두 사람이 마음을 같이하니, 그 단단함이 쇠를 끊을 만하도다. 마음이 서로 같은 말은 그 향내가 난초와 같도다.[二人同心 其利斷金 同心之言 其臭如蘭]"라고 한 데서 온 말로, 전하여 아주 돈독한 우의를 비유한다.

322) **교칠(膠漆)** : 부레풀과 옻나무의 칠이라는 뜻으로, 교분이 두터운 우정을 비유할 때 쓰는 말이다. 후한(後漢)의 진중(陳重)과 뇌의(雷義)가 돈독한 우정을 발휘하자, 사람들이 "부레와 칠이 잘 붙는다 하지만, 진중과 뇌의의 우정만은 못하다.[膠漆自謂堅 不如雷與陳]"라고 칭찬한 고사가 전한다. 《後漢書 卷81 獨行列傳 雷義》

幸接芳隣　다행히 좋은 이웃 되었도다.
早晩誅茅　조만에 초가집 짓고
作賢主人　어진 주인이 되어
白首優遊　만년에 한가롭게 지낸다고
此以爲期　이렇게 기약을 했었는데
那知今日　어찌 알았으랴 오늘에 와서
公遽先歸　공이 갑자기 먼저 돌아가실 줄을
峨洋絕絃　아양곡 타던 거문고 줄 끊어지니[323)]
知己者誰　나를 알아줄 이 그 누구리오.
踽踽末路　외로운 말로(末路)에
我今將之　내 이제 공을 보내도다.[324)]
嗚呼哀哉　아 애통하도다.
滿眼諸孤　눈앞의 자식들은
莫不淸羸　청고하고 파리한 몰골.
血流津津　피눈물 철철 흘리며
難望扶持　몸도 가누지 못해 바라보기 어렵도다.
想公英靈　생각건대 공의 영령도
亦不瞑目　역시 눈을 못 감으리라.
悶念存亡　민망하게도 이승 저승 갈렸으니
我懷何極　우리의 회포 어찌 다하겠는가.
薄奠非物　변변찮은 제물을 올리고
辭以吐情　제문으로 심정을 쏟아 내도다.
庶幾來格　부디 여기에 강림하여
鑑此微誠　작은 정성을 살피소서.

---

323) **아양곡(峨洋曲) …… 끊어지니** : 지기(知己)가 세상을 떠났음을 가리킨다. 아양의 연주곡은 친구 간에 서로 상대의 포부나 경륜을 알아줌을 비유한다. 각주 120)번 참조.

324) **보내도다** : 원문의 '장지(將之)'는 《시경》 〈패풍(邶風)·연연(燕燕)〉에 "제비와 제비의 낢이여, 오르내리도다. 저 사람이 돌아가매, 멀리 전송하노라.[燕燕于飛 頡之頏之 之子于歸 遠于將之]"라고 한 말에서 전송함을 말한다.

무오년 최랑(崔郎)이 등과한[325] 뒤에 전 부인 이씨에게 제를 지내며
戊午崔郎登科後 祭前夫人李氏

悠悠死別　어느덧 사별한 지
十有六霜　십년 하고도 육년.
痛在中心　가슴 속의 애통함
何日斯忘　어느 날에 잊힐까.
白首餘生　백발의 늙은 여생
不死何竢　안 죽고 무얼 바랄꼬.
爾來盈厄　이래로 궁액이 잦아
言之慘矣　말하기도 참혹하오.
四載之間　지난 네 해 사이에
連失兩子　두 아들 잇따라 잃고
余又多蹇　나 또한 어려움이 많아
身陷不測　불측한 지경에 빠졌었소.
日夜悲號　밤낮으로 슬피 통곡하며
視天漠漠　하늘 바라보니 막막할 뿐.
幸玆崔郎　다행히 이번에 최랑이
獲捷巍科　대과에 급제하였다오.
發笑羣憂　시름 속에 웃음 피어나니
問慰如何　위안되는 심정 어떠하겠소.
九原有知　구천에서도 앎이 있다면
亦應悲喜　슬퍼하다가 다시 기뻐하겠죠.
恩榮雖極　영예가 아무리 지극한들
何及泉裡　황천에 어찌 미치겠소.
感念疇昔　지난날 감회를 생각하니
益增愴咽　더욱 목이 메어 오는구려.

---

325) 무오년 …… 등과한 : 사위 최시량(崔始量)이 무오년(1618)에 대증광시(大增廣試) 갑과(甲科)에 급제한 것을 이른다. 최랑(崔郎)의 랑(郎)은 사위를 일컫는 말이다.

선비 정경부인 유씨에 대한 제문
祭先妣貞敬夫人柳氏文

만력 33년(1605, 선조 38) 을사 3월 을해삭 14일 무자에 소자 용(涌)은 참최복을 입고 경황이 없는 터라 감히 직접 제를 올리지 못하고 삼가 제철 음식을 제수로 갖추어 아들 득패(得沛)를 시켜 현비 정부인 문화유씨(文化柳氏)의 영전에 감히 밝게 고하나이다.

維萬曆三十三年 歲次乙巳三月乙亥朔十四日戊子 小子涌 方在服斬荒迷之中 不敢自祭 謹具時羞之奠 使子得沛 敢昭告于顯妣貞夫人文化柳氏之靈

阿孃阿孃	어머니 어머니시여
棄兒何歸	아이를 두고 어떻게 세상을 떠나셨나요.
兒是勳卿	아이는 공훈으로 경이 되었는데
孃能認兒	이 아이를 알아보시겠는지요?
違離慈膝	어머니의 슬하를 떠난 지
幾經星霜	얼마나 세월이 흘러갔는지요.
昔日小兒	예전에 그 어린아이가
今成老蒼	지금은 백발이 되었습니다.
感念往事	감회에 젖어 옛일을 생각함에
言之痛傷	말을 하려니 가슴이 아픕니다.
甲子之秋	갑자년 가을에
孃乃先亡	어머니께서 먼저 가시니
子女五人	아들 딸 다섯 명이
盈滿柩傍	널 곁에 올망졸망했습니다.
長甫弱冠	맏이는 나이 겨우 약관이었고
次方十四	둘째는 막 열네 살이었습니다.
其餘諸妹	나머지 여러 아우들
亦皆幼稚	모두 어렸습니다.
兒於鴈序	이 아이는 형제 중에
最居其末	순서가 맨 끝이었습니다.

匍匐提孩	엉금엉금 아장아장
年纔四閱	나이 겨우 네 살이었습니다.
啼號索乳	울어대며 젖을 보채니
見者涕洟	보는 이들 눈물지었습니다.
謂他人母	남을 어머니라 부르며
曾莫念知	이를 깨닫지도 못했습니다.
生未識顏	생전의 얼굴도 기억나지 않으니
沒何服麻	사후에 어찌 삼베옷[326]을 입으리오.
茫茫天下	망망한 하늘과 땅 사이에
兒罪伊何	아이의 죄가 어떠하기에
寄養老婢	늙은 여종에게 맡겨 길러져
備嘗險艱	험난함을 두루 겪었습니다.
零丁孤苦	쓸쓸하고 외롭게 지냈으니
無望全完	온전하길 바라기 어려웠습니다.
幸賴靈佑	다행히 영령께서 보우하시어
以至長成	장성하기에 이르렀습니다.
奉承先訓	선대의 훈계를 잘 받들어
獲捷科名	과거 급제의 영예를 얻게 되었습니다.
遭遇明時	좋은 시대를 만나서
歷颺華顯	화려한 관직을 역임하였습니다.
官躋頂玉	옥관자[327]를 다는 반열에 오르고
職守方名	맡은 직책에 바른 명분을 지켰습니다.
顧惟平生	한평생을 돌아보건대
何德能致	무슨 덕으로 이룰 수 있었겠습니까.
餘慶所及	자손에게 경사가 미친 것은

326) 삼베옷 : 삼베로 만든 상복(喪服)을 이른다.

327) 옥관자 : 원문의 '정옥(頂玉)'은 옥으로 만든 망건 관자로, 정3품 당상 이상의 관원은 조각을 하고 종 1품 이상의 관원은 조각을 하지 않았는데, 전하여 높은 벼슬을 의미한다.

秋毫皆是　　털끝만한 것도 모두 어머니의 음덕입니다.
風樹之感　　풍수의 감회[328]는
昔人所愴　　옛사람들도 슬퍼한 바입니다.
寵榮雖極　　총애와 영예가 지극한들
奚及泉壤　　구천에까지 미치겠습니까.
隨奉先君　　선군(先君)을 따르며
朝夕左右　　조석으로 곁에서 모셨습니다.
每懷慈儀　　늘 어머니가 그리울 때면
五內如割　　오장이 찢어지는 듯했습니다.
先君壽考　　선군께서 장수를 누리심에
特紆天恩　　주상께서 특별히 은혜를 내려주셨습니다.
再授同樞　　재차 동지중추부사를 제수하시고
爵以齒尊　　높은 연세로 작위를 내리셨습니다.
門闌稱慶　　많은 귀인들 찾아와 경사를 칭송하니
喜懼交至　　기쁘면서 한편 두려웠습니다.[329]
永擬椿堂　　영원히 춘당[330]을
百年歡侍　　백년토록 기쁘게 모시려 하였습니다.
那知小子　　어찌 알았으랴 소자의
罪逆又重　　죄역이 또 거듭될 줄을
微痾數日　　경미한 병환으로 며칠 만에

---

328) **풍수(風樹)의 감회** : 부모가 살아 계실 때 잘 봉양하지 못한 데 대한 후회를 말한다.《한시외전(韓詩外傳)》 제9권에 "나무는 고요히 있으려 하나 바람이 그치지 않고, 자식이 봉양하려고 하나 부모가 기다려 주지 않는다.[樹欲靜而風不止 子欲養而親不待也]"라고 한 고어(皐魚)의 말에서 온 것이다.

329) **기쁘면서 한편 두려웠습니다** : 기쁜 마음과 두려운 마음이 교차한다는 뜻으로, 선군(先君)이 이미 장수한 것이 기쁘고 또 이미 노쇠한 것이 두렵다는 말이다. 공자가 말씀하기를 "부모님의 연세는 기억하지 않을 수 없으니, 한편으로는 기쁘고 한편으로는 두렵다." 하였다.《論語 里仁》

330) **춘당(椿堂)** : 부친을 뜻하는 말로, 춘정(椿庭)과 같다. 춘(椿)은《장자》〈소요유(逍遙遊)〉에 "아득한 옛날에 대춘(大椿)이란 나무가 있었는데 8천 년을 봄으로 삼고 8천 년을 가을로 삼았다." 한 데서 온 말인데, 일반적으로 아버지의 장수를 축원하는 말로 쓰이며, 타인의 부친을 춘장(椿丈), 또는 춘부장(椿府丈)이라고도 한다. 여기서는 어머니가 돌아가시고 부친이 홀로 계시기 때문에 이렇게 말한 것이다.

遽爾長慟	갑작스레 길이 애통하게 되었습니다.
喪母餘生	어머니 잃고 살아가던 이내몸
所依者父	의지한 것은 아버지뿐이었습니다.
今焉并失	이제는 두 분 모두 여의었으니
何恃何怙	누굴 믿고 누굴 의지하겠습니까.[331]
遠日已卜	장례 모시는 날[332] 잡아놓고 보니
終天罔極	세상이 끝나는 슬픔 망극합니다.
睠玆乾山	돌아보니 여기 건산은
精靈所宅	정령이 계신 곳입니다.
當其初喪	초상을 당한 그때에는
儀物多欠	의물[333]이 매우 부족하였습니다.
諸子微弱	자식들 미약하여
未免遺憾	유감을 면치 못했습니다.
壙中西北	묘지의 서북쪽에
亦覺滲水	물이 차 있음을 알았습니다.
心常憂懼	마음이 항상 걱정스러워
不敢寧止	편안히 지낼 수 없었습니다.
玆稽古禮	이에 고례(古禮)를 상고하여
從魯祔之	노나라 예를 따라 부장하기로 하였습니다.[334]

---

331) **누굴 …… 의지하겠습니까** : 《시경》 〈육아(蓼莪)〉에, "아버지가 없으면 누구를 믿으며, 어머니가 없으면 누구를 의지할꼬. 나가서는 근심 걱정뿐이요, 들어오면 돌아갈 곳이 없노라.[無父何怙 無母何恃 出則銜恤 入則靡至]"라고 하였는바, 이 시는 돌아간 부모에게 하늘처럼 끝없는 은덕을 갚을 길이 없어 부모를 몹시 그리워하여 부른 노래이다. 이후로 호(怙)는 아버지를, 시(恃)는 어머니를 칭하게 되었다.

332) **장례 모시는 날** : 원문의 '원일(遠日)'은 멀리 떠나는 날 곧 발인할 날을 말한다. 《예기》 〈곡례 상(曲禮上)〉에 "무릇 날짜를 점칠 때에는 열흘 밖의 날을 '먼 어느 날'이라고 하고, 열흘 안의 날을 '가까운 어느 날'이라고 한다. 상사에는 먼 날을 먼저 점치고 길사는 가까운 날을 먼저 점친다.[凡卜筮日 旬之外曰遠某日 旬之內曰近某日 喪事先遠日 吉事先近日]"라고 하였다.

333) **의물(儀物)** : 의식에 소요되는 물품으로 관곽(棺槨) 또는 지석(誌石)이나 비문을 말한다.

334) **노(魯)나라 …… 하였습니다** : 노나라의 예를 따라 부부의 관을 한 곽(槨)에 같이 부장한 것이다. 춘추시대에 합장(合葬)하는 방식은 두 가지가 있었는데, 노나라는 하나의 곽에 관(棺)을 함께 넣었고, 위(衛)나라는 곽 가운데를 물건으로 막아서 각각 관을 넣었다. 《예기》 〈단궁 하(檀弓下)〉에 "공자께서 말씀하

制用同穴 동혈[335]의 제도를 적용하여
欲決前疑 미진했던 점을 해결하려 했습니다.
爰啓舊墳 이리하여 옛 봉분을 열고서
乃審乃視 이에 곧 살펴보았습니다.
泉路淨乾 구천길[336]이 보송하고 깨끗하여
幸莫大矣 이보다 다행함이 없었습니다.
棺材粗薄 관의 재목이 조박하였고
禮果不備 예장도 갖추지 못했습니다.
及其開柩 관(棺)을 열어보니
斂襲如古 염습이 예전 그대로였습니다.
早知若此 이와 같을 줄 진작 알았다면
悔不改措 뉘우쳐도 고치지 않았을 겁니다.
手被明衣 직접 명의[337]를 입혀드리고
再加整頓 다시 정돈을 더하였습니다.
體魄在玆 체백이 여기에 계시니
容顏非遠 용안이 멀지 않습니다.
盻饗之間 영령께서 흠향하시는 가운데
胡靳一見 어찌 한 번 보여주시지 않으시는지요.
冥邈不揚 아득한 곳이라 드날리지 못하오니[338]

시기를 '위나라 사람의 부장은 곽 속의 두 관을 떼어서 놓는데, 노나라 사람의 부장은 합하여 놓으니, 이것이 좋구나!' 하셨다."라고 보인다.

335) 동혈(同穴) : 부부가 죽어서 한 구덩이에 묻히는 것을 이른다. 《시경》 〈왕풍(王風) 대거(大車)〉에 "살아서는 집을 달리하였으나, 죽어서는 무덤을 함께하리라.[穀則異室 死則同穴]"라고 한 데서 유래한 표현으로, 부부간의 깊은 애정을 상징한다.

336) 구천길 : 원문의 '천로(泉路)'는 황천 가는 길을 이르는데, 여기서는 지하(地下)의 광중(壙中 무덤 속)을 말한다.

337) 명의(明衣) : 염습(殮襲)할 때 사자(死者)에게 맨 먼저 입히는 옷.

338) 아득한 …… 못하오니 : 돌아가셨기 때문에 입신양명으로 부모님을 드러나게 해드리지 못했다는 말이다. 《효경(孝經)》 개종명의장(開宗明義章)에 "이 몸은 모두 부모님에게서 받은 것이니 감히 다치지 않게 하는 것이 효의 시작이요, 자신의 몸을 바르게 세우고 바른 도를 행하여 이름을 후세에 드날림으로써 부모님을 드러나게 해 드리는 것이 효의 마지막이다.[身體髮膚 受之父母 不敢毁傷 孝之始也 立身行道

倍切隕零　슬픔의 눈물 갑절이나 더합니다.
以補缺務　이지러진 곳을 힘써 채우고
令堅緻易　잘 다스려 견고히 하였습니다.
其上蓋薄　그 위 봉분이 부실하여
言□修治　보수하고 다스렸습니다.
漆之又漆　옻칠하기를 거듭하며
期以永久　영구하길 기대하였습니다.
不知靈魄　모르겠습니다 영령께서는
其安乎否　편안하신지요 그렇지 못하신지요.
月之十六　이달 16일은
是其窆日　장례[339]하는 날입니다.
壙仍其舊　광중은 예전 그대로 하고
只改三物　삼물[340]만 새로 바꾸었습니다.
凡百葬具　장사의 모든 기구는
一皆維新　하나같이 새롭게 하였습니다.
同槨而安　한 곽(槨)에 안치하여
無憾千春　천년토록 유감이 없게 하였습니다.
禮有難越　예법을 뛰어넘을 수 없기에
縱未追纕　비록 상복을 입지는 못하지만
三年祭奠　삼년의 제전[341]으로
庶伸此哀　이 애통함을 펴려 합니다.
嗚呼痛矣　아 애통합니다.
尙忍言哉　차마 말로 다할 수 있겠습니까.
生死隔別　생사로 막혀 영결한 지

揚名於後世 以顯父母 孝之終也]"라는 말이 나온다.

339) 장례 : 폄장(窆葬)을 말한다. 곧 묘혈(墓穴)을 파고 관(棺)을 넣어 안장하는 것이다.

340) 삼물(三物) : 석회(石灰)·황토(黃土)·가는 모래를 이르는 말로, 묘의 광중(壙中)을 튼튼히 하고, 관의 주위에 벌레가 들어가지 못하도록 이것들을 버무려 쓴다.

341) 제전(祭奠) : 의식을 갖춘 제사와 갖추지 않은 제사의 총칭이다.

四十餘年　사십여 년입니다.
今日延平　오늘 합장[342]되시니
神會如初　예전처럼 다시 만나시겠죠.
共遊泉臺　함께 구천에서 노니실테니
其樂何如　그 즐거움 어떠시겠습니까.
惟此未亡　생각건대 남겨진 저는
孑孑形單　의지할 곳 없는 혈혈단신입니다.
入室顧眄　방에 들어와 둘러볼 적에
何以爲顔　어떤 모습을 하겠습니까.
對人言笑　사람을 만나 말하고 웃을 때
何以爲歡　어떻게 기쁠 수 있겠습니까.
念及爲此　생각이 여기에 미칠라치면
尙寐無訛　차라리 죽기를 바랄 뿐입니다.[343]
嗟我兄弟　아 우리 형제들은
數雖有多　그 수가 많기는 하나
伯旣早夭　맏이는 일찍 죽었고
兩妹繼沒　두 누이도 이어 죽었습니다.
獨有舍仲　중형만이 남아 있는데
亦陞宰秩　또한 재신(宰臣)의 반열에 올랐습니다.
二人蹁躚　우리 두 사람 서로 부축하며
粗繼先烈　다소나마 선열을 이으려 합니다.

---

342) **합장(合葬)** : 원문의 '연평(延平)'은 진(晉)나라 때 뇌환(雷煥)이 용천(龍泉)과 태아(太阿)라는 두 보검을 얻어 그중 하나를 장화(張華)에게 주었는데, 후에 장화가 주살당하자 그 칼의 소재를 알 수 없게 되었다. 뇌환이 죽은 뒤 그 아들이 칼을 가지고 연평진(延平津)을 지날 때 칼이 갑자기 손에서 벗어나 물에 떨어져 사람을 시켜 물속을 찾게 하였더니, 두 마리 용이 서리어 있을 뿐이고 보검은 보이지 않았다고 한다. 이것을 '연진검합(延津劍合)' 또는 '연진지합(延津之合)'이라 하여 부부가 죽은 뒤에 합장하는 것을 비유하게 되었다. 《晉書 卷36 張華傳》

343) **차라리 …… 뿐입니다** : 부디 잠이나 들어 죽어서 움직이지 말기를 바란다는 뜻이다. 《시경》 〈왕풍(王風)·토원(兎爰)〉에 "내가 태어난 뒤에 이 온갖 걱정을 만났으니, 부디 잠이나 들어 죽어서 움직이지 말기를 바라네.[我生之後 逢此百罹 尙寐無吪]"라고 하였다.

五個兒中	다섯 명의 자식 가운데
半已成鬼	반은 이미 귀신이 되었습니다.
人生兩間	사람이 하늘과 땅 사이에 살면서
享壽者幾	몇이나 장수를 누리겠습니까.
如兒癃疾	저는 어릴 적부터 병골로
百病所萃	온갖 병이 모여드니
能幾何時	능히 어느 때인들
不從而死	따라 죽지 않겠습니까.
怡愉奉養	어머니를 기쁘게 봉양함은
此生雖違	이생에서 비록 어긋났지만
地下他日	다른 날 지하에서라도
庶得相隨	행여나 따르게 될 것입니다.
暮春三月	늦은 봄 삼월이라
草木已萌	초목은 이미 싹터 나오고
滿山花卉	온 산에는 꽃들이 가득하여
莫不含生	모두 생기를 머금었는데
如何逝者	어이하여 떠나가신 분은
一去不復	한 번 떠나면 돌아오지 못하십니까.
相彼禽鳥	저 까마귀[344]를 보노라면
翔集于木	나무에 날아와 모여
母子交哺	어미와 새끼 서로 물어다 먹이며
响响相樂	재잘거리고 서로 즐거워하는데
可以人而	어찌 사람이면서
不如微禽	미물인 새만도 못하게 되었는지요.
對時覽物	시절 따라 만물을 바라보매
悲感增深	슬픈 감회 더욱 깊어집니다.

344) 까마귀 : 원문의 '금조(禽鳥)'는 반포조(反哺鳥)를 이른다. 까마귀 새끼는 커서 늙은 어미에게 먹을 것을 물어다 주므로 반포조라고 일컫는다.

欲陳衷曲	간절한 심정을 펴려니
精神荒亂	정신이 황란해집니다.
遑遑不次	황급하여 제문에 조리가 없으니
語奚能殫	말로 어찌 다 할 수 있겠습니까.
非敢爲文	감히 글을 꾸며 지은 것이 아니요
事由是告	그 사유를 이렇게 고할 뿐입니다.
一聲長吁	한 소리로 길게 탄식하니
天地漠漠	천지가 아득합니다.
嗚呼哀哉	아 애통합니다.
尙饗	부디 흠향하소서.

비 오기를 비는 제문
祈雨祭文

惟神之德	오직 신령님의 덕은
靈變不測	영험하고 변화하여 측량할 수 없습니다.
奠于茲土	이 땅에 편히 계시면서
澤物是職	만물에 은택을 내리는 것을 직분으로 삼으셨습니다.
云胡農月	그런데 어이하여 농사철에
秘此靈液	이렇게 비를 내리지 않으십니까.
田原龜坼	논과 밭이 거북등처럼 갈라지고
川澤枯渴	내와 못이 모두 마르게 되었습니다.
鎡器無施	농기구는 쓸 일이 없게 되어
播種愆期	파종하는 시기를 잃었습니다.
上年之旱	지난해의 가뭄에
民已載飢	백성들이 이미 굶주렸는데
孰謂今春	그 누군들 올봄에
旱魃又虐	가뭄이 또 포학할 줄 생각했겠습니까.
哀我赤子	아 불쌍한 우리 백성들
擧將塡壑	모두 죽어 시신이 구렁을 메울 참입니다
何辜于神	신령님께 무슨 죄를 지었기에
荐降大割	거듭 큰 재앙을 내리십니까?
究厥所由	이러한 원인을 찾아본다면
咎在字牧	허물이 수령인 저에게 있을 것입니다.
號令繁苛	호령이 번거롭고 가혹하여
政不節歟	정사가 제대로 되지 않아서입니까?
賦斂煩重	세금이 번다하고 무거워
民失業歟	백성들이 생업을 잃어서입니까?
刑獄之下	형옥(刑獄)을 내릴 때에

寃枉極歟	원통하고 억울함이 지극해서입니까?
村里之間	촌리(村里)의 사이에
吏胥橫歟	아전들이 횡포를 부려서입니까?
詞訟或闕	송사가 잘못되고
請托或行	청탁이 행해져서입니까?
有一於此	여기에 하나라도 있으면
罪止余身	죄는 저의 몸에 있습니다.
余之有罪	저에게 죄가 있는 것이고
無以萬民	백성들 때문이 아닙니다.
躬造淵源	몸소 죄의 근원을 늘어놓고
願以身代	이 내 몸으로 대신하고자 합니다.
牲酒瘠酸	희생이 마르고 술이 시어터져
益重余罪	저의 죄를 더욱 중하게 합니다.
神其炳靈	신령께서는 밝게 굽어보시고
監我至忱	우리의 지극한 정성을 살펴주소서
騰彼通氣	저 하늘에 구름이 피어나게 하여
亟霈甘霖	속히 단비를 크게 내려주소서.

부록

附錄

별장別章

【임인년(1602년, 선조 35)에 하은공이 황해도관찰사로 부임할 때 제현들이 지어 준 전별의 시이다.】

풍해(豊海)[345]를 읊은 10편의 절구시로 신 안렴 계수[346] 영공을 전송하다 절구마다 마음을 써서 베풀어주시면 무척 다행이겠습니다. 만력 임인년 9월 초하루

豊海十絶 送申按廉季收令公 每絶輒加意擧施幸甚 萬曆壬寅 季秋初吉

이호민(李好閔)[347]

君曾避地在楊山	그대 예전에 난리를 피해 양산[348]에 있었는데
建節晴秋晝錦還	부절을 잡고[349] 가을날 금의환향하시는구려.[350]
父老爭言前度客	부로들 앞 다투어 전에 왔던 객이라 말할 테고
金貂煥赫助韶顔	빛나는 금초[351]가 훤한 얼굴 도우리라.

345) **풍해(豊海)** : 황해도의 옛 이름이다. 고려 성종 때 관내도(關內道)를 고쳐서 서해도(西海道)라고 하였고, 조선 태조 때 풍해도(豐海道)로 고쳤다가 태종 때 황해도로 고쳤다. 《신증동국여지승람 제41권 황해도》 참조.

346) **신 안렴(申按廉) 계수(季收)** : 안렴은 안렴사(按廉使)의 준 말로, 안찰사(按察使)·관찰사(觀察使)와 같은 바, 여기서는 황해도관찰사를 이른다. 신 안렴은 상대방을 존칭하기 위해 관직명 앞에 성씨를 붙인 것으로, 김 판서(金判書), 이 승지(李承旨)와 같은 따위이다. 계수는 하은공(霞隱公) 신용(申涌)의 자이다.

347) **이호민(李好閔, 1553~1634)** : 본관은 연안(延安), 자는 효언(孝彦). 1584년(선조 17)에 별시문과에 급제하여 임진왜란 때에는 이조좌랑에 있으면서 왕을 의주까지 호종하였고 요양(遼陽)으로 가서 명나라에 지원을 요청해 명나라의 군대를 끌어들이는 데에 크게 공헌했다. 그 뒤에는 부제학으로 명나라에 보내는 외교문서를 전담하였고 동지중추부사가 되어 사은사로서 명나라에 다녀왔다. 대제학 및 좌찬성을 지냈고 호성공신 2등으로 연릉군(延陵君)에 봉해졌다. 그 뒤에 대광보국숭록대부가 됐으며 부원군에 진봉됐다. 저서로는 《오봉집(五峰集)》 15권 8책이 있다.

348) **양산(楊山)** : 황해도 안악군(安岳郡)의 다른 이름이다.

349) **부절을 잡고** : 원문의 '건절(建節)'은 부절(符節)을 세운다는 뜻으로, 지방 장관으로 부임하는 것을 말한다. 고대에 사신(使臣)이 명을 받으면 반드시 부절을 세워 신표로 삼은 데서 온 말이다.

350) **금의환향하시는구려** : 원문의 '주금(晝錦)'은 낮에 비단옷을 입는다는 뜻으로, 출세하여 고향에 가는 금의환향(錦衣還鄕)을 의미한다. 참고로 구양수(歐陽脩)의 〈상주주금당기(相州晝錦堂記)〉가 있다.

351) **금초(金貂)** : 황금당(黃金璫)과 초미(貂尾)의 준말인데, 높은 품계의 관원이 착용하는 관의 장식으로 쓰인다.

-공이 일찍이 안악(安岳)에서 피란하였기에 한 말이다.-

-公曾避亂安岳 故云-

丁卯年間客海城　　정묘 연간에 해성[352]서 객지살이할 제
鴒原旌節照春晴　　사형의 행차 깃발[353] 봄볕에 빛났다오.
當時邑子今誰在　　당시 고을의 유생들 이제 누가 남았는고
欲寄情悰淚自傾　　슬픈 마음 부치려니 눈물 절로 흐르네.

-정묘년에 사형(舍兄 이우민(李友閔))이 황해도를 안찰(按察)할 때 내가 따라갔기에 한 말이다.-

-丁卯年 舍兄按本道 生從之 故云-

陽山館裏吾家詠　　양산관에서 우리 집안 분들의 읊은 시가 있으니
吾祖吾兄揔按廉　　나의 조부와 형 모두 그곳의 관찰사를 지냈다오.
壁上紗籠無恙否　　벽 위의 비단에 싼 시편[354]은 잘 있는지
憑將衰淚寄君沾　　노쇠한 이 눈물 흘려 그대에게 젖은 글 부치네.

-증조 연안군[355]께서 관찰사로 계실 때에 지은 시가 안악의 동헌에 걸려있고, 사형이 관찰사가 되어 그 시에 차운하였기에 한 말이다.-

352) **해성(海城)** : 황해도 해주(海州)이다.

353) **사형(舍兄)의 행차 깃발** : '사형'은 황해도관찰사를 지낸 이호민의 형 이우민(李友閔)을 말하며, '행차 깃발'은 원문의 '정절(旌節)'로 깃발과 부절(符節)을 가리키는데, 임금의 명을 받아 지방을 다스리기 위해 나가는 관찰사가 임금으로부터 받는 신표이다.

354) **벽 위의 비단에 싼 시편[紗籠]** : 벽에 쓴 시문을 보호하기 위해 먼지가 묻지 않도록 푸른 깁[碧紗籠]으로 감싼 것을 말한다. 당(唐)나라 때 왕파(王播)가 어린 시절 가난하여 양주(揚州) 혜소사(惠昭寺) 목란원(木蘭院)에서 잿밥을 얻어먹고 있으니, 승려들이 싫증을 내어 마침내는 재(齋)가 파한 뒤에야 종을 치곤했다. 그 뒤 20년 뒤에 왕파는 양주태수로 나가 지난날 지은 시의 '밥 먹으러 가자 사람들 이미 흩어져 동서로 갔으니, 스님이 밥 먹은 뒤 종 친 것이 부끄럽구나. [上堂已散各西東 慙愧闍黎飯後鍾]'라는 글귀를 찾아보니, 승려들이 소중히 대우하여 푸른 비단으로 감싸놓았다. 그래서 왕파는 마지막 구를 지어 달기를 '이십 년 만에 오니 티끌이 얼굴에 부딪쳐, 지금에야 비로소 벽사롱을 얻었구나.[二十年來塵撲面 而今始得碧紗籠]" 하였다. 《王定保 唐摭言》

355) **연안군(延安君)** : 조선 전기의 무신인 이숙기(李淑琦, 1429~1489)의 봉호(封號)이다. 본관은 연안(延安), 자는 공근(公瑾)이다. 무과에 급제하여 평양판관, 영변판관을 거쳐, 이시애(李施愛)의 난 때에 공을 세워 절충장군에 특진되고, 난이 평정된 뒤 적개공신(敵愾功臣)1등에 책록되었다. 가정대부에 특진되어 이조참판이 되고 연안군에 봉해졌다. 그 후로 황해도관찰사·함경도관찰사·경상좌도병마절도사·지중추부사·형조판서·충청도관찰사 등을 역임하였다. 시호는 정양(靖襄)이다.

-曾祖延安君作觀察時 有詩在安岳東軒 舍兄爲觀察 亦次之 故云-

先塋零落抱州隈　　선영이 포주[356] 한 구석에 외로이 있어

秋晩方思立碣回　　늦가을께 비석을 세우고 돌아올까 하오.

攻石由來須用鐵　　빗돌을 깎을 때는 그전부터 쇠를 사용해왔으니

可容君替麥舟來　　그대가 대신해 맥주[357]를 실어다 줄 수 있겠소.

-이달에 새로 모신 묘소에 석물(石物)을 세우려 하기에 한 말이다.-

-今月 將營石物于新阡 故云-

老去猶難放柳枝　　늙어서도 여전히 유지[358] 놓기가 어려운데

秋來烟火賃人炊　　가을 들어 밥 짓는데 사람 품을 샀다오.

兎山近買樵青在　　근래 토산[359]에서 나무할 종을 샀으니

倘假霜威立致之　　서릿발 같은 위엄으로 당장 보내주시길.

-늙은 첩에게 여종 셋이 있었는데, 한 명은 봄에 죽고 한 명은 가을에 죽어 한 명만 남았다. 근래에 토산에서 남자 종 1명과 여자 종 1명을 샀으나 사나운 아전이 강제로 바치게 하였기 때문에 한 말이다.-

-老妾有三婢 一春死 一秋死 只餘一人婢 近買一奴一婢于兎山 爲悍吏所驅納 故云-

白川我有亡兄妾　　배천에 나의 죽은 형의 첩이 사는데

七十無兒影獨隨　　일흔에 자식 없고 그림자만 홀로 따른다오.

我髮爾梳衣爾澣　　내 머리를 빗어주고 옷도 빨아주었는데

祗今生死可憑誰　　오늘날 생사라도 누굴 의지해 알아보리오.

-배천에 죽은 형의 늙은 첩이 사는데 정이 서모와 같았기에 한 말이다.-

---

356) **포주(抱州)** : 포천(抱川)을 가리킨 것으로 보인다.

357) **맥주(麥舟)** : 송(宋)나라 범중엄(范仲淹)이 아들 범순인(范純仁)에게 고소(姑蘇)에서 보리 5백 섬을 운반해 오게 하였다. 범순인이 배에 보리를 싣고 오다가 단양(丹陽)에 이르렀을 때, 부친의 친구 석만경(石曼卿)이 돈이 없어 부모의 장례를 치르지 못하고 있자, 범순인이 그 보리를 모두 주고 빈 배로 돌아온 고사가 있다. 《冷齋夜話 卷10》

358) **유지(柳枝)** : 애기(愛妓), 또는 애첩(愛妾). 한유(韓愈)와 백거이(白居易)의 애기 이름이 모두 유지(柳枝)이다. 《후산시화(後山詩話)》

359) **토산(兎山)** : 황해도 금천군(金川郡)과 신계군(新溪郡)에 걸쳐 있던 지역의 옛 지명이다.

-白川有亡兄老妾 情同庶母 故云-

孤竹城西彌勒里　　고죽성의 서쪽 미륵리에
亡兄孀女義貞妻　　죽은 형의 홀로 된 딸 의정의 처가 산다오.
須將雨露先鰥寡　　성은으로 홀아비와 과부 먼저 보살펴야 할 터
每說兒雛索飯啼　　매양 어린 자식들이 밥 달라 울어댄다 하오.

-죽은 형의 첩의 딸이 근래에 작고한 김의정(金義貞)의 처가 되어 해주 미륵리에 사는데 매우 어진 부인으로 아이들은 많고 가난이 심하기 때문에 한 말이다.-

-亡兄妾女 作近故金義貞妻 在海州彌勒里 甚賢婦也 多兒貧甚 故云-

西溟勝槩許君亭　　서쪽 바다 경치 좋은 곳에 허군의 정자 있어
座上垂竿出海腥　　그 자리에서 낚시 드리우면 바닷고기 올라오네.
怊悵吾孫宋子玉　　딱할 손 나의 족손 송자옥(宋子玉)의
未亡人在此飄零　　미망인이 외롭게 거기에 살고 있다오.

-해주에서 7리 남짓 거리에 허희(許曦)의 정자가 있는데, 경치가 제일 좋다. 그 집의 딸이 집안 손자인 송기(宋琪)의 처가 되었는데, 젊어서 과부가 되어 자식이 없기 때문에 한 말이다.-

-海州去七里餘 有許曦茅亭 爲第一勝 其家女爲族孫宋琪妻 少寡無兒 故云-

白川太守吾賢友　　배천 태수는 나의 어진 친구인데
新自宣城換一麾　　새로 선성으로 한 깃발을 바꿨네.[360]
迎養君今重得便　　모친 모셔와 봉양하매 거듭 편하게 되었으니
春暉堂驗我言奇　　춘휘당기에서 말한 빼어난 효성을 증험하리라.[361]

-인경(仁卿)이 선천군수로 있을 때 모친을 위해 춘휘당을 지었다. 내가 일찍이 기문(記文)을 지어 이르길,

360) **새로 …… 바꿨네** : 선성(宣城)은 평안북도 선천(宣川)을 이른다. 한 깃발[一麾]은 정휘(旌麾)를 쥐고 지방 수령으로 나간다는 뜻이다. 배천태수 강인(姜絪)은 1595년에 영유현령(永柔縣令)이 되었는데 선정으로 인해 승직되어 1602년에 선천군수(宣川郡守)로 나갔다.

361) **춘휘당기(春暉堂記)에서 …… 증험하리라** : 〈춘휘당기〉는 선천군수 강인(姜絪)이 자신의 모친을 위해 지은 춘휘당(春暉堂)에 대해 이호민이 지어 준 기문이다. 여기서는 이호민이 〈춘휘당기〉에서 기원한 것과 같이 신용에게도 좋은 일이 있기를 기원한다는 말이다. 인경(仁卿)은 강인의 자이다.

"군수(郡守)로부터 부사(府使)가 되고 주목(州牧)으로 승진하여 당을 여러 번 바꿀 것이다."라고 말했기에 한 말이다.-

-仁卿曾在宣川 爲大夫人構春暉堂 僕嘗記之曰 君之堂 自郡而府而州而將不一之語 故云-

秋天離恨立飀飀　　가을철 소슬한 바람결에 이별하는 심정이야
玉節何時到竹樓　　부절(符節) 안고 가는 분 어느 날 죽루에 이를까.
樓前梅老尙風格　　누대 앞의 늙은 매화는 풍격이 높으니
爲報想思人白頭　　그리워하다가 백발이 되었다고 하시게.

-10수의 절구가 벌써 다됐다. 여기서 할 말을 잊었지만 재차하지 않는다.-

-十絕已闋 此是忘言處 不再說-

해서 관찰사로 가는 신계수(申季收) 영공을 전송하다 임인년 9월 초하루
送申季收令公觀察海西 壬寅菊月初吉

홍경신(洪慶臣)

秋風寥亮意偏傷　　쓸쓸한 가을바람에 마음 더욱 스산한데
遲暮還添別恨長　　늘그막에 도리어 긴 이별의 한을 더하네.
黃海節歸青鎖彦　　궁궐의 선비[362]가 황해도로 부절 잡고 부임하니
斑衣舞罷白眉郎　　색동옷 입고 춤을 추었던 훌륭한 자제라네.[363]

362) 궁궐의 선비 : 원문의 '청쇄언(青鎖彦)'은 궁문(宮門)을 출입할 수 있는 청요직(淸要職)을 맡은 관원을 뜻한다. 청쇄(青鎖)는 궁궐의 창문을 꾸미는 청색의 연결된 꽃무늬인데, 후대에 궁궐 문의 범칭으로 쓰이게 되었다.

363) 색동옷 입고 … 자제라네 : 원문의 '반의(斑衣)'는 효자를 비유할 때 쓰인다. 춘추시대 초(楚)나라의 은사인 노래자(老萊子)가 나이 70에도 어버이의 마음을 기쁘게 해 드리려고 색동옷을 입고서 춤을 추었다는 고사가 전한다.《初學記 卷17 孝子傳》또 원문의 '백미랑(白眉郎)'은 형제들 가운데 가장 뛰어난 사람을 말한다. 삼국 시대 때 촉(蜀)나라의 마량(馬良) 형제 다섯이 모두 재명(才名)이 있었으나, 그 가운데에서 마량이 가장 뛰어났다. 마량의 눈썹이 희었으므로 사람들이 "마씨의 아들 가운데 백미가 가장 뛰어나다." 하였다.《三國志 卷39 蜀志 馬良傳》여기서는 하은공 신용(申涌)이 부친인 찬성공 신중엄(申仲淹)의 장수를 기려 작은형님 졸재공 신식(申湜)과 함께 경수연을 베풀었기에, 그의 효성스러움을 말한 것이다. 당시 졸재공은 호조참판이고, 하은공은 우승지였다.

楊山舊寓依俙柳	양산(楊山)의 옛집에는 버드나무가 아스라하고[364]
孤竹新營蔽芾棠	고죽[365]의 새 관영(官營)엔 감당나무[366] 무성하리.
料得政淸多暇日	짐작컨대 맑은 정치로 한가한 날 많으리니
倘因歸鴈寄瓊章	돌아오는 기러기 편에 주옥 시편 좀 부쳐주오.

落木蕭蕭落日斜	쓸쓸히 낙엽은 지고 해는 저무는데
送君西去奈愁何	해서로 떠나는 그댈 보내자니 이 시름 어이 해.
交情十載仍猶淡	사귄 지 십 년의 정은 물인 양 담박하고[367]
離恨中年倍覺多	이별의 한은 중년 들어 배나 더하구려.
山峻首陽淸聖節	높이 솟은 수양산은 청성(淸聖)의 절개요[368]
地窮滄海魯連波	땅 끝의 바다는 노중련[369]의 파도라.
雙旌渺渺孤蹤在	두 깃발[370]은 아득하고 외로운 자취만 남아
相憶秋風鬢欲皤	가을바람에 그리워하다 귀밑머리 세려 하네.

364) **양산의 …… 아스라하고** : 신계수가 일찍이 양산에 기거했던 일을 말한 것임.

365) **고죽(孤竹)** : 고죽군(孤竹君)의 아들로 백이(伯夷)와 숙제(叔齊)를 이른다. 해주에 수양산(首陽山)이 있어 백이·숙제의 사당을 모셨으므로 한 말이다.

366) **감당나무** : 지방관의 선정(善政)의 상징이다. 주(周)나라 문왕(文王) 때 남국(南國)의 백성들이 소백(召伯)의 선정에 감사하는 뜻에서 그가 머물고 쉬었던 감당 나무를 소중히 여겨서 "무성한 감당 나무를 자르지도 말고 베지도 말라. 소백께서 그 그늘에 쉬셨던 곳이니라.[蔽芾甘棠 勿剪勿伐 召伯所茇]"라고 노래하였다 한다.《詩經 召南 甘棠》

367) **물인 양 담박하고** :《장자》〈산목(山木)〉에 "군자의 사귐은 담담하기가 물과 같고, 소인의 사귐은 달기가 단 술과 같다.[君子之交淡若水 小人之交甘若醴]"라는 말이 보인다.

368) **수양산(首陽山)은 …… 절개요** : 수양산은 황해도 해주의 진산(鎭山)으로 남쪽 기슭에는 백이와 숙제의 사당인 청성묘(淸聖廟)가 있다. 청성묘는 숙종 때 정하고 어필을 내린 바 있다. 청성(淸聖)은 백이와 숙제를 일컫는데, 그들은 은(殷)나라가 망하자, 절개를 지켜 새 왕조인 주(周)나라에 벼슬하지 않고 수양산(首陽山)에 들어가 고사리를 캐먹다가 죽었다.

369) **노중련(魯仲連)** : 각주 72)번 참조.

370) **두 깃발** : 원문의 '쌍정(雙旌)'은 관찰사의 의장(儀仗)으로, 여기서는 황해도관찰사의 행렬을 가리킨다.

해서를 안찰하러 가는 신 감사 영공을 전송하며 임인년 8월

送申監司令公按海西 壬寅中秋

이수광(李睟光)[371]

要借長才慰遠氓	뛰어난 재주 빌려 먼 백성 위무하고자
紫泥新下鳳凰城	조서가 새로이 봉황성에서 내려왔네.[372]
北堂暫輟斑衣舞	북당에 잠시 색동옷의 춤사위 거두고[373]
西海還催攬轡行	서해로 가는 지방관의 행차 재촉하네.[374]
千里封疆連帥職	천 리의 강역은 연수(連帥)의 직임이고[375]
一方旌節丈夫榮	한 지역을 다스림은 장부의 영광이로다.
政成徵召應非晩	선정이 이루어져 부르심이 늦지 않으리니
環珮隨春返玉淸	봄 되면 패옥 차고 옥청[376]으로 돌아오시리.

371) **이수광(李睟光, 1563~1628)** : 본관은 전주(全州), 자는 윤경(潤卿), 호는 지봉(芝峯)이다. 선조 18년에 별시 문과에 급제하여 벼슬이 이조판서에 이르렀다. 학자이자 문장가이다. 저서로는 《지봉집》, 《지봉유설》이 있다. 시호는 문간(文簡)이다.

372) **조서가 …… 내려왔네** : 원문의 '자니(紫泥)'는 고대에 진흙으로 서신(書信)을 봉하고 인장을 찍었는데 황제의 조칙은 자색 진흙으로 봉했던 데서 유래하여 황제의 조서(詔書)를 뜻한다. '봉황성(鳳凰城)'은 원래 한당(漢唐) 때 장안(長安)을 가리키는 말인데, 여기서는 한양(漢陽)을 뜻한다. 곧 도성에서 임금이 감사에 제수하는 조서를 내렸다는 말이다.

373) **북당(北堂)에 …… 거두고** : '북당'은 훤당(萱堂)과 같은 말로 곧 어머니가 계신 곳을 가리킨다. '색동옷의 춤사위'는 자식이 어버이에게 효도한다는 뜻이다. 여기서는 하은공이 부모를 잠시 떠난다는 의미이다.

374) **지방관의 … 재촉하네** : 원문의 '남비(攬轡)'는 말의 고삐를 잡는다는 뜻으로, 곧 임지(任地)를 떠나는 것을 말한다. 후한(後漢) 환제(桓帝)와 영제(靈帝) 때의 범방(范滂)이 일찍이 청조사(請詔使)가 되어 기주(冀州)를 안찰(按察)하러 떠날 때, 수레에 올라 고삐를 잡고서는 개연히 천하를 깨끗하게 정화시킬 뜻을 품었는데[登車攬轡 慨然有澄淸天下之志], 범방이 기주에 이르자 탐관오리들이 지레 겁을 먹고는 인끈을 자진해서 풀어놓고 달아났다는 고사가 전한다. 후에 이를 '남비징청(攬轡澄淸)' 또는 '남비등거(攬轡登車)'라 하여 어지러운 세상을 깨끗하게 다스려 백성을 안정시키겠다는 의지를 뜻하게 되었는데, 이를 원용하여 한 말이다. 《後漢書 卷97 黨錮列傳 范滂傳》

375) **천 리 …… 직임이고** : 천 리는 황해도는 지역이 광활함을 이르며, 연수(連帥)는 옛날 제후 중에 한 지방의 병권을 쥐고 있는 자로 후세에는 병마절도사를 가리키는 바, 평상시에는 관찰사가 병마절도사를 겸직하므로 말한 것이다.

376) **옥청(玉淸)** : 도교(道敎)에서 말하는 세 선경(仙境)인 옥청·상청(上淸)·태청(太淸)의 하나로 옥황상제(玉皇上帝)가 이곳에 살고 있다 한다. 전하여 여기서는 제왕이 사는 궁궐, 도성을 뜻한다.

수일 동안 폐를 앓아 자리에 드러누워 있다가 홀연 조정을 떠난다는 소식을 듣고 멀리 교외까지 나가 작별하지 못해 서운한 마음 망연한지라, 붓을 찾아 빨리 써서 해서로 가는 사상(使相)의 행차에 받들어 올려 전별하다 임인년 9월 초하루

數日病肺伏枕 忽聞辭朝之報 不得遠摻于郊 離思惘然 索筆疾書 奉贐海西使相行旌 壬寅九月初吉

이정귀(李廷龜)[377]

忽報今朝啓使軺	오늘 아침 부임하러 떠나신단 말 홀연 들으니
病翁欹枕只魂消	이 병든 늙은이 베개에 기대 넋이 녹아나네.
宣麻曉陛雙旌耀	새벽 대궐에서 임명장 받으니 한 쌍의 깃발[378] 빛나고
攬轡秋城駟馬驕	고삐 잡고[379] 가을 성으로 가니 네 필의 말 씩씩해라.
千里壯遊西海闊	천 리 먼 곳이라 장쾌히 유람함에 서해가 드넓고
一年歸夢北堂遙	한 해 내내 돌아가고픈 꿈 북당이 아득히 멀리라.[380]
興文布惠皆君事	문치를 일으키고[381] 은택 널리 폄이 그대의 일이니
佇聞甘棠樹樹謠	감당나무마다 칭송의 노래 들리길 기다립니다.[382]

377) 이정귀(李廷龜, 1564~1635) : 본관은 연안(延安), 자는 성징(聖徵)이다. 1598년에 명나라 병부 주사(兵部主事) 정응태(丁應泰)가 임진왜란이 조선에서 왜병을 끌어들여 중국을 침범하려 한 것이라고 신종(神宗)에게 무고하자, 진주 부사(陳奏副使)로서 명나라에 가서 무고임을 밝히고 정응태를 파직하게 하였다. 벼슬이 대제학·좌의정에 이르렀으며 문장에 뛰어나 장유(張維)·이식(李植)·신흠(申欽)과 더불어 이른바 '한문사대가(漢文四大家)'로 일컬어진다. 시호는 문충(文忠)이며, 저서로는 《월사집(月沙集)》이 있다.

378) 한 쌍의 깃발[雙旌] : 감사(監司)가 가지고 가는 한 쌍의 깃발로, 당(唐)나라 때 절도사(節度使)에게 쌍정(雙旌)과 쌍절(雙節)을 지급하여, 정(旌)으로 포상하고 절(節)로 처벌하게 했던 데서 유래한 것이다.

379) 고삐 잡고[攬轡] : 남비징청(攬轡澄淸)의 준말. 각주 374)번 참조.

380) 북당이 아득히 멀리라 : 신계수가 황해도로 부임하여 멀리 계신 어버이를 늘 그리워할 것이라는 뜻이다.

381) 문치를 일으키고 : 원문의 '문흥(文興)'은 우문흥화(右文興化)의 줄임말로 문교(文敎)를 숭상하고 교화를 흥하게 한다는 뜻이다.

382) 감당나무마다 …… 기다립니다 : '감당나무'는 어진 관리의 아름다운 정사를 말하는데, 여기서는 하은공이 관찰사로서 선정(善政)을 남길 것이라는 뜻이 담겨있다. 각주 366)번 참조.

해서를 안찰하러 가는 신 계수를 전송하며 임인년 가을

送季收按海西 壬秋

이상신(李尙信)[383]

歷盡淸華鬢未銀	청화직[384] 두루 거쳤어도 귀밑털 세지 않아
一方民瘼入咨詢	한 지방의 백성 고통 없애려 민정을 탐문하시리.
麟符玉節承恩重	기린 새긴 옥 부절 받으니 입은 성은이 무겁고
鳳質龍章照世新	봉의 바탕에 용의 문장 세상에 비쳐 새로워라.
孤嶂晩楓當路媚	외론 산의 늦가을 단풍은 가는 길에 아리땁고
荒城殘柳望秋嚬	황량한 성의 시든 버들은 가을 맞아 찡그린 듯.
遙知幕府閑無事	멀리서도 관아에 한가로이 일 없을 줄 알겠나니
夜夜危樓望北辰	밤마다 높은 누대에서 북극성을 바라보시리.[385]

(제목 없음)

목장흠(睦長欽)[386]

此日艱危未易論	지금 위태로운 시국을 쉽사리 논할 수 없는데
天憂長在國西門	임금의 근심은 늘 나라의 서문[387]에 있네.
詞臣自切澄淸計	사신[388]은 징청(澄淸)의 계책[389]이 간절하고

383) 이상신(李尙信 1564~1610) : 조선 중기의 문신. 본관은 여흥(驪興), 자는 이립(而立), 호는 청은(淸隱). 사재감첨정 우인(友仁)의 아들. 동지중추부사·경상도관찰사를 역임하였다.

384) 청화직(淸華職) : 청관(淸官)과 화직(華職), 곧 요직이다.

385) 북극성을 바라보시리 : 임금님 계신 곳을 바라볼 것이라는 말이다. 북신(北辰)은 북극성이니, 하늘의 북쪽 중심으로 천자가 거처하는 곳을 뜻한다. 공자가 "덕으로써 정치하는 것이 비유하자면 북신이 제자리에 있으면 뭇별들이 그곳으로 향하는 것과 같다.[爲政以德 譬如北辰居其所 而衆星共之]" 하였다. 《論語 爲政》

386) 목장흠(睦長欽, 1572~1641) : 자는 우경(禹卿), 호는 고석병산(孤石病散), 본관은 사천(泗川)이다. 판결사·함경도관찰사·경주부윤·호조참판·비변사제조·도승지를 역임하였다.

387) 서문(西門) : 서쪽 관문이란 뜻으로, 황해도를 해서(海西)라 하기 때문에 말한 것이다.

388) 사신(詞臣) : 사한(詞翰)을 맡은 신하. 곧 홍문관 관원 등 문학을 관장하는 신하로, 여기서는 하은공을

妙簡新頒渙汗恩　절묘한 발탁은 환한[390]의 성은을 반포함이네.
明月小舟沙浦晩　달 떠오는 거룻배의 사포는 저물고
白雲紅葉首陽尊　흰 구름 붉은 잎의 수양산 높아라.
仙遊處處堪乘興　도처에 신선 유람 흥취를 얻을 만하니
絶勝鑾坡費夢魂　난파에서 꿈속에 들기보단 훨씬 낫다오.[391]

해백[392] 영공의 행차에 지어 바치다 임인년 8월 하순
錄奉海伯令公之行 壬寅仲秋下澣

최철견(崔鐵堅)[393]

金昆相與慣風流　금옥 같은 형제 모두 함께 풍류에 익숙한데
亂定分憂責更優　난리 진정되고 근심을 나누니[394] 책임이 막중하네.
千里星辰離國遠　천 리 길이라 별빛 아래 멀리 서울을 떠나고
一麾江海爲親求　한 깃발[395] 강해로 향함은 어버이를 위함이네.
銀臺歸夢君王近　꿈에 은대[396]로 돌아가 임금님 모시고
玉節行秋父老謳　가을날 옥절의 행차에 부로들 노래하리.

말한다.

389) 징청(澄淸)의 계책 : 방백(方伯)이 임지(任地)로 출발하면서 난정(亂政)을 쇄신하여 정화하고자하는 계책을 말한다. 각주 374)번 참조.

390) 환한(渙汗) : 임금의 조서(詔書)나 칙명(勅命)의 반포를 비유한 말. 땀은 한번 나오면 다시 들어가지 못하듯이, 조서나 칙명도 한번 반포하면 다시 거두지 못하고 반드시 시행해야 하므로 이른 말이다.

391) 난파(鑾坡)에서 …… 낫다오 : '난파'는 홍문관의 관원들이 있는 곳을 말하는데, 난파에서 글 짓느라 꿈속에서도 괴로워하는 것보다 크게 나을 것이라는 뜻이다.

392) 해백(海伯) : 황해도관찰사의 별칭이다.

393) 최철견(崔鐵堅, 1548~1618) : 자는 응구(應久), 호는 몽은(夢隱), 본관은 전주(全州)이다. 수원부사·내자시 정·황해도관찰사·호조참의를 역임하였다. 저서로는 《몽은집(夢隱集)》이 있다.

394) 근심을 나누니 : 원문의 '분우(分憂)'는 임금의 근심을 나눠 갖는다는 뜻으로, 목민관의 직책을 가리킨다. 곧 지방에 수령으로 나가는 것을 이른다.

395) 한 깃발(一麾) : 정휘(旌麾)를 쥐고 나간다는 뜻으로 수령 행차를 이른다.

396) 은대(銀臺) : 승정원(承政院)의 별칭. 조선시대 왕명의 출납을 맡았던 관아.

簇錦遙憐橋上月　　족금계[397] 다리에 뜬 달 예쁘리니

波神應怨不曾遊　　해신(海神)도 함께 노닐지 못함을 원망하리.

-마침 분황(焚黃)[398]으로 휴가를 받아 귀향한 터라 교외로 나가 전송하지 못하였으니, 더욱 암연합니다.-

-遇以焚黃受暇歸 亦負郭外之送 尤一黯然-

397) 족금계(簇錦溪) : 황해도 황주(黃州)에 있는 계곡의 이름이다.

398) 분황(焚黃) : 조선시대 예식의 하나로, 관직이 추증(追贈)된 경우 조정에서는 추증의 사령장(辭令狀)과 누런 종이에 쓴 사령장의 부본(副本)을 수여하면, 그 자손은 추증된 사람의 분묘(墳墓)에 이를 보고하고 누런 종이의 부본을 그 자리에서 불태우는 의식이다.

【이하의 시문은 무신년(1608년, 광해군 즉위년)에 하은공이 동지사로 사신 갈 때 제현들이 지어 준 전별의 시이다.】

사신 가는[399] 계수 영공을 전송하다 무신년 8월 일
送季收令公觀周 戊申仲秋日

박이장(朴而章)[400]

嚼蠟世緣猶未了	덤덤한[401] 세상의 인연 다하지 않아서
白頭新政强趨蹌	백발로 새로운 조정에 억지로 추창[402]한다오.
相逢故意君惟在	서로 만나보니 옛 정 그대만이 간직하였고
遠送長途我亦傷	먼 길 보내자니 나 역시 안타까운 심정이라오.
天濶鶴邊遼海月	학 나는 공활한 하늘에는 요해[403]의 달 떠오르고
路迷鴻外薊門霜	기러기 밖 희미한 길에는 계문[404]의 서리 내리겠지요.
明年春滿皇都日	내년 황도(皇都)에 봄빛 가득한 날에는
好返仙槎北斗傍	선사[405] 타고 북두성[406] 곁으로 좋이 돌아오시리.

399) **사신 가는** : 원문의 '관주(觀周)'는 주(周 중국)나라의 예악 문물(禮樂文物)을 보고 경험함을 이른다. 《주역》〈관괘(觀卦) 육사(六四)〉에 "나라의 빛남을 봄이니, 왕에게 손님이 됨이 이롭다.[觀國之光 利用賓于王]"라고 하였고, 춘추시대 오(吳)나라 공자(公子) 계찰(季札)이 노(魯)나라에 사신(使臣)으로 가서 주나라의 음악(音樂)들을 차례로 관찰하고는 매우 감탄하면서 품평을 한 데서 온 말로, 여기서는 사신 가는 길에 중국의 문물을 구경하며 견문을 두루 넓힐 것이라는 뜻이다. 《春秋左氏傳 襄公29年》 청나라 이후에는 이러한 말을 일절 쓰지 않았다.

400) **박이장(朴而章, 1547~1622)** : 본관은 순천(順天), 자는 숙빈(叔彬), 호는 용담(龍潭)·도천(道川)이다. 대사간·병조참판·한성부 우윤 등을 역임하였다. 1615년(광해군 7)에 폐모론(廢母論)이 일어나자 이를 반대하다가 삭직되어 성주(星州)로 내려가 저술과 후진 양성에 힘썼다. 문장에 능했으며 특히 시에 이름이 있었다. 성주의 청천서원(晴川書院)에 제향되었다.

401) **덤덤한** : 원문의 '작랍(嚼蠟)'은 밀랍(蜜蠟)을 씹는다는 뜻으로 아무런 맛도 없음. 곧 무의미함을 이른다.

402) **추창(趨蹌)** : 종종걸음으로 분주히 다니면서 임금의 명을 받드는 것을 말한다.

403) **요해(遼海)** : 요동(遼東)으로, 흔히 요하(遼河) 동쪽 지역을 칭하는 말로 쓰인다.

404) **계문(薊門)** : 연경(燕京)의 덕승문(德勝門) 바깥 지역으로 사신들이 연경에 들어갈 때 반드시 거쳐야 하는 곳이다. 이곳의 토성관(土城關) 주변으로 수목이 무성한데 안개가 자욱한 풍경이 무척이나 아름다워 계문연수(薊門煙樹)라 불렸다. 계문연수는 황도팔경(皇都八景) 가운데 하나로 꼽힌다.

405) **선사(仙槎)** : 은하수로 가는 신선의 뗏목이란 뜻으로 일반적으로 사행(使行)을 뜻한다. 전설에, 어떤 사람이 바닷가에 살면서 해마다 8월이면 어김없이 뗏목이 떠내려오는 것을 보고, 그 뗏목에 양식을 가득

直北幽燕萬餘里　　곧장 북쪽으로 유연[407]땅 만여 리인데
舊遊陳跡想依依　　예전 지나갔던 묵은 자취 상념이 하염없네.
澄灤一水開銅鏡　　난하의 강물은 청동거울이 열려 있고[408]
淸聖千年儼袞衣　　천년의 청성은 곤룡포가 엄숙하다오.[409]
玉帛梯航歸帝德　　제항[410]하며 옥백 바침은 황제께 귀의함이고
山河城郭壯王畿　　산하의 성곽은 왕기[411]라서 웅장도 하여라.
平生奇眺吾何又　　내 평생 기이한 구경 어찌 또 있으랴
五鳳樓前夢獨飛　　오봉루[412] 앞으로 꿈만 홀로 날아드네.

동지상사로 연경에 가는 신 시랑[413]을 봉송하며 만력 무신년 8월 일
奉別冬至上使申侍郞赴京 萬曆戊申八月日

유인길(柳寅吉)[414]

纔輟絲綸玉筍班　　임금의 조서가 옥순의 반열[415]에 내려지자
仙槎遙放鴨江干　　멀리 압록강 가에 신선의 뗏목[416] 띄우네.

싣고 은하수로 가서 견우와 직녀를 보았다는 고사에서 유래한 말이다.《博物志 卷10》

406) **북두성(北斗星)** : 북두칠성으로 임금을 상징한다.

407) **유연(幽燕)** : 중국의 하북(河北)과 요령(遼寧) 일대를 가리키는데, 여기서는 북경을 가리키는 말로 쓰였다.

408) **난하(灤河)의 …… 열려 있고** : 난하는 중국 영평성(永平城)을 거쳐 흐르는 강 이름으로 연경에 사신 가는 사람들이 경유하는 곳이다. 곧 난하의 물이 하도 맑아 물건이 모두 물속에 비치므로 거울이 열려 있다고 말한 것이다.

409) **천년의 …… 엄숙하다오** : 청성(淸聖)은 백이(伯夷)로,《맹자》〈만장 하(萬章下)〉에 "백이는 성인 중에 청백한 분이다.[伯夷聖之淸者也]"라고 하였으므로 후대에 청성으로 불리었다. 이에 따라 난하에 청성사(淸聖祠)를 세워 백이와 그의 아우 숙제(叔齊)를 제사하여 두 분의 충절을 기렸다. 이곳은 우리나라 사신들이 자주 방문하곤 하였는데, 이곳 담장에 '청풍백대(淸風百代)'라는 글자가 새겨져 있다 한다. 원문의 '곤의(袞衣)'는 곤룡포(袞龍袍)로 백이와 숙제가 공(公 제후왕)으로 추봉(追封)되어 화상에 곤룡포를 입고 있었던 것으로 보인다.

410) **제항(梯航)** : 험한 산길에서는 사다리를 타고 물에서는 배를 타고 건너간다는 말이다.

411) **왕기(王畿)** : 천자(天子)의 도성 근처 지방을 말한다.

412) **오봉루(五鳳樓)** : 양(梁)나라 태조(太祖)가 낙양(洛陽)에 세운 누각의 이름인데, 매우 웅장하고 화려하기로 유명하다.

413) **시랑(侍郞)** : 관명으로 중앙의 6부(部)의 장관인 판서 다음의 벼슬. 곧 참판을 이른다.

輕身已許驅馳苦　　몸 돌보지 않고 달려가는 고생 받아드리고
重義渾忘道路難　　의리 중히 여기니 먼 길의 험난함도 잊네.
遼塞暮雲千嶂遠　　요동의 천 겹 산 저 멀리 저무는 구름 일고
薊門孤獨五更寒　　계문의 오경 찬 밤기운에 신세가 고독하리.
臨岐不用傷離別　　갈림길에서 이별을 상심할 필요 없으리니
男子朝天亦偉觀　　남아가 조천함 또한 큰 문물 관광인 걸.[417]

중국으로 사신 가는 계수 영형을 전송하며 무신년 7월 그믐
送季收令兄朝天 戊申夷則之晦

김광수(金光晬)[418]

論交儘是白頭新　　교분 맺은 이래로 우리들 백발이 새로운데
末路知音有幾人　　말로에 이 맘 알아줄 이[419] 몇 명이나 되나.
棣蕚聲名偏藉甚　　형제분의 명성은 얼마나 자자하였던가
臭蘭襟抱寂情親　　친구간의 흉금으론 가장 절친하다오.
蒼茫去國嗟相繼　　망연히 고국을 떠나니 탄식 서로 이어지고
寥落離懷詎重陳　　휑뎅그렁 이별의 속내를 어찌 거듭 말하랴.

---

414) 유인길(柳寅吉, 1554~?) : 본관은 문화(文化), 자는 경휴(景休), 호는 규오(葵塢)이다. 임진왜란 때에는 임금을 호종하였으며, 서장관으로 명나라에 다녀왔고, 호조참판·이조참판을 거쳐 세자좌빈객·양관대제학을 역임하였다. 시에 능하였으며, 어사로 서북지방을 순행할 때와 서장관으로 명나라에 갔을 때 여행 노정의 감회나 풍물을 노래한 시는 그 뒤 많은 사람들에 의하여 회자되었다. 저서로는 《규오시집》이 있다.

415) 옥순(玉筍)의 반열 : 인재들이 많은 조정을 뜻한다. 당(唐)나라의 이종민(李宗閔)이 지공거(知貢擧)로 있을 때 그의 문하에 당중(唐仲), 설거(薛擧), 원도(袁都) 같은 청수하고 준걸스러운 인물들이 많이 배출되어 당시 사람들이 그들을 일러 옥순반(玉筍班)이라고 한 데서 온 말이다. 《新唐書 李宗閔列傳》

416) 신선의 뗏목 : 중국으로 사신 가는 신 시랑의 행차를 뜻한다. 각주 405)번 참조.

417) 남아가 …… 걸 : '조천(朝天)'은 중국에 조회하는 것. 중국 사행의 경험을 통해서 그 동안의 좁은 소견에서 벗어나 드넓은 세계에 대한 안목을 키울 수 있으리라는 말이다.

418) 김광수(金光晬, ?~?) : 자는 이회(而晦), 호는 취곡(翠谷), 본관은 순천(順天)이고 사헌부 지평을 지냈다.

419) 이 맘 알아줄 이 : 원문의 '지음(知音)'은 음(音)을 안다는 말로, 나의 마음을 알아주는 친한 벗을 이르는 말로 쓰인다. 각주 120)번 참조.

萬里行裝憑一劍	만 리 길의 행장 칼 한 자루에 의지하니
他年會合指延津	훗날의 회합이 연진[420]에 있을 터이지.

420) **훗날의 …… 연진(延津)** : 연진검합(延津劍合) 또는 연진지합(延津之合)이라는 말로 다시 합하게 되는 인연을 비유한다. 각주 342)번 참조.

원융의 막하로 부임하는 신 시독(侍讀) 요형(僚兄)을 전송하며[421]
送申侍讀僚兄赴元戎幕

김광수(金光晬)

鑾坡學士屬鞬櫜	홍문관 학사가 건탁에 배속되니[422]
肯數書生但弄毫	어찌 서생으로 그저 붓대만 잡으랴.
香案殿中辭諸席	궁궐의 향안[423]에서 여러 자리 사양하고
龍驤帳下贊成韜	용양[424]의 휘하에서 도략[425]을 도우시리.
伐謀已合閒搖扇	합당한 계책을 낸 후 한가히 부채질하리니
決勝何須快剪刀	승리를 거두는데 굳이 날 선 칼이 필요하랴.
師律卽今無別策	군사들 다스림에는 지금 별다른 계책이 없나니
三軍效死在投醪	삼군의 목숨 바침은 투료[426]에 달렸을 뿐이네.

421) **원융(元戎)의 …… 전송하며** : '원융'은 원수(元帥)와 같다. '시독'은 경연청에서 임금에게 경서를 강의하던 벼슬이고, 요형(僚兄)은 동료 형이란 뜻으로 동급(同級)의 관직에 있는 자를 말한다. 이 시는 하은공이 38세 때(1597)에 도원수(都元帥) 서애(西厓) 류성룡(柳成龍)의 종사관으로 나갔을 때의 일로 보인다.

422) **건탁(鞬櫜)에 배속되니** : 무관직을 맡게 됨을 이른다. 건탁은 활을 넣는 동개와 화살을 넣는 전통이다.

423) **향안(香案)** : 임금의 책상이란 뜻으로, 궁중에서 임금을 수행하면서 모시는 근신(近臣)으로 있었다는 말이다.

424) **용양(龍驤)** : 용양위 대호군(龍驤衛大護軍)을 말하는데, 하은공이 그 휘하에 있은 사실이 보이지 않으므로 '응양(鷹揚)'의 오기로 보인다. 응양은 나는 새매와 같이 용감하고 빠름을 비유한다. 《시경》 〈대명(大明)〉에 "사상보가 이때 매처럼 날아올랐다.[維師尙父 時維鷹揚]"라고 보이는바, 사상보(師尙父)는 강태공(姜太公)에 대한 문왕(文王)의 존칭이다. 무왕(武王)이 은나라를 정벌할 적에 강태공이 앞장서서 활약하였다. 《맹자》에 보면 백이와 태공이 모두 문왕(文王)에 귀의하였다.

425) **도략(韜畧)** : 《육도(六韜)》와 《삼략(三畧)》으로 모두 태공망(太公望) 여상(呂尙)의 병법이다.

426) **투료(投醪)** : 장수가 군사들과 함께 동고동락하는 것을 말한다. 《여씨춘추(呂氏春秋)》 〈순민(順民)〉에, "월왕(越王) 구천(句踐)이 회계(會稽)에서 오왕(吳王) 부차(夫差)에게 패하여 치욕을 당한 후에 백성들과 고락을 함께하여, 맛있는 음식이 있어도 나누어 먹기에 부족하면 감히 먹지 않고, 술이 있으면 강물에 풀어서 함께 마셨다."라고 하였다.

【이하의 시문은 기유년(1609, 광해군 1)에 하은공이 평해군수로 부임해 나갈 때 제현들이 지어 준 전별의 글이다.】

신계수 영공이 감사를 지내고 평해군을 청하여 깃발을 꽂고 지방관으로 나가니 심히 좌천된 것이다. 그런데도 공이 행차할 적에 흡족한 낯빛으로 "선관(仙官)은 당연히 선구(仙區)를 얻어야 합니다."[427] 하며 조금도 애석해하지 않았다.

아, 이 분은 어디를 가든지 스스로 만족해하지 않음이 없는[428] 지조를 지녔다. 늙은 내가 흠모함과 부러움을 금하지 못하겠기에 시를 지어 전송하니, 헤아려 주시기 바랍니다 을미년 소춘[429]

申季收令公 歷監司 乞平海郡 麾而去 甚左遷也 其行也 色充艶 言曰 仙官當得仙區 不少吝情 噫 此無入而不自得之操也 老夫不勝歆羨 詩以送之 諒教焉 乙未小春

이호민(李好閔)

府報初傳宰郡城 조보[430]에 군수로 나간다고 처음 전해지자
得非書錯或同名 문서의 착오거나 동명의 다른 사람인가 했다오.
旋知風致損崇秩 풍치(風致)로 높은 반열이 손감되는데도
爲借仙區賞勝情 선계를 빌려 승경을 구경할 심정임을 알았다오.
滄海月明孤鶴過 창해에 달이 밝으니 외로운 학 지나갈 테고

---

427) 선관(仙官)은 …… 합니다 : '선관'은 신선 같은 지방관이란 뜻이고, 선구(仙區)는 선경(仙界)과 같다. 평해군은 관동 지방으로 풍광이 뛰어나기에 이곳의 수령이 되어 다스리게 됨을 비유한 말이다.

428) 어디를 …… 없는 : 《중용장구》 제14장의 "군자는 현재의 위치에 따라 행하고, 그 밖의 것을 원하지 않는다. 현재 부귀에 처해서는 부귀대로 행하며, 현재 빈천에 처해서는 빈천대로 행하며, 현재 이적에 처해서는 이적대로 행하며, 현재 환난에 처해서는 환란대로 행하니, 군자가 들어가는 곳마다 스스로 만족하지 않음이 없다.[君子素其位而行 不願乎其外 素富貴 行乎富貴 素貧賤 行乎貧賤 素夷狄 行乎夷狄 素患難 行乎患難 君子無入而不自得焉]"라는 글에서 취해 온 것이다.

429) 을미년 소춘(乙未 小春) : 1595년 10월이다. '하은 선생 연보'에 의하면, 하은공이 평해군수에 보임된 해가 기유년(1609)이므로 이는 오기로 보인다.

430) 조보(朝報) : 조정(朝廷)에서 있었던 일을 날마다 적어서 반포하는 문서로, 인사발령 등 승정원에서 처리한 사항을 중앙 및 지방의 관원들에게 알리는 문서. 요즘의 관보(官報)에 해당함.

天門朝退兩鳧輕　대궐에서 물러나오니 양부가 가벼우리라.[431]
須憐此別成長別　이 이별이 긴 이별될까 안타까우니
君政歸時我政行　그대 돌아올 때 바로 맞이하러 가리라.

미상인의 편지

성 밖에서 반형[432]할 계획이었는데, 어제는 새로이 판금오[433]를 사직하여 지사관(知史館)으로 옮겨졌고, 오늘은 병 때문에 인사도 못하게 문을 나설 수 없으니 어쩌겠습니까. 더욱 간절하고 마음이 아픕니다. 먼 길을 다녀오시는 데 천만 보중하시기 바랍니다. 약속했던 약재 및 봄가을의 가채(佳採), 목단피(牧丹皮) 등의 물품을 계속해서 보내주십시오.

이생(李生)은 거듭 머리를 조아립니다.

郭外班荊計也 昨新辭判金吾 轉知史館 今日以病不得謝 奈不可出門何 益增切怛 行李萬重 夙約仙料洎春秋佳採 如牧丹皮等品 可續惠也

李生 再頓首

---

431) 양부(兩鳧)가 가벼우리라 : '양부'는 한 쌍의 오리가 변한 신선의 신발이라는 뜻으로 고을 수령이 됨을 이른다. 후한(後漢) 명제(明帝) 때 하동(河東) 사람 왕교(王喬)가 섭현(葉縣)의 현령(縣令)으로 있었는데, 그는 신선술(神仙術)을 익혀 매월 초하루와 보름이면 항상 섭현에서 조정으로 날아가 명제를 알현하였다. 명제가 그가 자주 오는데도 수레가 보이지 않는 것을 이상하게 여겨, 몰래 태사(太史)를 시켜 엿보게 하였더니, "그가 올 때마다 한 쌍의 들오리가 동남쪽에서 날아왔습니다. 그래서 다시 날아오기를 기다려 그물로 잡았는데, 한 쌍의 신발만 얻었을 뿐입니다." 하였다. 《後漢書 卷82下 方術列傳 王喬》 여기서는 하은공이 평해군수로 나가는 것이 기뻐서 발걸음이 가벼울 것이라는 뜻이다.

432) 반형(班荊) : 친구가 서로 만나 이별의 정을 나눔을 이른다. 춘추시대 초(楚)나라 오거(伍擧)가 채(蔡)나라 성자(聲子)와 세교(世交)를 맺고 있었는데, 두 사람이 우연히 정(鄭)나라 교외에서 만나 형초(荊草)를 자리에 깔고 앉아서[班荊] 옛날이야기를 주고받았다는 고사에서 유래하였다. 《春秋左氏傳 襄公26年》

433) 판금오(判金吾) : 판의금부사(判義禁府事)의 별칭.

여러 벗들과 함께 신계수 태수와 작별하며 취중에 벽 위의 시에 차운하다
與諸友敍別申太守季收令 醉次壁上韻

홍경신(洪慶臣)

莫道龍州有木奴	용주(龍州)에 목노[434] 있다 말하지 말며
休言合浦反明珠	합포에 구슬이 돌아온다[435] 말하지도 말라.
良辰佳會皆靑眼	좋은 때 좋은 모임 모두가 반가우니
竟夜唯須醉百壺	밤이 다하도록 백 병 술에 취하리라.

淸夜煌煌燒蠟燭	청량한 밤 휘황하게 촛불을 밝히니
賓筵秩秩照雙珠	연회 자리 정연하게 쌍주[436]가 빛나네.
明朝崇禮門前路	내일 아침 숭례문 앞 길녘에서
摻袂還應勸一壺	소매 붙들며 다시 한 병 술 권하리.

---

434) **목노(木奴)** : 귤의 별칭이다. 삼국 시대 오나라의 단양태수(丹陽太守) 이형(李衡)은 벼슬살이를 청렴하게 하여 무척 가난하게 생활하였다. 일찍이 무릉(武陵) 용양(龍陽)의 범주(氾洲) 가에 감귤 1천 그루를 심어 놓고, 임종 시에 자식에게 당부하기를 "네 모친이 내가 치산하는 것을 싫어하기 때문에 이렇게 곤궁해진 것이다. 그러나 내가 범주 가에 목노 천 그루를 심어 놓았으니, 너에게 의식은 책임 지우지 않을 것이다.[汝母惡我治家 故窮如是 吾州里有千頭木奴 不責汝衣食]"라고 한 데서 온 말이다. 《三國志 卷48 吳書 三嗣主傳》

435) **합포(合浦)에 …… 돌아온다** : 청렴한 정사를 펼친다는 뜻이다. 동한(東漢) 때에 맹상(孟嘗)이 합포 태수(合浦太守)로 부임하여 폐단을 개혁하고 청렴한 정사를 펼치자 그동안 마구 캐내어 생산되지 않던 진주(珍珠)가 예전처럼 다시 많이 나오기 시작했다는 환주합포(還珠合浦)의 고사가 전한다. 《後漢書 卷76 循吏列傳 孟嘗》

436) **쌍주(雙珠)** : 형제 두 사람이 모두 출중한 것을 이르는 말이다. 후한(後漢) 때 공융(孔融)이 위단(韋端)의 두 아들인 위강(韋康)과 위탄(韋誕)의 재능을 기특하게 여겨, 그의 아버지인 위단에게 보낸 글에 "뜻밖에 두 진주가 근래에 늙은 조개에서 나왔구려."라고 한 데서 온 말이다. 《册府元龜 卷826》 여기서는 졸재·하은 형제를 가리킨 것으로 보인다.

다시 이지봉(李芝峯)이 '주(朱)' 자로 압운하여 지은 시에 차운하다
又次李芝峯朱字押

홍경신(洪慶臣)

路岐無意泣楊朱	기로에서 양주처럼 눈물 흘릴 마음 없어도[437]
暗裏休投按劍珠	어둠 속에 진주 던져 칼을 쥐게 하지 마오.[438]
惟有一寸心惜別	오직 석별의 한 마음만 있을 뿐이니
送君明日更提壺	그대 보내는 내일 다시 술병을 들리라.

梅閣閒研點易朱	매각에서 한가로워 주역에 점을 찍을 테고[439]
海民應泣報恩珠	평해의 백성들은 응당 보은주[440]에 감읍하리.
人間自有仙區樂	인간 세상에도 선계의 즐거움이 있나니
却笑山翁隱玉壺	산 늙은이 옥호[441]에 숨었다고 웃으리.

---

437) **양주(楊朱)처럼 …… 없어도** : 세상의 도가 기구함에 상심하여서 눈물을 흘리는 것을 말한다.《순자(荀子)》〈왕패(王覇)〉에 "양주가 네거리 길에서 통곡을 하면서 말하기를 '반걸음이라도 길을 잘못 가면 깨닫고 난 뒤에는 이미 천 리를 잘못 가 있다.' 하면서 슬프게 곡을 하였다."라고 하였다.

438) **어둠 속에 …… 마오** : 한(漢)나라 때 추양(鄒陽)이 양왕(梁王)에게 올린 글에 "명월주(明月珠)나 야광벽(夜光璧) 같은 보배를 암암리에 길 가는 사람에게 던져주면 칼자루를 어루만지며 노려보지 않을 사람이 없으니, 그 이유는 까닭 없이 보배가 자기 앞에 떨어졌기 때문이다.[明月之珠 夜光之璧 以闇投人於道路 人無不按劍相眄者 何則 無因而至前也]"라고 한 내용이 있다. 후에 이를 '명주암투(明珠暗投)'라 하여 느닷없이 시를 지어 주고 화답해 주기를 요구하는 것을 뜻하게 되었는데, 여기서는 이별 뒤에 시를 수창할 지기(知己)가 없음을 비기어 표현한 것이다.《史記 卷83 鄒陽列傳》

439) **매각(梅閣)에서 … 찍을 테고** : '매각'은 매화가 활짝 핀 관아(官衙)를 가리킨다. 원문의 '연점역주(研點易朱)'는 주묵(朱墨)을 갈아 놓고《주역》책의 중요한 내용에 주묵(朱墨)으로 점을 찍음을 이른다. 당(唐)나라 때 신선(神仙)을 매우 좋아했던 고변(高駢)의 〈보허사(步虛詞)〉에 "청계산 도사를 사람들은 알지 못하니, 하늘을 오르내리는 학 한 마리뿐이로다. 골짝 어귀 깊이 잠겨 푸른 창은 춥기만 한데, 이슬방울로 주묵을 갈아《주역》책에 점을 찍으리라.[靑溪道士人不識 上天下天鶴一隻 洞門深鎖碧窓寒 滴露研朱點周易]"라고 하였다.

440) **보은주(報恩珠)** : 보은(報恩)의 구슬. 한(漢)나라 곤명지(昆明池)에서 어떤 사람이 낚시하다 낚싯줄이 끊어져 낚시에 걸렸던 물고기가 도망쳤다. 그 물고기가 무제(武帝)의 꿈에 나타나 낚싯바늘을 빼 달라고 청하였다. 무제가 다음 날 곤명지에 갔더니 큰 물고기가 낚시를 물고 있기에 낚싯바늘을 빼 주었다. 그리고 사흘 뒤에 못가에서 명주(明珠) 한 쌍을 얻었다.《藝文類聚 卷84》수후(隋侯)가 뱀을 살려 준 보답으로 뱀에게서 얻었다는 명월주(明月珠), 즉 수주(隋珠)를 가리킨다는 설(說)도 있다.

441) **옥호(玉壺)** : 옥병. 호중천지(壺中天地)의 고사에서 온 말이다. 후한(後漢) 때 시장에서 약을 파는 한

醉眼朦朧混碧朱　　취한 눈 몽롱하여 붉고 푸름 헛갈린데
秋花疎冷露成珠　　가을꽃 성글고 처량히 이슬 구슬 맺혔어라.
離懷消遣唯須酒　　이별 시름 떨쳐 버림은 그저 술밖에 없나니
莫惜靑錢繫玉壺　　옥호를 묶어 사오는 데 청전[442]을 아끼지 마오.

傷離叵耐競凋朱　　가슴 아픈 이별 견디기 어려워 홍안이 시드는데
落筆還憐照□珠　　붓을 들자 우연히 떠오른 시구 주옥같아 좋아라.
千里相思惟見月　　천 리 밖에서 그리운 생각에 달만 바라 볼 텐데
一宵心事在傾壺　　그날 밤 심사는 술잔을 기울이는데 달려 있다오.

홍녹문[443]이 술자리에서 먼저 벽 위의 주태사[444] 시운으로 시를 짓고서 나와 월사(月沙)에게 시 짓기를 청하기에 그 운을 따라 서둘러 지어 드리다
洪鹿門酒席 先用朱太史壁上韻 以屬余及月沙 故走步其韻奉贈

이수광(李睟光)

醉中成碧是看朱　　취중이라 붉은 것을 푸르다 잘못 보는데
蠟燭多情滴淚珠　　촛불만이 정도 많아 구슬 눈물 떨궈대네.
堪羨月松仙太守　　월송정의 신선 같은 태수 부러우니

노인이 자기 점포 머리에 병 하나를 걸어 놓고 있다가 시장이 파한 다음 매양 그 병 속으로 뛰어들어가곤 하였다. 그때 시연(市掾)으로 있던 비장방(費長房)이 이를 알고는 노인을 따라 병 속에 들어가 보니, 별천지(別天地)가 있었다 하는데 여기서는 이를 인용한 것이다.《神仙傳》

442) **옥호를 …… 청전** : 원문의 '옥호(玉壺)'는 술병의 미칭이고, '청전(靑錢)'은 청동으로 만든 돈을 말한다. 참고로 당나라 이백의 시 〈대주부지(待酒不至)〉에 "옥술병에 푸른 실로 묶더니, 술 사오는 게 왜 이리 더디단 말인가.[玉壺繫靑絲 沽酒來何遲]"라고 하였다.《全唐詩 卷182 待酒不至》

443) **홍녹문(洪鹿門)** : 녹문은 홍경신(洪慶臣, 1557~1621)의 호이다. 각주 75)번 참조.

444) **주태사(朱太史)** : 주지번(朱之蕃)으로 1606년(선조39)에 한림원 수찬으로서 명나라 신종(神宗)의 손자가 태어난 것을 알리기 위한 사행의 정사(正使)로 조선에 왔다. 이때 성균관의 명륜당(明倫堂) 편액과 소수서원(紹修書院)의 안향(安珦) 사당의 편액 등을 썼다고 한다. 그는 장원급제를 한 사람으로 시문에 뛰어나 당시 조선의 조야 문인들의 이목을 끌었다.

一麾猶得近瀛壺	영호 가까운 고을 맡아 나가신다네.[445]
-右席上口占-	-위는 자리에서 입으로 읊은 것이다.-

녹문옹(鹿門翁)의 시에 차운하여 하곡[446] 영형(令兄)을 전별하다 次鹿門翁韻 別霞谷令兄

이정귀(李廷龜)

別後音書是鴈奴	이별한 뒤의 소식은 기러기가 전할 터
樽前佳句摠驪珠	술잔 앞의 멋진 시구들 모두 보배로다.
箕城勝事君休說	기성[447]의 좋은 일 그대는 말하지 말라
爭似今宵醉一壺	오늘밤 한 병의 술에 취함과 어떠하뇨.
清詞壓力翰林朱	청고한 시는 주지번(朱之蕃)을 압도하고
醉墨淋漓字字珠	취흥 속에 일필휘지 글자마다 주옥일레.
一世情親千里別	한 세상 정든 친구와 천 리 먼 이별에
何妨痛飮枕空壺	통음하고 빈 술병을 베개한들 어떠리.

---

445) **영호(瀛壺) …… 나가신다네** : '영호'는 바다에 있는 전설상의 삼신산(三神山) 가운데 하나로, 《습유기(拾遺記)》 〈고신(高辛)〉에 "삼호(三壺)는 바다에 있는 세 개의 산인데, 방호(方壺) 즉 방장산(方丈山)과 봉호(蓬壺) 즉 봉래산(蓬萊山)과 영호(瀛壺) 즉 영주산(瀛洲山)이다."라고 하였다. '고을 맡아'의 원문 '일휘(一麾)'는 본래 배척을 받는다는 의미인데, 전용되어 지방 관원으로 나간다는 뜻으로 쓰였다. 남조 송나라의 안연지(顔延之)가 〈오군영(五君詠)〉에서 완함(阮咸)에 대해 읊기를 "몇 번 추천받아도 벼슬하지 않다가, 순욱(荀勗)이 손 한 번 내저으매 지방 수령으로 나갔네.[屢薦不入官 一麾乃出守]"라고 한 데서 유래한 것이다. 《文選 卷21 五君詠》

446) **하곡(霞谷)** : 하은공의 별호 중 하나이다.

447) **기성(箕城)** : 울진군(蔚珍郡)의 기성면(箕城面)을 말한다.

지봉의 시에 차운하다
次芝峯韻

이정귀(李廷龜)

塵中何用轂丹朱	진세에서 굳이 화려한 수레 탈 필요 있으랴
作吏爭誇合浦珠	원님 되매 합포의 진주[448]를 서로 다퉈 자랑하리.
遙想官閒無一事	생각건대 관청이 한가하여 아무 일도 없으리니
郡齋終日對蓬壺	군재(郡齋)에서 진종일 봉호[449]와 마주하시리라.

평해군수 신설을 보내며
送申平海渫之任

홍가신(洪可臣)

신계수 영공이 평해로 부임할 적에 만전당으로 나를 찾아와 작별을 고하였는데, 서울의 여러 경상들이 지어 준 증별시를 보여주면서 나에게 시문을 청하였다. 이에 아우의 주(朱) 자 시운을 차하여 그 뜻에 답하였다.

申季收令公之任平海 過余晩全堂 敍別 出示洛中諸卿相贈別之作 徵余一言 因次舍弟朱字韻以答其意

祖筵諸彦盡紆朱	전별자리의 여러분 모두 높은 관직에 오른 사람인데
贈子盈箱千顆珠	그대에게 상자 가득 주옥같은 일천의 시를 주었구려.
我以何言勉君去	나는 무슨 말로 떠나는 그대를 권면하리오
心如秋月映氷壺	마음이 얼음 병에 비친 가을 달처럼 깨끗하거늘.[450]

448) **합포(合浦)의 진주** : 고을이 수령의 선정으로 진주가 다시 생산된 고사를 원용한 것이다. 각주 435)번 참조.

449) **봉호(蓬壺)** : 바다 속에 있다는 신선들이 사는 산인 봉래산(蓬萊山)을 말한다.

지봉의 시에 차운하여 하곡(霞谷)의 행헌[451]에 봉정하다
次芝峯韻 奉呈霞谷行軒

홍가신(洪可臣)

末路紛紛紫亂朱	분분한 말세라 자주색이 붉은 색을 어지럽히는데[452]
吾君心事較明珠	우리 그대의 심사는 깨끗한 구슬과 비교된다오.
老去宦情輕似葉	늙어가면서 벼슬 생각 나뭇잎처럼 가벼워져
一麾剩得臥蓬壺	골살이하면서 실컷 봉호에 누울 수 있고말고.

다시 율시를 지어 이별의 소회를 펴다
又賦律敍別

홍가신(洪可臣)

少連堪草土	소련처럼 초토[453]에서 효성 다했으니
天意爲扶持	하늘의 뜻[454]이 부지하게 된 것이네.
北極觀光日	북극에서 휘황한 빛 바라보았고[455]

450) 얼음 병에 …… 깨끗하거늘 : '빙호추월(氷壺秋月)'을 두고 한 말로, 얼음으로 만든 호리병에 밝은 가을달이 비친 것과 같이 티 없이 고결한 인품을 뜻하는데, 등적(鄧迪)이 주자(朱子)의 스승인 연평(延平) 이동(李侗)의 인품을 형용한 말이다. 《宋史 卷428 李侗列傳》

451) 행헌(行軒) : 고관의 행차를 가리키는 말로, 여기서는 사신의 행차를 이른다.

452) 자주색이 …… 어지럽히는데 : 붉은색은 정색(正色)이고 자주색은 간색(間色)이므로, 《논어》 〈양화(陽貨)〉에서 공자가 "자주색이 붉은색을 빼앗는 것을 미워한다.[惡紫之奪朱也]" 하였고, 《맹자》 〈진심 하(盡心下)〉에 "자주색을 미워하는 것은 그것이 붉은색을 어지럽힐까 두려워해서이다.[惡紫 恐其亂朱也]" 하였다.

453) 소련(少連)처럼 초토(草土) : '소련'은 형 대련(大連)과 함께 거상(居喪)을 잘 했다는 사람으로, 부모의 상에 3일을 태만하지 않았고 3개월 동안 게을리하지 않았으며, 1년을 슬퍼하였고 3년을 근심하였다고 한다. 《禮記 雜記下》. '초토'는 풀로 짠 거적자리와 흙덩이를 베고 자는 것으로 어버이의 상을 당하여 거상(居喪) 중에 하는 생활을 말한다. 《소학》의 〈가언(嘉言)〉에 "부모의 상에 거적자리에서 잠을 자고 흙덩이를 베며 수질(首絰)과 요질(腰絰)을 벗지 않는다.[寢苫枕塊 不脫絰帶]"라고 한 사마광(司馬光)의 《서의(書儀)》에 내용이 보인다.

454) 하늘의 뜻 : 천륜(天倫)의 도리. 곧 하늘이 부여해 준 윤리도덕을 이른다.

東溟製錦時	동명의 고을 맡아 정사를 펴게 되었네.[456]
閒情付句漏	한가할 때 마음은 구루에 부치고[457]
幽興託宣尼	그윽한 흥취는 선니[458]에 의탁하리라.
但恨離羣雁	다만 한스러운 건 무리 떠난 기러기가
沙頭不禁悲	모래섬에서 슬픔을 금치 못하게 됨이네.

신 태수의 관동 행차에 받들어 전별하다 만력 37년 기유년(1609) 10월 하순

奉贐申太守關東之行 萬曆三十七年 歲在己酉孟冬下澣

이지완(李志完)[459]

嶺外山川天下名	관동의 산천은 천하에 이름났는데
君驅五馬此中行	그대는 오마를 몰고 가시는구려.[460]
席間每値仙靈集	술자리에는 선령(仙靈)들 모여들고
枕底聊看日月生	베개 밑에 떠오는 해와 달 보리라.

---

455) **북극(北極)에서 …… 바라보았고** : 원문의 '북극(北極)'은 북극성(北極星)으로 제왕(帝王) 혹은 황조(皇朝)를 가리키고, '관광(觀光)'은 나라의 빛을 본다는 관국지광(觀國之光)의 준말로, 상국(上國)에 사신(使臣)을 가는 것을 가리킨다. 곧 사행(使行)으로 중국에 가서 문물을 관광함을 말한다.

456) **동명(東溟)에서 …… 펴게 되었네** : '동명'은 동해(東海)로 여기서는 관동의 평해군(平海郡)을 말하고, '제금(製錦)'은 비단으로 옷을 만든다는 뜻으로, 어진 자가 고을 수령으로 나가 정사를 펴는 것을 비유한다.

457) **구루에 부치고** : '구루(句漏)'는 산명(山名)이다. 진(晉)나라 때 선인(仙人) 갈홍(葛洪)이 본래부터 신선도양술(神仙導養術)을 좋아하여, 조정의 부름을 고사하고, 교지(交趾)에서 선약(仙藥)의 재료인 단사(丹砂)가 나온다는 말을 듣고는 그곳의 구루산(句漏山)에 은거하면서 연단술(鍊丹術), 즉 선약 만드는 법을 통하여 선인이 되었다는 고사에서 온 말이다. 여기서는 관동의 평해군을 자청하여 부임하는 하은공이 자연 속에서 신선처럼 살아갈 것이라는 말이다.

458) **선니(宣尼)** : 공자(孔子)를 가리킨다. 한나라 평제(平帝) 때에 포성선니공(褒成宣尼公)으로 추시(追諡)되었다.

459) **이지완(李志完, 1575~1617)** : 본관은 여주(驪州), 자는 양오(養吾), 호는 두봉(斗峯)이다. 시문에 능하여 중국 사신 주지번(朱之蕃)이 왔을 때 이호민(李好閔)·허균(許筠) 등과 접반하였다. 여성군(驪城君)에 봉해졌으며, 시호는 정간(貞簡)이다. 영의정에 추증되었다.

460) **오마(五馬)를 몰고 가시는구려** : '오마'는 한(漢)나라 때 태수(太守)가 다섯 필의 말이 끄는 수레를 타고 부임하였던 데에서 유래하여 지방 수령을 뜻한다. 여기서는 하은공이 평해(平海)로 부임해 가는 것을 이른다.

玉柱撐空鯨噴水　　옥기둥 하늘 떠받치니 고래가 물을 뿜어대고
瓊樓壓海蜃騰精　　멋진 누대 바다를 누르니 신기루 정채를 발하리.
蓬山羽客應饒笑　　봉산의 신선들 응당 웃음이 넉넉할 터
笑我風塵白髮明　　풍진 속에 백발 훤해진 나를 비웃으리.

평해로 가는 영형을 봉송하다 만력 기유년 10월 상순
奉送令兄之之平海 萬曆己酉十月上澣

이선복(李善復)[461]

大東形勝說關東　　우리나라의 형승하면 관동을 말하니
美水佳山處處同　　아름다운 산과 물 곳곳이 다 그렇다오.
案牘每閒仙境裡　　관청 일 매양 한가하여 선경(仙境)의 속이요
詩樽長對醉鄉中　　시주(詩酒)만 늘 대하며 취향[462]에 있으시리.
千里雪浪連天白　　일천 리 눈 같은 파도는 하늘에 잇닿아 하얗고
萬二楓巒匝地紅　　만이천의 단풍 든 봉우리는 땅 가득 붉으리라.
竹杖春風吾亦遊　　죽장 들고 봄바람 불 때면 나 또한 유람하리니
海棠沙岸往來通　　해당화 핀 모래 언덕으로 서로 오갈 수 있으리.

461) **이선복(李善復, 1575~1621)** : 본관은 전의(全義), 자는 백선(伯善), 호는 북촌(北村)이다. 호조참의·전주부윤·의주부윤·병조참판·개성유수 등을 역임하였다.

462) **취향(醉鄉)** : 술에 취했을 때 온갖 걱정을 잊는 별천지의 경계를 말한다. 당(唐)나라 왕적(王績)의 〈취향기(醉鄉記)〉에 보인다.

차운하여 하곡에게 주다
次韻贈霞谷

유천(酉川)[463]

春光俱與客情閒	봄빛은 원님의 마음과 함께 한가롭기만 한데
淚滴離盃酒亦酸	눈물은 이별 술잔에 떨어지고 술맛 또한 쓰다오.
北望嶺雲歸路晩	북쪽으로 산마루 구름 바라보며 돌아갈 길 늦으리니[464]
羈心一一逐君鞍	나그네 마음은 일일이 떠나는 그대 안장 좇으리라.

유천의 시를 차운하여 하곡을 작별하고 아울러 윤존중[465]에게 보여주다
次酉川別霞谷 兼示尹存中

응천(凝川)[466]

巫山雲雨幾時晴	무산의 구름과 비[467]는 어느 때 개일런고
一別商山太瘦生	상산(商山)에서 헤어진 뒤 수척해졌다오.

---

463) 유천(酉川) : 누구인지 미상(未詳)이다.

464) 북쪽으로 …… 늦으리니 : 당(唐)나라의 명재상 적인걸(狄仁傑)의 고사를 원용하여 하은공이 북쪽(서울)에 계신 부모를 그리워하고 돌아갈 시기가 늦음을 염려하는 효심(孝心)을 나타낸 것이다. 적인걸이 부모 집을 떠나가면서 태항산(太行山)에 올라 부모가 계신 곳의 산 위에 떠 있는 구름을 바라보고 한동안 떠나가지 못하였다. 이후로 '구름을 바라봄[望雲]'은 효자가 부모를 그리워하는 심정을 비유한다.

465) 윤존중 : 윤경립(尹敬立, 1561~1611)으로 본관은 파평(坡平), 자는 존중(存中), 호는 우천(牛川)이다. 부수찬·이조좌랑·세자시강원 사서·동부승지·충청도관찰사·청주목사·광주목사·황주목사·병조참의 등을 역임하였다.

466) 응천(凝川) : 누구인지 미상(未詳)이다.

467) 무산의 구름과 비 : 원문의 '무산운우(巫山雲雨)'는 남녀 합환(男女合歡)과 선경(仙境)의 설화로, 전국시대 초(楚)나라 회왕(懷王)이 일찍이 고당(高唐)에서 낮잠을 자는데, 꿈에 한 여인이 나타나 말하기를, "첩은 무산의 여자로서 고당의 나그네가 되었습니다. 임금께서 고당을 유람하신다는 소문을 듣고 왔으니, 잠자리를 받들게 해주십시오.[妾巫山之女也 爲高唐之客 聞君遊高唐 願薦枕席]"라고 하였다. 이에 그와 같이 하룻밤을 잤더니, 이튿날 아침에 그 여인이 떠나면서 말하기를, "첩은 무산의 남쪽 높은 구릉의 험준한 곳에 사는데, 매일 아침이면 아침 구름이 되고 저녁이면 내리는 비가 되어 아침마다 저녁마다 양대 아래에 있습니다.[妾在巫山之陽 高丘之岨 旦爲朝雲 暮爲行雨 朝朝暮暮 陽臺之下]"라고 하였다는 고사가 전한다.

聞道舍人留舊興	사인[468]이 옛 흥취 여태 지니고 있다 하나
客中吾亦意難平	나그네 생활의 나 또한 편찮은 마음이라오.

계수를 작별하다
別季收

응천(凝川)

信宿分携意未闌	이틀 밤 보내고 헤어지자니 아쉬움 많은데
自憐筵外寄儒酸	이 자리 벗어나면 유산[469]으로 지낼 신세라오.
洛中親舊如相問	서울 옛 벗들이 혹시라도 나의 소식 묻거든
春半歸心屬馬鞍	봄날 돌아가고픈 마음 말안장에 붙였다고 일러주오.

봉별하며
奉別

이산뢰(李山賚)[470]

與子經年別	그대와 이별한 지 수년의 세월인데
今朝始解顔	오늘 아침에야 얼굴 활짝 폈다오.
臨溪又相送	시냇가에 다다라 또 서로 보내자니
迢悵望雲山	울적한 마음에 구름산만 바라본다오.

468) 사인(舍人) : 의정부의 정4품 벼슬. 또는 귀인(貴人)을 이른다.

469) 유산(儒酸) : 빈한한 선비를 이른다. 산(酸)은 본디 오미(五味)의 한 가지인 신맛을 말하는데, 시인들이 흔히 유자(儒者)의 빈궁한 상태를 유산(儒酸)이라 표현하였다. 여기서는 응천(凝川) 자신을 지칭한 것이다.

470) 이산뢰(李山賚, 1603~?) : 본관은 연안(延安)이다. 진위현령·순창군수·금천군수 등을 역임했으며, 신중엄 신도비(申仲淹神道碑)와 월봉서원 편액을 썼다.

우연히 근체시 두 수를 지어 계수 연형 족하[471]에게 장난삼아 드리다 경술년(1610, 광해군 2) 8월 상한

偶得近體兩詩 戲呈季收年兄足下[472] 戌仲秋上澣

하수일(河受一)[473]

紫府曾同化	자부[474]에서 함께 벼슬하였으니
恩需雨露深	임금님의 은혜 흠뻑 입었던 것이네.
風塵違萬事	풍진 속에서 세상만사는 어긋나고
芹曝負孤心	근폭[475]으로 외로운 마음 바쳤었지.
白首誰論劍	머리 세어 누구와 검을 논하리오[476]
青眸欲斷金	반가운 눈빛 단금의 친구[477]라네.
彈冠催客路	관을 털고[478] 나그네길 재촉하면서
休道少知音	알아주는 이 드물다 말하지 마시게.

---

471) **족하(足下)** : 같은 또래 사이에서 상대편을 높여 이르는 말이다.

472) 이 시는 《송정집(松亭集)》에 시제(詩題)가 〈봉간동년신좌랑계수(奉簡同年申佐郎季收)〉로 되어 있다.

473) **하수일(河受一, 1553~1612)** : 본관은 진주(晉州)이고, 호는송정(松亭)이며, 자는 태역(太易)이다. 조식(曺植)의 문인이며, 형조좌랑·형조정랑·현감 등을 역임하였다.

474) **자부(紫府)** : 붉고 화려한 집으로 궁궐을 의미한다.

475) **근폭(芹曝)** : 미나리와 햇볕으로, 하찮은 물건이지만 임금에게 올리는 갸륵한 정성을 뜻하는 겸사(謙辭)이다. 옛날 어느 농부가 미나리를 천하에 제일가는 진미(珍味)로 여겨 토호(土豪)에게 바쳤다는 헌근(獻芹)의 고사와, 춘추시대 송(宋)나라의 어떤 사람이 따뜻한 봄볕을 쬐다가 이것을 임금에게 바치면 큰 상을 받을 수 있을 것이라고 여겨 기뻐했다는 헌폭(獻曝)의 고사를 두 글자로 축약한 것이다. 《列子 楊朱》

476) **검(劍)을 논하리오** : 장자(莊子)가 검을 좋아하는 조(趙)나라 혜문왕(惠文王)에게 검을 천자의 검·제후의 검·서인(庶人)의 검으로 구분하고 사람마다 사용하기에 적합한 것이 따로 있음과 검의 쓰임새는 사람에게 달려있음을 설파하였다. 《장자》 〈설검(說劍)〉 참조.

477) **단금의 친구** : 단금지우(斷金之友). 쇠라도 끊을 정도로 굳게 우정으로 맺어진 친구를 말한다. 《주역》 〈계사전(繫辭傳) 상(上)〉에 "두 사람이 마음을 함께 하면 그 날카로움이 쇠를 끊을 수 있다.[二人同心 其利斷金]"라고 하였다.

478) **관을 털고** : 원문의 '탄관(彈冠)'은 관의 먼지를 턴다는 뜻으로, 뜻에 맞는 친구와 함께 벼슬길에 나서는 것을 말한다. 한(漢)나라 때 왕길(王吉)과 공우(貢禹)는 서로 친구 사이로서 벼슬에 나가고 물러남을 똑같이 하였으므로, 세상에서 그들을 일컬어 "왕양이 벼슬에 나가면 공우가 관의 먼지를 턴다.[王陽在位 貢禹彈冠]" 고 하였다. 《漢書 卷72 王貢兩龔鮑傳》

沒首黃塵久	세상 먼지[479] 뒤집어쓰고 살아온 지 오랜데
開眸白玉初	옥처럼 깨끗한 그대에 눈 번쩍 뜨였네.
團圓同夜枕	단란하게 밤에 베개를 함께 하였고
惆悵別朝裾	서글피 아침엔 이별하는 소매 흔들었네.
獨立煙霄鳳	홀로 우뚝이 서니 연소[480]의 봉황이었고
相濡涸轍魚	서로 학철의 물고기처럼 적셔 주었지.[481]
春風遲黍谷	서곡에 따뜻한 봄바람 더디 더디니
誰肯一吹噓	피리 한번 불어 줄 이 그 누구리오.[482]

479) **세상 먼지** : 원문의 '황진(黃塵)'은 누런 먼지로 속세를 말한다.

480) **연소(煙霄)** : 안개 낀 하늘로, 조정의 높은 벼슬을 뜻한다.

481) **학철(涸轍)의 …… 주었지** : 원문의 '학철어(涸轍魚)'는 길바닥의 수레바퀴 자국에 고인 물에서 헐떡이는 물고기이다. 《장자》 〈대종사(大宗師)〉의 "물이 바짝 말라 물고기들이 땅바닥에 처하게 되면, 서로들 김을 내뿜어 축축하게 해 주고 서로들 거품으로 적셔 준다.[泉涸魚相與處於陸 相呴以濕 相濡以沫]"라는 말에서 나온 것이다. 즉 물 마른 물고기에게 물을 주는 것처럼 서로를 구제해 주었다는 뜻이다.

482) **서곡(黍谷)에 …… 누구리오** : '서곡'은 중국 하북(河北) 밀운현(密雲縣)에 있는 지명으로 본래 이름은 한곡(寒谷)이었다. 너무 추워서 오곡이 자라지 않았는데, 제(齊)나라 음양가(陰陽家) 추연(鄒衍)이 율관(律管)을 부니 따뜻한 봄기운이 퍼져 기장을 심을 수 있게 되었다는 고사가 있다. 《列子 湯問》 여기서는 하은공의 역할로 다시 생기가 도는 태평한 곳으로 만들리라는 기대가 담겨 있다.

제문祭文

임금이 내린 제문
賜祭文

유세차 숭정(崇禎) 5년 임신년 정월 기해삭 초5일 계묘에 국왕은 신(臣) 예조좌랑 김수익(金壽翼)을 보내어 이미 졸(卒)한 첨지중추부사 신용(申涌)의 영전에 유제[483]하노라.

維崇禎五年 歲次壬申正月己亥朔初五日癸卯 國王遣臣禮曹佐郎金壽翼 諭祭于卒僉知中樞府使申涌之靈

惟靈	영령은
出由華閥	화려한 문벌에서 출생하여
早事先王	일찍이 선왕을 섬겼도다.
策名金闕	조정에 벼슬하게 되어서는[484]
蜚英玉堂	홍문관에서 영명(英名)을 떨쳤도다.
內閣出納	내각에서는 출납의 일을 맡았고[485]
中臺紀綱	사헌부에서는 기강을 세웠도다.
獻可替否	옳은 것 올리고 잘못된 것 막아[486]
顯被榮光	뚜렷이 영광(榮光)을 입었도다.

483) **유제(諭祭)** : 국왕이 예관(禮官)을 보내어 신하를 제사하는 것으로 치제(致祭)라고도 한다. 유제문(諭祭文)은 제문에 해당하는 문체이다.

484) **벼슬하게 되어서는** : 원문의 '책명(策名)'은 신하들을 기록한 간책(簡策)에다 이름을 기입한다는 말로 벼슬살이하는 것을 말한다. 책명위질(策名委質)은 이름을 간책에 써서 임금 앞에서 신하 노릇할 것을 선서(宣誓)하는 것이다.

485) **내각에서는 …… 맡았고** : 왕명(王命)의 출납을 맡았던 승정원(承政院)에서 근무했던 경력을 말한 것이다.

486) **옳은 것 …… 막아** : 원문의 '헌가체부(獻可替否)'는 군주의 면전에서 정사의 옳고 그름을 논변하여 좋은 계책은 올리고 좋지 않은 계책은 시행하지 못하게 함을 이른다.

建功西土　　해서지방에서 공을 세웠고
剖竹南鄕　　남쪽 고을로 죽부를 나눴도다.[487)]
俱有成績　　모두 이룩한 업적이 있었고
遺愛一方　　한 지방에 사랑을 끼쳤도다.[488)]
荏苒晩歲　　어느덧 만년에 이르렀고
或行或藏　　나가기도 물러나기도 하였도다.[489)]
逮予新服　　내가 임금 자리 이어받고선
邦運靡康　　나라의 운이 좋지 않았도다.
卿知急病　　경은 어려운 일을 떠맡았으니[490)]
曰篤不忘　　경의 훌륭한 덕을 잊지 못하노라.[491)]
伸其蠖屈　　굽혔던 재능을 펼칠 수 있게
置之鵷行　　조정의 반열에 두었노라.
不永斯年　　수명을 길게 누리지 못하고
今也則亡　　이제는 떠나고 없도다.
義合非偶　　의리로 맺음[492)] 우연이 아니니

487) **죽부(竹符)를 나눴도다** : 원문의 '부죽(剖竹)'은 지방관으로 부임함을 이르는 말로, 남조(南朝) 송(宋)나라의 사영운(謝靈運)의 "바닷가 태수(太守)로 죽부(竹符)를 나눠 받고, 돛단배 띄워 고향 동산 돌아보며 지나가네.[剖竹守滄海 枉帆過舊山]"라는 시구에서 온 것이다. 《文選 卷26 過始寧墅》

488) **사랑을 끼쳤도다** : 원문의 '유애(遺愛)'는 지방관으로 선정(善政)을 베풀어 후세에 인애(仁愛)를 남겨 놓는다는 뜻이다. 춘추시대 정(鄭)나라 정자산(鄭子産)이 죽자 공자가 눈물을 흘리며 "옛날 사랑을 남긴 분이다.[古之遺愛]"라고 칭송했던 데서 온 말이다. 《春秋左氏傳 昭公20年》 후세에는 지방관의 송덕비(頌德碑)를 유애비(遺愛碑)라 하였다.

489) **나가기도 …… 하였도다** : 용행사장(用行舍藏)을 이른 말로, 자신의 도를 펼 수 있느냐 없느냐에 따라 거취를 결정하여 조정에 나아가기도 하고 은퇴하기도 하는 것을 말한다. 《논어》 〈술이(述而)〉의 "써 주면 나의 도를 행하고 써 주지 않으면 숨는다.[用之則行 舍之則藏]"라는 공자의 말씀에서 유래하였다. 출처(出處)와 같은 뜻이다.

490) **어려운 일을 떠맡았으니** : 원문의 '지급병(知急病)'은 병을 급히 여기고 직책을 수행할 줄을 알았다는 뜻이다. 《국어(國語)》 노어 상(魯語上)에 "현자는 어려운 상황을 해소시키고 쉬운 일은 다른 사람에게 양보한다.[賢者急病而讓夷]"라고 하였다.

491) **경의 …… 못하노라** : 원문의 '왈독불망(曰篤不忘)'은 '후하게 여겨 잊지 못한다'는 뜻으로, 이 말은 《서경》 〈주서(周書) 미자지명(微子之命)〉에 "내 너의 덕을 가상히 여겨 잊지 못하노라.[予嘉乃德 曰篤不忘]"라고 보인다.

492) **의리로 맺음** : 정이(程頤)의 제자 윤돈(尹焞)은 "임금과 신하는 의리로 맺어진 관계이기 때문에 임금이

采增痛傷	특별히 더욱 애통하게 되도다.
玆遣禮臣	이에 예조의 신하를 보내어
式擧典常	전상[493]을 거행하노니
想維卿靈	생각건대 경의 영령은
祗承酹觴	뇌주[494]를 받으시리라.

제문
祭文

윤지남(尹芝男)[495]

恭惟尊靈	공손히 생각건대 존귀하신 영령께서는
英姿峻爽	영명한 자질이 높고 밝으시어
仙鶴整翮	날개를 가지런히 한 선학과 같으셨습니다.
風神秀朗	풍모가 빼어나고 맑으시어
秋水涵碧	가을 물이 파란 하늘을 담은 듯 하였습니다.
才格超倫	재주와 품격이 매우 출중하시며
辭氣厲確	말씀이 엄정하고 확실하셨습니다.
兄弟翩躚	형제분이 나란히 나시었으니
人擬雙璧	사람들이 쌍벽[496]에 비기었습니다.

신하 부리기를 예로써 하면 신하가 임금 섬기기를 충성으로써 하는 것이다.[君臣以義合者也 故君使臣以禮 則臣事君以忠]"라고 한 말이 있다.

493) **전상(典常)** : 국가의 떳떳한 법식. 여기서는 별세한 신하에게 치제(致祭)함을 가리킨 것으로 보인다.

494) **뇌주(酹酒)** : 제사를 지낼 때에 강신(降神)하기 위해 땅에 술을 붓는 의식인데, 여기서는 임금이 내린 제사의 뜻으로 쓰였다.

495) **윤지남(尹芝男)** : 하은공의 생질(甥姪)로, 부사 윤면(尹勉)에게 출가한 하은공 누이의 아들이다. 현감을 지냈다.

496) **쌍벽(雙璧)** : 우열을 가릴 수 없을 만큼 똑같이 뛰어난 형제를 비유한다. 남조(南朝) 송(宋)나라 육개(陸凱)의 아들인 육위(陸暐)와 육공지(陸恭之) 형제가 당시에 나란히 명성이 높았는데, 낙양 영(洛陽令) 가정(賈楨)이 이들 형제를 보고 찬탄하기를 "내가 늙은 나이에 한 쌍의 옥을 다시 보는구나.[僕以老年更睹雙璧]"라고 하였다.《魏書 卷40 陸俟列傳》

一條冰啣	한 가닥 얼음[497]의 직함을 띠셨으니
藉甚聲名	그 명성 얼마나 성대하셨습니까.
天官鄉薦	이조(吏曹)의 향천[498]에 올라
世推恩榮	대대로 은혜와 영광을 입었습니다.
直轡高馳	고삐를 곧게 잡고 높이 달리어
秩進金玉	품계가 금옥[499]에 오르셨습니다.
出按海西	해서 지역에 나가 안찰(按察)하시니
責重蒲扑	포편[500]의 중한 책임이셨습니다.
白雲入望	멀리 흰 구름 바라보는 시야에 들어오니[501]
何待周年	어찌 한 해를 기다리셨으리오.
春秋壽席	봄가을로 수연의 자리를 마련하여
彩服後先	색동옷 입고 앞뒤에서 춤추셨습니다.
痛纏風樹	풍수[502]의 애통한 마음 간절하여
廬墓終喪	여묘살이하며 삼년상을 마치셨습니다.

497) **한 가닥 얼음** : 원문의 '일조빙(一條氷)'은 맑은 얼음 한 가닥이란 뜻으로 한림(翰林)으로 있으면서 다른 여러 청직(淸職)을 겸대하거나 벼슬살이가 청귀(淸貴)한 것을 비유하는 말이다. 송(宋)나라 진팽년(陳彭年)이 한림학사(翰林學士)로 재임할 적에 용도각 학사(龍圖閣學士)와 천서동각옥 부사(天書同刻玉副使) 등 10여 관직을 겸임하였는데, 이 관직이 모두 문한(文翰)과 전례(典禮) 방면의 일을 관장하는 것이었으므로, 당시 사람들이 그가 서명하는 직함을 일조빙(一條氷)이라고 일컬은 고사에서 유래한 것이다. 《續談助 卷3 引 聖宋掇遺》

498) **향천(鄉薦)** : 매년 군읍(郡邑)에서 행의(行誼)가 특출한 자를 추천하여 조정에 알리면, 그중 우수한 자를 택하여 벼슬을 맡기는 것을 말한다.

499) **금옥(金玉)** : 금관자(金貫子)와 옥관자(玉貫子)를 다는 고관(高官)을 이른다. 1품은 옥관자를 달고 2품은 금관자를 단다.

500) **포편(蒲鞭)** : 원문의 '포박(蒲扑)'은 포편으로 때린다는 뜻으로, 관후한 정사를 베풀어 백성을 인애로 대하는 은혜를 말한다. 포편(蒲鞭)은 때려도 아프지 않도록 부들 가지로 만든 채찍인데, 후한(後漢) 유관(劉寬)이 남양 태수(南陽太守)로 있을 적에 관리와 백성들이 혹 과실을 범하더라도 형벌 대신 부들채찍으로 다스려서 스스로 부끄러움을 느끼게 하여 감화시킨 고사가 있다. 《後漢書 卷25 劉寬列傳》

501) **흰 구름 …… 들어오니** : 흰 구름은 부모를 비유하는 말로, 고향에 계신 부모님을 그리워하는 마음을 뜻한다. 당(唐)나라 적인걸(狄仁傑)이 병주(并州)의 법조참군(法曹參軍)으로 있을 때 태항산(太行山)에 올라 고향 쪽을 바라보다가 흰 구름을 가리키며 그 구름 밑에 자기 부모가 계신다고 하며 탄식했던 데서 온 말이다. 《新唐書 卷115 狄仁傑列傳》

502) **풍수(風樹)** : 어버이가 세상을 떠나 다시는 봉양할 수 없는 자식의 슬픔을 말한 '풍수지탄(風樹之歎)'을 말한다. 각주 45)번 참조.

善居之行	거상(居喪)을 잘 했던 행실은
嘖嘖鄕邦	향리에서 칭찬이 자자하였습니다.
服闋還朝	상기를 마치고 조정에 돌아옴에
名譽益隆	명예 더욱 높아지셨습니다.
議政西銓	의정부와 병조에 계시면서
擧錯惟公	거조[503]를 공정하게 하셨습니다.
運無常亨	운이 항상 형통하지는 않으심에
時有得失	어긋나는 때도 있었습니다.
赴京以還	북경에서 돌아온 뒤로
困于齒舌	구설수로 곤란하셨습니다.
棲鸞枳棘	봉황이 가시나무에 깃들었으니[504]
遺愛載石	백성들 은혜 기려 비를 세웠습니다.[505]
末路風波	말로의 풍파 속에
備嘗榮辱	영욕을 모두 겪으셨습니다.
簪組有累	관직의 속박이 있었고
毁譽非公	비방과 칭찬은 공변되지 못했습니다.
時不我用	시대가 내 뜻을 써 주지 않는다[506] 하시고

503) **거조(擧錯)** : 곧은 사람을 등용하고 부정한 사람을 쓰지 않는 인사 행정을 말한다. 《논어》 〈위정(爲政)〉에 "정직한 사람을 들어 쓰고 굽은 사람을 버려두면 백성들이 복종하고, 굽은 사람을 들어 쓰고 모든 정직한 사람을 버려두면 백성들이 복종하지 않습니다.[擧直錯諸枉 則民服 擧枉錯諸直 則民不服]"라고 하신 공자의 말씀이 보인다.

504) **봉황이 …… 깃들었으니** : 큰 인물이 몸을 굽혀서 작은 고을의 수령으로 부임하는 것을 말한다. 후한(後漢) 환제(桓帝) 때에 고성(考城)의 현령 왕환(王奐)이 구람(仇覽)을 추천하여 서울로 보내면서 말하기를 "가시나무는 난봉이 깃들 곳이 아니니, 백 리 고을이 어찌 대현이 있을 곳이겠는가.[枳棘非鸞鳳所棲 百里豈大賢之路]"라고 했던 고사에서 온 말이다. 이후 현사(賢士)가 낮은 지위에 있는 경우에 자주 인용되었다. 《後漢書 卷81 獨行列傳》

505) **백성들 …… 세웠습니다** : 유애비(遺愛碑)를 세웠다는 말이다. 곧 선정을 베푼 지방관에게 그 지방 백성들이 은혜를 기리기 위해 세운 송덕비를 이른다.

506) **시대가 …… 않는다** : 《동래박의(東萊博議), 개지추불언록(介之推不言祿)》에 "시대[時君]가 나를 등용하지 않으면, 반드시 이 시대는 난세이니 나아가서는 안 된다.[時不我用 必日 此時不可進也]"라고 한 말이 보인다.

退藏于密　　물러나 은밀한 곳에 숨으셨습니다.[507]

百年松楸　　한평생 선영이 있는 곳에서

數間蓬蓽　　몇 칸의 집 짓고 사셨습니다.

婆娑初服　　한가로이 옛날로 돌아오시어[508]

爰得我直　　당신의 마땅함을 얻으셨습니다.

雀羅張門　　문 앞에 참새 그물 쳐졌고[509]

圖書在床　　도서가 책상에 가득했습니다.

校讐古帙　　옛 서책을 교정하시고

禮經□□　　예경(禮經)에 맞게 저술하셨습니다.

於以自娛　　이것으로 스스로 즐기면서

若將終焉　　그대로 한평생 마치려 하셨습니다.

赤兎之變　　정묘년 변란을 만나

分朝南遷　　분조[510]가 남쪽으로 내려오시니

聞亂卽赴　　난리 소식 듣자마자 달려가셨고

糾率家丁　　집안의 장정들을 모아 이끄셨습니다.

拍陳失策　　바닥을 치며 실책(失策)을 진언하고

瀝血封章　　심혈을 다해 소장(疏章)을 올리셨습니다.

爲國丹忠　　나라를 위한 단충[511]에

用舍何異　　어찌 용사[512]에 따라 달라지리오.

---

507) **물러나 …… 숨으셨습니다** : 남의 눈에 띄지 않도록 자신의 재능을 숨기면서 홀로 은거(隱居)함을 말한다.

508) **옛날로 돌아오시어** : 원문의 '초복(初服)'은 조복(朝服)의 반대말로, 벼슬에 나아가기 전에 입었던 옷이다. 곧 벼슬하기 전의 한가한 생활로 돌아간다는 말이다.

509) **문 앞에 …… 쳐졌고** : 문밖에 새그물을 칠 정도로 찾는 이가 없어 한적함을 말한다. 한(漢)나라 때 적공(翟公)이 정위(廷尉)로 있을 적에는 빈객들이 앞 다투어 찾아왔으나 그가 파면되자 새그물을 칠 정도로 찾아오는 사람이 없었는데, 뒤에 그가 정위에 복직되자 빈객들이 다시 예전처럼 찾아왔다는 '문전작라(門前雀羅)'의 고사를 가리킨다. 《史記 卷120 汲鄭列傳》

510) **분조(分朝)** : 위급한 때를 당하여 조정이 피란할 때, 임금과 세자가 따로 피란하여 세자가 거느리는 조정을 말한다. 임진왜란 때 세자인 광해군이 분조로 있었다.

511) **단충(丹忠)** : 마음속에서 우러나오는 참된 충성.

512) **용사(用捨)** : 용사행장(用捨行藏)을 이른다. 용사는 등용되고 버려지는 것이며, 행장은 도를 행하고 은둔하는 것이다.

居家之範　집안을 다스리는 법도와
制行之懿　행실을 절제하신 아름다움은
求諸古人　옛사람에게 찾아보아도
亦鮮與比　또한 견줄 이 드무십니다.
自朝至暮　새벽부터 저녁때까지
恒處于外　늘 외실에 거처하시며
兀然端坐　올연히 단정하게 앉으시어
未嘗憑依　기대거나 의지한 적이 없으셨습니다.
朔望省墓　초하루와 보름이면 성묘를 하셨고
風雨不廢　비바람이 몰아쳐도 그만두지 않으셨습니다.
疏食衰服　거친 밥을 먹고 상복 차림으로
以居諱日　기일(忌日)을 보내셨습니다.
接風以仁　인자한 풍모로 남들을 대하시어
和氣可掬　온화한 기운이 넘쳐흐르셨습니다.
心安於止　마음은 지선(至善)에 머무심을 편안히 여기시고
事要其精　매사를 정밀하게 하셨습니다.
江公典籍　강공처럼 전적(典籍)은
卷束齊整　묶어서 가지런히 정돈하셨습니다.[513)]
王氏門巷　왕씨의 문 앞이나 골목처럼
平直方正　구획을 방정하게 하셨습니다.[514)]

---

513) **강공(江公)처럼 …… 정돈하셨습니다** : '강공'은 강록(江祿)을 높여 칭한 것이다. 《소학집주(小學集註)》 〈가언(嘉言)〉 편에, "제양(濟陽)의 강록은 글을 읽다가 마치지 못했을 때에는 비록 급한 일이 있더라도 반드시 읽던 서축(書軸)을 말아 묶어 정제(整齊)한 뒤에 일어났다. 그러므로 책이 손상됨이 없었으니, 사람들은 그가 책을 빌려달라고 하는 것을 싫어하지 않았다.[濟陽江祿 讀書未竟 雖有急速 必待卷束整齊然後 得起 故無損敗 人不厭其求假焉]" 하였다. 참고로 옛날에 책은 대부분 두루마리 형식이어서 시집을 시축(詩軸)이라 하였다.

514) **왕씨(王氏)의 …… 하셨습니다** : 《소학집주》 〈선행(善行)〉 편에, "왕응(王凝)은 평소 거처할 때에 근엄하였는데 …… 문 앞이나 골목의 구획과 과목(果木)의 식재(植栽)를 반드시 바르게 나열하여 구차히 어지럽게 하지 말아야 한다.[王凝常居 慄如也 …… 門巷果木 必方列 曰無苟亂也]" 하였다. 왕응은 수(隋)나라 때의 대학자인 문중자(文中子) 왕통(王通)의 아우이다.

此雖緖餘	이상은 비록 여사[515]일 뿐이지만
可見一端	이에 일단을 볼 수 있습니다.
云云	운운

515) 여사(餘事) : 원문의 '서여(緖餘)'는 실을 뽑아낸 누에고치에 남은 실오리를 이르는 말로, 근본이 되는 사상이나 학설 이외의 여론(餘論)의 뜻으로 쓰이는바, 여기서는 그다지 중요하지 않는 일이란 의미로 쓰였다.

행장行狀

행장
行狀

신행[516)]

공은 휘가 용(涌)이고, 자는 계달(季達)이며, 호는 하은(霞隱)이다. 초명은 설(渫), 자는 계수(季收)이었는데, 정묘년(1627, 인조 5)에 역적 중에 이름이 같은 자가 있었기 때문에 이에 고쳤다. 관향은 고령(高靈)이다. 시조는 휘 성용(成用)이니, 문과로 벼슬길에 나아가 검교 군기감(檢校軍器監)을 지냈고 문사(文士)로 고려조에 현달하였다. 11대조는 휘 강승(康升)이니, 문과에 급제하여 정순대부(正順大夫) 좌우위 상호군(左右衛上護軍)을 지냈다. 10대조는 휘 인재(仁材)이니, 문과에 급제하여 광정대부(匡靖大夫) 검교첨의평리 상호군(檢校僉議評理上護軍)을 지냈다. 9대조는 휘 사경(思敬)이니, 문과에 급제하여 중현대부(中顯大夫) 감문위 대호군(監門衛大護軍)으로 치사(致仕)하였다. 8대조는 휘 덕린(德隣)이니, 문과에 급제하여 간의대부(諫議大夫) 예의판서(禮儀判書) 겸 보문각 대제학(寶文閣大提學)을 지냈으며 정헌대부(正憲大夫) 이조판서(吏曹判書)에 추증되었고 해서(楷書)와 초서(草書)와 예서(隸書)를 잘 써서 명망이 당세에 높았다. 7대조는 휘 포시(包翅)이니, 문과에 급제하여 통정대부(通政大夫) 공조참의(工曹參議)를 지냈으며 숭정대부(崇政大夫) 의정부 좌찬성(議政府左贊成)에 추증되었다. 조선조에 들어와 한가롭게 지내면서 벼슬길에 나가지 않았는데, 세종대왕께서 징소[517)]하여 좌사간(左司諫)에 제배(除拜)하였고 글씨를 잘 쓰기로 세상에 이름이 났다. 6대조는 휘 장(檣)이니, 호는 암헌(巖軒)이고 문과에 급제하여 가정대부(嘉靖大夫) 공조참판(工曹參判) 겸 집현전 제학(集賢殿提學) 동지춘추관사(同知春秋館事) 세자우부빈객(世子右副賓客)을 지냈으며, 순충적덕병의보조공신(純忠積德秉義補祚功臣) 의정부영의정(議政府領議政) 겸 경연 홍문관 춘추관서(經筵弘文館春秋館書) 운관사(雲觀事) 고령부원군(高

516) 신행(申涬) : 하은공의 종손(從孫)으로 일교관(逸敎官)을 지냈다.
517) 징소(徵召) : 임금이 초야에 있는 사람을 예(禮)를 갖추어 불러서 벼슬을 내리는 일을 말한다.

靈府院君)에 추증되었다. 문장으로 세상에 이름나 오래도록 문형(文衡)을 맡아 한 시대의 유종(儒宗)이 되었고, 큰 글씨와 해서(楷書)의 작은 글씨를 잘 써서 한 시대의 웅편(雄篇)과 명각(名刻)이 모두 그의 손에서 나왔다.

5대조는 휘 숙주(叔舟)이니, 호는 보한재(保閑齋)이다. 문과에 급제하여 수충협책정난 동덕좌익 보사병기정난익대 순성명량경제홍화좌리공신(輸忠協策靖難同德佐翼保社秉機定難翊戴純誠明亮經濟弘化佐理功臣) 대광보국숭록대부(大匡輔國崇祿大夫) 의정부 영의정(議政府領議政) 겸 영경연 홍문관 예문관 춘추관 관상감사(兼領經筵弘文館藝文館春秋館觀象監事) 예조판서(禮曹判書) 고령부원군(高靈府院君)으로 문충공(文忠公)이라는 시호가 내렸고 네 번 공신록(功臣錄)에 참여되었으며 두 번 영의정이 되었다.

고조는 휘 형(泂)이니, 문과에 급제하여 통훈대부(通訓大夫) 내자시 정(內資寺正)을 지냈고 대광보국숭록대부(大匡輔國崇祿大夫) 의정부 우의정(議政府右議政) 겸 영경연(領經筵) 감춘추관사(監春秋館事)에 추증되었다. 증조는 휘 광윤(光潤)이니, 한성부 참군(漢城府參軍)을 지냈고 노인직(老人職)으로 여러 번 승급되어 가선대부(嘉善大夫)에 올랐으며 승정원(承政院) 좌승지(左承旨) 겸 경연참찬관(經筵參贊官)에 추증되었다. 조부는 휘 서(漵)이니, 덕을 숨기고 벼슬하지 않다가 일찍 별세하였고 가선대부 이조참판 겸 동지의금부사(同知義禁府事)에 추증되었다.

선고는 휘 중엄(仲淹)이니, 가선대부 동지중추부사(同知中樞府事)를 지냈고 숭정대부(崇政大夫) 의정부 좌찬성(議政府左贊成) 겸 의금부사(義禁府事)에 추증되었다. 선비(先妣)는 증 정경부인(贈貞敬夫人) 문화유씨(文化柳氏)로 삼한벽상공신(三韓壁上功臣) 삼중대광대승(三重大匡大丞) 차달(車達)의 후예이며, 본조 우의정 문성부원군(文城府院君) 충경공(忠景公) 양(亮)의 6대손이고, 사헌부 장령 증 영의정 정수(廷秀)의 손녀이자 사도시정(司導寺正) 엄(渰)의 따님이니, 가정(嘉靖) 경신년(1560) 12월 30일 신유(辛酉)에 공을 낳았다.

갑자년 공의 나이 5세에 모부인(母夫人)을 여의었는데, 공은 나면서부터 영특하였고 어린 나이부터 글을 읽을 줄 알아 손에서 책을 놓지 않았다. 찬성공이 혹 안 좋은 일이 생기지 않을까 염려되어 과학[518]을 주지 않으면 책을 들고 따라다니며 울면서 가르침을 청하였고 혹 나무라며 그만두게 해도 그치지 않았다. 성동(成童)이 되기도 전에 문장의 조리가 통창하고

518) **과학(課學)** : 공부의 분량을 미리 정하여 그 일과(日課)에 따라 공부하는 것을 말한다.

성숙해졌다. 바야흐로 찬성공이 상주통판(尙州通判)으로 있을 때 공의 나이 겨우 10여 세였다. 당시에 마침 일본 사신이 상주에 이르렀다가 공의 총명함을 기이하게 여겨 앞으로 나오게 하여 감탄하며 칭찬하고 이어 시를 짓게 하자, 공이 곧바로 절구 한 수를 입으로 읊기를, "부상(扶桑)은 삼도(三島) 밖 멀리 있고, 화악(華岳)은 오색구름 속에 솟아 있네. 두 나라가 천년 동안 우호를 다졌으니, 한 척의 배가 만 리 길 통하네.[扶桑三島外 華岳五雲中 兩國千年好 孤舟萬里通]"라고 하였다. 이에 일본 사신이 크게 칭찬하며 매우 후하게 선물하였다. 이로부터 학문이 하루가 다르게 진보하는 가운데 을해년 호서 향시(湖西鄕試)에서 제1등을 차지하였으니, 그때 나이 겨우 16세였는데 실은 15세였다.

무자년(1588) 사마시(생원)에 합격하였고, 신묘년(1591) 식년시 병과에 급제하여 승문원에 선발되어 들어갔다. 갑오년에 검열(檢閱)에 임명되었다가 얼마 후 설서(說書)로 옮겨졌다. 을미년에 설서에서 주서(注書)로 옮겨졌고 또 검열(檢閱)에서 대교(待敎)로 승진하였으며 또 설서로 자리를 옮겼다가 사서(司書)로 승진하였다. 병신년에는 정언(正言)·부수찬(副修撰)·지제교(知製敎)·수찬(修撰)에 임명되었다. 정유년에 부교리(副校理)로 승진하였다가 재차 정언으로 옮겨졌고 또 부교리·이조좌랑(吏曹佐郎)·도원수 종사관(都元帥從事官)으로 자리를 옮겼다. 무술년에 이조정랑(吏曹正郎)으로 승진되었고 가을에는 어사로 해로(海路)를 독찰(督察)하였다. 기해년에는 체직되어 직강(直講)이 되었다가 사예(司藝)로 승진하였다. 경자년에 안산군수(安山郡守)에 임명되었지만 나아가지 않았다. 다시 직강으로 교리(校理)에 옮겨졌다가 장령(掌令)·사간(司諫)·겸필선(兼弼善)으로 승진하였고 다시 겸필선의 직임은 그대로 띤 채 전적(典籍)·사예·상례(相禮)로 옮겨졌다. 신축년에 부응교(副應敎)·검상(檢詳)에서 사인(舍人)으로 승진하였고 또 부응교·겸보덕(兼輔德)으로 옮겨졌다가 다시 사인으로 품계가 올라 동부승지(同副承旨)에 임명되었다. 임인년에 우부승지·좌부승지를 거쳐 우승지로 승진되었고, 호군(護軍)으로 체차되어 황해도 감사(黃海道監司)가 되었다. 계묘년에는 형조참의(刑曹參議)에 임명되었다.

갑진년(1604) 겨울에 부친 찬성공의 상을 당하였고, 정미년에 삼년상을 마치자, 형조참의에 임명되었다. 무신년에 우승지에서 좌승지로 승진하고 가을에 동지사(冬至使)로 북경에 조회하러 갔다. 기유년 봄에 사신의 일을 마치고 조정으로 돌아왔는데, 사명(使命)을 봉행할 때의 문서(文書) 하나를 잘못 지었다는 이유로 체포당하였다가 풀려났다. 가을에 외직으로 나가 평해군수(平海郡守)가 되었다. 경술년에 공무를 집행하다가 과실을 범했다는 사유로 파직되어 돌아왔다.

신해년에 공주목사(公州牧使)에 임명되었고, 임자년에는 순천부사(順天府使)에 임명되었지만, 모두 대간의 평론[519]으로 인해 부임하지 못하였다. 이런 데에는 무신년 북경에 사신으로 갔을 때, 먼저 진주사(陳奏使)의 행차가 있었는데 공의 행차가 이어서 떠나기에 조정에서는 진주사 행차의 노비(路費)를 공의 행차 편에 부쳐 전하게 하였다. 급기야 북경에 이르러보니 진주사는 이미 돌아오는 길이었고 노상에서 서로 만나게 되었다. 공의 생각으론 이는 당연히 진주사 행차에 넘겨 줘야할 물건이지만 진주사는 이미 일을 마쳤고 공의 행차는 더딜는지 빠를는지 알기가 어려운지라 뜻밖에 비용으로 써야 할 어려운 일이 있지 않을까 하는 염려가 있었다. 그래서 서로 마주 대하여 이를 언급했으니, 실로 옛 사람의 세 번 생각했던[520] 뜻에서였다. 그러나 진주사는 이를 난감히 여겼고, 재삼 의견을 주고받은 뒤에 내주었다. 이 때문에 조정에 돌아온 뒤로 원망을 품은 자들이 지희[521]하고 실정에 없는 일로 모함하여 두 번이나 탄핵하는 계사(啓辭)에 이름이 올랐던 것이다.

계축년(1613)에 김제군수(金堤郡守)에 임명되었는데, 갑인년에 체포를 당하였다가 돌아왔다. 광해군 때를 당하여 역옥(逆獄)이 여러 차례 일어나자, 도망쳐 현상 수배된 자가 몹시 많았다. 김제에서 도둑질을 한 어떤 죄수가 자신을 도망 중인 역적이라고 하자, 공은 즉시 이 일을 관찰사에서 보고하였다. 이는 저가 역적이라고 자칭하므로 수령이 천단(擅斷)할 수 없어서였다. 그 죄수가 감영(監營)에 이르러 다시 심문을 받자 그 앞서의 진술을 번복하였다. 이때 방백(方伯 관찰사)이 사건을 제대로 조사하지도 않고 경솔하게 보고했다면서 이를 조정에 아뢰어 체포령이 있게 되었고, 대간(臺諫)의 논의가 점점 격렬해져서 여러 달 동안 그치지 않았다. 공은 군읍의 공무에 분주하면서 지방관의 일을 힘들게 여기지 않고 백성들을 보살피는 데에 전심하니 위엄과 은혜가 모두 지극함이 있었다. 일 년 있다가 파직되어 돌아오니 백성들이 거사비[522]를 세웠다. 이때부터 수년간 시사(時事)가 크게 변하였고 사론(士

---

519) 대간(臺諫)의 평론 : 사헌부와 사간원의 평론을 말한다.

520) 세 번 생각했던 : 원문의 '삼사(三思)'는 거듭 신중하게 생각한다는 뜻이다. 《논어》 〈공야장(公冶長)〉에 "계문자가 세 번 생각한 뒤에 행하였는데, 공자께서 이 말을 들으시고 두 번이면 가하다.[季文子三思而後行 子聞之 曰再斯可矣]"라고 말씀하였다.

521) 지희(抵巇) : 다른 사람의 허(虛)를 이용하여 공격함.

522) 거사비(去思碑) : 지방의 수령이 갈려서 떠나간 뒤에 그 선정(善政)을 기리어 고을의 백성들이 세운 비를 말한다.

論)이 군세지도 않자, 드디어 벼슬길에 대한 생각을 끊었다. 게다가 갑인년과 정사년에 연이어 큰아들과 둘째 아들을 잃으니, 이 때문에 애통하고 상심하여 무오년 가을에 집안사람들을 거느리고 청주(淸州) 선영 아래로 귀향하여 노년을 마무리할 계획으로 삼았다. 비록 군직(軍職)에 붙였더라도 모두 응하지 않았다.

신미년(1631) 여름에 다시 서울 집으로 돌아와 10월 19일에 한질(寒疾)로 별세하니, 향년이 72세였다. 그해 12월 초4일에 풍덕(豐德) 치소(治所) 동쪽 율리(栗里) 자좌(子坐)에 안장하였으니, 전 부인의 묘에 합장한 것이다. 장례를 행할 때 주상께서 사신을 보내 치제(致祭)하고 일찍이 선무원종(宣武原從)공신에 녹훈된 관계로 지금의 관직에 추증되었다.

공은 타고난 자질이 순수하고 아름다웠으며 효도와 우애가 지극히 돈독하여 찬성공을 모시기를 어려서부터 관직이 현달함에 이른 뒤에도 온화한 표정으로 받들고 순종하며 40년 동안을 하루같이 하였다. 찬성공이 만년에는 둘째 아들집(졸재공)에서 잘 모셨는데 공은 식구들을 구분하지 않고 와서는 곁에서 모시면서 좌우로 나아가 봉양하였고 온정정성[523]하는 여가에는 형제간의 책상을 나란히 하여 공부하고 이불을 함께 덮고 자는 즐거움을 겸하여 다하였다. 신축년(1601)에는 찬성공이 한동안 거행되지 않았던 국가의 우로전[524]을 받아 가선대부(嘉善大夫)에 오르고 동지중추부사(同知中樞府事)에 임명되니, 공이 작은형님인 졸재공과 함께 은총에 감격하여 경수(慶壽)의 연회를 베풀고 아울러 기로소(耆老所)의 여러 공 및 공경(公卿)들을 초대하여 축수(祝壽)를 하고 색동옷을 입고서 어린아이 놀이를 하였다. 이로부터 매년 봄가을로 이렇게 하는 것을 상례(常例)로 삼고 이 자취를 그림으로 그리고 이 잔치를 글로 읊어 노래하였다. 문인과 사백들도 기뻐하며 이를 글로 지은 것이 계속 쌓여 권축(卷軸)을 이뤘으니, 세상에서는 성대한 일이라고 하였다.

갑진년에 부친상을 당하자, 작은형님과 함께 산 곁에서 여묘(廬墓)를 할 적에 제청(祭廳) 아래에 의려(依廬)의 방을 만들고 거적자리에 목침으로 거상하였다. 하루를 마칠 때까지 최질[525]을 벗지 않았고, 하루에 두 번씩 묘소에 올라 애통한 심정을 펴고 돌아왔는데 사나운

523) **온정정성(溫淸定省)** : 동온하정(冬溫夏凊)과 혼정신성(昏定晨省)의 합성어로, 어버이를 정성껏 모시는 것을 말한다. 《예기》 〈곡례 상(曲禮上)〉의 "겨울에는 따뜻하게 해 드리고 여름에는 시원하게 해 드려야 하며, 저녁에는 잠자리를 보살펴 드리고 아침에는 문안 인사를 올려야 한다.[冬溫而夏凊 昏定而晨省]"라는 말에서 나온 것이다.

524) **우로전(優老典)** : 나이 많은 사람을 우대하여 특별히 내리는 벼슬을 말한다.

525) **최질(衰絰)** : '최'는 참최(斬衰) 또는 자최(齊衰)의 상복이며, '질'은 상복을 입을 때 머리에 두르는 수질

비바람에도 폐하지 않았다. 초상(初喪) 때부터 상제(喪制)를 마칠 때까지 쌀밥과 채소·과일을 먹지 않았으니, 예법을 굳게 지킴이 이와 같았다. 졸재공에게만 정려(旌閭)의 포전(褒典)이 내려졌는데, 공은 요직에 있는 사람들에게 미움을 받아 함께 포상의 은전을 입지 못하게 된 것이므로 지금까지 온 고을의 식자 중에 애석히 여기지 않은 이가 없었다.

큰형님 수재공(秀才公 정관재(靜觀齋))이 일찍 세상을 떠나자, 공은 여러 조카들을 돌보며 은혜와 의리 모두 지극히 하여 가르치고 훈계하여 성취시키기를 친자식과 다름없이 하였다. 서매(庶妹)의 자식이 부모를 잃고 외조모에게 맡겨 길러지자, 공이 어루만져 보살피고 가르쳐 이끌어주기를 한결같이 정성껏 하였다. 만년에 토지와 재물을 나눠줄 때 공이 이르기를 '내가 너희들에 대한 정의(情誼)가 어찌 다른 조카들과 다르겠느냐. 다만 법에 강쇄[526]의 내용이 있기는 하지만 이에 얽매여서는 안 될 것이니, 너희가 꼭 잡아 둘 것은 편한 대로 선택하거라.' 하고는 끝내 그들에게 선택하게끔 하였다. 이는 자잘한 일이지만 공이 돈목함을 미루어 감에 항렬이 낮거나 나이가 어린 자에게도 경홀함이 없었음을 볼 수 있다.

초하루와 보름날마다 심의[527]를 입고 묘에 올라가 참배하였고 근력이 쇠한 뒤에는 가마를 타고 갈지라도 일찍이 폐한 적이 없었다. 어버이의 기일(忌日)을 당하면 비록 종가(宗家)에서 기제사를 지내더라도 공이 있는 곳에서도 거를 수 없다하여 반드시 제사를 지내며 종신토록 사모하는 마음을 나타냈고, 나라의 기일에는 원대(遠代)나 근대(近代)를 막론하고 술과 고기를 차리지 않게 하였다. 어려서부터 무엇보다 예서(禮書)에 조예가 깊었고 졸재공 역시 예학(禮學)으로 세상에 칭송되었다.

공은 형제간에 난해한 곳이 있으면 논의하면서 예법 서차의 중요한 부분과 내용과 형식의 세미한 부분에까지 실지로 보지 못한 것이 없었고, 참으로 예를 알고 상제(喪制)를 잘 지켰으니, 당시에 저술한 것이 《의례고람(儀禮考覽)》 6권이다. 또 한번은 옥당에서 사인(士人) 신의경(申義慶)이 지은 '상례통재(喪禮通載)'가 하나의 책으로 완성되지 못한 것을 보고는, 이에 수정하고 증보하여 마침내 완전한 서책으로 만들고, 직접 서문을 지어 그 전말을 기술하였다. 또한 《오복통고(五服通考)》 2권을 지어 집에 소장하였다. 서적을 아주 좋아하여 경

(首絰)과 허리에 두르는 요질(腰絰)을 말한다.

526) **강쇄(降殺)** : 친소(親疎)의 등급에 따라 예수(禮數)를 감쇄(減殺)하는 것을 말한다.

527) **심의(深衣)** : 예전에 신분이 높은 선비들이 입던 웃옷으로, 대개 흰 베를 써서 두루마기 모양으로 만들었으며 소매를 넓게 하고 검은 비단으로 가를 둘렀다.

사자집(經史子集)부터 백가(百家)의 말에 이르기까지 모으지 않은 것이 없어서 한가히 지낼 때면 일찍 일어나 세수하고서 관을 쓰고 띠를 묶고 정좌하여 좌우에서 책을 뽑아 열람하면서 날마다 즐거움으로 삼고 한번도 게으른 용모를 보이지 않았다. 무릇 일은 지극히 정치(精緻)하게 하기를 힘썼는데 서책의 경우에는 더욱 아름답게 꾸몄다. 묵은 책이나 버려진 종이로 퇴색되고 잔결(殘缺)된 것은 반드시 깨끗이 닦아내고 보철하여 집안과 책상에 차곡차곡 쌓아놓으니 정갈하고 새롭지 않은 것이 없었다. 그러면서 외물에 자신의 뜻이 얽매이는 일이 없었다.[528]

공은 풍신(風神)이 깨끗하고 시원하며 고아한 조행(操行)이 단아하고 방정하였으며 견식(見識)이 해박하고 언론이 영발(英發)하여 당시 동료들에게 추허(推許)를 받았으니, 졸재공과 함께 현요(顯要)한 반열에 같이하였기에 사람들이 쌍벽[529]으로 일컬었다. 그런데 평소의 성품이 엄정하고 개결(介潔)하여 남의 잘못을 용납하지 않았고, 일이 닥쳤을 때는 과감하여 모난 말과 행동이 겉으로 드러났다. 졸재공이 전부터 현위의 잠언[530]으로 거듭 경계시켰으나 끝내 바뀌지 않았다. 공이 예문관(藝文館)과 전조[531]에 있을 때에 사람을 천거하여 주의(注擬)하고 진퇴하는 사이에 격양[532]이 자못 지나쳤으니, 이 때문에 좋아하지 않는 자가 많았다. 전후로 시기와 배제를 당한 것은 실로 여기에서 비롯되었다.

공의 전 부인은 전의이씨(全義李氏)의 이름난 성씨로, 고려(高麗) 태사(太師) 삼중대광(三重大匡) 도(棹)의 후손이며, 이조판서 문형(文馨)의 따님이다. 가정(嘉靖) 기미년에 태어나 공에게 시집왔는데 명문가에서 생장하여 부덕(婦德)을 온전히 갖추어서 집안일을 다스리고

528) 외물에 …… 없었다 : 외물(外物)에 이끌리지 않는 견고하고도 결백한 심성을 뜻한다. 참고로 《논어》 〈자로(子路)〉편 거실(居室)장 소주(小註)에, "경원 보씨가 말하기를 외물에 얽매인 바가 되어서 외물을 얻으면 교만한 마음이 생겨나고, 잃으면 인색한 마음이 생겨나는 것이다.[慶源輔氏曰 爲外物所累 得之則驕心生 失之則吝心生]"라고 한 글이 보인다.

529) **쌍벽(雙璧)** : 본래 한 쌍의 옥벽(玉璧)을 말하는데, 전하여 형제 또는 두 사람이 서로 우열을 가릴 수 없을 만큼 뛰어남을 비유한다. 각주 496)번 참조.

530) **현위(弦韋)의 잠언(箴言)** : 현위지계(弦韋之戒)라고도 한다. 자기의 단점을 고치기 위한 경계를 뜻하는 말로, 전국시대 위(魏)나라의 서문표(西門豹)는 급한 성질을 고치기 위해 다룸가죽을 차고 다니면서 느긋하게 처신하였고, 춘추(春秋)시대 진(晉)나라의 동안오(董安於)는 느긋한 성질을 고치기 위해 활시위를 차고 다니면서 날래게 처신하였다고 한다. 《韓非子 觀行》

531) **전조(銓曹)** : 문관의 인사를 행하는 이조(吏曹)와 무관의 인사를 행하는 병조(兵曹)를 통칭하는 말인데, 여기서는 이조를 가리킨다.

532) **격양(激揚)** : 격탁양청(激濁揚淸)의 준말로 탁류(濁流)를 밀어내고 청류(淸流)를 끌어올린다는 말이다. 곧 악을 제거하고 선을 장려함을 뜻한다.

아랫사람들을 어루만짐에 모두 그 마땅함을 얻었다. 찬성공이 매우 예우하며 중하게 여기고 다른 며느리보다 특별하게 대우하였다. 계묘년 2월 23일에 병으로 서울 집에서 세상을 떠나니, 나이 45세였다. 공이 바야흐로 해서 안렴사(海西按廉使)로 나갔을 때였다. 그해 모월 모일 풍덕(豐德) 치소 동쪽 자좌오향(子坐午向)의 언덕에 안장하였다. 후 부인 홍씨(洪氏)는 남양(南陽)의 명망 있는 집안사람으로, 영원군(寧原君) 만전당(晩全堂) 가신(可臣)의 따님이다. 만력(萬曆) 을유년에 태어났고 갑신년에 공에게 출가하였다. 타고난 품성이 단정하며 정숙하고 규방 법도의 아름다움을 가정에서 익혔다. 공경으로 부인의 도리를 지키며 전 부인의 소생들을 정성으로 보듬었다. 공이 세상을 떠난 뒤에 부인은 장수를 누려 슬하에 증손에 현손까지 벌여 있어 부인을 기쁘게 하였다. 공이 돌아가신 지 40년이 되는 경술년 5월 21일에 청주(淸州) 고향집에서 별세하니 향년 86세였다. 그해 8월 모일에 풍덕에 안장하였으니 묘소는 공과 같은 언덕이다.

공은 5남 3녀를 두었으니, 장남 득패(得沛)는 개성도사(開城都事)였고, 차남 득유(得游)는 경술년 문과에 등제하여 승문원 주서(承政院注書)를 지냈으나 모두 공보다 먼저 사망하였다. 삼남은 득치(得治)이다. 이상은 이씨의 소생이다. 사남 득홍(得洪)은 기묘년 문과에 등제하여 함경도사(咸鏡都事)를 지냈고, 막내아들 득명(得溟)은 일찍 사망하였다. 이상은 홍씨의 소생이다. 장녀는 문과에 급제하여 상례(相禮)인 최시량(崔始量)에게 출가하였고, 차녀는 문과에 급제하여 보덕(輔德)인 강여재(姜與載)에게 출가하였다. 이상은 이씨의 소생이다. 삼녀는 사인(士人) 이인창(李麟昌)에게 출가하였으니 홍씨의 소생이다.

득패는 종실 해풍군(海豐君) 이기(李耆)의 딸에게 장가들어 1남 3녀를 두었으니, 아들은 오(澳)이다. 장녀는 사인 임기영(林起榮)에게 출가하였고, 차녀는 사인 문익명(文益明)에게 출가하였는데 후사가 없다. 삼녀는 별좌(別座) 안신행(安信行)에게 출가하였다.

득유는 처음에 정언 안응원(安應元)의 딸을 아내로 맞이하여 아들 하나를 두니 영(渶)이다. 뒤에 다시 군수 심한(沈閒)의 딸에게 장가들었다. 측실(側室)에게 딸 하나가 있었는데 박안석(朴安石)에게 출가하였다.

득치는 처음에 사인 이계기(李啓基)의 딸을 아내로 맞이하여 딸 하나를 두었는데 안윤행(安允行)에게 출가하였다. 뒤에 다시 좌랑 우극근(禹克謹)의 딸에게 장가들어 아들 하나를 두었으니, 집(潗)이다. 측실(側室)에게 딸 하나가 있었는데 박침(朴琛)에게 출가하였다.

득홍은 현감 정이장(鄭以壯)의 딸에게 장가들어 3남 2녀를 두었으니, 장남은 교(澋)이고,

차남은 학(澩)인데 계축년 문과에 등제하였고, 삼남 혁(洨)은 갑자년 문과에 등제하여 승문원 부정자이다. 장녀는 사인 정원징(鄭元徵)에게 출가하였는데 후사가 없다. 차녀는 진사 송극(宋極)에게 출가하였다. 측실에게 아들 하나가 있으니 고(灨)이다.

득명은 정언 이경현(李景賢)의 딸에게 장가들어 아들 하나를 낳으니 정(濎)이다.

공의 사위 최시량은 2남 4녀를 두었으니, 장남은 성(晠)이고 차남은 주(晭)이다. 장녀는 군수 윤세헌(尹世獻)에게 출가하였고, 차녀는 사인 황류(黃瀏)에게 출가하였으며, 삼녀는 현감 신희(愼憙)에게 출가하였고, 사녀는 현감 이명로(李命老)에게 출가하였다. 강여재는 2남 1녀를 두었으니, 장남은 익창(翊昌)이고, 차남은 회창(會昌)인데 문과에 급제하여 수찬이다. 딸은 사인 윤세흥(尹世興)에게 출가하였다. 이인창은 1남 2녀를 두었으니, 아들은 연(沇)이다. 장녀는 사인 이관(李筦)에게 출가하였고 차녀는 사인 이기령(李箕齡)에게 출가하였다.

오(澳)는 사인 이흥문(李興文)의 딸에게 장가들어 1남 2녀를 두었으며 공의 제사를 주관한다. 임기영은 1남 2녀를 두었으니, 아들은 익서(益瑞)이고, 장녀는 사인 유명성(俞命成)에게 출가하였다. 차녀는 안신행(安信行)에게 출가하여 1남 2녀를 두었으니, 아들은 서규(瑞奎)이고, 장녀는 진사 홍석주(洪錫疇)에게 출가하였고, 차녀는 사인 신성장(辛聖章)에게 출가하였다.

영(渶)은 찰방 황담(黃湛)의 딸에게 장가들어 3남 4녀를 두었으니, 장남은 필제(必濟), 차남은 홍제(弘濟), 삼남은 윤제(允濟)이다. 장녀는 진사 최하봉(崔夏封)에게 출가하였고, 차녀는 참의 강세귀(姜世龜)에게 출가하였으며 삼녀는 사인 홍만(洪晩)에게 출가하였다. 사녀는 박안석(朴安石)에게 출가하였는데 자녀가 있다.

집(潗)은 처음에 주부 권서(權緖)의 딸을 아내로 맞이하여 5남 2녀를 두었으니, 장남 필원(必源)은 봉사(奉事)이고, 차남 필청(必淸)은 갑자년 문과에서 장원을 하였고, 삼남 필징(必澄)과 사남 필혼(必混)과 오남 필성(必渻)이 있다. 장녀는 사인 이홍성(李弘性)에게 출가하였고 차녀는 도사(都事) 조구정(趙九鼎)에게 출가하였다. 뒤에 다시 진사 이만헌(李萬憲)의 딸에게 장가들어 3남 1녀를 두었으니, 장남은 필창(必淐), 차남은 필렴(必濂), 삼남은 필량(必湸)이고, 딸은 사인 한임상(韓任相)에게 출가하였다.

안윤행(安允行)은 6녀를 두었으니, 장녀는 무과급제하여 현감인 정동용(鄭東龍)에게 출가하였고, 차녀는 사인 이한(李澣)에게 출가하였으며, 삼녀는 참봉 송석필(宋奭弼)에게 출가하였고, 사녀는 사인 김대석(金大錫)에게 출가하였고, 오녀는 진사 이거(李莒)에게 출가하였고,

육녀는 사인 홍만해(洪萬海)에게 출가하였다.

교(瀱)는 진사 심절(沈峹)의 딸에게 장가들어 4남 3녀를 두었으니, 장남은 항제(恒濟), 차남은 관제(觀濟), 삼남은 태제(泰濟)이고 나머지는 어리다. 장녀는 사인 유여중(俞呂重)에게 출가하였고, 차녀는 사인 이대석(李大晳)에게 출가하였고, 삼녀는 사인 박수용(朴壽龍)에게 출가하였다.

학(澩)은 사인 윤전(尹澳)의 딸에게 장가들어 5남 1녀를 두었으니, 장남은 명제(命濟), 차남은 문제(文濟), 삼남은 겸제(兼濟)이고 나머지는 어리다. 딸은 사인 목천수(睦天壽)에게 출가하였다.

혁(洓)은 사인 노사영(盧思永)의 딸에게 장가들어 3남 1녀를 두었으니, 장남은 세제(世濟), 차남은 만제(萬濟)이고 나머지는 어리다.

고(灨)는 이구연(李九淵)의 딸에게 장가들어 자녀를 두었다. 송극(宋極)은 1남 1녀를 두었으니, 아들 정규(廷奎)는 계해년 문과에 급제하였고, 딸은 사인 남태주(南泰胄)에게 출가하였다.

정(渆)은 처음에 현령 이진필(李震馝)의 딸을 아내로 맞이하여 1남을 두었으니, 도제(道濟)이고, 다시 사인 김극창(金克昌)의 딸에게 장가들어 4남을 두었으니, 장남은 의제(義濟), 차남은 인제(仁濟)이고 나머지는 어리다.

익제(益濟)는 군수 이암(李馣)의 딸에게 장가들어 3남 3녀를 두었으니, 장남은 찬(瓚), 차남은 남(灠)이고 다음은 어리다. 장녀는 사인 송유정(宋儒挺)에게 출가하였고, 차녀는 사인 홍해(洪垓)에게 출가하였으며, 삼녀는 사인 조유수(趙囿壽)에게 출가하였다.

필제(必濟)는 현감 이경선(李景善)의 딸에게 장가들어 4남 1녀를 두었으니, 아들은 숙(潚), 정(汥), 유(浟), 수(滫)이고, 딸은 무과급제한 이철(李哲)에게 출가하였다.

숙(潚)의 초취부인은 생원 송덕(宋德)의 딸이고, 재취부인은 황극주(黃極主)의 딸이다. 정(汥)은 생원 김중창(金重昌)의 딸에게 장가들었다.

홍제(弘濟)는 사인 한의극(韓義克)의 딸을 아내로 맞이하여 자녀를 두었는데 어리다.

윤제(允濟)는 처음에 사인 김동수(金東燧)의 딸을 아내로 맞이하여 2남 2녀를 두었으니, 아들은 닙(濕), 계(洎)이고, 장녀는 사인 허필(許鈊)에게 출가하였고, 차녀는 사인 최두송(崔斗松)에게 출가하였다. 다시 진사 김일(金馹)의 딸에게 장가들어 3남을 두었는데 어리다.

필원(必源)은 군수 송유전(宋有佺)의 딸에게 장가들어 1남 1녀를 두었으니, 아들은 택(澤)

이고 딸은 사인 정태서(鄭泰瑞)에게 출가하였다.

필청(必淸)은 진사 정언영(丁彦瑛)의 딸에게 장가들어 4남 1녀를 두었으니, 아들은 담(霮), 부(霈), 방(霶)이고 나머지는 어리다.

필징(必澄)은 사인 박효항(朴孝恒)의 딸에게 장가들어 3남 3녀를 두었으니, 아들은 호(濩)이고 나머지는 어리다.

필혼(必混)은 참봉 송규창(宋奎昌)의 딸에게 장가들어 2녀를 두었는데 어리다.

필성(必渻)은 군수 이석빈(李碩馪)의 딸에게 장가들어 2남 1녀를 두었는데 어리다.

필창(必淐)은 사인 조천한(趙天漢)의 딸에게 장가들어 자녀를 두었다. 이 이하의 먼 고장에 사는 외증손은 모두 기록하지 않는다.

그 밖의 지손들 및 공의 자제는 모두 일찍 사망하였고 가장(家狀)도 남아 있는 것이 없으며, 평소의 행의(行誼) 가운데 빠진 것이 많을 뿐만 아니라 공이 논사(論思)와 언론의 책임을 맡은 지위에 있을 때에 올렸던 소장(疏章)과 차자(箚子)의 유고(遺稿)가 있을 터인데 병화를 겪고 난 뒤로 흩어져 남아 있는 것이 없으며, 조정에서 벼슬하실 때의 사적은 증빙할 자료를 찾아 고찰하기가 더욱 어렵게 되었다. 지금 기록한 것은 겨우 한 집안에서 일컫던 이야기에서 나왔을 뿐이니, 공의 지행(志行)을 비슷하게나마 형용하고자 함이 어찌 어렵지 않으리오.

公諱涌 字季達 號霞隱 初名渫 字季收 丁卯 因逆盜同名者 遂改之 高靈人也 始祖諱成用 文科檢校軍器監 以文儒顯高麗世 十一代祖諱康升 文科正順大夫左右衛上護軍 十代祖諱仁材 文科匡靖大夫僉議評理上護軍 九代祖諱思敬 文科中顯大夫監門衛大護軍致仕 八代祖諱德隣 文科諫議大夫禮儀判書兼寶文閣大提學 贈正憲大夫吏曹判書 工眞草隸書 名重當世 七代祖諱包翅 文科通政大夫工曹參議 贈崇政大夫議政府左贊成 入我朝 居閒不仕 世宗大王徵拜左司諫 以善書名世 六代祖諱檣 號巖軒 文科嘉靖大夫工曹參判兼集賢殿提學同知春秋館事世子右副賓客 贈純忠積德秉義補祚功臣議政府領議政兼經筵弘文館春秋館書雲觀事高靈府院君 以文章名世 久典文衡 爲一世儒宗 善大字小楷 一時雄篇名刻 皆出其手 五代祖諱叔舟 號保閒齋 文科輸忠協策靖難同德佐翊保社秉機定難翊戴純誠明亮經濟弘化佐理功臣大匡輔國崇祿大夫議政府領議政兼領經筵弘文館藝文館春秋館觀象監事禮曹判書高靈府院君 贈

謚文忠公 四參勳籍 再爲首相 高祖諱洞 文科通訓大夫內資寺正 贈大匡輔國崇祿大夫議政府右議政兼領經筵監春秋館事 曾祖諱光潤 漢城府參軍 以老職累陞嘉善大夫 贈丞政院左承旨兼經筵參贊官 祖諱漵 隱德不仕 早世 贈嘉善大夫吏曹參判兼同知義禁府事 考諱仲淹 嘉善大夫同知中樞府事 贈崇政大夫議政府左贊成兼義禁府事 妣贈貞敬夫人文化柳氏 三韓壁上功臣三重大匡大丞車達之后 本朝右議政文城府院君忠景公亮之六代孫 司憲府掌令贈領議政廷秀之孫 司導寺正滰之女 以嘉靖庚申十二月三十日辛酉生公 甲子公年五歲而喪母夫人 公生而穎悟 自在髫齡 卽知讀書 手不捨冊 贊成公或有故 不得授課學 則執冊隨之 號泣請敎 或訶止而猶未已焉 未及成童 詞理暢蔚 方贊成公通判尙州 公年纔十餘 時適倭使到州 異公明秀 前致嘆賞 仍使製詩 公卽占一絶曰 扶桑三島外 華岳五雲中 兩國千年好 孤舟萬里通 倭使大加稱贊 贈遺甚厚 自是學日進 乙亥湖西鄉解 占第一 時年甫十六而實十五歲也 戊子中司馬 辛卯式年中丙科 選入槐院 癸巳被薦史局 甲午拜檢閱 俄遷說書 乙未由說書遷注書 又以檢閱陞待教 又遷說書陞司書 丙申拜正言副修撰知製敎修撰 丁酉陞副校理至再移正言 又移副校理吏曹佐郎都元帥從事官 戊戌陞吏曹正郎 秋以御史督察海路己亥遞拜直講陞司藝 庚子拜安山郡守 不赴 復以直講移校理 陞掌令司諫兼弼善 又移典籍司藝相禮 仍帶兼弼善 辛丑副應敎檢詳陞舍人 又移副應敎兼輔德 又以舍人進秩拜同副承旨 壬寅由右副左副陞右承旨 遞護軍爲黃海道監司 癸卯拜刑曹參議 甲辰冬丁贊成公憂 丁未服闋 拜兵曹參議 戊申以右承旨陞左承旨 秋以冬至使朝京師 己酉春竣事還朝 以奉事時文書一事 被逮卽釋 秋出爲平海郡守 庚戌因公錯罷歸 辛亥拜公州牧使 壬子拜順天府使 俱以臺評未赴 蓋戊申朝京時 先有陳奏之行 而公行浚起 故朝廷追付陳奏行費於公行 比至京則陳奏使已回程 遇於路 公意以爲此雖當付奏行之物 奏使則已竣事 公行則淹速難知 慮有意外需用之艱 相對言及 是實古人三思之意 而奏使艱之 再三往復而後 出付 以此 還朝之後 羣憾抵巇 搆孼情外 至於再掛彈辭 癸丑拜金堤郡守 甲寅被逮而歸 當光海時 逆獄屢起 在逃購捕者甚多 本郡有犯盜之囚 自稱在逃逆賊 公卽其由報使 蓋渠旣稱逆 則守令不可擅斷也 其囚到營 更問時 反其前辭 其時方伯以事未審的而輕報 啓聞于朝 致有拿命 臺論轉激 累月不止 公棲遑郡邑 不以吏事爲勞 專心撫字 威惠交盡 一年罷歸 民立去思之碑 自是數年來 時事大變 士論不競 遂絶念宦途 且於甲寅丁巳 連喪伯仲兩胤 用是悼傷 戊午秋挈家歸

清州先壠之下 爲終老之計 雖付軍職皆不就 辛未夏復還京第 十月十九日 以寒疾考終 享年七十二 以其年十二月初四日 葬于豐德治東栗里子坐 蓋同前夫人兆也 比其葬上遣使致祭 以嘗參宣武原從贈今官 公天資粹美 孝友篤至 事贊成公四十年間 自幼少至官達 婉愉承順 猶一日 贊成公晩年 奉侍於仲子家 公不以家累自異 來侍傍側 左右就養 溫凊定省之餘 兼盡聯床共被之樂 辛丑贊成公承國家優老曠典 陞嘉善拜同樞 公與仲氏拙齋公 感激恩寵 爲設慶壽 幷邀同升耆老諸公及公卿而壽之 身着斑衣以爲戲 自是每歲春秋 率以爲常 因圖畵其蹟 歌詠其事 文人詞伯 樂爲之賦 積成卷軸世以爲盛事 甲辰丁憂 與仲氏廬墓山側 祭廳下爲依廬之室 苫席木枕以居焉 終晝之間 不脫衰絰 日再上墓 展哀而返 雖烈風甚雨 不廢也 自初喪至終制 未嘗食稻及菜果其執禮之固如此 拙齋公獨蒙旌閭之褒 如公則以見忤於當路 未蒙幷褒之典 至今一鄕有識者 莫不嘆惜 伯氏秀才公早卒 公視諸孤 恩義俱至 教訓成就 猶己子 庶妹之子有失其怙恃 來鞠於其外祖母者 公撫恤提誨 一以誠悃 晩年區處田財時 公謂之曰 吾於汝 情誼豈殊他姪 而但法有降殺之文 雖不可拘施 汝所執持 汝可擇便利 終使自擇 此雖細微之事 可見公敦睦之推 無忽於卑幼也 每於朔望 以深衣上墓參拜 筋力旣憊之後 雖擔輿以行 未嘗廢 遇親忌 雖自宗家行之 無關於所在 必別設以祭 以寓終身之慕國忌則無遠近 不設酒肉 自少 尤邃於禮書 而拙齋公亦以禮學稱於世 公塤篪論難 序秩之大 情文之微 無不實見 眞知守制 時著儀禮考覽六卷 又嘗於玉堂 見士人申義慶所撰喪禮通載未成書一冊 公乃修潤增補 遂爲完書 自爲序以記其顚末 且有所著五服通考二卷 藏于家 酷好書籍 自經史子集 以至百家之語 無不鳩聚 居閒之後 每朝起盥洗 束帶正坐 左右抽閱 日以爲娛 未嘗有惰容 凡事務極精緻 而於書冊尤致美焉 陳篇敗牘之漫漶殘缺者 必洗濯補綴 充棟積案 莫不精新 而不以外物嬰其意 公風神淸爽雅操端方 見識稍該 言論英發 爲一時儕儒所推許 與拙齋公 同列顯要 人以雙璧稱之而素性峻介 不能容人之過 臨事果敢 崖角太露 拙齋公嘗申之以弦韋之箴 而終莫之易也 其在翰苑銓曹 薦注進退之間 激揚頗過 以此不悅者多 前後齮齕 實由兆於是焉前夫人 全義李氏著姓 高麗太師三重大匡棹之後 吏曹判書文馨之女 生于嘉靖己未年歸于公 毓秀名家 婦德俱全 治內撫下 咸得其宜 贊成公甚禮重之 視遇優於諸婦 癸卯二月二十三日 以疾終于京第 得年四十五 公方以按廉於西時也 其年月日 葬于豐德治東子坐午向之原 後夫人洪氏 南陽望族 寧原君晩全堂可臣之女 萬曆乙酉生 甲辰

移天于公 禀賦莊静 閨範之懿 得之家庭 執婦道以敬 撫先出以誠 公沒後 夫人享有高年 頷下玄曾孫 羅列承歡 距公亡四十年 庚戌五月二十一日卒于清州鄉舍 年八十六 是年八月日 葬于豐德 與公同原 公生五子三女 男長得沛 開城都事 次得游 登庚戌文科 丞政院注書 俱先亡 次得治 李氏出 次得洪 登己卯文科 咸鏡都事 次得溟 早卒 洪氏出 女長適文科相禮崔始量 次適文科輔德姜與載 李氏出 次適士人李麟昌 洪氏出 得沛娶宗室海豐君耆女 生一男三女 男澳 女長適士人林起榮 次適士人文益明 無后 次適別座安信行 得游初娶正言安應元女 生一子 漢 後娶郡守沈誾女 側室 一女 適朴安石 得治初娶士人李啓基女 生一女 適安允行 繼娶佐郎禹克謹女 生一子 準 側室一女 適朴䌂 得洪娶縣監鄭以壯女 生三男二女 男長瀷 次滐登癸丑文科 次渼登甲子文科 承文副正字 女長適士人鄭元徵 無后 次適進士宋極 側室一男灊 得溟娶正言李景賢女 生一子 灈 崔始量生二子四女 男㬙 次昞 女長適郡守尹世獻 次適士人黃瀏 次適縣監愼憙 次適縣監李命老 姜與載生二子一女 男長翊昌 次會昌文科修撰 女適士人尹世興 李麟昌生一男二女 男沆 女長適士人李莞 次適士人李箕齡 澳娶士人李興文女生一男二女 主公祀 林起榮生一男二女 男益瑞 女長適士人兪命成 次適安信行 一男二女 男瑞奎 女長適進士洪錫疇 次適士人辛聖章 漢娶察訪黃湛女 生三男四女 男長必濟 次弘濟 次允濟 女長適進士崔夏封 次適參議姜世龜 次適士人洪晩 次朴安石亦有子女 準初娶主簿權緖女 生五男二女 男長必源奉事 次必淸甲子文魁 次必澄 次必混 次必淯 女長適士人李弘性 次適都事趙九鼎 再娶進士李萬憲女 生三男一女 男長必涓 次必濂 次必浣 女適士人韓任相 安允行生六女 長適武科縣監鄭東龍 次適士人李滓 次適參奉宋奭弼 次適士人金大錫 次適進士李茬 次適士人洪萬海 瀷娶進士沈棨女 生四男三女 男長恒濟 次觀濟 次泰濟 餘幼 女長適士人兪呂重 次適士人李大晳次適士人朴壽龍 滐娶士人尹洪女 生五男一女 男長命濟 次文濟 次兼濟 餘幼 女適士人睦天壽 渼娶士人盧思永女 生三男一女 男長世濟 次萬濟 餘幼 灊娶李九淵女 生子女 宋極生一子一女 男廷奎癸亥文科 女適士人南泰冑 灈初娶縣令李震馝女 生一男道濟 再娶士人金克昌女 生四男 長義濟 次仁濟 餘幼 益濟娶郡守李𪓟女 生三男三女男長濽 次瀷 次幼 女長適士人宋儒挺 次適士人洪垓 次適士人趙囿壽 必濟娶縣監李景善女 生四男一女 男潚瀫潄潃 女適武科李哲 潚初娶生員宋德女 再娶黃極主女 瀫娶生員金重昌女 弘濟初娶士人韓義克女 生子女 幼 允濟初娶士人金東燧女 生二男

二女 男濈洎 女長適士人許鉍 次適士人崔斗松 再娶進士金駉女 生三男 幼 必源娶郡守宋有佺女 生一男一女 男霔 女適士人鄭泰瑞 必清娶進士丁彥瑛女 生四男一女 男靊霡霶 餘幼 必澄娶士人朴孝恒女 生三男三女 男霬 餘幼 必混娶參奉宋奎昌女 生二女 幼 必湑娶郡守李碩馪女 生二子一女 幼 必涓娶士人趙天漢女 生子女 此以下外曾之居遠者 皆不錄 其子支公子弟 皆早世 家狀無存 非但平居行誼 多有闕漏 其在論思言責之地 亦有章箚遺草 而兵燹之餘 散秩無遺 立朝事蹟 尤難憑考 今所紀次 僅出於一家稱說 則其欲彷彿於公之志行 豈不難哉

행장
行狀

신필청[533]

공은 휘가 용(涌)이고 자는 계달(季達)이며 호는 하은(霞隱)이다. 초명(初名)은 설(渫), 자는 계수(季收)였는데, 갑자년(1624, 인조 2) 이괄(李适)의 역변에 가담한 사람 중에 같은 이름을 가진 자가 있었으므로 마침내 상소하여 정묘년에 이름을 고쳤다. 관향은 고령(高靈)이다. 선고(先考)의 휘는 중엄(仲淹)이니, 벼슬이 동지중추부사 증 좌찬성이다. 선비(先妣)는 증 정경부인 문화유씨(文化柳氏)로 삼한벽상공신(三韓壁上功臣) 삼중대광대승(三重大匡大丞) 차달(車達)의 후예이며, 본조의 우의정 문성부원군(文城府院君) 충경공(忠景公) 양(亮)의 6대손이고, 사헌부장령 증 영의정 정수(廷秀)의 손녀요, 사도사정 엄(渰)의 따님이니, 가정(嘉靖) 경신년(1560) 12월 30일 신유(辛酉) 진시(辰時)에 공을 낳았다.

갑자년 공의 나이 5세에 모부인(母夫人)을 여의었는데, 공은 나면서부터 영특하였고 어린 나이부터 글을 읽을 줄 알아 손에서 책을 놓지 않았다. 부친 찬성공이 혹시 어떤 일이라도 생길까 염려하여 일과(日課)에 따라 공부할 분량을 주지 않으면 책을 들고 따라다니며 울면서 가르침을 청하였고 혹 나무라며 그만두게 해도 그치지 않았으니, 성동(成童)이 되기도 전에 문장의 조리가 통창하고 성숙해졌다. 바야흐로 찬성공이 상주통판(尙州通判)으로 있을 때 공의 나이 겨우 10여 세였다. 당시에 마침 일본 사신이 상주에 이르렀다가 공의 총명함을 기이하게 여겨 앞으로 나오라고 하여 감탄하며 칭찬하고는 이어 시를 짓게 하자, 공이 곧바로 절구 한 수를 입으로 읊기를, "부상(扶桑)은 삼신산(三神山) 밖 멀리 있고, 화악(華岳)은 오색구름 속에 솟아 있네. 두 나라가 천년 동안 우호를 다졌으니, 한 척의 배가 만 리 길 통하네.[扶桑三島外 華岳五雲中 兩國千年好 孤舟萬里通]"라고 하였다. 이에 일본 사신이 크게 칭찬하며 매우 후하게 선물하였다. 이로부터 학문이 하루가 다르게 진보하였다.

을해년 호서 향시(湖西鄕試)에서 제1등을 차지하였으니, 그때 나이 16세라 하였지만 실은 겨우 15세였다. 무자년(1588) 식년시 윤영현(尹英賢)·김의원(金義元)이 장원한 방(榜)에 생원(生員) 38위로 입격하였고, 신묘년(1591) 식년시 민유부(閔有孚)가 장원한 방중(榜中)에 병과

533) 신필청(申必淸, 1647~1710) : 자는 청지(淸之), 호는 죽헌(竹軒)이다. 하은공의 증손으로, 숙종 갑자년에 대과에 장원급제하여 지평·정언·파주목사·순흥부사 등을 역임하였다. 저서로 《죽헌집》이 있다.

18위로 급제하니 곧 우리 선조(宣祖) 24년이다. 준점[534]으로 승문원에 선발되어 들어갔다.

임진년(1592) 4월 왜병이 대거 쳐들어오자 공은 충청도에서 병사를 모집하고 의병장이 되었다. 계사년 세밑에 부정자(副正字)로 승진하였고 갑오년 10월에 정자(正字)로 들어갔으며 11월에 예문관 검열(藝文館檢閱) 겸 춘추관 기사관(春秋館記事官)에 올랐으나 윤허하지 않아 시강원 설서(侍講院說書)로 옮겨졌다. 을미년 3월에 승정원 주서(承政院注書)에 임명되고 4월에 임진선무종훈(壬辰宣武從勳)에 책록되었으며 6월에 검열(檢閱)에서 대교(待敎)로 승진하였고 12월에 설서에서 사서(司書)로 승진하였다. 병신년 3월에 사간원 정언(司諫院正言)에 임명되고 8월에는 홍문관 부수찬(弘文館副修撰)·지제교(知製敎) 겸 경연 검토관(經筵檢討官)에 임명되었으며 9월에 겸직은 그대로 띤 채 수찬(修撰)에 올랐다. 정유년에 수찬에서 부교리(副校理)로 승진하였고 6월에 다시 정언에 임명되었으며 8월에 부교리에서 이조좌랑(吏曹佐郞) 겸 도원수 종사관(都元帥從事官)으로 승진되었다.

무술년(1598) 가을에 어사로 해로(海路)를 독찰(督察)하였고 12월에는 이조정랑(吏曹正郞)에 올랐다. 기해년 5월에 성균관 직강(成均館直講)에 임명되고 오래지 않아 사예(司藝)로 승진되었다. 경자년에 안산군수(安山郡守)에 임명되었지만 나아가지 않았고 6월에 직강에서 교리로 승진하였으며 7월에 사헌부 장령(司憲府掌令)에 임명되었고 8월에 사간으로 세자시강원 필선(弼善)을 겸하였다. 12월에 사예로 있다가 상례(相禮)에 임명되었다. 신축년 정월에 검상(檢詳)에서 사인(舍人)으로 승진하였고 2월에 부응교(副應敎)로 보덕(輔德)을 겸하였으며 6월에 사인으로 당상(堂上)에 올랐다. 8월에 동부승지(同副承旨)에 임명되고, 임인년 2월에 우부승지에서 좌부승지로 승진하였으며 4월에 우승지(右承旨)로 호군(護軍)에 붙여졌다. 8월에 황해도관찰사(黃海道觀察使)로 안찰하러 나갔고, 계묘년에는 형조참의(刑曹參議)에 임명되었다.

갑진년(1604) 12월에 부친상을 당하여 정미년에 삼년상을 마치고 형조참의에 임명되었다. 무신년 4월에 다시 우승지에 임명되고 7월에 좌승지로 승진하였다. 8월에 동지사(冬至使)로 북경에 가서는 황제가 우리나라로 표류해 온 복건 사람 대조용(戴朝用) 등 47명을 차례로 인계하여 연경으로 데리고 간 일로 특별히 은냥(銀兩)과 채단(綵段)을 하사하였다. 기유년 2월에 조정으로 돌아오자, 문서(文書) 하나를 잘못 지었다는 사유로 체포당하였다가 얼마 되

534) **준점(準點)** : 조선시대 관리를 뽑을 때, 선발의 기준 점수를 채운다는 뜻으로, 선발에 참여한 관원들이 후보자의 성명 위에 권점(圈點)을 찍어 국가의 준점 규정에 따라 선발하는 일을 이른다.

지 않아 사면을 받았다. 9월에 평해군수(平海郡守)에 임명되었다.

경술년(1610) 10월에 감사 홍서봉(洪瑞鳳)이 묵은 감정 때문에 주상께 아뢰어 파직을 시켰다. 신해년 겨울에 공주목사(公州牧使)에 임명되다가 유역(柳湙)의 탄핵을 받았고, 임자년 겨울에 순천부사(順天府使)에 임명되었지만 조희일(趙希逸)의 탄핵을 받았는데, 모두 묵은 감정 때문이었다.

계축년(1613) 7월에 김제군수(金堤郡守)에 임명되었고, 갑인년 10월에 감사 이경전(李慶全)이 얽어 무고하여 나포되었으니, 그 전말이 《가세유고(家世遺事)》에 자세히 나와 있다. 공은 고을 수령으로 전전하였으나 지방관의 임무를 수고롭게 여기지 않고 전심(專心)으로 백성들을 보살피니 위엄과 은혜가 모두 극진하였다. 군수로 재직한지 겨우 일 년인데도 백성들이 거사비(去思碑)를 세웠다. 이때 광해군의 정사가 혼란하여 시사(時事)가 크게 변하였고 사론(士論)마저 강하게 주장하는 일이 없자, 드디어 벼슬길에 대한 생각을 끊었다.

갑인년과 정사년에 큰아들과 둘째 아들을 연달아 잃으니, 이 때문에 애통하고 상심하여 무오년 가을에 집안사람들을 거느리고 청주(淸州) 선영 아래 묵정리(墨井里)로 귀향하여 여생을 마칠 계책을 하였다. 비록 군직(軍職)을 붙여주었으나 모두 응하지 않았다.

신미년(1631) 여름에 다시 서울 집으로 돌아와 10월 19일에 한질(寒疾)로 별세하니, 향년이 72세였다. 그해 12월 초4일에 풍덕(豐德) 치소(治所) 동쪽 율리(栗里) 자좌오향(子坐午向)의 언덕에 안장하였으니, 전 부인 이씨의 묘역에 같이 쓴 것이다. 안장할 때 주상께서 사신을 보내 치제(致祭)하고 일찍이 선무원종(宣武原從)에 녹훈되었던 관계로 자헌대부(資憲大夫) 이조판서(吏曹判書)를 추증하여 위와 같이 겸하도록 한 것이다.

공은 타고난 자질이 순수하고 아름다웠으며 효도와 우애가 지극히 돈독하였다. 찬성공이 만년에 둘째 아들집에서 봉양을 받았는데, 공은 식솔들 때문에 따로 살지 않고 와서는 곁에서 모시면서 봉양하였고 온정정성[535]하는 여가에는 형제간의 책상을 나란히 하여 공부하고 이불을 함께 덮고 자는 즐거움을 겸하여 다하였다. 신축년에는 찬성공이 나라의 예전의 우로전(優老典)을 받아 가선대부(嘉善大夫)에 오르고 동지중추부사(同知中樞府事)에 임명되니, 공이 작은형님인 졸재공과 함께 은총에 감격하여 경수(慶壽)의 연회를 베풀고 아울러 기로소(耆老所)의 여러 공들 및 공경(公卿)을 초대하여 축수(祝壽)를 하고 색동옷을 입고서

---

535) **온정정성(溫凊定省)** : 각주 523)번 참조.

어린아이 놀이를 하였다. 이로부터 매년 봄가을로 이렇게 하는 것을 상례(常例)로 삼고 그 광경을 그림으로 그리고 그 행사를 노래하자, 문인과 사백이 기쁜 마음으로 지은 시문이 계속 쌓여 권축(卷軸)을 이뤘으니, 세상에서는 성대한 일이라고 하였다.

갑진년에 부친상을 당하자, 작은형님과 함께 산 곁에서 시묘살이를 하였는데, 제청(祭廳) 아래에 의려(依廬)의 방을 만들고 거적자리에 목침으로 거상하였다. 하루를 마칠 때까지 최질(衰絰)을 벗지 않았고, 하루에 두 번 묘소에 올라 애통해하며 돌아오기를 사나운 비바람에도 그치지 않았다. 초상(初喪) 때부터 상기(喪期)를 마칠 때까지 쌀밥과 채소·과일을 먹지 않았으니, 예법을 굳게 지킴이 이와 같았다. 졸재공만이 정려(旌閭)의 포전(褒典)을 받았는데, 공의 경우에는 요직에 있는 사람들에게 미움을 받아 함께 포상의 은전을 입지 못하게 된 것이어서 지금까지 온 고을의 식견이 있는 자로 탄식하지 않은 이가 없었다. 큰형님 수재공(秀才公 정관재(靜觀齋))이 일찍 세상을 떠나자, 공은 여러 조카들을 돌보며 은혜와 의리 모두 지극히 하여 가르치고 훈계하여 성취시키기를 친자식과 다름없이 하였다. 서매(庶妹)의 자식이 부모를 잃고 외조모에게 맡겨지자, 공이 어루만져 보살피고 가르쳐 이끌어주기를 한결같이 정성으로 하였다. 만년에 토지와 재물을 자질(子姪)들에게 나누어 줄 때, 공이 이르기를 '내가 너희들에 대한 정의가 어찌 다른 조카들과 다르겠느냐. 그런데 법에 강쇄(降殺)의 구별이 있기는 하다. 그렇다하더라도 이에 얽매여서는 안 될 것이니, 너희가 꼭 가지고 싶은 것이 있으면 편한 대로 선택하거라.' 하였으니, 이는 세미한 일이나 공이 돈목을 미루어 감에 있어 항렬이 낮거나 나이가 어린 자에게도 경홀함이 없었음을 볼 수 있다. 매번 초하루와 보름날에는 심의(深衣)를 입고 묘에 올라가 참배하였고 근력이 쇠한 뒤에는 들것에 실려서 가더라도 일찍이 그만둔 적이 없었다. 어버이의 기일(忌日)을 당하면 비록 종가(宗家)에서 기제사를 지내더라도 공이 있는 곳에서도 거를 수 없다하여 반드시 제수를 진설하고 제사를 지내며 종신토록 사모하는 마음을 나타냈고, 나라의 기일에는 먼 군주이거나 가까운 군주이거나를 막론하고 그날은 밥상에 고기를 차리지 못하게 하였다.

공은 어려서부터 예서(禮書)에 더욱 조예가 깊었고 졸재공 역시 예학(禮學)으로 세상에 일컬어졌다. 공은 난해한 곳이 있으면 형제간에 논의하면서 예법과 서차의 큰 규정 및 내용과 형식의 세미한 부분에까지 실지로 살펴보지 않은 것이 없었고, 참으로 예를 알고 상제를 잘 지켰으니, 당시에 저술한 것이 《의례고람(儀禮考覽)》 6권이다. 또 일찍이 홍문관에서 사인(士人) 신의경(申義慶)이 지은 '상례통재(喪禮通載)'가 하나의 책으로 완성되지 못한 것을 보고는, 이에 수정하고 증보하여 마침내 완전한 서책으로 만들고, 직접 서문을 지어 그 전말을 기술하였다. 또한 《오복통고(五服通考)》 2권을 저술하여 집에 소장하였다가 뒤에 세상에 간행하니, 판목(板木)이 성주(星州)에 있다.

공은 서적을 몹시 좋아하여 경사자집(經史子集)부터 백가(百家)의 말에 이르기까지 모으지 않은 것이 없었다. 한가히 지낼 때면 일찍 일어나 세수하고 바깥채로 나와 관을 쓰고 띠를 묶고 정좌하여 좌우에서 책을 뽑아 열람하기를 날마다 즐거움으로 삼고 한 번도 게으른 모습을 보이지 않았다. 무릇 일은 지극히 정밀하고 자세히 하기에 힘썼고, 서책의 경우에는 더욱 아름답게 꾸몄으니, 묵은 책이나 버려진 종이로 퇴색되고 잔결(殘缺)된 것은 반드시 깨끗이 닦아내고 보철하여 집안과 책상에 차곡차곡 쌓아놓으니 정갈하고 새롭지 않은 것이 없었다. 그러면서 외물(外物)에 자신의 뜻이 얽매이는 일이 없었다.

공은 풍신(風神)이 깨끗하고 시원하며 고아한 조행(操行)이 단아하고 방정하였다. 견식(見識)이 정확하면서 해박하고 언론이 영발(英發)하여 당시 동료들에게 추허(推許)를 받았으니, 졸재공과 함께 현요(顯要)한 반열에 같이하였기에 사람들이 쌍벽(雙璧)으로 일컬었다. 그런데 평소의 성품이 엄정하고 개결(介潔)하여 남의 잘못을 용납하지 않았고, 일이 닥쳤을 때는 과감하여 모난 말과 행동이 겉으로 드러났다. 졸재공이 전부터 현위의 잠언[536]으로 거듭 경계시켰으나 끝내 바뀌지 않았다. 공이 예문관(藝文館)과 전조(銓曹)에 있을 때에는 사람을 천거하여 주의(注擬)하고 진퇴하게 하는 사이에 격양(激揚)함이 자못 지나쳤고, 승정원에 있으면서 문자를 출납할 때에는 비평하여 물리친 것이 많았으며, 언관(言官)의 직분에 있을 때에는 탄핵에도 피함이 없었다. 이 때문에 좋아하지 않는 자가 많았고 유감을 품은 자 또한 여럿이었으니, 전후로 시기와 배제를 당한 것은 실로 여기에서 비롯된 것이다.

공의 전 부인 이씨(李氏)는 전의(全義)의 이름난 성씨로, 고려(高麗) 태사(太師) 삼중대광(三重大匡) 도(棹)의 후손이며, 이조판서 문형(文馨)의 따님이다. 가정(嘉靖) 무오년 12월 28일 축시에 태어나 계례(笄禮)를 올리고 공에게 시집왔다. 명문가에서 생장하여 부덕(婦德)을 온전히 갖추어서 집안일을 다스리고 아랫사람을 어루만져 모두 그 마땅함을 얻었다. 이에 찬성공이 매우 예우하며 중하게 여기고 다른 며느리보다 특별하게 대우하였다. 계묘년 2월 23일에 병으로 서울 집에서 세상을 떠나니, 나이 45세였고, 공이 바야흐로 해서 안렴사

536) 현위(弦韋)의 잠언(箴言) : 각주 530)번 참조.

(海西按廉使)로 나갔을 때였다. 그해 월 일에 풍덕(豐德) 치소 동쪽 자좌오향(子坐午向)의 언덕에 안장하였다. 후 부인 홍씨(洪氏)는 남양(南陽)의 명망 있는 집안으로, 고려 금오위위(金吾衛尉) 선행(先幸)의 후예이며, 이조참의 한(瀚)의 증손이고, 영원군(寧原君) 만전당(晚全堂) 가신(可臣)의 따님이다. 만력 을유년 1월 26일 술시에 태어났고 갑신년에 공에게 출가하였다. 타고난 품성이 단정하며 정숙하고 규방 법도의 예절을 가정에서 익혔다. 공경으로 부인의 도리를 지키며 전 부인의 소생들을 정성으로 보듬었다. 공이 세상을 떠난 뒤에 부인은 장수를 누려 슬하에 증손에 현손까지 늘어서서 부인을 기쁘게 하였다. 공이 돌아가신 지 40년이 되는 경술년 5월 21일에 청주(淸州) 고향집에서 별세하니 향년 86세였다. 그해 8월 22일에 풍덕에 안장하였으니 묘는 공과 같은 언덕이다.

공은 5남 3녀를 두었으니, 장남 득패(得沛)는 개성도사(開城都事)였고, 차남 득유(得游)는 경술년 문과에 등제하여 승문원 주서(丞政院注書)를 지냈고 예조참판에 추증되었는데, 모두 공보다 먼저 사망하였다. 삼남은 득치(得治)이니, 이상은 이씨 소생이다. 사남 득홍(得洪)은 기묘년 문과에 등제하여 함경도사(咸鏡都事)를 지냈고 예조참판에 추증되었다. 막내아들 득명(得溟)은 일찍 사망하였으니, 이상은 홍씨 소생이다. 장녀는 문과급제하여 상례(相禮)인 최시량(崔始量)에게 출가하였고, 차녀는 문과급제하여 보덕(輔德)인 강여재(姜與載)에게 출가하였다. 삼녀는 사인(士人) 이인창(李麟昌)에게 출가하였으니, 홍씨 소생이다.

득패(得沛)는 종실 해풍군(海豐君) 이기(李耆)의 딸에게 장가들어 1남 3녀를 두었는데, 아들은 오(澳)이고, 장녀는 임기영(林起榮)에게 출가하였고, 차녀는 문익명(文益明)에게 출가하였는데 후사가 없다. 삼녀는 별좌(別座) 안신행(安信行)에게 출가하였다. 득유(得游)는 처음에 정언 안응원(安應元)의 딸을 아내로 맞이하여 아들 하나를 두었는데 영(渶)으로 가선대부 동지중추부사이다. 뒤에 다시 군수 심곤(沈閫)의 딸에게 장가들었다. 득치(得治)는 처음에 이계기(李啓基)의 딸을 아내로 맞이하여 딸 하나를 두었는데 생원 안윤행(安允行)에게 출가하였다. 뒤에 다시 좌랑 우극근(禹克謹)의 딸에게 장가들어 아들 하나를 두었는데, 집(潗)이다. 득홍(得洪)은 현감 정이장(鄭以壯)의 딸에게 장가들어 3남 2녀를 두었는데, 장남 교(澋)는 장흥고 봉사(長興庫奉事)이고, 차남 학(澩)은 계축년에 문과급제하여 현재 의주부윤(義州府尹)이고, 삼남 혁(湙)은 갑자년에 문과급제하여 승문원 부정자이다. 장녀는 정원징(鄭元徵)에게 출가하였는데 후사가 없다. 차녀는 진사 송극(宋極)에게 출가하였다. 득명(得溟)은 정언 이경현(李景賢)의 딸에게 장가들어 아들 하나를 두니 정(淵)이다.

최시량(崔始量)은 2남 4녀를 두었는데, 아들은 성(晠)과 주(晭)이다. 딸들은 군수 윤세헌(尹世獻), 황류(黃瀏), 현감 신희(愼憙), 현감 이명로(李命老)에게 각각 출가하였다. 강여재(姜與載)는 3남 1녀를 두었으니, 아들은 익창(翊昌), 석창(碩昌), 회창(會昌)은 문과급제하여 통정(通政)이다. 딸은 현감 윤세흥(尹世興)에게 출가하였다. 이기창(李麒昌)은 1남 2녀를 두었는데, 아들은 연(沇)이고, 딸들은 이관(李筦), 이기령(李箕齡)에게 각각 출가하였다.

오(澳)는 이흥문(李興文)의 딸에게 장가들어 1남을 두었는데, 익제(益濟)이니 공의 제사를 주관한다. 임기영(林起榮)은 1남 2녀를 두었는데, 아들은 익서(益瑞)이고, 큰딸은 유명성(俞命成)에게 출가하였고, 작은딸은 안신행(安信行)에게 출가하여 1남 2녀를 두었는데, 아들은 서규(瑞奎)이니 참봉이고, 딸들은 진사 홍석주(洪錫疇), 신성장(辛聖章)에게 각각 출가하였다. 영(渶)은 찰방 황담(黃湛)의 딸에게 장가들어 3남 4녀를 두었는데, 아들은 필제(必濟), 홍제(弘濟), 윤제(允濟)이고, 딸들은 진사 최하봉(崔夏封), 승지 강세귀(姜世龜), 홍만(洪晩), 박안석(朴安石)에게 각각 출가하였다. 박안석은 자녀가 있다. 집(潗)은 처음에 주부 권서(權緖)의 딸을 아내로 맞이하여 5남 2녀를 두었는데, 아들 필원(必源)은 생원이고, 필청(必淸)은 갑자년 문과에서 장원하여 사헌부에 있고, 필징(必澄), 필혼(必混), 필성(必渻)이 있다. 딸들은 이홍성(李弘性), 별검 조구정(趙九鼎)에게 각각 출가하였다. 뒤에 다시 진사 이만헌(李萬憲)의 딸에게 장가들어 3남 1녀를 두었는데, 아들은 필창(必淐), 필렴(必濂), 필량(必涼)이고, 딸은 한임상(韓任相)에게 출가하였다. 안윤행(安允行)은 6녀를 두었는데, 딸들은 현감 정동용(鄭東龍), 이한(李澣), 참봉 송석필(宋奭弼), 김대석(金大錫), 진사 이거(李莒), 홍만해(洪萬海)에게 각각 출가하였다. 교(瀔)는 진사 심절(沈楶)의 딸에게 장가들어 4남 3녀를 두었는데, 아들은 항제(恒濟), 관제(觀濟), 태제(泰濟), 승제(升濟)이고, 딸들은 유여중(俞呂重), 이대석(李大晳), 박수용(朴壽龍)에게 각각 출가하였다. 학(澩)은 윤전(尹洪)의 딸에게 장가들어 5남 1녀를 두었는데, 아들 명제(命濟)는 진사이고, 문제(文濟), 겸제(兼濟), 광제(光濟), 화제(華濟)이고, 딸은 목천수(睦天壽)에게 출가하였다. 혁(洓)은 노사영(盧思永)의 딸에게 장가들어 3남 1녀를 두었는데, 아들은 세제(世濟), 만제(萬濟), 창제(昌濟)이고, 딸은 어리다. 송극(宋極)은 1남 1녀를 두었는데, 아들 정규(廷奎)는 계해년에 문과급제하여 정언이고, 딸은 남태주(南泰胄)에게 출가하였다. 정(濎)은 처음에 현령 이진필(李震馝)의 딸을 아내로 맞이하여 1남을 두었는데, 도제(道濟)이고, 다시 김극창(金克昌)의 딸에게 장가들어 4남을 두었는데, 의제(義濟), 인제(仁濟)이고 나머지는 어리다.

익제(益濟)는 군수 이암(李巖)의 딸에게 장가들어 2남 3녀를 두었는데, 아들은 찬(瓚), 남(灢)이고, 딸들은 송유정(宋儒挺), 홍해(洪垓), 조유수(趙囿壽)에게 각각 출가하였다. 필제(必濟)는 현감 이경선(李景善)의 딸에게 장가들어 4남 1녀를 두었는데, 아들은 경(儆), 정(政), 유(攸), 수(脩)이고, 딸은 출신 이철(李哲)에게 출가하였다. 홍제(弘濟)는 처음에 박유눌(朴由訥)의 딸을 아내로 맞이하여 2남 2녀를 두었는데, 아들은 연(演), 헌(憲)이고, 딸들은 박원동(朴元東), 정용갑(鄭龍甲)에게 각각 출가하였다. 뒤에 다시 한의극(韓義克)의 딸에게 장가들어 자녀를 두었는데 어리다. 윤제(允濟)는 처음에 김동수(金東燧)의 딸을 아내로 맞이하여 2남 2녀를 두었는데, 아들은 닙(溻), 계(洎)이고, 딸은 허필(許鉍)에게 출가하였고 나머지는 어리다. 다시 생원 김일(金馹)의 딸에게 장가들어 자녀를 두었는데 어리다.

필원(必源)은 군수 송유전(宋有佺)의 딸에게 장가들어 1남 1녀를 두었는데, 아들은 택(澤)이고, 딸은 정태서(鄭泰瑞)에게 출가하였다. 필청(必淸)은 진사 정언영(丁彦瑛)의 딸에게 장가들어 4남 1녀를 두었는데, 아들은 담(澹), 부(溥), 방(滂)이고 나머지는 어리다. 필징(必澄)은 박효항(朴孝恒)의 딸에게 장가들어 3남 3녀를 두었는데, 아들은 호(濩)이고 나머지는 어리다. 필혼(必混)은 참봉 송규창(宋奎昌)의 딸에게 장가들어 1녀를 두었다. 필성(必渻)은 군수 이석빈(李碩贇)의 딸에게 장가들었고, 필창(必淐)은 조천한(趙天漢)의 딸에게 장가들었으며, 필렴(必濂)은 서령 김가행(金可行)의 딸에게 장가들었고, 필량(必湸)은 군수 이익령(李翼齡)의 딸에게 장가들었다. 환제(桓濟)는 진사 이우태(李宇泰)의 딸에게 장가들었고, 관제(觀濟)는 좌랑 황윤하(黃潤河)의 딸에게 장가들었으며, 태제(泰濟)는 봉사 김가교(金可敎)의 딸에게 장가들었고, 명제(命濟)는 처음에 대사간 이식(李湜)의 딸에게 장가들어 1녀를 두었는데 어리다. 뒤에 다시 참판 이서우(李瑞雨)의 딸에게 장가들어 자녀를 두었는데 어리다. 문제(文濟)는 정언 홍만기(洪萬紀)의 딸에게 장가들었고, 겸제(兼濟)는 지평 안여악(安如岳)의 딸에게 장가들었으며, 세제(世濟)는 교관 이도근(李道根)의 딸에게 장가들었고, 도제(道濟)는 심주익(沈周翼)의 딸에게 장가들어 2남을 두었는데 어리다. 의제(義濟)는 처음에 심공망(沈公望)의 딸에게 장가들었고, 뒤에 다시 진사 지필부(池必溥)의 딸에게 장가들었다. 이 이하의 현손의 아들들 및 먼 고장에 사는 외증손은 모두 기록하지 않는다.

공의 자제는 모두 일찍 사망하였고 가장(家狀)도 남아 있는 것이 없다. 평소의 행의(行誼)가 많이 빠졌을 뿐만 아니라 공이 논사(論思)와 언론의 책임을 맡은 지위에 있을 때에 올렸던 소장(疏章)과 차자(箚子)의 유고(遺稿)가 있을 터인데 병화를 겪고 난 뒤로 흩어져 남아 있는 것이 없고, 조정에서의 사적은 증빙의 자료를 찾아 고찰하기가 더욱 어렵다. 지금 기록한 순서는 겨우 한 집안에서 일컫던 이야기에서 나왔을 뿐이니, 공의 지행(志行)에 비슷하게나마 형용하고자 함이 어찌 어렵지 않으리오.

公諱涌 字季達 號霞隱 初名滐 字季收 丁卯因甲子逆有同名者 遂上疏改之 高靈人也 考諱仲淹 同知中樞府事贈左贊成 妣贈貞敬夫人文化柳氏 三韓壁上功臣三重大匡大丞車達之後 本朝右議政文城府院君忠景公亮之六代孫 司憲府掌令贈領議政廷秀之孫 司導寺正湁之女 以嘉靖庚申十二月三十日辛酉辰時生公 甲子公年五歲而喪母夫人 公生而穎悟 自在髫齔 卽知讀書 手不捨冊 贊成公或有故 不得受課學 則執冊隨之 號泣請教 至或訶止而猶不已焉 未及成童 詞理暢蔚 方贊成公通判尙州 公年纔十餘 時適倭使到州 異公明秀 前致嘆賞 仍使製詩 公卽占一絶曰 扶桑三島外 華岳五雲中 兩國千年好 孤舟萬里通 倭使大加稱賞 贈遺甚厚 自是學日進 乙亥湖西鄕解 占第一 時年甫十六 實十五歲也 戊子式年 尹英賢金義元榜 中生員第三十八人 辛卯式年閔有孚榜中 丙科十八人 卽我宣祖二十四年也 以準點選入槐院 壬辰四月 倭兵大擧入寇 公募兵湖左 爲義兵將 癸巳歲末 陞副正字 甲午十月 入實正字 十一月陞藝文館檢閱兼春秋館記事 未允 移侍講院說書 乙未三月 拜丞政院注書 四月錄壬辰宣武從勳 六月復以檢閱陞待教 十二月以說書陞司書 丙申三月 拜司諫院正言 八月拜弘文館副修撰知製教兼經筵檢討官 九月陞修撰兼帶如前 丁酉以修撰陞副校理 六月復拜正言 八月以副校理陞吏曹佐郎兼都元帥從事官 戊戌秋以御史督察海路 十二月陞吏曹正郎 己亥五月 拜成均館直講 未久司藝 庚子三月 拜安山郡守 不赴 六月以直講陞校理 七月拜司憲府掌令 八月以司諫兼弼善 十二月以司藝拜相禮 辛丑正月以檢詳陞舍人 二月以副應教兼輔德 六月以舍人陞堂上 八月拜同副承旨 壬寅二月以右副陞左副四月以右承旨付護軍 八月出按黃海道觀察使 癸卯八月拜刑曹參議 甲辰十二月丁外艱丁未服闋 拜兵曹參議 戊申四月復拜右承旨 七月陞左承旨 八月以冬至使赴京 帝以漂海福建人戴朝用等四十七名轉解來京 特賜銀兩綵段 己酉二月回來 以文書一事被逮未久蒙宥 九月拜平海郡守 庚戌十月 監司洪瑞鳳以宿嫌啓罷 辛亥冬拜公州牧使 爲柳湙所劾 壬子冬拜順天府使 爲趙希逸所劾 皆宿嫌也 癸丑七月 拜金堤郡守 甲寅十月爲監司李慶全所搆拿去 詳家世遺事 公捿遑郡邑 不以吏事爲勞 專心撫字 威惠交盡

在郡僅一年而民立去思碑 是時 光海政亂 時事大變 士論不競 遂絶念宦途 其於甲寅丁巳 連喪伯仲兩胤 用是傷悼 戊午秋 挈家歸淸州先壠之下墨井里 爲終老計 雖付軍職 皆不就 辛未夏 復還京第 十月十九日 以寒疾終 享年七十二 以其年十二月初四日葬于豐德治東栗里子坐午向之原 蓋同前夫人李氏兆也 比其葬 上遣使致祭 以嘗參宣武原從 贈資憲大夫吏曹判書 兼上同 公天資粹美 孝友篤至 事贊成公 晩年奉侍於仲子家 公不以家累自異 來侍傍側 左右就養 溫凊定省之餘 兼盡聯床共被之樂 辛丑贊成公承國家優老曠典 陞嘉善 拜同樞 公與仲氏拙齋公 感激恩寵 爲設慶壽 幷邀同升耆老諸公及公卿而壽之 身着斑衣以爲戱 自是每歲春秋 率以爲常 因圖畵其蹟 歌咏其事 文人詞伯 樂爲之賦 積成卷軸 世以爲盛事 甲辰丁憂 與仲氏廬墓山側 祭廳下爲倚廬之室 苫席木枕以居焉 終晝之間 不脫衰絰 日再上墓 展哀而返 雖烈風甚雨 不廢也 自初喪至終制 未嘗食稻及菜果 其執禮之固如此 拙齋公獨蒙旌閭之褒 如公則以見忤於當路 未蒙幷褒之典 至今一鄕有識者 莫不嘆惜 伯氏秀才公早卒 公視諸孤 恩義俱至 敎訓成就 猶己子 庶妹之子 有失其怙恃 來鞠於其外祖母者 公撫恤提誨 一以誠悃 晩年區處田財時 公謂之曰 吾於汝情義豈殊他姪 而但法有降殺之文 雖不可拘施 汝所執持 則汝可自擇其便利 此雖細微之事 可見公敦睦之推 無忽於卑幼也 每於朔望 以深衣上墓 筋力旣衍之後 雖擔舁以行 亦未嘗廢也 遇親忌則自宗家雖行之 無闕而於所在 必設以祭 以寓終身之慕 國忌則無遠近不設肉 自少尤邃於禮書 而拙齋公亦以禮學稱於世 公塤篪論難 序秩之大 情文之微 無不實見 直知守制 時著儀禮考覽六卷 又嘗於玉堂 見士人申義慶所撰喪禮通載未成書一帙 公乃修潤增補 遂爲完書自爲序以記其顚末 且有所著五服通考二卷 藏于家 後刊行於世 板在星州 酷好書籍自經史子集凡百家之語 無不鳩聚 居閑之後 每朝起盥洗 出外齋 束帶正坐 左右抽閱日以爲娛 未嘗有惰之容 凡事務極精微 而至於書冊 尤致美焉 陳篇敗牘之漫漶殘缺者 必洗濯之補綴 充棟積案 莫不精新 而不以外物嬰其意 公風神淸爽 雅操端方 見識精該 言論英發 爲一時儕流所推許 與拙齋公同列顯要 人以雙璧稱之 而素性峻介不能容人之過 臨事果敢 崖角太露 拙齋公常申之以弦韋之箴 而終莫之易也 其在翰苑銓曹 薦注進退之間 激揚頗過 其在銀臺 出納文字之際 多所評退 其在言路 彈劾無避 以此不悅者多而含憾者亦衆 前後崎屹 實由兆於是焉 前夫人李氏 全義著姓 高麗太師三重大匡棹之後 吏曹判書文馨之女 生于嘉靖戊午十二月二十八丑時 及笄而歸

于公 毓秀名家 婦德俱全 治內撫下 咸得其宜 贊成公甚禮重之 視遇優於諸婦 癸卯二月二十三日 以疾終于京第 得年四十六 公方以按廉在西時也 其年月日 葬于豐德治東子坐午向之原 後夫人洪氏 南陽望族 高麗金吾衛尉先幸之后 吏曹參議瀚之曾孫 寧原君晩全堂可臣之女也 萬曆乙酉正月二十六日戌時生 甲辰移天于公 禀賦莊靜 閨範之儀 得之家庭 執婦道以敬 撫先出以誠 公沒后 夫人享有高年 頷下曾玄 羅列承歡 距公亡四十年 庚戌五月二十一日 終于清州鄉舍 年八十六 是年八月二十二日 歸葬于豐德 與公同原 生五子三女 男長得沛 開城都事 次得游 登庚戌文科 承政院注書 贈禮曹參判 俱先公去 次得治 李夫人出 次得洪 登己卯文科 咸鏡道都事 贈禮曹參判 次得溟 早卒 洪夫人出 女長 適文科相禮崔始量 次文科輔德姜與載 次士人李麒昌 洪夫人出 得沛 娶宗室海豐君耆女 生一男三女 男澳 女林起榮文益明 无后 別坐安信行 得游 初娶正言安應元女 生一子 漢 嘉善同知 後娶郡守沈闓女 得治初娶李啓基女 生一女 生員安允行 後娶佐郎禹克謹女 生一子 準 得洪娶縣監鄭以壯女 生三男二女 男長瀳 長興庫奉事 濬登癸丑文科 時任義州府尹 湙登甲子文科 承文正字 女鄭元徵 无后 進士宋極 得溟娶正言李景賢女 生一子 濎 崔始量生二子四女 男晠晌 女郡守尹世獻 黃瀏 監司愼藼 縣監李命老 姜與載生三子一女 男翊昌碩昌會昌文科通政 女縣監尹世興 李麒昌生一男二女 男沇 女李莞 李箕齡 澳娶李興文女 生一男 益濟 主公祀 林起榮生一男二女 益瑞 女兪命成 安信行生一男二女 男瑞奎參奉 女進士洪錫疇辛聖章 漢娶察訪黃湛女生三男四女 男必濟弘濟允濟 女進士崔夏封 承旨姜世龜 洪晩 朴安石亦有子女 準初娶主簿權緖女 生五男二女 男必源生員 必清甲子庭試壯元 司憲府 必澄必混必湝 女李弘性 別檢趙九鼎 後娶進士李萬憲女 生三男一女 男必淐必濂必滉 女韓任相 安允行生六女 縣監鄭東龍李澣參奉宋爽弼金大錫進士李涖洪萬海 瀳娶進士沈棨女 生四男三女 男恒濟觀濟泰濟升濟 女兪呂重李大晳朴壽龍 濬娶尹琠女 生五男一女 男命濟進士 文濟兼濟光濟華濟 女睦天壽 湙娶盧思永女 生三男一女 男世濟萬濟昌濟 女幼 宋極生一男一女 男廷奎癸亥文科正言 女南泰冑 濎初娶縣令李震馝女 生一男道濟 後娶金克昌女 生四男 義濟仁濟 餘幼 益濟娶郡守李馣女 生二男三女 男瀆瀇 女宋儒挺洪垓趙囿壽 必濟娶縣監李景善女 生四男一女 男潡澉潵澔 女出身李哲 弘濟初娶朴由訥女 生二男二女 男演濾 女朴元東鄭龍甲 後娶韓義克女 生子女 幼 允濟初娶金東燧女 生二男二女 男澋洎 女許鈊 餘幼 後娶生員金駉女 生子女

幼 必源娶郡守宋有佺女 生一男一女 男霶 女鄭泰瑞 必清娶進士丁彦渶女 生四男一女 男靇霌霿 餘皆幼 必澄娶朴孝恒女 生三男三女 男霮 餘幼 必混娶參奉宋奎昌女 生一女 必湝娶郡守李碩馩女 必淐娶趙天漢女 必濂娶署令金可行女 必浣娶郡守李翼齡女 桓濟娶進士李宇泰女 觀濟娶佐郎黃潤河女 泰濟娶奉事金可敎女 命濟初娶大司諫李湜女 有一女 幼 後娶參判李瑞雨女 有子女 幼 文濟娶正言洪萬紀女 兼濟娶持平安如岳女 世濟娶敎官李道根女 道濟娶沈周翼女 生二男 幼 義濟初娶沈公望女 生一女 後娶進士池必溥女 此以下玄孫之子 及外曾之居遠者 皆不錄 公子弟皆早世 家狀無存 非但平居行誼 多有闕漏 其在論思言責之地 亦有章箚遺州 而兵燹之餘散佚無遺立朝事蹟 尤難憑考 今所紀次 僅出於一家稱說 則其欲彷彿於公之志行 豈不難哉

묘갈명墓碣銘

증조고 증 이조판서 행 황해도관찰사 하은부군 묘갈명 병서
曾祖考贈吏曹判書行黃海道觀察使霞隱府君墓碣銘 幷序

신필청(申必淸)

공은 처음 이름은 설(渫), 자는 계수(季收)인데, 뒤에 용(涌)이라고 고쳤으니 자는 계달(季達)이고, 호는 하은(霞隱)이다. 우리 신씨(申氏)는 고령(高靈)에서 나왔으니, 고려조 군기감(軍器監) 휘 성용(成用)을 시조로 한다. 4세를 지나 예의판서(禮儀判書) 휘 덕린(德鄰)은 충근(忠勤)함으로써 절의를 드러내었다. 또 4세를 지나 본조(本朝) 영의정(領議政) 고령부원군(高靈府院君) 문충공(文忠公) 휘 숙주(叔舟)는 세 조정에서 정승을 지냈고 네 번 공신록(功臣錄)에 올라 가문의 명성이 더욱 빛났다. 내자시 정(內資寺正)을 지내고 우의정에 추증된 휘 형(泂)까지는 시조로부터 9세인데 모두 문과에 급제하였다. 증조 휘 광윤(光潤)은 한성참군(漢城參軍)을 지냈으며 좌승지에 추증되었고, 조고(祖考) 휘 서(溆)는 덕을 숨기고 살다가 일찍 세상을 떠났고 이조참판에 증직되었다. 선고 휘 중엄(仲淹)은 동지중추부사(同知中樞府事)를 지냈고 좌찬성에 추증되었다. 선비(先妣)는 증 정경부인(贈貞敬夫人) 문화유씨(文化柳氏)로 삼한 벽상공신(三韓壁上功臣) 차달(車達)의 후예이며, 본조의 우의정 충경공(忠景公) 양(亮)의 6세손이자, 사도시정 엄(渰)의 따님인데, 가정(嘉靖) 경신년(1560, 명종 15) 12월 30일에 공을 낳았다.

공은 5세에 모부인을 여의고 어린 시절부터 민첩하게 잘 깨달아 글 읽기를 좋아하였다. 12세에 찬성공(贊成公)의 상주(尙州) 부임길에 따라갔는데, 일본 사신이 마침 상주에 이르렀다가 공의 총명함을 특이하게 여기고 시를 짓게 하자, 공이 곧바로 절구 한 수를 입으로 읊기를, "부상(扶桑)은 삼도(三島) 밖 멀리 있고, 화악(華岳)은 오색구름 속에 솟아 있네. 두 나라가 천년 동안 우호를 다졌으니, 한 척의 배가 만 리 길 통하네.[扶桑三島外 華岳五雲中 兩國千年好 孤舟萬里通]" 하였다. 이에 일본 사신이 무릎을 치며 칭찬하였고, 이로부터 학문이 하루가 다르게 진보하였다.

16세에 향시(鄕試)에서 1등을 하였고, 무자년 사마시에 입격하였으며, 신묘년 식년시에 급제하여 승문원에 선발되어 들어갔다가 사국(史局)에 천거되었다. 갑오년에 검열(檢閱)에 임명되고 설서(說書)로 옮겨졌다. 을미년에 주서(注書)에 옮겨졌다가 다시 검열(檢閱)·설서(說書)로서 대교(待敎)로 승진하였다. 또 설서로서 사서(司書)로 승진하였다. 병신년에 정언(正言)·부수찬(副修撰)·지제교(知製敎)·수찬(修撰)에 임명되었고, 정유년에 부교리(副校理)로 승진하였으며 이조좌랑(吏曹佐郎)에 옮겨져 도원수 종사관(都元帥從事官)을 겸하였다. 무술년에 이조정랑(吏曹正郎)에 올랐고, 가을에는 어사로 해로(海路)를 독찰(督察)하였다. 기해년에 체직되어 직강(直講)에 임명되었고, 경자년에 안산군수(安山郡守)에 임명되었지만 나아가지 않았다. 다시 직강을 거쳐 교리(校理)·장령(掌令)·사간(司諫)·겸필선(兼弼善)을 역임하였다가 다시 사예(司藝)로서 상례(相禮)에 임명되었다. 신축년에 부응교(副應敎)로서 검상(檢詳)에 옮겨졌고, 사인(舍人)에 올랐다. 또 부응교 겸 보덕으로 옮겨졌다. 여름에는 사인으로 작질(爵秩)이 오르고 동부승지(同副承旨)에 임명되었다. 임인년에 우부승지에서 좌부승지를 거쳐 우승지(右承旨)로 승진하였고, 호군(護軍)으로 체차되어 황해도관찰사(黃海道觀察使)로 안찰하러 나갔다. 계묘년에는 내직으로 들어와 형조참의(刑曹參議)가 되었다. 갑진년 겨울에 찬성공 상을 당하여 정미년에 삼년상을 마치고 형조참의(兵曹參議)에 임명되었다. 무신년에 우승지에 임명되고 가을에는 동지사(冬至使)로 황제의 도성에 조회를 갔다. 기유년에 일을 마치고 돌아오자, 뜻밖의 비방으로 체포당하였다가 바로 사면을 받았다. 외직으로 나가 평해군수(平海郡守)가 되었고, 계축년에는 김제군수(金堤郡守)로 나갔으되, 모두 1년 만에 파직되어 돌아왔다. 공은 군읍(郡邑)을 전전하면서도 지방관의 임무를 수고롭게 여기지 않고 마음을 다해 백성들을 보살피니, 군수를 그만두고 김제를 떠나오자, 아전과 백성들은 비석을 세워 공의 은덕을 추모하였다. 이때 광해군의 정사가 혼란하여 사론(士論)마저 부진하자, 평소 공을 원망하고 미워하는 소리가 일어나고 공박하였지만 가죄무사[537]로 미루어 용서하였으며, 공 또한 세상이 변한 것에 내심 놀라 벼슬살이에 대한 생각을 끊더니 마침내 청주 선영의 아래로 은거하였다. 갑자년에 어가를 공주에서 호종하였고, 신미년(1631,

537) **가죄무사(加罪無辭)** : 죄를 덮어씌울 작정만 한다면 트집 잡을 말이 없을까 걱정할 필요가 없다는 뜻이다. 춘추시대 진(晉)나라 혜공(惠公)이 자신의 즉위를 도와준 이극(里克)을 죽이려 하자, 이극이 "나에게 죄를 주려고 작정한다면야, 어찌 트집 잡을 말이 없겠습니까.[欲加之罪 其無辭乎]"라고 말하고는 자결했다는 고사가 있다. 《春秋左傳 僖公 10年》

인조 9)에 다시 서울 집으로 돌아와 10월 19일에 한질(寒疾)로 별세하니, 향년이 72세였다. 그해 12월 임신에 덕수(德水) 동쪽 유천(柳川) 전 부인 묘역인 자좌(子坐)의 언덕에 안장하였다. 안장할 때 주상께서 사신을 보내 치제(致祭)하고 일찍이 선무종훈(宣武從勳)에 책록된 관계로 지금의 관직에 추증되었다.

공은 타고난 자질이 순수하고 아름다웠으며 효도와 우애가 지극히 돈독하여 찬성공을 모실 때 온화한 표정으로 받들고 순종하며 40년을 하루같이 하였다. 신축년에는 찬성공이 희대의 우로전(優老典)을 받아 동지중추부사(同知中樞府事)로 승진되니, 공이 작은형님인 졸재공과 함께 은총에 감격하여 매년 봄가을로 경수(慶壽)의 연회를 베풀고 함께 승배(陞拜)된 기로(耆老)들 및 공경(公卿)을 초대하여 축수(祝壽)를 하고 그 광경을 그림으로 그리고 문인과 사백에게 노래하고 읊조리게 하니, 지은 시문이 계속 쌓여 권축(卷軸)을 이루자, 세상 사람들은 성대한 일이라고 하였다.

부친이 돌아가시자 슬픔과 예가 모두 극진하였으니, 작은형님과 함께 묘소 곁에서 시묘살이를 하였는데, 하루에 두 번 성묘하며 통곡하였으며 사나운 비바람에도 그치지 않았고, 한더위에도 최질(衰絰)을 벗지 않았으며 삼년상을 마칠 때까지 쌀밥을 먹지 않았다. 큰형님이 일찍 세상을 떠나자, 공은 조카들을 친자식과 다름없이 돌보았고, 서매(庶妹)의 자식이 부모를 잃고 찾아와 의지하니, 은의(恩意)를 더욱 지극하여 가르치고 이끌어 성취시켜 주었다. 매월 초하루와 보름날에는 심의(深衣)를 입고 묘에 올라가 참배하였고 노쇠해진 뒤에는 들것에 실려서 가더라도 폐한 적이 없었다. 어버이의 기일에 참례하지 못할 때에는 공이 있는 곳에서 반드시 진설하고 제사를 지내며 종신토록 부모를 사모하는 마음을 두었다.

공은 서적을 매우 좋아하여 모아놓지 않은 책이 없어서 한가히 지낼 때에는 날이면 책을 뽑아 열람하면서 스스로 즐길 뿐 외물(外物)에 자신의 뜻이 얽매이지 않았다. 더욱이 예학(禮學)에 조예가 깊어 집상(執喪)하는 중에 《의례고람(儀禮考覽)》 6권을 저술하였고, 귀향해서는 《오복통고(五服通考)》 2권을 지었다. 또 일찍이 신의경(申義慶)이 지은 '상례통재(喪禮通載)'가 하나의 책으로 완성되지 못한 것을 보고는, 마침내 빠진 것을 보충하고 잘못된 것을 바로잡아 윤색하고, 직접 서문을 지어 그 전말을 기술하고는 약간 권을 집에 소장하였다. 그런데 《오복통고》만이 세상에 간행되었으니, 이에 허미수(許眉叟 허목(許穆))가 '백대를 전할 책[百代書]'이라고 칭찬하였다. 공은 견식(見識)이 해박하고 언론이 영발(英發)하여 당시 동료들에게 크게 추허(推許)를 받았고, 졸재공과 함께 현요(顯要)한 반열에 같이하니, 사람들이 쌍벽(雙璧)이라고 지목하였다.

공은 평소 성품이 꼿꼿하고 개결(介潔)하여, 일을 당하면 굳세고 과감히 처리하여 모서리를 없애가며 두루뭉술하게 하지 않았다. 예문관(藝文館)과 전조(銓曹)에 있을 때에는 자못 거침없이 명백하게 일을 처리하니, 권력을 장악한 이들에게 시기를 받았고 함께 벼슬길에 진출한 사람들에게도 배격되어 낭패를 당하게 된 것은 역시 전적으로 이에 기인하게 되었던 것이다.

전 부인 전의이씨(全義李氏)는 이조판서 휘 문형(文馨)의 따님으로 명문가에서 생장하여 부덕(婦德)을 온전히 갖추었다. 가정(嘉靖) 기미년에 태어났고 만력 계묘년에 별세하였으니, 향년 45세였다. 후 부인 남양홍씨(南陽洪氏)는 영원군(寧原君) 만전당(晩全堂) 가신(可臣)의 따님으로, 규방 법도의 예절을 가정에서 익혔다. 만력 을유년에 태어났고 경술년에 별세하니 향년 86세다. 두 부인은 공과 같은 벌 안에 왼쪽 자리에 안장하였다.

이씨는 3남 3녀를 두었는데, 장남 득패(得沛)는 개성도사(開城都事)이고 차남 득유(得游)는 문과급제하여 승문원 주서(承政院注書)이고 삼남은 득치(得治)이다. 장녀는 문과급제하여 상례(相禮)인 최시량(崔始量)에게 출가하였고, 차녀는 문과급제하여 보덕(輔德)인 강여재(姜與載)에게 출가하였다. 홍씨는 2남 1녀를 두었는데, 득홍(得洪)은 문과급제하여 함경도사(咸鏡都事)이고 득명(得溟)은 장수하지 못했다. 딸은 사인(士人) 이인창(李麟昌)에게 출가하였다.

오(澳)와 임기영(林起榮)의 처와 문익명(文益明)의 처와 별좌 안신행(安信行)의 처는 장남의 소생이고, 영(渶)은 동지중추부사로 차남의 소생이며, 생원 안윤행(安允行)의 처와 나의 선고 휘 집(潗)은 삼남의 소생이다. 정원징(鄭元徵)의 처와 진사 송극(宋極)의 처와 교(瀥)와 계축년 문과급제하여 지금 모관(某官)인 학(澩)과 갑자년 문과급제하여 승문원 부정자인 혁(洓)은 사남의 소생이고, 정(濎)은 막내아들의 소생이다.

성(晠)과 주(晭)와 군수 윤세헌(尹世獻)의 처와 황류(黃瀏)의 처와 현감 신희(愼喜)의 처와 현감 이명로(李命老)의 처는 맏사위의 소생이고, 익창(翊昌)과 석창(碩昌)과 문과급제하여 통정대부로 부사(府使)인 회창(會昌)과 윤세흥(尹世興)의 처는 둘째사위의 소생이며, 연(沇)과 이관(李莞)의 처와 이기령(李箕齡)의 처는 막내사위의 소생이니, 모두 공의 내외손들이다.

오(澳)는 1남을 두었는데, 익제(益濟)이니 공의 제사를 주관한다. 또 서손(庶孫)이 있으니, 차남 측출(側出)의 딸은 박안석(朴安石)의 처이고, 삼남 측출의 딸은 박침(朴琛)의 처이고, 사남 측출의 아들은 고(滜)이다. 증현손(曾玄孫)이 무려 수백 명이기에 일일이 다 기록하지 못한다.

공을 안장한 지 58년 뒤 무진년(1688, 숙종 14)에 비로소 묘소에 비석을 세워 불후하게 되시기를 도모하였다. 증손 필청(必淸)이 삼가 족숙부(族叔父) 교관(敎官)이 지은 행장을 토대로 약간의 편집을 더해 글을 지어 실는다. 교관공의 명(名)은 행(涬)이니 졸재공(拙齋公)의 손자로 가업을 제대로 이어받은 인물이다. 명(銘)은 다음과 같이 짓는다.

靈川勝氣　　영천의 뛰어난 정기
神岳鍾英　　신령한 산악의 영기를 모았도다.
降生世德　　세덕[538]의 가문에서 출생하였으니
爲公爲卿　　삼공(三公)도 나오고 육경(六卿)도 나왔도다.
翼翼我公　　훌륭할 손 우리 공이여
濟筭襲芳　　경세제민(經世濟民)의 역량을 이어받았도다.
行篤子□　　효성과 우애에 독실하시어
行蔚成康　　성강[539] 시대에 울연하셨도다.
夙躋金門　　일찍 금문[540]에 오르시어
顯被天光　　주상을 모시는 영광을 입었도다.
晩際昏亂　　만년에 혼란한 세상을 만났으니
豈慍三黜　　세 번 쫓겨남 어찌 서운하셨으리오.
纂述禮書　　예서(禮書)를 찬술하여
牖我後學　　우리 후학을 깨우쳐주셨도다.
燦然天秩　　찬연도해라 천질[541]은
百代沿革　　백대에 연혁을 하였도다.

---

538) **세덕(世德)** : 대대로 이어져 온 덕망. 또는 가문이 대대로 쌓아 온 아름다운 덕이다.

539) **성강(成康)** : 주(周)나라 무왕을 이어 즉위한 2대 성왕(成王)과 3대 강왕(康王)의 병칭이다. 이 시대에는 천하가 안정되고 죄수가 없어 감옥이 텅 비는 등 태평성대를 이루었으므로, 후세에 지치(至治)의 시대를 이야기할 때 흔히 인용된다.

540) **금문(金門)** : 한(漢)나라의 궁문(宮門)인 금마문(金馬門)으로, 본디 학사(學士)들이 대조(待詔)하던 곳이었는데, 전하여 조정을 가리킨다.

541) **천질(天秩)** : 하늘이 차례를 만든 예법으로, 존비(尊卑)나 귀천(貴賤)의 등급과 같은 것으로 위의 예서(禮書)를 말한다.

德水之東	덕수(德水)의 동쪽은
實公幽宅	바로 공의 유택이도다.
淮流不竭	회수의 물줄기 마르지 않고[542]
餘慶千億	여경[543]이 천억 년 이어지리라.

公古諱渫 字季收 後改涌 字季達 號霞隱 我申出高靈 鼻祖於麗朝軍器監諱成用 四世而禮儀判書諱德鄰 以忠勤著節 又四世而本朝領議政高靈府院君文忠公諱叔舟 相三朝 冊四勳 家聲益彰 內資寺正 贈右議政諱泂 自鼻祖至此九世 皆文科也 曾祖諱光潤 漢城參軍 贈左承旨 祖諱潝 隱德早世 贈吏曹參判 考諱仲淹 同知中樞府事 贈左贊成 妣贈貞敬夫人文化柳氏 三韓壁上功臣車達之後 本朝右議政忠景公亮之六世孫司導寺正滰之女 以嘉靖庚申十二月三十日生公 公五歲而喪母夫人 自髫年警悟 喜讀書 十二隨贊成公之任尙州 倭使適到 異公明秀 使製詩 公卽占一絶曰 扶桑三島外 華岳五雲中 兩國千年好 孤舟萬里通 倭使擊節嘆賞 自是學日進 十六魁鄕解 戊子司馬辛卯登第 選入槐院 薦史局 甲午拜檢閱 遷說書 乙未移注書 復以檢閱說書 陞待教又以說書 陞司書 丙申拜正言副修撰知製敎修撰 丁酉陞副校理 移銓曹郞 兼都元帥從事官 戊戌陞正郞 秋以御史 督察海路 己亥遞拜直講 庚子拜安山郡守 不赴 復以直講 歷校理掌令司諫兼弼善 復以司藝拜相禮 辛丑以副應校 轉檢詳 陞舍人 又以副應校 兼轉輔德 夏以舍人進秩 拜同副承旨 壬寅歷右副左副 陞右承旨 遞護軍 出按海西癸卯入爲刑曹參議 甲辰冬丁贊成公憂 丁未制除 拜兵曹參議 戊申拜左承旨 秋以冬至使朝帝京 己酉竣事 有匪意謗 被逮卽釋 出爲平海郡守 癸丑出金堤郡 俱一年罷歸 公棲遑郡邑 不以吏事爲勞 盡心撫字 其去金堤 吏民竪石追思 時昏朝廷亂 士論不競 平日怨疾者 起而攻公 推怨加罪之無辭 公亦驚心世變 絶念宦途 遂卷懷于淸州松楸之下 甲子扈駕公山 辛未復還京第 十月十九日 以寒疾考終 享年七十二 其年十二月壬申

542) **회수(淮水)의 …… 않고** : 오랜 전통의 가문이 면면히 이어지면서 훌륭한 후손들이 계속 나오는 것을 나타내는 말이다. 이백의 〈증화주왕사사(贈華州王司士)〉에 "회수는 끊임없어 파도 높이 치고, 성덕은 사라지지 않아 영웅이 난다네.[淮水不絶濤瀾高 盛德未泯生英髦]" 하였다. 《李太白文集 卷7》

543) **여경(餘慶)** : 조상이 쌓은 선행으로 인해 후손에게 경사가 있는 것을 말한다. 《주역(周易)》 〈곤괘(坤卦)·문언(文言)〉에 "선을 쌓은 집안에는 후손에게 반드시 경사가 있게 마련이고, 불선(不善)을 쌓은 집안에는 후손에게 반드시 재앙이 돌아오게 마련이다.[積善之家 必有餘慶 積不善之家 必有餘殃]"라는 말이 보인다.

葬于德水東柳川前夫人兆子坐之原 比葬上遣使致祭 以嘗錄宣武從勳贈今官 公天資粹美 孝友篤至 事贊成公 婉愉承順 四十四年如一日 辛丑贊成公 蒙優老曠典 陞拜同樞 公與仲氏拙齋公 感激恩寵 每歲春秋 設慶席 邀同陞耆老及諸公卿以壽之 因圖畵其蹟 倩文匠詞伯以歌咏 積成卷軸 世以爲盛事 及遭艱 哀禮俱盡 與仲氏廬于墓側 日再省哭 不以甚風雨或輟 雖盛暑 不脫衰服 終三年不食稻 伯氏公早世 視諸孤猶己子 於庶妹子失怙恃來依者 恩意尤至 提誨成就 每月朔望 以深衣展墓 旣老 擔輿而行 猶不廢 親忌則不與祭 於所在必別設 以寓終身之慕 酷好書 無書不寑 居閒後 日抽閱以自娛 不以外物嬰其意 尤邃於禮學 守制時 著儀禮考覽六卷 歸田日 撰五服通考二卷 又嘗見申義慶所撰 喪禮通載未成書一冊 遂修潤增補 自爲序以記 凡若干卷 藏于家 惟五服通考 刊行于世 許眉叟稱之爲百代書 公見識該博 言論英發 大爲一時儕流所推許 與拙齋幷列顯要 人目以雙璧 素性峻介 遇事剛果 不刓方就圓 其在翰苑銓曹 頗事揚激 爲當路者所忌 同進者 亦撼於見擠 蹭蹬職此始 而前崎屹 亦由於是云 前夫人全義李氏 吏曹判書諱文馨之女 毓秀名家 婦德俱全 生于嘉靖己未 卒于萬曆癸卯 得年四十六 後夫人 南陽洪氏 寧原君晩全堂諱可臣之女 閨範之懿 得之家庭 生于萬曆乙酉 終于庚戌 壽八十六 二夫人墓 與公同堂而俱在左 李氏生三男三女 男曰得沛 開城都事 曰得游 文科注書 曰得治 女長適文科相禮崔始量 次適文科輔德姜與載 洪氏生二男一女 曰得洪 文科咸鏡都事 曰得溟 不壽 女適士人李麟昌 曰澳 曰林起榮妻 曰文益明妻 曰別座安信行妻 伯子出 曰漢同知中樞 仲子出 曰生員安允行妻 曰我先考諱溎三子出 曰鄭元徵妻 曰進士宋極妻 曰瀥 曰澩 癸丑文科 今爲某官 曰溱 甲子文科承文院副正字 四子出 曰濎 季子出 曰晠曰昫 曰郡守尹世獻妻 曰黃瀏妻 曰縣監愼憙妻 曰縣監李命老妻 伯婿出 曰翊昌 曰會昌 曰碩昌 文科通政府使 曰尹世興妻 仲婿出 曰沆 曰李莞妻 曰李箕齡妻 季婿出 寔內外孫也 澳生一子益濟 主公祀 又有庶孫仲子側出 女朴安石妻 三子側出 女朴䋲妻 四子側出 男瀯 曾玄孫 無慮數百人 不能盡記 公葬五十八年戊辰 始卽墓樹石 以圖不朽 曾孫必淸 謹據族叔父敎官所爲狀 而略加檃括以載辭 敎官公名滓 拙齋之孫 能世其家 銘曰

靈川勝氣 神岳鍾英 降生世德 爲公爲卿 翼翼我公 濟筭襲芳 行篤子□ 行蔚成康 夙躋金門 顯被天光 晩際昏亂 豈慍三黜 纂述禮書 牖我後學 燦然天秩 百代沿革 德水之東 實公幽宅 淮流不竭 餘慶千億

증 이조판서 행 황해도관찰사 신공 묘갈명 병서[544)]

贈吏曹判書行黃海道觀察使申公墓碣銘 幷叙

이서우(李瑞雨)[545)]

하은(霞隱) 신공(申公)의 휘는 설(渫)이었다가 뒤에 용(涌)으로 고쳤고 자는 계달(季達)이니, 선대의 가계는 고령(高靈)에서 나왔다. 5대조 휘 숙주(叔舟)는 문장과 공적으로 세조때에 명재상(名宰相)이었고, 조부 휘 서(潊)는 이조참판에 추증되었으며, 선고 휘 중엄(仲淹)은 동지중추부사로 의정부 좌찬성에 추증되었다. 선비는 정경부인에 추증된 문화유씨(文化柳氏)이니 고려 대승(大丞) 차달(車達)의 후손으로 사도시정 엄(渰)의 따님이다.

가정(嘉靖) 경신년(1560)에 공을 낳았는데, 공은 어려서부터 영특하여 글 읽기를 좋아하였다. 12살에 찬성공이 상주통판(尙州通判)으로 계실 때, 왜의 사신이 마침 들렀다가 공의 수려한 모습을 기특하게 여겨, 시(詩)를 짓도록 청하니, 공이 즉시 절구 한 수를 지어

扶桑三島外　　부상은 삼신산(三神山) 밖에 있고
華岳五雲中　　삼각산은 오색구름 속에 있네.
兩國千年好　　두 나라 천 년간 우호를 다졌으니
孤舟萬里通　　한 척의 배가 만 리 길 통하네.

라고 읊자, 왜의 사신이 무릎을 치며 감탄하고 칭찬하였다. 16세에 향시(鄕試)에서 장원을 하고 무자년(1588)에 사마시(司馬試)에 입격하고, 신묘년(1591)에 명경 병과에 급제하여, 승문원(承文院)에 들어갔다가 예문관검열(藝文館檢閱)과 승정원주서(承政院注書)로 옮겼다.

이로부터 10년 동안 화현직(華顯職)을 두루 거쳤다. 세자시강원(世子侍講院)에서는 설서(說書)에서 보덕(輔德)에 이르렀고, 홍문관(弘文館)에서는 수찬(修撰)에서 응교(應敎)에 이

544) 저본에는 '묘갈후기(墓碣後記)'로 되어 있는데, 이서우의 《송파집(松坡集)》 15권에 실려 있는 제목을 가져왔다.

545) 이서우(李瑞雨, 1633~1709) : 본관은 우계(羽溪), 자는 윤보(潤甫), 호는 송곡(松谷)·송파(松坡)이다. 허목(許穆)에게 시문을 인정받아 남인(南人) 최초로 청직(淸職)인 정언이 되었으며, 황해도관찰사로 있다가 갑술환국(甲戌換局) 때 삭출당하였다. 문집으로 《송파집》이 전한다. 하은공의 증손인 신명제(申命濟)의 장인이다.

르렀다. 사간원에서는 정언(正言)과 사간(司諫)을 지냈고, 사헌부에서는 장령(掌令), 이조에서는 좌랑(佐郞)과 정랑(正郞), 의정부에서는 검상(檢詳)과 사인(舍人)을 지냈다. 요직이 아닌 것은 오직 성균관 전적(典籍)과 직강(直講) 및 사예(司藝) 그리고 통례원 상례(相禮)였다. 기해년(1599)에는 외직으로 나가 도원수(都元帥)의 종사관이 되고, 어사(御史)로 바닷가 고을을 순시(巡視)하며 점검하였다. 신축년(1601)에 승정원 동부승지(同副承旨)로 승진하였고, 임인년(1602)에 황해도관찰사가 되었으며, 계묘년(1603)에 조정에 들어와 형조참의에 임명되었다. 갑진년(1604)에 찬성공의 상을 당하였고, 상기가 끝나자 병조참의에 임명되었다. 무신년(1608)에 다시 승정원 승지에 임명되었으며, 가을에 동지사(冬至使)로 연경(燕京)에 조회하러 갔고 이듬해에 돌아왔는데, 사건에 얽혀 평해군으로 출보되었다. 그 뒤에 연속으로 공주(公州)와 순천(順天)의 지방관에 임명되었으나 모두 탄핵을 받아 부임하지 못하였다. 계축년(1613)에 김제(金堤) 수령에 임명되었다가 1년 뒤에 파면되었으니, 당시 광해군의 정치가 어지러워 권력을 쥔 자가 공을 달가워하지 않았으므로, 공은 이미 여러 번 배척(排斥)되어 등용되지 못하였고, 마침내 세상에 뜻이 없어 청주(淸州)의 선영으로 돌아와 여생을 마칠 계책을 세웠다. 신미년(1631) 10월 19일에 별세하니, 향년 72세였다. 덕수(德水) 율리(栗里) 자좌(子坐 정남향)의 언덕에 안장하였다. 조정에서는 예에 맞추어 치부(致賻)하고 치제(致祭)하고 선무종훈(宣武從勳)에 책록되었던 까닭으로 지금의 관직을 추증받은 것이다.

공은 성격이 돈후(敦厚)하고 효성스러웠다. 5세에 모친을 여의었는데 종신토록 깊이 사모하였다. 찬성공을 모실 때, 온화한 표정으로 받들고 순종하며 40년을 하루같이 하였다. 상중에 있을 때는 3년 동안 쌀밥과 채소 및 과일을 먹지 않았으며, 온종일 상복을 벗지 않았다. 묘소 옆의 초막에서 날마다 두 번 묘소를 살폈으며, 비록 비바람이 심해도 이를 그만두지 않았다. 평소 초하루와 보름날에는 심의(深衣)를 입고 성묘하고, 근력이 줄어든 뒤에는 가마를 타고 가더라도 그만둔 적이 없었다. 큰형님이 일찍 세상을 떠나자, 조카들을 가르치고 성취시키기를 지극하게 하였다. 은정을 극진하게 베풀어 비록 먼 친척이나 비천한 족속이라도 거두어 보살펴, 각각 자신의 자리를 찾도록 하였으니, 공의 행의(行誼)가 이와 같았다.

그러나 타고난 자품이 엄하고 강직하여 일을 마주치면 굳세고 과단성 있게 처리하였으며, 특히 남의 과실을 용납하지 않았다. 공이 예문관과 이조에 있을 때, 악(惡)을 물리치고 선(善)을 선양하는 데에 전념하여, 경쟁자들의 시기가 쌓였으니, 만년에 불우한 것은 아마도 이에서 비롯되었던 것인 듯하다.

공은 작은형님 졸재공(拙齋公) 식(湜)과 함께 모두 예학(禮學)으로 저명하여 형제간에 밝히기 어려운 이치가 있으면 반복해 논의하여 정미하고 오묘한 도리를 철저하게 연구하였으니, 공의 저서로는 《의례고람(儀禮考覽)》 6권과 《오복통고(五服通考)》 2권이 있다. 일찍이 홍문관에 있을 때, 신의경(申義慶)이 지은 《상례통재(喪禮通載)》의 초고를 보았는데, 애석하게도 아직 미완성이었다. 이에 수정과 윤색을 더하여 마침내 완전한 책으로 만들었다.

부인은 전의이씨(全義李氏)로 고려 태사(太師) 도(棹)의 후손이며, 이조판서 이문형(李文馨)의 따님이니, 부도(婦道)가 있었고, 나이 46세로 계묘년에 별세하였다.

후취 부인은 남양홍씨(南陽洪氏)로 영원군(寧原君) 만전(晩全) 가신(可臣)의 따님이다. 단정하고 정숙하며 삼가고 조심스러웠다. 전 부인의 소생들을 정성으로 보살폈고, 공보다 40년 뒤에 별세하니, 연세 86세였다. 묘소는 모두 공의 무덤 좌측에 있다. 자손에 대한 기록은 위와 같고 손자까지만 기록하는 데 그치고 그 나머지 내외의 증손과 현손은 매우 많아 다 기록하지 못한다.

공이 돌아가신 지 70년이 지나 공의 손자 수찬공(修撰公)이 비석을 세우고, 공의 증손 필청(必淸)이 행장을 짓고서 나에게 명(銘)을 부탁하였다. 나는 수찬공과 혼인으로 맺어진 좋은 관계가 있어 도의상 사양할 수가 없어서, 삼가 위와 같이 차례로 엮어서 적는다. 필청은 문과에 장원을 하였으니, 바로 집(潗)의 아들이다. 명은 다음과 같다.

時治則翥　　세상이 다스려지면 날아오르고
時亂則顚　　세상이 어지러우면 넘어지는 법
而時又治而不前　　그러나 세상이 또 다스려졌어도 앞으로 나아가지 못했도다.
才過乎人　　재주는 남보다 뛰어났고
行盡乎倫　　행실은 윤리를 다하셨으나
而淸不能以同塵　　깨끗하여 진세의 티끌과 함께 할 수 없었도다.
燦燦天秩　　하늘이 정한 찬란한 예법이
世曚而失　　세상이 어두워져 사라졌는데
公獨詳悉　　공만이 이를 자세히 다 알아서
釐爲累帙　　정리하여 여러 질(帙)로 만드셨도다.
以是而飭其守裕其後　　이로써 그 지킴을 삼가고 후손을 넉넉하게 하시고

俾來學而斯牖　　　후학들로 하여금 이를 밝게 깨닫도록 하셨도다.

霞隱申公 諱渫 後改涌 字季達 系出高靈 五世祖諱叔舟 以文章功業 爲我世祖名相 祖諱溆 贈吏曹參判 考諱仲淹 同知中樞府事 贈議政府左贊成 妣贈貞敬夫人柳氏 高麗大丞車達之後 司導正滰之女 以嘉靖庚申生公 公髫年警悟 喜讀書 年十二 贊成公通判尙州 倭使適過 異公明秀 請賦詩 公卽占一絶曰 扶桑三島外 華岳五雲中 兩國千年好 孤舟萬里通 倭使擊節歎賞 十六 魁鄕解 戊子司馬 辛卯明經丙科 入槐院遷檢閱注書 自此十年之間 歷踐華顯 春坊自說書至輔德 玉堂自修撰至應教 諫院爲正言司諫 憲府掌令 吏曹佐郎正郎 中書檢詳舍人 其非要者 惟典籍直講司藝相禮 己亥出外 從事都元帥御史 巡檢海坊 辛丑陞同副承旨 壬寅按海西節 癸卯入拜刑曹參議 甲辰丁贊成公憂 服闋 拜兵曹參議 戊申又拜承旨 秋以冬至使朝京 翌年還 坐事出補平海郡 旋罷其後連授公州順天 皆遭劾未赴 癸丑守金堤 一年罷 時光海政亂 用事者多不悅於公 公旣屢擯不用 遂無意於世 歸淸州先壠 爲終老計 辛未十月十九日考終 享年七十二 葬于德水東栗里子坐之原 朝致賻祭如禮 以嘗錄宣武從動贈今官 公性篤孝 五歲喪母夫人 孺慕終身 事贊成公 婉婾承順 四十年猶一日 其居喪三年 不食稻菜果 終日不釋衰絰 廬于墓 日再展省 雖甚風雨不輟 平居朔望則深衣上墓 筋力旣愆 猶擔輿而行 未嘗廢 伯氏早卒 訓諸孤至成就 恩義備至 雖踈宗賤屬 無不收恤 各得其所 其行誼如此 然天資峭直 遇事剛果 尤不能容人之過 其在翰苑銓曹 專事激揚 積爲競進者所忌 其晚年蹭蹬 蓋由於此 公與仲氏拙齋公湜 俱以禮學著名 塤篪論難 究極精奧 公所著有儀禮考覽六卷 五服通考二卷 嘗在玉堂 見申義慶所撰喪禮通載草本 惜其未成 修潤增補 遂爲完書 夫人全義李氏 高麗太師棹之後 吏曹判書文馨之女 有婦道 年四十六癸卯沒 後夫人南陽洪氏 寧原君晚全可臣之女 莊靜敬飭 撫先出以誠 後公四十年而沒 壽八十六 墓俱在公塋左 公生五子三女 子孫錄同上而錄止於孫 其餘內外曾玄甚多 不能盡記 公歿之七十年 公之孫修撰公樹石 公之曾孫必淸爲狀 屬銘於瑞雨 瑞雨於修撰公 姻好也 義不可辭 謹序次如右 必淸 文科壯元 卽渫出也 銘曰 時治則騫 時亂則顚 而時又治而不前 才過乎人 行盡乎倫 而淸不能以同塵 燦燦天秩 世曚而失 公獨翔悉 釐爲纍帙 以是而飭其守裕其後 俾來學而斯牖

송파의 묘갈명을 보완한 글
松坡碣讚本

선비가 도탄에 빠진 광해군(光海君) 시대에는 동아줄에 매달려 물을 건너는 것과 같았다. 두려워서 종아리를 묶거나 발을 포개 모으면서 한 발자국 내딛다가 불행하게도 좌우로 미끄러져 황천길을 밟았도다. 장릉[546]이 반정(反正)을 하자, 물에 빠진 이는 건져지고 추락한 이는 발탁되어 날개를 세우고 청운 위로 날아오르면서 스스로 평탄한 길에 들어섰다고 여긴 자들은 모두 쓰러졌으니, 이것은 처지가 바뀌면 형세가 그렇게 되는 것이다.

하은(霞隱) 신공(申公) 또한 일찍이 몸이 신열(身熱)과 두통의 비탈길에서 심하게 곤욕을 치렀으나, 이때에 홀로 정표(旌表)의 은전(恩典)이 없었고, 고향 전원으로 돌아와서 9년 동안 은거하다가 별세하시니, 이는 또 무슨 까닭이었던가. 아, 풍경통[547]이 어찌 아름답고 밝은 시대를 만나지 못해서 그렇게 되었다 할 수 있겠는가. 그런데도 대문을 닫아걸고 세상일 잊고 살았다. 옛날과 지금이 이와 같으니, 어찌 한탄하지 않을 수 있겠는가. 공은 명가에서 태어나서 문사에 능했다. 휘는 용(涌)이고 자는 계달(季達)이니 고령인(高靈人)이다.

士之塗於光海之世 其猶縣度乎 惴惴然束脛 重足而行 不幸而左右跌 而蹈黃泉焉 及長陵改玉 則溺拯墜拔 揷翅而雲翔 而自謂夷道者 咸殪若仆 斯其易處之勢然也 霞隱申公 亦嘗甚困於身熱頭痛之坂者 而於是時 獨無旌異焉 屛居丘園九年而歿 抑又何也 嗚呼 馮敬通 豈不遇休明之時哉 猶杜門卻掃 古今若此 曷可勝嘆哉 始公出名家能文詞 諱涌字季達高靈人也

546) 장릉(長陵) : 조선 인조(仁祖)의 능호이다. 곧 인조를 가리킨다.

547) 풍경통(馮敬通) : 후한 때의 인물인 풍연(馮衍)의 자이다. 처음에는 왕망(王莽)을 섬기다가 뒤에 광무제(光武帝)를 섬겼는데, 광무제가 외척을 처벌하는 과정에 그가 연관되자, 곧바로 관직을 그만두고 고향에 돌아가 평생을 은거하였다.

시장諡狀

증 이조판서 하은(霞隱) 신공(申公) 시장[548]
贈吏曹判書霞隱申公諡狀

허전(許傳)[549]

공의 휘는 용(涌)이고 자는 계달(季達)이며 처음 휘는 설(渫)이다. 호는 하은(霞隱)이니, 성은 신씨(申氏)이다. 고령(高靈)의 세계(世系)에 상조(上祖) 휘 성용(成用)은 고려조 때 문과에 급제하고 군기시 정(軍器寺正)을 지냈다. 그 뒤에 휘 덕린(德隣)이 보문각 대제학(寶文閣大提學)을 지냈고 호가 순은(醇隱)인데, 포은(圃隱) 정몽주(鄭夢周)·목은(牧隱) 이색(李穡) 제현과 더불어 도의(道義)로 교제하였으니, 세상에서 육은(六隱)이라 일컫는다. 순은이 휘 포시(包翅)를 낳으니, 문과급제하여 참의를 지냈고 좌찬성에 추증되었으니 호가 호촌(壺村)이다. 이분이 휘 장(檣)을 낳으니, 본조에서 벼슬하여 집현전 제학(集賢殿提學)을 지냈고 호가 암헌(巖軒)인데 문장과 명필로 《기아》[550] 및 《문헌록(文獻錄)》에 실려 있다. 암헌이 휘 숙주(叔舟)를 낳으니, 세조를 도와 고령부원군(高靈府院君)에 봉해졌고 시호는 문충(文忠)이다. 경술(經術)과 훈업(勳業)으로 나라의 명신(名臣)이 되었으니, 이분이 공의 5대조이다. 고조 휘 형(泂)은 내자시 정(內資寺正)을 지냈고 우의정에 추증되니 영성군(靈城君)이다. 증조 휘 광윤(光潤)은 음보(蔭補)로 한성참군(漢城參軍)을 지냈으며 품계는 가선대부(嘉善大夫)이고 좌승지에 추증되었다. 조고 휘 서(潊)는 음보(蔭補)로 병절교위(秉節校尉)를 지냈고 이조참판에 추증되었다. 선고 휘 중엄(仲淹)은 음보(蔭補)로 동중추(同中樞)가 되었고 좌찬

---

548) **시장(諡狀)** : 시호(諡號)를 청할 때 당사자의 학문, 덕행, 행적 등을 구체적으로 기록해 올려 시호를 의정(議定)하는 자료로 삼게 하는 글이다.

549) **허전(許傳, 1797~1876)** : 본관은 양천(陽川), 자는 이로(而老), 호는 성재이다. 경기도 연천 사람으로 문과에 급제하여 이조판서에 올랐으며, 1864년(고종 1) 김해부사로 부임하여 영남의 많은 선비를 육성하였다. 시호는 문헌(文憲)이다.

550) **기아(箕雅)** : 조선 숙종(肅宗) 때 호곡(壺谷) 남용익(南龍翼, 1628~1692)이 엮은 시집이다. 신라 최치원(崔致遠)부터 조선 숙종(肅宗) 때의 김석주(金錫胄)에 이르기까지 497인의 시를 모아 엮었다.

성에 추증되었다. 선비는 정경부인 문화유씨(文化柳氏)로 사도시정 엄(渰)의 따님이다.

가정(嘉靖) 경신년에 공을 낳았는데, 공은 태어나면서 남다른 자질이 있었다. 5세에 어머니를 여의었는데 그지없이 애달프게 울어서 차마 듣기 어려웠다. 8세에 글 읽기를 좋아하여 손에서 책을 놓지 않았다. 부친 찬성공이 혹시 병이라도 날까 염려하여 나무라며 그만두게 해도 그치지 않았다. 9세에 작은형님 판서 졸재공(拙齋公) 식(湜)을 따라 퇴계(退溪) 이 선생(李先生)에게 수학하였는데, 3년 만에 선생이 별세하자 학업을 끝내지 못하고 돌아왔다. 그때에 찬성공이 상주통판(尙州通判)으로 있었는데, 공의 나이 겨우 10여 세가량이었다. 마침 왜의 사신이 상주에 이르러 공의 용모가 빼어남을 보고 앞으로 오게 하여 칭상(稱賞)하면서 시를 짓게 하였는데, 공은 말이 떨어지자마자 "부상(扶桑)은 삼도(三島) 밖 멀리 있고, 화악(華岳)은 오색구름 속에 솟아 있네. 두 나라가 천 년간 우호를 다졌으니, 한 척의 배가 만 리 길 통하네.[扶桑三島外 華岳五雲中 兩國千年好 孤舟萬里通]"라고 응대하였다. 이에 일본 사신이 크게 놀랐으니, 이로부터 당세에 이름이 알려졌다.

16세에 향시(鄕試)에서 장원을 하였고, 무자년 사마시에 입격하였으며, 신묘년 식년 문과 병과에 급제하여 승문원에 분관[551]되었다가 홍문관 부정자(弘文館副正字)에 임명되었다. 임진년에 왜구가 느닷없이 들이닥쳐 동래(東萊)가 함락될 때, 부사 송상현(宋象賢)이 싸우다 사망했는데, 송공(宋公)의 부인은 공의 삼종질녀였다. 송공이 바야흐로 절개를 지켜 죽을 적에 급히 서신으로 자신의 처자를 공에게 부탁하였다. 공이 그 서신을 보고 눈물을 흘리면서 말하기를 '내 질녀도 죽을 것이다. 그렇지만 그 자식들을 살리는 일은 나에게 달렸다.' 하고는 사람을 보내 그 아들을 데려다가 친자식과 다름없이 살펴 길렀다. 공은 마침내 병사를 모집하고 의병을 일으켜 호남의 충렬(忠烈) 김천일(金千鎰)·문렬(文烈) 고경명(高敬命)과 영남의 충익(忠翼) 곽재우(郭再祐)와 함께 격문을 돌려 맹약하고 기호(旗號)를 '청동충의군(淸東忠義軍)'이라고 하였고, 호령이 분명하고 엄숙하여 군중(軍中)의 대오(隊伍)가 엄정하였다. 왜적이 이에 감히 경내에 가까이 오지 못했으니, 청주 이하의 여러 군(郡)만이 적의 칼날에 도륙되지 않은 것은 공의 힘쓴 결과였다.

계사년에 주상이 도성(都城)으로 돌아오자, 공을 홍문관 정자로 불러 사국(史局)을 관장

---

551) **분관(分館)** : 문과에 급제한 사람을 승문원, 성균관, 교서관에 배치시켜 권지(權知)라는 이름으로 실무를 익히게 하는 것을 말한다. 세 곳 중에 승문원에 분관되는 것이 가장 출세가 빨랐으므로 중요하게 여겨졌다.

하게 하였다. 갑오년에 예문관검열로 옮겨졌다가 얼마 후 시강원 설서에 임명되었다. 을미년에 승정원 주서(承政院注書)로 옮겨졌고, 임진왜란 때 창의(倡義)한 공로로 선무공신(宣武功臣) 2등에 공훈이 기록되었으며 대교(待敎) 겸사서(兼司書)로 승진하였다. 병신년에는 연달아 사간원 정언(司諫院正言)과 홍문관 수찬(弘文館修撰)에 임명되고, 정유년에도 연이어 부교리(副校理)와 이조좌랑(吏曹佐郎)을 제수받았다. 이때 왜구가 재차 쳐들어오자, 문충공(文忠公) 서애(西厓) 류성룡(柳成龍)이 체부(體府)를 개설하고는 공을 불러 종사관으로 삼았다. 무술년에는 이조정랑(吏曹正郎)에서 외직으로 나가 감군(監軍)이 되었고 독량어사(督粮御史)로 해로(海路)를 순찰하였다. 명(明)나라 장수 경리(經理) 만세덕(萬世德)이 서해에 병사를 주둔시켰는데 군량이 떨어지자, 독촉과 책망이 몹시 다급하였다. 처음에 공이 그 곳에 갈 적에 찬성공이 집에 저장해 둔 쌀 3백석을 내주며 쌀 실은 배의 운행을 기일에 맞춰 도착하도록 하였다. 공이 해서(海西) 경내에 들어가 행차하면서 백성을 불러 모으고 대의(大義)로써 타일러 곡식을 바치게 하여 시일을 약정하였다. 명나라 군대가 주둔한 곳으로 가 보니, 집에서 보낸 배가 도착한 지 3일이 되었고 백성의 곡식 8천 곡(斛)을 확보하였다. 그러자 만경리가 공의 손을 잡고서, 공과 같은 재주는 국기(國器)라 이를 만하다고 하였고, 주상께서는 이 일을 듣고 가상하게 여겨 구마(廏馬)를 내리셨다. 전쟁이 끝난 뒤에 안산군수(安山郡守)를 제수받았으나 부임하지 못하였고, 경자년에는 장령(掌令)으로 승진하였고, 연이어 사간(司諫)·겸필선(兼弼善)을 제수받았다. 신축년에는 연속으로 검상(檢詳)·사인(舍人)·응교(應敎)·보덕(輔德)을 제수받았고 통정대부(通政大夫)로 승진하여 승정원 동부승지(承政院同副承旨)에 임명되었다. 임인년에 우승지(右承旨)로 있다가 황해도관찰사(黃海道觀察使)로 나갔고, 계묘년에는 체직되어 형조참의(刑曹參議)에 임명되었다. 갑진년에 부친상을 당하여 정미년에 삼년상을 마치고, 형조·이조·예조의 참의(參議)를 역임하였고, 무신년에는 좌승지를 제수받았으며, 가을에 하지정사(賀至正使)로 경사(京師)에 갔다 와 복명하자 주상께서 특별히 공의 맏아들 득패(得沛)를 익위사 부솔(翊衛司副率)에 임명함으로써 장려해 주었으니, 한강(寒岡) 정구(鄭逑) 선생이 천거한 것이다. 광해조(光海朝)에 형조참의로서 상소하여 삼창[552]이 권력을 농단하는 조짐을 배척하니, 광해군이 크게 노하여 형조참의에서 외

552) **삼창(三昌)** : 광해군 때의 세도가였던 광창부원군(廣昌府院君) 이이첨(李爾瞻)·밀창부원군(密昌府院君) 박승종(朴承宗)·문창부원군(文昌府院君) 유희분(柳希奮) 등 세 사람을 말한다. 《燃藜室記述 卷21 崔沂海州之獄》

직인 평해군수(平海郡守)에 보임하여 내보내었고, 신해년에는 공주부사(公州府使)에 보임되고, 임자년에는 순천부사(順天府使)에 보임되었다. 계축년에 영창대군(永昌大君)의 옥사가 일어나자, 공이 탄식하기를 "이이첨(李爾瞻)·정조(鄭造)·윤인(尹訒)을 참벌하지 않으면, 나라꼴이 되지 않는다. '서리를 밟으면 머지않아 단단한 얼음이 이른다.'[553] 하였으니, 반드시 이보다 더 큰 재앙이 이르게 될 것이다."라며 상소하여 탄핵하려 하였다. 이이첨이 이를 듣고 공을 증오하여 화(禍)가 장차 어디까지 미칠지 알 수 없는 상황이었는데, 문충공(文忠公) 오리(梧里) 이원익(李元翼)이 극력 구원하였고, 김제군수(金堤郡守)에 보임되어 나갔다. 갑인년에는 마침내 감사(監司)에게 모함을 당하여 잡혀와 파직되어 떠나가자 군민(郡民)들이 생사당(生祠堂)[554]을 세워 주었다.

정사년 공이 정치가 어지러워지는 것을 보고 부호군(副護軍)으로서 상소하기를 "요순(堯舜)의 도(道)는 효도와 공경일 뿐입니다.[555] 전하께서 반드시 요순의 훌륭한 정치를 일컬으시면서 효도와 공경의 도리를 행하지 않으신다면, 장차 천하와 후세에 무슨 하실 말씀이 있겠습니까. 척포두속의 노래는 이미 지나간 일은 어찌할 수 없는 것으로 신이 알고 있거니와,[556] 지금 서궁의 처분[557]은 삼강오륜(三綱五倫)에 관계된 바여서 조정의 신하된 입장에서는 차마 듣지 못하고 차마 말하지 못할 일입니다." 하였고, 다시 말씀하기를 "신이 삼가 여러 대신들의 의견을 수합해 보건대, 영중추(領中樞) 이항복(李恒福)이 임금을 섬길 때는 생각하는 바를 감추지 않는 의리는 나라를 위해 있는 힘을 모두 바치는 정성이 충정에서 나와서 대의를 밝히고 윤강(倫綱)을 일으켜 세운 것으로 울연(蔚然)히 옛적 대신의 충성스럽고 우직함

553) **서리를 …… 이른다** : 《주역》 〈곤괘(坤卦) 초육(初六)〉에 나오는데, 이는 서리를 밟으면 곧 단단한 얼음이 되는 것처럼 소인(小人)의 형세가 처음에는 미약하더라도 점차 치성해질 것이니, 이를 경계해야 한다는 뜻이다.

554) **생사당(生祠堂)** : 고을의 수령이 선정을 베풀었을 때 그 고을의 백성들이 그 수령이 살아 있을 때부터 제사를 지내기 위해 세워 놓은 사당을 말한다.

555) **요순(堯舜)의 …… 뿐입니다** : 《맹자》 〈고자 하(告子下)〉에 나온다.

556) **척포두속(尺布斗粟)의 …… 있거니와** : 척포두속의 노래는 한 자의 베, 한 말의 곡식도 형제간에 서로 나눌 수 있다는 내용으로, 형제간의 불화를 비난하는 동요이다. 한(漢)나라의 문제(文帝)가, 아우인 회남왕(淮南王)이 모반하였다가 실패하자 왕에서 폐하고 촉(蜀)의 엄도(嚴道)에서 살게 하였는데, 회남왕이 먹지 않고 목숨을 끊었다. 그러자 백성들이 두 형제가 서로 용납하지 못함을 비유하여 이 노래를 불렀다. 《漢書 淮南衡山濟北王傳》 여기서는 광해군이 우애로 보살펴야 할 아우인 영창대군을 죽인 것을 말한 것이다.

557) **서궁(西宮)의 처분** : 인목대비(仁穆大妃)를 서궁(西宮)에 유폐시킨 것을 말한다.

에서 나온 말이었습니다. 전하께서는 하늘이 낸 자질과 떳떳한 본성의 선함으로 깊이깊이 살피신다면, 반드시 이 아무개의 의논을 크게 잘못되었다고 깊이 미워하지 않게 되실 것입니다. 그런데 전후좌우에서 마음대로 권력을 행사하는 이들에게 오도(誤導)되어 이번 먼 곳으로 귀양 보내라는 명이 있으셨으니, 신은 진실로 통탄스럽습니다." 하였다. 이에 사간원의 논계가 엄준하게 일어나 공을 중률(重律)에 처하고자 하였는데, 광해군이 이르기를, "신 아무개의 우직함은 내가 동궁(東宮)이었을 때부터 알고 있다. 이런 때에 이러한 논의로 어찌 사람마다 죄줄 수 있겠는가." 하였다. 이로 인해 추방되어 시골로 쫓겨났으니, 이는 공이 시강(侍講)하는 자리에 있을 때 직언을 꺼리지 않아서 광해군에게 평소 경탄(敬憚)을 받았기 때문이었다. 그 뒤로 공명(功名)을 이루려는 생각을 끊어버리고는 온 가족을 데리고 청주(淸州)로 귀향하였다.

인조반정(仁祖反正) 후에는 연평군(延平君) 이귀(李貴)와 승평군(昇平君) 김류(金瑬)가 공을 천거하여 임용하려고 하였는데, 훈신(勳臣) 중에 좋아하지 않는 이가 있어 저지되었다. 갑자년 공이 시골집에 있을 때, 역적 이괄(李适)의 변란에 어가가 공주(公州)로 파천(播遷)하였다는 소식을 듣자, 공이 바로 행재(行在)로 달려갔다. 도체찰사(都體察使) 오리(梧里) 이원익(李元翼)의 군영에 있었는데, 주상이 공을 군직(軍職)에 있으면서 기무(機務)에 동참할 것을 명하였다. 난리가 평정된 뒤에 오리 이원익이 주상에게 "신 아무개의 경학(經學)과 재기(材器)는 마땅히 크게 쓰여야 하니 관직에 머물기를 권면해야 합니다."라고 아뢰어 애써 만류하였지만, 공은 상소하여 굳이 사양하고 귀향하였고, 호성원종공신(扈聖原從功臣) 제2등에 녹훈되었다. 정묘년 북방의 근심이 위급해지자, 공은 수천 언(數千言)의 소장을 봉해 올려 시사(時事)를 극력 논하니, 주상이 가상히 여겨 받아들였다.

신미년 10월 19일에 천수를 누리고 일생을 마치니 향년 72세였다. 안장할 때에 주상께서 관원을 보내어 치제(致祭)하고, 자헌대부 이조판서 겸 지경연 의금부 춘추관 성균관사(資憲大夫吏曹判書兼知經筵義禁府 春秋館成均館事) 홍문관대제학(弘文館大提學) 예문관대제학(藝文館大提學) 세자좌빈객(世子左賓客) 오위도총부도총관(五衛都摠府都摠管)을 증직하였다. 숙종 기해년(1719, 숙종 45)에 충청도와 경상도의 유생(儒生)들이 청주(淸州)의 봉계(鳳溪)에 서원을 세우고 공에게 제사를 드렸다.

배위(配位)는 증 정부인(贈貞夫人) 전의이씨(全義李氏)이니, 이조판서 문형(文馨)의 따님으로 3남 2녀를 두었는데 아들 득패(得沛)는 경학(經學)으로 개성도사(開城都事)에 천거되었고, 득유(得游)는 문과급제하여 주서(注書)이며, 삼남은 득치(得治)이다. 딸들은 상례 최시량(崔始量), 보덕 강여재(姜與載)에게 출가하였다. 계배(繼配)는 정부인(貞夫人) 남양홍씨(南陽洪氏)이니 이조판서 가신(可臣)의 따님으로 2남 1녀를 두었는데 득홍(得洪)은 문과급제하여 도사(都事)이고, 득명(得溟)은 일찍 사망하였다. 딸은 이인창(李麟昌)에게 출가하였다. 손자와 증손 이하는 세대가 멀고 번창하여 이루 다 기록하지 못한다.

공은 타고난 성품이 순수하고 아름다웠으며 어버이를 효성스럽게 섬기었다. 어려서 모친을 여의고 부친에게 사랑과 공경이 더욱 독실하였고, 어려서부터 늙을 때까지 뜻을 받들고 따르기를 마치 하루같이 하였다. 신축년에 부친 찬성공이 가선대부(嘉善大夫)의 관직에 올랐으니, 실로 세상에 보기 드문 노신(老臣)을 우대하는 특전이었다. 이에 공이 작은형과 함께 경수(慶壽)의 연회를 베풀고 기로소(耆老所)의 여러 공과 공경(公卿)들을 초대하여 기쁨을 드러내었고 색동옷을 입고서 어린아이 놀이를 하였다. 이는 임진란 뒤에 처음 있는 성대한 행사로 한 시대의 훌륭한 분들이 즐겁게 시를 지어 노래하고 읊었으니, 그 시편들이 모여 권축(卷軸)을 이루었다. 갑진년에 부친상을 당하여서는 무덤 옆에 여막을 짓고 점괴(苫塊)를 떠나지 않고 조석으로 애성하며,[558] 쌀과 채소·과일을 먹지 않으며 최질(衰絰)로 3년의 예제를 마쳤고, 국기[559] 때면 역시 소식(素食)하였으니 효성을 미루어 실천한 것이다. 관찰사가 공의 형제에게 소련과 대련[560]의 행실이 있음을 조정에 보고하였는데 정포[561]의 은전이 작은형에게만 미치자 당시 사람들이 애석하게 여겼다. 큰형이 일찍 세상을 떠나자, 공은 조카들을 은정으로 기르고 가르쳐 성취시키기를 친자식과 다름없이 하였다. 서매(庶妹)의 자식이 부모를 잃자, 또한 정성으로 어루만져 보살폈고 토지와 재물을 다 나누어 주었으니, 공의 돈목함이 이와 같았다.

공은 어려서부터 예학(禮學)에 뜻을 두어 졸재공(拙齋公)과 함께 강론(講論)하고 의심스러운 내용을 질문하였으니, 저술로 《의례고람(儀禮考覽)》 6권과 《오복통고(五服通考)》 2권이 있다. 신의경(申義慶)이 지은 '상례통재(喪禮通載)'를 취하여 수정하고 증보하여 120조항

558) **애성(哀省)하며** : 《가례》 〈상례〉의 묘제조(墓祭條)에 "묘소를 세 바퀴 돌면서 슬픈 마음으로 살핀다.[環繞哀省三周]"라고 한 것을 두고 한 말이다.

559) **국기(國忌)** : 임금이나 왕후의 기일(忌日)을 이른다.

560) **소련(少連)과 대련(大連)** : 부모의 상을 잘 치러 효행으로 이름난 형제. 각주 453)번 참조.

561) **정포(旌褒)** : 효자·충신·열녀나 나라에 큰 공이 있는 사람에게 정문(旌門)을 지어 주어 포상(褒賞)하는 것.

으로 된 2권의 책으로 만들고 직접 발문을 지어 세상에 간행하였다. 경사자집(經史子集)을 두루 찾아 멀리 학통을 잇는 것으로 스스로 즐거움을 삼고 외물(外物)에 마음이 얽매이지 않았다.

아, 공은 풍신(風神)이 깨끗하고 시원하며 견식(見識)이 정확하면서 해박하여 일찍부터 세상을 다스릴 재질을 갖고 있었지만 나아가기 어려운 시대를 만났고 지위도 그의 덕에 미치지 못하였다. 임진년에 의병을 일으키고, 무술년에 감군(監軍)이 되고, 갑자년에 주상을 호종하였으며, 계축·기사년에 상소한 일들은 충의(忠義)로써 분발하여 강상윤리를 붙잡아 세운 것이니, 모두 국사(國史)에 빛나고 후세에까지 영향을 줄 만한데도 아직까지 태사씨(太史氏)가 채택해 사서(史書)에 수록해놓지 않아서 시호를 내리는 의전(儀典)을 받지 못하고 있어, 지금까지 조야(朝野)가 함께 탄식하는 것이다. 삼가 가장(家狀) 및 송곡(松谷) 이서우(李瑞雨)공이 지은 묘갈명을 살펴보고 공의 덕업(德業) 및 행실과 치적 가운데 혁혁한 것들을 약술하여 봉상시(奉常寺)의 관원에게 고하여 시호를 의정(議定)할 것을 청하는 바이다.

公諱涌 字季達 初諱濼 號霞隱 姓申氏 高靈之世 上祖諱成用 高麗文科軍器寺正 其後有諱德隣 寶文閣大提學 號醇隱 與鄭圃隱李牧隱諸賢爲道義交 世稱六隱 醇隱生諱包翅 文科參議 贈左贊成 號壺村 是生諱檣 仕我朝 集賢殿提學 號巖軒 以文章名筆 載箕雅及文獻錄 巖軒生諱叔舟 相光廟 封高靈府院君 謚文忠 經術勳業 爲國名臣 是爲公五世祖也 高祖諱泂 內資寺正 贈右議政 靈城君 曾祖諱光潤 蔭漢城參軍秩嘉善 贈左承旨 祖諱瀓 蔭秉節校尉 贈吏曹參判 考諱仲淹 蔭同中樞 贈左贊成 妣貞敬夫人文化柳氏 司饔寺正潾女也 以嘉靖庚申生公 公生有異質 五歲遭母喪 哀哀不忍聞 八歲好讀書 手不釋冊 贊成公慮其受病 呵止不能禁 九歲從仲氏判書拙齋公湜 受學於退溪李先生 三年而先生歿 未卒業而歸 時贊成公通判尙州 公年纔十餘 適倭使到州 見公儀表秀朗 致之前稱賞 使製詩 公應口曰 扶桑三島外 華岳五雲中 兩國千年好 孤舟萬里通 倭使大驚 自是 知名當世 十六魁鄕解 戊子上庠 辛卯擢文科丙科 分隷槐院 拜弘文館副正字 壬辰倭寇猝入 陷東萊 府使宋公象賢死之 宋公夫人 公之三從姪女也 宋公方立慬 急修書於公 托其妻子 公見書泣曰 姪女必死矣 存其孤在我 遣人取其子 撫養視以親子 公遂募兵擧義 與湖南之金忠烈千鎰 高文烈敬命 嶺南之郭忠翼再祐 傳檄約誓 旗號淸東忠義軍 號令明肅 部伍嚴整 軍聲大振 倭不敢近

境 清州以下數郡之獨不刳於兵者 公之力也 癸巳上還都 以弘文正字召公 掌史局 甲午移藝文館檢閱 俄拜侍講院說書 乙未遷承政院注書 策倡義功 錄宣武勳第二等 陞待教兼司書 丙申連拜司諫院正言弘文館修撰 丁酉連除副校理吏曹佐郎 時倭冦再猘西厓柳文忠公成龍開體府 辟公爲從事 戊戌由吏曹正郎出爲監軍 督粮御史 巡察海路天將萬經理世德駐兵海西 兵粮不繼 督責甚急 始公之行 贊成公命出家資米三百斛克期船運 公入海西境 行且招募 諭以大義 使之入粟 約以時日矣 及到天將所駐 家船已到三日 而得民粟八千斛 經理執手曰 如公之才 可謂國器 上聞而嘉之 錫廐馬 兵罷除安山郡守不赴 庚子陞掌令 連除司諫兼弼善 辛丑連除檢詳舍人應教輔德 陞通政拜承政院同副承旨 壬寅以右承旨 出爲黃海道觀察使 癸卯遞拜刑曹參議 甲辰丁外艱丁未服闋 歷兵吏禮三曹參議 戊申除左承旨 秋以賀至正使如京師 復命 上特拜公長子得沛 翊衛司副率以奬之 寒岡鄭先生逑所薦也 光海朝 蹠斥三昌弄權之漸 光海大怒 以刑曹參議出補平海 辛亥補公州 壬子補順天 癸丑永昌獄起 公嘆曰 不斬爾瞻造訒 國不爲國 履霜之憂 必有大於此者 擬上章劾之 爾瞻聞而恚之 禍將不測 梧里李文忠公元翼力救 出補金堤 甲寅竟爲監司所搆 拿罷 郡民立生祠 丁巳公見政亂 以副護軍上疏曰 堯舜之道 孝悌而已 殿下必稱堯舜之治 而不行孝悌之道 將何以有辭於天下後世乎 尺布斗粟之謠 臣固知已往之不諫 而今玆西宮之處分 寔綱倫之所關 爲朝廷臣子者 所不忍聞不忍言之事也 又曰 臣竊伏見諸大臣收議 則領中樞李恒福事君無隱之義 爲國盡瘁之誠 出於忠赤 明義扶倫 蔚然有古大臣忠讜之言 以殿下天縱之姿 彝性之善 淵然深省 則必不以李某之議爲深惡大非 而見誤於前後左右擅作威福之人 有此遠竄之命 臣實痛焉 於是 臺啓峻發 欲置重律 光海曰 申某之讜直 予自東宮時已知之 此時此論 豈可人人罪之 因放逐田里 蓋公在侍講時 直言不諱 爲光海素敬憚故也自是念絶名途 挈家歸清州 仁廟改玉後 延平李公貴昇平金公瑬欲引用公 勳臣中有不悅者沮之 甲子公在鄕廬 聞逆适之亂 車駕播遷公州 公卽赴行在 在都體察使梧里李公元翼營中 上命以軍職 同參機務 亂平後 李公白上曰 申某經學材器 宜大用 勉留之 公上疏固辭歸鄕 錄扈聖原從勳第二等 丁卯北憂急 公封章極論時事數千言 上嘉納之 辛未十月十九日 以壽終 享年七十二 比葬上遣官致祭 贈資憲大夫吏曹判書兼知經筵義禁府春秋館成均館事 弘文館大提學 藝文館大提學 世子左賓客 五衛都摠府都摠管 肅廟己亥 湖嶺章甫建院於清州鳳溪 以俎豆享之 配贈貞夫人全義李氏 吏判

文馨女 生三男二女 男得沛經學薦開城都事 得游文科注書 得治 女適相禮崔始量輔德姜與載 繼配貞夫人南陽洪氏 吏判可臣女 生二男一女 得洪文科都事 得溟早夭 女適李麟昌 孫曾以下 代遠繁昌 不勝錄 公資性粹美 事親孝 早失所恃 愛敬尤篤於嚴君自幼至老 承順如一日 辛丑贊成公陞嘉善秩 實曠世優老之特典也 公與仲氏設慶壽宴邀耆社諸公及公卿以飾喜 着斑衣爲戱 蓋亂後初有之盛事 一代名公 樂爲之歌詠 輯成卷軸 甲辰丁憂 廬于墓側 不離苫塊 晨夕哀省 不食稻與菜 衰絰終制 遇國忌亦素食孝之推也 道臣聞于朝 以公兄弟有小大連之行 旌褒獨及仲氏 時人惜之 伯兄早卒 公恩養諸孤 敎訓成就 無間所生 庶妹之子失兩親 亦撫恤以誠 盡給田財 其敦睦如此 自少有意禮學 與拙齋公講論質疑 所著有儀禮考覽六卷五服通考二卷 取申義慶所撰喪禮通載 修潤增補一百二十條爲二卷 皆自爲序跋 刊行于世 經史子集 無不旁搜遠紹以自樂 不以外物嬰其心 嗚呼 公風神淸爽 見識精該 夙抱經世之才 遭時邅迍 位不稱德壬辰倡義 戊戌監軍 甲子執靮 癸丑丁巳之疏 奮發忠義 扶植綱常 皆可以耀國乘光後世 而尙闕太史氏採擇 未蒙節惠之典 至今朝野之所共嗟嘆 謹按家狀及松谷李公瑞雨所撰碣銘 略敍其德業行治之赫赫者 告于太常 請所以議謚焉

증 이조판서 하은(霞隱) 신공(申公) 시장
贈吏曹判書霞隱申公諡狀

유후조(柳厚祚)[562]

공의 휘는 용(涌)이니, 자는 계달(季達)이고, 하은(霞隱)이 그의 호다. 관향은 고령으로 처음 휘는 설(渫)이었는데 뒷날 상소하여 개명하였다. 시조는 휘 성용(成用)이니 문과급제하여 군기시 정(軍器寺正)을 지냈다. 그 뒤에 휘 덕린(德隣)이 보문각 대제학을 지냈고 호는 순은(醇隱)선생으로 포은(圃隱)·목은(牧隱) 제현과 도의(道義)로 사귀니, 세상에서는 육은(六隱)이라 일컫는다. 우리 조선조에 들어와서는 휘 장(檣)이 집현전 제학(集賢殿提學)을 지냈고 호가 암헌(巖軒)인데 문장과 명필로 《기아(箕雅)》 및 《해동문헌록(海東文獻錄)》에 올라 있다. 이분이 휘 숙주(叔舟)를 낳으니, 영의정을 지냈으며 고령부원군(高靈府院君)에 봉해졌고 시호는 문충공(文忠公)이다. 승상을 다섯 차례 역임하였고, 네 차례 공신의 훈호(勳號)를 받았으며 경술(經術)과 사업(事業)으로 국가의 명신(名臣)이 되었으니, 이분이 공의 5대조이다. 고조 휘 형(泂)은 내자시 정을 지냈고 우의정에 추증되니 영성군(靈城君)이다. 군기시 정에서 이분에 이르기까지 9대가 연속으로 문과(文科)에 급제하니, 나라 안의 큰 가문으로 이에 견줄 만한 경우가 드물다. 증조는 휘 광윤(光潤)이니, 음직으로 한성참군(漢城參軍)을 지냈는데 상국 윤필상(尹弼商)의 옥사에 체포되었다가 얼마 후 풀려났다. 노수(老壽)로써 가선대부의 품계에 올랐고, 좌승지에 추증되었다. 조고는 휘 서(激)이니, 젊은 나이로 갑자년의 사화(士禍)에 화를 입었고 이조참판에 추증되었다. 선고는 휘 중엄(仲淹)이니, 문음(門蔭)으로 중추부사(中樞府事)에 이르렀고 좌찬성에 추증되었다. 선비(先妣)는 정경부인 문화유씨(文化柳氏)니 사도시정 엄(渰)의 따님으로, 가정(嘉靖) 경신년(1560, 명종 15)에 공을 낳았다.

공은 나면서부터 자질이 남달랐고 천성이 영리하여 어린 시절부터 책 읽기를 좋아하여 손에서 책을 놓지 아니하니, 부친 찬성공이 나무라며 그만하게 하였으나 그럴 수가 없었다. 5세에 모친 정경부인의 상을 당해서는 마치 노성(老成)한 사람 같이 애훼[563]하자 사람들이

562) **유후조(柳厚祚, 1798~1876)** : 조선 말기의 문신으로 본관은 풍산(豐山), 자는 재가(載可), 호는 매산(梅山)·낙파(洛坡)·영매(嶺梅)이다. 철종 9년에 정시문과에 급제한 뒤 부사·부호군·이조참판·공조판서를 지냈으며, 흥선대원군(興宣大院君)의 남인계 인사 중용책에 따라 우의정에 이르렀다. 그 뒤 좌의정에 올라 판중추부사로 퇴관하고 봉조하(奉朝賀)가 되었다. 시호는 문헌(文憲)이다.

563) **애훼(哀毁)** : 애훼골립(哀毁骨立)의 준말로, 부모의 죽음을 심히 슬퍼한 나머지 몸이 쇠약해진 모양을

모두 기이하게 여겼다. 9세에 작은형인 졸재공(拙齋公) 식(湜)과 함께 퇴계(退溪) 이 선생(李先生)의 문하에서 수학하였다. 그러나 3년 만에 선생의 상을 당하여 학업을 마치지 못하고 돌아왔다. 당시에 찬성공이 상주통판(尙州通判)이었는데 공의 나이 갓 10여 세였다. 마침 왜(倭)의 사신이 상주고을에 이르렀는데 공의 명민함을 보고 앞으로 나오게 하고는 칭상(稱賞)하면서 시(詩)를 짓게 하자, 공이 곧바로 입으로 절구 한 수를 읊기를, "부상(扶桑)은 삼신산 밖 멀리 있고, 화악(華岳)은 오색구름 속에 솟아 있네. 두 나라 천 년간 우호를 다졌으니, 한 척의 배가 만 리 길 통하네.[扶桑三島外 華岳五雲中 兩國千年好 孤舟萬里通]"라고 하니, 왜의 사신이 크게 감탄하였고, 이로부터 공의 명성이 널리 퍼졌다. 나이 16세에 향시(鄕試)에서 장원하였으며 29세에는 무자년의 생원시(生員試)에 입격(入格)하였고 32세에 신묘년 문과(文科) 병과(丙科)에 급제하니 우리 선조 24년(1591)이었다. 준점[564]으로 승정원(承政院)에 들어갔다가 홍문관 부정자(弘文館副正字)로 승진하였다.

이듬해 임진년 4월에 왜적이 대거 침범하니, 공이 충청도에서 병사를 모아 의병장(義兵將)이 되고 호남의 김천일(金千鎰)·고경명(高敬命)과 영남의 곽재우(郭再祐)와 서로 격문(檄文)을 전하며 함께 약속하여 맹세하고 기의 표지(標識)를 청동충의군(淸東忠義軍)이라 하였다. 왜적에게 동래(東萊)가 함락되어 부사 송상현(宋象賢)이 순절하니, 그의 부인이 공의 삼종 질녀(三從姪女)였다. 송공(宋公)이 바야흐로 순절할 적에 급히 공에게 편지를 보내 그의 처자를 부탁하였다. 공이 그 편지를 보고 눈물을 흘리며 '내 질녀도 반드시 죽었을 것이다. 그러나 자식이라도 살려 집안을 보존케 하는 것이 또한 옳지 않겠는가.' 하고는 사람을 보내 집으로 데려와 보살핌에 친조카와 차이가 없었다. 공이 병사를 모으고 군량을 마련하느라 밤낮없이 심력을 다하면서도 호령은 명확하며 엄숙하고 군중(軍中)의 대오(隊伍)가 엄정(嚴整)하니 왜장이 소문을 듣고 두려워서 감히 다가오지를 못해 경내에는 칼날로 서로 교전하는 노고가 없었으니, 청주(淸州) 이하의 여러 군(郡)이 유독 온전했던 것은 바로 공의 노력 덕분이었다. 계사년(1593)에 퇴각했던 병사들을 거느리고 근왕[565]할 적에 주상이 환도(還都)하여 홍문관 정자(正字)로 공을 불러 사국(史局)을 관장하게 하였다.

갑오년에는 정자에서 검열(檢閱)로 승진되고 시강원 설서(侍講院說書)로 옮겨졌다가 을미

말한다.

564) **준점(準點)** : 선발에 뽑힌 후보자를 뜻한다. 우점(優點), 준권(準圈)이라고도 한다. 각주 534)번 참조.

565) **근왕(勤王)** : 왕이 위험할 때 신하가 군대를 일으켜 구원한다는 뜻이다.

년에는 승정원 주서(承政院注書)에 임명되었으며, 임진년에 의병을 일으킨 공로로 선무호성(宣武扈聖) 원종 2등(原從二等)에 녹훈되었고, 대교(待敎)로 승진되어 사서(司書)를 겸하다. 병신년에는 정언(正言)·수찬(修撰)에 임명되고, 정유년에는 부교리(副校理)로 승진하고 이조좌랑(吏曹佐郎)에 임명되어 도원수(都元帥) 서애(西厓) 문충공(文忠公) 류성룡(柳成龍)의 종사관을 겸하였으니, 이때 왜구가 재차 침공하여 온 나라가 불안하고 두려워하였다. 무술년에는 이조정랑(吏曹正郎)이었다가 외방으로 나가 군대를 순찰하고 군량을 감독하는 어사(御史)가 되어 해서(海西) 길을 순찰하게 되었다. 이때에 명나라 장수인 경리(經理) 만세덕(萬世德)이 해서(海西)에 군대를 주둔하고 있었는데, 군량이 공급되지 않아 굶주리는 병사가 많아지자 독촉과 책망이 대단하였다. 공이 출발할 무렵에 찬성공이 경계하기를 '네가 지금 군사를 독려하는 창졸한 때에 조달할 군량이 없다면 장차 무엇으로써 나라의 일을 돕겠느냐?' 하고는 집에 저장해 둔 쌀 삼백 곡을 내어 기일에 맞춰 배에 싣고 갈 것을 명하였다. 공은 해서(海西) 지방으로 들어가 백성들을 불러 모아놓고 나라에 대한 은혜와 의리로 타이르면서 시일을 한정한 다음 명나라 장수가 머물러 있는 곳에 이르러보니, 집에서 보낸 배가 이미 당도해 있었고 3일 동안 확보한 쌀이 8천석이 되자, 군심(軍心)이 이에 힘입어 안정되었다. 이에 만경리가 공의 손을 잡고서 '공과 같은 인재는 국사(國士)라고 할 만하다'고 감탄하였다. 주상께서는 그 소식을 듣고 가상히 여겨 구마(廏馬)를 하사하였고, 병영에서 물러나 돌아오자, 안산군수(安山郡守)에 임명되었으나 부임하지 않았다.

경자년에 장령(掌令)과 사간(司諫)으로 승진되어 필선(弼善)을 겸하였고, 신축년에 검상(檢詳)으로 사인에 승진되고 이어서 응교(應敎)로 보덕(輔德)에 오르고 6월엔 사인으로 통정(通政)의 품계에 올라 동부승지(同副承旨)가 되었으며, 임인년에는 우승지(右承旨)에서 황해도관찰사(黃海道觀察使)로 나갔고, 계묘년에는 체직되어 형조참의(刑曹參議)에 임명되었다. 갑진년에 찬성공의 상을 당하여 정미년에 삼년상을 마치고 병조·예조·이조의 3조 참의를 역임하였다. 무신년에는 좌승지에 오르고 부제학(副提學)의 선발후보에 올랐다. 이때 선조가 승하하고 조정에 일이 많았는데, 공을 질시하는 자들이 다투어 곤경에 빠뜨리려하기를 그치지 않았다. 가을에 하정사(賀正使)로 명나라에 갔는데, 황제가 우리나라로 표류해 온 복건 사람 대조용(戴朝用) 등 47명을 차례로 인계하여 연경으로 데리고 간 일로 매우 후하게 상을 하사하며 총애의 유지가 지극하였다. 돌아오자 주상께서 특별히 공의 장자 득패(得沛)에게 익위사 부솔(翊衛司副率)을 제수하여 장려하니, 한강(寒岡) 정구(鄭逑) 선생이 천거한 것이었다. 기유년 9월에 형조참의(刑曹參議)로서 삼창[566]이 권력을 농단하려는 조짐이 보이자 이를 배척하였는데, 광해군이 대노하여 평해군수(平海郡守)로 출보(出補)시켰다. 신해년에 공주목사(公州牧使)로 출보되었고, 임자년에는 순천부사(順天府使)로 보임되어 나갔는데, 모두 반대파로부터 오랫동안 미움을 받아서 파직을 당하였다. 계축년에 영창대군(永昌大君)의 옥사(獄事)에 대해 공은 탄식하며 "이이첨(李爾瞻)·정조(鄭造)·윤인(尹訒)을 참벌하지 않으면, 나라꼴이 되지 않는다. 서리를 밟으면 머지않아 단단한 얼음이 이르듯이 앞으로 닥칠 재앙의 조짐이 반드시 이보다 더 커질 것이다." 하고는 상소하여 탄핵하려 하였다. 이이첨이 이를 듣고 공을 증오하여 화(禍)가 장차 어디까지 미칠지 알 수 없는 상황이었는데, 문충공(文忠公) 오리(梧里) 이원익(李元翼)이 극력 구원하였고, 김제군수(金堤郡守)에 보임되어 나갔다. 갑인년에 결국 감사(監司)의 모함으로 파직되고 잡혀가니, 공이 재임했던 군의 관리와 백성들이 모두 공의 행적을 돌에 새기고 사당을 세워 제향하였다.

정사년 광해군의 정사가 혼란하여 세상일이 크게 변하자, 공이 부호군(副護軍)으로서 상소하였는데 그 대략에, "요순(堯舜)의 도(道)는 효도와 공경일 뿐입니다. 전하께서 반드시 요순의 훌륭한 정치를 일컬으시면서 효도와 공경의 도리를 행하지 않으신다면, 장차 천하와 후세에 무슨 할 말이 있겠습니까. 척포두속(尺布斗粟)의 노래는 신이 진실로 이미 지나간 일은 어찌할 수 없는 것으로 알고 있지만, 지금 서궁(西宮)의 처분은 삼강오륜(三綱五倫)의 관계된 바여서 조정의 신하된 입장에서는 차마 듣지 못하고 차마 말하지 못할 일입니다." 하고, 또 말하기를 "신이 삼가 여러 대신들의 의견을 수합한 것을 보건대, 영중추(領中樞) 이항복(李恒福)이 임금을 섬길 때 생각하는 바를 감추지 않는 의리와 나라를 위해 있는 신명을 다하려는 정성은 충정에서 나온 것으로, 대의를 밝히고 윤강(倫綱)을 일으켜 세운 것이라 울연(蔚然)히 옛적 대신의 충직함이 있는 발언입니다. 전하께서는 하늘이 낸 자질과 떳떳한 본성의 선함으로 깊이깊이 살피신다면, 반드시 이 아무개의 의논을 크게 그릇되었다고 깊이 미워하지 않으실 것입니다. 그런데 전후좌우에서 마음대로 권력을 행사하는 이들에게 오도(誤導)되어 이번 먼 곳으로 귀양 보내라는 명이 있으셨으니, 신은 진실로 통탄스럽습니다." 하였다. 이에 사간원의 논계가 엄준하게 일어나 공을 중률(重律)에 처하고자 하였는데, 광해군이 답하기를, "신 아무개의 우직함은 내가 동궁(東宮)이었을 때부터 알고 있다. 이런 때에

566) **삼창(三昌)** : 각주 552)번 참조.

이러한 논의로 어찌 사람마다 죄줄 수 있겠는가." 하였다. 이에 추방되어 시골로 쫓겨났으니, 이는 공이 시강(侍講)하는 자리에 있을 때 직언을 꺼리지 않았기에 광해군이 평소 공을 공경하면서도 꺼렸으므로 이런 명이 있었다. 이 뒤로 공은 공명(功名)의 길에 대한 생각을 끊어버리고 온 가족을 데리고 청주(淸州) 선영 근처로 귀향하여 여생을 마칠 계획을 세우고 비록 군직(軍職)에 붙였더라도 모두 나아가지 않았다.

인조반정(仁祖反正) 뒤에 연평군(延平君) 이귀(李貴)와 승평군(昇平君) 김류(金瑬)가 공을 천거하여 임용하려고 하였는데, 훈신(勳臣) 중에 평소 공을 좋아하지 않는 한두 사람이 이를 저지하였다. 갑자년(1624) 공이 시골집에 있을 때, 역적 이괄(李适)의 변란으로 어가가 공주(公州)로 파천(播遷)하였다는 소식을 듣고는 곧바로 행재(行在)로 달려갔다. 주상께서 공을 군직(軍職)에 있으면서 기무(機務)에 동참할 것을 명하니, 도체찰사(都體察使) 오리(梧里) 이원익(李元翼)의 군영에 있으면서 밤낮으로 걱정하고 부지런히 힘쓰며 계책을 도왔다. 난리가 평정된 뒤에 이공(李公)이 주상에게 아뢰기를 "신 아무개의 경학(經學)과 재지(才智)가 훌륭하여 마땅히 등용해야 합니다." 하여 억지로 재삼 머물게 하였지만 공은 상소하여 고사하고 귀향하니, 진무원종훈(振武原從勳) 2등에 녹훈되었다. 정묘호란 때, 현도봉장[567]하여 수천 글자로 시사(時事)를 극력 논하니, 주상이 가상히 여겨 받아들였다. 소현세자(昭顯世子)가 분조(分朝)하여 남쪽으로 내려가 직산(稷山)에 행차가 이르자, 공이 오랑캐를 막아내고 백성들을 안정시키는 내용의 소장을 올리니, 세자가 은총의 비답을 내려 타일러 준 데 대해 장려하고 공을 소대(召對)하였는데 예우가 몹시 융숭하였다.

신미년(1631, 인조9) 여름에 다시 서울 집에 돌아왔고, 그해 10월 19일에 천수를 누리고 일생을 마치니 향년 72세였다. 안장할 적에 주상께서 관원을 보내어 치제(致祭)하고, 선무(宣武)·진무(振武)의 두 공훈(功勳)으로 지금의 관직을 증직하였으며, 관례대로 다른 관직을 겸하도록 하였다.

배위(配位)는 전의이씨(全義李氏)이니, 이조판서 문형(文馨)의 따님으로 3남 2녀를 두었는데, 장남 득패(得沛)는 경학(經學)으로 개성도사(開城都事)에 천거되었고, 차남은 득유(得游)는 문과급제하여 승정원 주서(承政院注書)를 지냈는데, 모두 공보다 먼저 죽었고, 다음 아들은 득치(得治)이다. 장녀는 문과급제하여 상례(相禮)인 최시량(崔始量)에게 출가하였고,

567) **현도봉장(縣道封章)** : 시골에 있는 재신(宰臣)이 현(縣)이나 도(道)를 통해 올리는 상소를 말한다. 봉장(封章)은 상소임.

차녀는 문과급제하여 보덕(輔德)인 강여재(姜與載)에게 출가하였다.

후배(後配)는 남양홍씨(南陽洪氏)이니 영원군(寧原君) 가신(可臣)의 따님으로 2남 1녀를 두었는데, 득홍(得洪)은 문과급제하여 함경 도사(咸鏡都事)이고, 다음은 득명(得溟)은 일찍 죽었다. 딸은 사인(士人) 이기창(李麒昌)에게 출가했다.

득패는 종실 해풍군(海豐君) 기(耆)의 딸에게 장가들어 1남 3녀를 두었으니, 아들 오(澳)는 내시교관(內侍教官)이고, 딸들은 진사 임기영(林起榮)·현령 문익명(文益明)·별좌 안신행(安信行)에게 출가하였다. 득유는 먼저 정언 안응원(安應元)의 딸에게 장가들어 1남을 두었는데, 아들 영(渶)은 동지(同知)이다. 뒤에 군수 심곤(沈閫)의 딸에게 장가들었다. 득치는 먼저 이계기(李啓基)의 딸에게 장가들어 1녀를 두었는데, 진사 안윤행(安允行)에게 출가하였다. 뒤에 좌랑 우극근(禹克謹)의 딸에게 장가들어 1남 집(潗)을 두었는데, 효행으로 지평에 증직되고 정려를 받았다. 득홍은 현감 정이장(鄭以壯)의 딸에게 장가들어 3남 2녀를 두었으니, 아들 교(澋)는 봉사(奉事)이고, 학(澩)은 문과급제하여 승지(承旨)이고, 역(湙)은 문과급제하여 정자(正字)이다. 딸들은 정원징(鄭元徵)·진사 송증(宋拯)에게 출가하였다. 득명은 사재정(司宰正) 이경현(李景賢)의 딸에게 장가들어 1남을 두었으니 정(鼎)이다.

최시량은 2남 4녀를 두었으니, 아들은 성(晠)과 주(晭)이고 딸들은 군수 윤세헌(尹世獻)·황류(黃瀏)·현감 신희(愼熹)·현감 이명로(李命老)에게 출가하였다. 강여재는 3남 1녀를 두었으니, 아들은 익창(翊昌), 회창(會昌), 석창(碩昌)은 통정(通政)이다. 딸은 현감 윤세흥(尹世興)에게 출가하였다. 이기창은 1남 3녀를 두었으니, 아들은 연(沇)이고, 딸들은 이완(李莞)·이기령(李箕岭)에게 출가하였다. 증손과 현손 이하는 모두 기록하지 않는다.

공은 타고난 자질이 순수하고 아름다웠으며 효도와 우애가 지극히 돈독하여 찬성공을 40년 동안 모시면서 어려서부터 관직이 현달함에 이른 뒤에도 온화한 표정으로 받들고 순종하기를 하루같이 하였다. 신축년에 찬성공이 나라의 전에 없던 우로전(優老典)을 받아 가선대부(嘉善大夫)에 오르자, 작은형인 졸재공(拙齋公)과 경수(慶壽)의 잔치를 베풀고 동시에 기로소(耆老所)의 여러 공들 및 공경(公卿)들을 초대하여 접대하고 몸소 색동옷을 입고서 어린아이 놀이를 하였다. 이로부터 매년 봄가을로 이렇게 하는 것을 상례(常例)로 삼으니, 임진란 이후로 처음 있는 성대한 일이라 한 시대의 명공(名公)과 사백(詞伯)이 기뻐하며 시가를 지어 노래하고 읊으니, 시문이 쌓여 권축(卷軸)을 이루었다.

갑진년에 부친상을 당하자, 산 곁에서 시묘(侍墓)를 할 적에 거적자리에 목침으로 거상하면서 최질(衰絰)을 벗지 않았고 하루에 두 번 묘소에 올라 애통한 심정을 펴고 돌아왔는데 아무리 비바람이 심해도 폐하지 않았다. 삼년상 내내 쌀밥과 채소·과일을 먹지 않았고, 나라의 기일(忌日)을 만나면 소식(素食)하며 밥상에 육류는 올리지 못하게 하였다. 이에 관찰사가 장계를 올려 공의 형제에게 소련(少連)과 대련(大連)의 행실이 있음을 조정에 보고하였는데, 정포(旌褒)의 은전이 작은형에게만 미치고 함께 은전을 받지 못하자 시론(時論)이 애석해하였다. 큰형 저(渚)가 일찍 세상을 떠나니, 공은 조카들을 돌보며 은혜와 의리 모두 지극히 하여 가르치고 훈계하여 성취시키기를 친자식과 다름없이 하였다. 서매(庶妹)의 자식이 부모를 잃고 외조모에게 맡겨지자, 공이 어루만져 보살피고 가르쳐 이끌어주기를 한결같이 정성으로 하였다. 만년에는 토지와 재물을 나누어 줄 때, 공이 이르기를 '내가 너희들에 대한 정의(情誼)가 어찌 다른 조카들과 다르겠느냐. 다만 법에 강쇄(降殺)의 구별이 있을 뿐인데, 그렇다하더라도 균등하게 하지 않을 수 없으니, 너희가 꼭 가지고 싶은 것이 있으면 편리한 대로 선택하거라.' 하였으니, 비록 세미한 일이나 공이 돈목하는 은혜에 항렬이 낮거나 나이가 어린 사람들에게도 이와 같이 경홀하게 대함이 없었다.

공은 어려서부터 예서(禮書)에 조예가 깊었고 졸재공도 예학(禮學)으로 세상에 일컬어졌다. 형제간에 난해한 곳이 있으면 논의하면서 서질(序秩)의 대강과 정문(情文)의 세미한 곳까지 실지로 살펴보지 않은 것이 없었으니, 저술로는 《의례고람(儀禮考覽)》 6권과 《오복통고(五服通考)》 2권이 있다. 또 홍문관에 있을 적에 사인(士人) 신의경(申義慶)이 지은 '상례통재(喪禮通載)'가 책으로 완성되지 못한 것을 보고는, 이에 수정하고 윤색하여 120조(條)로 증보하여 마침내 완전하게 2권의 책으로 만들고, 직접 발문을 지어 붙여 세상에 간행하였다. 관직에서 물러나 한가로이 있을 때는 경사자집(經史子集)부터 백가(百家)의 설까지 널리 구하여 멀리 잇지[568] 않음이 없었고, 좌우에서 책을 뽑아 열람하면서 묵은 책과 버려진 종이로 퇴색되고 잔결(殘缺)된 것은 반드시 보철(補綴)하고 새롭게 하여 집안과 책상에 차곡차곡 쌓아놓고, 외물(外物)에 그 마음을 두지 않았다.

공은 풍신(風神)이 깨끗하고 시원하며 견식(見識)이 정확하면서 해박하여 당시 동료들에

568) 널리 …… 잇지 : 원문의 '방수원소(旁搜遠紹)'는 한유(韓愈)의 〈진학해(進學解)〉에, "아득히 실추된 전통을 찾아서 홀로 사방으로 수집하고 멀리 계승한다.[觝排異端 攘斥佛老 補苴罅漏 張皇幽眇 尋墜緖之茫茫 獨旁搜而遠紹]"라고 한 데서 온 말이다.

게 기대되는 바가 되었다. 그런데 공이 예문관(藝文館)과 이조(吏曹)에 있을 때에 격양[569]함이 자못 과하였고, 홍문관과 승정원에 있을 때에는 탄핵도 피하지 않았으니, 이것이 쌓이고 쌓여 진출을 경쟁하는 자들에게 거슬림을 당하였고, 마침내 시골집에 물러나 살다가 별세하였다. 숙종 기해년(1719)에 충청과 영남의 선비들이 주창하여 청주(淸州)의 봉계(鳳溪)에 서원을 건립하고 제향하였다.

아, 공은 일찍부터 경세(經世)의 재질을 지녔으나 나아가기 어려운 시대를 만났고 지위도 그의 덕에 미치지 못하였다. 집에 있을 때의 깊은 학문과 높은 행실 그리고 조정에 있을 때의 충직한 언론과 위대한 공적에 대한 기록은 전쟁의 참화에 흩어지고 잃어버렸고 단지 가정에서 공의 덕을 기록하는 글[행장(行狀)]에 의거하여 하나둘 모았을 뿐이고, 임진년 창의(倡義)한 거사와 무술년 감군(監軍)했던 노고와 갑자년 공주에서 인조를 호종한 공훈 같은 일은 녹권(錄券)에 실려 있어 찬란하게 사람들의 이목(耳目)을 비추고 있다. 또 계축년 의론에서 명교(名敎)를 주장한 일과 정사년 소장에서 강상윤리를 바로잡은 것은 국사(國史)에 빛나고 후세에까지 영향을 줄 만한데도 아직까지 태사씨(太史氏)가 널리 펴지 못하고 있기에 시호를 내리는 의전(儀典)을 받지 못하고 있으니, 애석함을 말로 다할 수 있겠는가. 삼가 가장(家狀)을 상고하여 공의 충정(忠貞)과 청직(淸直)의 실상들을 대략 서술하여 봉상시(奉常寺)에서 채택해 주기를 기다리는 바이다.

公諱涌 字季達 霞隱其號也 系出高靈 初諱溗 後上疏改之 始祖諱成用 文科軍器寺正 其後有諱德鄰 寶文閣大提學 號醇隱先生 與圃牧諸賢爲道義交 世稱六隱 入我朝有諱檣 集賢殿提學 號巖軒 以文章名筆 載於箕雅及海東文獻錄 生諱叔舟 領議政高靈府院君 贈謚文忠公 五入相府 四帶勳號 經術事業 爲國名臣 寔公五世祖 高祖諱洞 內資寺正 贈右議政 靈城君 自軍器正至是九世 連登文科 國中大族 罕有比者 曾祖諱光潤 蔭漢城參軍 逮尹相國弼商獄 尋得釋 壽至喜善 贈左承旨 祖諱滶 早罹甲子禍 贈吏曹參判 考諱仲淹 蔭至中樞府事 贈左贊成 妣貞敬夫人文化柳氏 司導寺正滜女 以嘉靖庚申生公 公生有異質 天性穎悟 自在髫齔 好讀書 手不釋卷 贊成公呵止而不能禁 五歲遭貞敬夫人喪 哀毁若老成 人皆異之 九歲與仲氏判書拙齋公湜 受學於退

569) 격양(激揚) : 격탁양청(激濁揚淸)의 준말로, 악한 부류들을 배척하고 선한 부류들을 드날림을 이른다.

溪李先生門 三年而遭先生喪 未卒業而歸 時贊成公通判尙州 公年纔十餘 適倭使到州 見公明秀 前致嘆賞 仍使製詩 公應口占一絶曰 扶桑三島外 華岳五雲中 兩國千年好 孤舟萬里通 倭使大驚稱賞 自是 名譽暢蔚 年十六魁鄕解 二十九戊子生員 三十二辛卯中文科丙科 卽我宣祖二十四年也 準點入槐院 陞弘文館副正字 翌年壬辰四月 倭大擧入寇 公募兵湖左 爲義兵將 湖南之金公千鎰高公敬命 嶺南之郭公再祐 俱與之傳檄約誓 旗號曰淸東忠義軍 倭陷東萊 府使宋公象賢死之 夫人公之三從姪女也 宋公方立殣 急修書於公 托其妻子 公見其書而泣曰 吾之姪女亦必死矣 然存孤保宗 不亦可乎 遣人迎置家中 撫養視親子姪無異 公募軍辦粮 晝夜殫竭 號令明肅 部伍嚴整 倭酋聞而畏之 終不敢近 境無交鋒接刃之勞 而淸州以下諸郡之獨全者 寔公之力也 癸巳將退兵勤王 上還都 以弘文館上正字召公 掌史局 甲午以弘正 陞檢閱 移拜侍講院說書 乙未拜承政院注書 以倡義功錄宣武扈聖原從勳第二等 陞待敎兼司書 丙申拜正言修撰 丁酉陞副校理 拜吏曹佐郎兼都元帥西厓柳文忠公成龍從事官 時倭寇再猘 擧國危懼 戊戌以吏曹正郎 出爲監軍督糧御史 巡察海路 天將萬經理世德駐兵海西 兵糧不繼 士多飢困 督責備至 公臨行 贊成公戒之曰 汝今視師倉卒之際 無糓可調 則將何以濟國事乎 命出家貲米三百斛 克期船載以去 公入海西境 招募諸民 諭以恩義 限以時日 及到天將所札駐 則家舶已先到 三日內得米八千斛 軍心賴安 萬經理執手嘆曰 如公之才 可謂國士 上聞而嘉之 錫以廐馬之典 撤兵還 拜安山郡守不赴 庚子陞掌令司諫兼弼善 辛丑以檢詳陞舍人 以應敎陞輔德 六月以舍人陞通政 拜同副承旨 壬寅以右承旨 出按黃海道觀察使 癸卯遞拜刑曹參議 甲辰丁贊成公憂 丁未服闋拜兵禮吏曹三曹參議 戊申陞左承旨 準副提學圈 時宣廟昇遐 朝廷多事 媢公者競欲擠陷之不已 秋賀至使赴天朝 帝以福建漂海人戴朝用等四十七人轉解來京 賞賜甚厚寵諭備至 及還 自上特除公長子得沛翊衛司副率以奬之 寒岡鄭先生逑所薦也 己酉九月以刑曹參議 斥三昌弄權之漸 光海大怒 出補平海郡守 辛亥出補公州牧 壬子出補順天府 皆以宿嫌遭罷 癸丑永昌之獄 公歎曰 不斬爾瞻造訕 國不爲國 履霜之漸 必有大於此矣 擬上章劾之 爾瞻聞而恙之 禍將不測 梧里李文忠公元翼力救 補金堤郡 甲寅竟爲監司所搆 至於拿罷 所莅之郡吏民 皆刻石立祠而祭之 丁巳光海政亂 時事大變 公以副護軍上疏 略曰 堯舜之道 不過孝悌而已 殿下必稱堯舜之治 而不行孝弟之道 將何以有辭於天下後世乎 尺布斗粟之謠 臣固知已往之不諫 而今玆西宮之處分 寔

倫綱之所關 爲朝廷臣子者 所不忍言之事也 又曰 臣竊伏見諸大臣收議 則領中樞臣李恒福 事君無隱之義 爲國盡瘁之誠 出於忠赤 明義扶倫 蔚然有古大臣忠讜之言 以殿下天縱之姿 彝性之善 淵然深省 則必不以李某之議 爲深惡大非 而見誤於前後左右擅作威福之人 有此遠竄之命 臣實痛焉 於是 臺啓竣發 欲置公重律 光海答曰 申戇直予自東宮時 已知之 此時此論 豈可人人而罪之 仍放逐田里 此蓋指公在侍講時 直言不諱 光海素敬憚之 故有是命 自是以後 公念絶名塗 挈家眷歸清州先壠之下 爲終老計 付軍職皆不就 仁廟改玉后 延平李公貴昇平金公瑬 欲引用公 而勳臣中一二人 素不悅於公者沮之 甲子公在鄕廬 聞逆适之亂 車駕播越于公山 公直赴行在 上命以軍職 同參機宜 在都體察使梧里李公營中 夙夜憂勤 協贊籌劃 亂平後 李公白上曰 申某經學才諝 優宜進用 勉留再三 公上疏固辭歸鄕 錄振武原從勳第二等 丁卯虜亂 縣道封章 極論時事數千言 上嘉納之 及世子分朝南巡 行到稷山 上防胡靖民之章 世子寵答奬諭 使之召對 禮遇隆重 辛未夏 復還京第 是年十月十九日以壽終 享年七十二 比其葬 上遣官致祭 以賞參宣武振武兩勳 贈今官 兼帶如例 配全義李氏 吏曹判書文馨女 生三子二女 長得沛經學 薦開城都事 次得游 文科承政院注書 皆先公亡 次得治女長適文科相禮崔始量 次適文科輔德姜與載 后配南陽洪氏 寧原君可臣女 生二子一女 得洪文科咸鏡都事 次得溟早卒 女適士人李麒昌 得沛娶宗室海豐君耆女 生一子三女 男澳內侍教官 女進士林起榮 縣令文益明 別坐安信行 得游前娶正言安應元女生一子 渶同知 繼娶郡守沈閫女 得治前娶李啓基女 生一女 進士安允行 繼娶佐郎禹克謹女 生一子 濼孝贈持平旌閭 得洪娶縣監鄭以壯女 生三子二女 男瀷奉事 滐文科承旨 浹文科正字 女鄭元徵 進士宋拯 得溟娶司宰正李景賢女 生一子 濎 崔始量生二子四女 男峸昢 女郡守尹世獻黃瀏 縣監愼熹 縣監李命老 姜與載生三子一女 男翊昌會昌碩昌通政 女縣監尹世興 李麒昌生一子二女 男沇 女李莞李箕岭 曾玄以下 幷不錄 公天資粹美 孝友篤至 事贊成公四十年 自幼至宦達 惋愉承順 猶一日 辛丑贊成公承國家優老曠典 陞嘉善 公與仲氏拙齋公 設慶壽宴 邀同時耆社諸公及公卿而侑之身着班衣爲戲 每歲春秋 率以爲常 蓋亂后初有之盛事 一代名公詞伯 樂爲之歌咏 積成卷軸 甲辰丁憂 廬于山側 篙席木枕 不脫衰絰 日再上墓 展哀而返 雖甚風雨不廢 三年之內 不食稻與菜果 遇國忌 輒食素不設肉 道臣狀聞于朝 以公兄弟行誼有大小之稱 旌褒獨及於仲氏而未蒙幷美之典 時論惜之 伯氏渚早卒 公視諸孤 恩義俱至 教訓

成就 無間己子 有庶妹之子失其怙恃 來鞠於其外祖母 公憮恤提悔 一以誠悃 晩年區劃田財 公謂之曰 吾於汝情誼 豈殊他姪 但法有降殺 雖不可均施 汝所執籌 自擇便利 此雖細微之事 公敦睦之恩 無忽於卑幼如此 公自少邃於禮書 拙齋公以禮學講於世 塤篪論難 序秩之大 情文之微 無不眞知實見 所著有儀禮考覽六卷 五服通考二卷 在玉堂時 見士人申義慶所撰喪禮通載未成書 迺修潤增補一百二十條 遂爲完書二卷 皆自爲序跋刊行于世 自居閒之後 經史子集百家之說 無不旁搜遠紹 左右抽閱 陳篇敗牘之漫漶殘缺者 必補綴而新之 充棟積案 不以外物嬰其心 風神清爽 見識精該 爲一時儕流所期望 其在翰苑銓曹 激揚頗過 其在瀛館銀臺 殫劾不避 以此積爲競進者所忤 遂屛居丘園而歿 肅廟己亥 湖嶺章甫 刱論建院於淸州之鳳溪 俎豆之 嗚呼 公夙抱經世之才 遭時邅屯 位不稱德 而其居家之邃學卓行 立朝之忠言偉績 散佚於兵燹之中 只就家庭狀德之文 撮其一二而至若壬辰倡義之擧 戊戌監軍之勞 甲子執靮之勳 載之錄劵 赫赫焉照人耳目 且癸丑之論 主張名敎 丁巳之疏 扶植倫綱 可以耀國乘光後世 而尙闕太史氏鋪張 未蒙節惠之典 可勝惜哉 謹考家狀 略敍其忠貞淸直之實 以俟太常氏採擇焉

하은 선생 연보霞隱先生年譜[570)]

명종대왕(明宗大王) 15년 경신년(1560) -명나라 세종(世宗) 가정(嘉靖) 39년-

12월 30일 신유 진시(辰時)에 선생이 청주(淸州) 묵정리(墨井里)의 집에서 태어났다.

선생은 나면서부터 뛰어나게 총명하여 어릴 때부터 글을 읽은 줄 알아 손에서 책을 놓지 않았다. 선생의 증조부 승지공(承旨公 신광윤(申光潤))께서 연산군 때 사화를 피해 처음 청주에 거주하였다. 조부 참판공(參判公 신서(申漵))은 먼저 작고하였고 부친 찬성공(贊成公)은 당시에 사헌부 감찰이 되었는데, 각 관청을 규찰할 때 엄격하고 명백하게 업무를 처리하였다.

明宗大王十五年 -明世宗嘉靖三十九年- 庚申

十二月三十日辛酉辰時 先生生于淸州墨井里第

先生生而穎悟 自在髫齡 卽知讀書 手不捨冊 先生曾祖承旨公 避燕山禍 始居淸州 祖參判公先卒 考贊成公 時爲司憲府監察 分臺各司 莅司嚴明

명종 16년 신유년(1561) 선생 2세

찬성공이 용담현령(龍潭縣令)이 되었다.

十六年辛酉 先生二歲

贊成公宰龍潭

명종 17년 임술년(1562) 선생 3세

十七年壬戌 先生三歲

명종 18년 계해년(1563) 선생 4세

十八年癸亥 先生四歲

---

570) '하은 선생 연보'는 저본인 《영원잡영 곤(坤)·하은선생문집》의 맨 앞에 편차되어 있는데, 《영원잡영 건(乾)·졸재선생집》의 편차에 맞춰 '부록' 편 〈시장(諡狀)〉 뒤로 옮겼다.

명종 19년 갑자년(1564) 선생 5세

8월 정유에 정경부인 문화유씨(文化柳氏)가 용담현의 관아에서 작고하였다. 겨울에 청주 묵정으로 귀장(歸葬)하였다.

十九年甲子 先生五歲

八月丁酉 貞敬夫人文化柳氏 憂于龍潭縣衙 冬歸葬于淸州墨井

명종 20년 을축년(1565) 선생 6세

선생은 일찍이 글을 읽을 적에 찬성공이 혹 일이 있어서 읽을 글을 정해 주지 못하면 책을 들고 따라다니며 울면서 배우기를 청하였고, 혹 나무라며 그치게 하더라도 외려 그만두지 않았다. 찬성공이 용담에서 체직되어 돌아왔다.

二十年乙丑 先生六歲

嘗讀書 贊成公或有故 不得授課 則執冊隨之 號泣請敎 至或訶止而猶未已焉 贊成公自龍潭遞歸

명종 21년 병인년(1566) 선생 7세

졸재공(拙齋公)이 부인 노씨(盧氏)를 맞이하였다.

퇴도(退陶) 선생에게 나아가 학문하는 방도를 물었다.

二十一年丙寅 先生七歲

拙齋公聘夫人盧氏 就退陶先生 問爲學之方

명종 21년 정묘년(1567) 선생 8세 -명나라 목종(穆宗) 융경(隆慶) 원년-

二十二年丁卯 先生八歲 -明穆宗 隆慶元年-

선조(宣祖) 원년 무진(1568) 선생 9세

선생이 중씨(仲氏)인 졸재공을 따라 퇴도(退陶) 선생에게 수학하였다.

宣祖元年戊辰 先生九歲

先生隨仲氏拙齋公 受學于退陶先生

선조 2년 기사년(1569) 선생 10세

졸재공의 맏아들 득자(得滋)가 태어났다.

二年己巳 先生十歲

拙齋公長子得滋生

선조 3년 경오년(1570) 선생 11세

겨울에 퇴도 선생이 별세하셨다.

三年庚午 先生十一歲

冬 退陶先生卒

선조 4년 신미년(1571) 선생 12세

가을에 찬성공이 상주통판(尙州通判)으로 있을 때였다. 일본 사신이 상주에 당도하여 선생의 명민함과 수려함을 남다르게 여겨 앞으로 나오라고 하여 감탄하고 칭찬하고는 시를 짓게 하였다. 선생이 곧바로 절구 한 수를 읊었는데, "부상(扶桑)은 삼도(三島) 밖에 있고, 화악(華岳)은 오색구름 속에 있네. 두 나라 천 년 동안 우호를 다졌으니, 한 척의 배 만 리 길 통하네."라고 하니, 일본 사신이 크게 칭찬하며 선물을 주기를 매우 후하게 하였다.

四年辛未 先生十二歲

秋贊成公通判尙州時 倭使到州 異公明秀 前致嘆賞 仍使製詩 先生卽占一絶曰 扶桑三島外 華岳五雲中 兩國千年好 孤舟萬里通 倭使大加稱賞 贈遣甚厚

선조 5년 임신년(1572) 선생 13세

글을 지음에 문장의 조리가 더욱 통창하고 성숙해졌다.

五年壬申 先生十三歲

爲文詞 理益暢蔚

선조 6년 계유년(1573) 선생 14세 -명나라 신종(神宗) 만력(萬曆) 원년-

六年癸酉 先生十四歲 -明神宗 萬曆元年-

선조 7년 갑술년(1574) 선생 15세

七年甲戌 先生十五歲

선조 8년 을해년(1575) 선생 16세

백씨(伯氏)·중씨(仲氏)와 함께 대곡(大谷) 성운(成運) 선생의 문하에서 함께 공부하였다. 호서(湖西) 향해[571]에서 장원을 하였다.

八年乙亥 先生十六歲

與伯仲兩氏 同遊大谷成先生門 湖西鄕解占魁

선조 9년 병자년(1576) 선생 17세

겨울에 찬성공이 상주목사에서 내직으로 들어와 남부 주부(南部主簿)가 되었다. 9월에 졸재공이 문과(文科)에 급제하였다. 이달 29일에 중시 별시(重試別試) 방(榜)에 〈唐四門博士韓愈進元和聖德詩〉 표(表)로 병과 제5등에 합격하여 승문원(承文院)에 선발되어 들어갔다. 그때 신하들이 서로 알력하며 다투기 시작하자, 대문을 닫아걸고 정원의 길도 쓸지 않고서[572] 세상일을 잊고는 몸을 단속하며 수양하였다. 사국[573]에 천거되었으나 시험에 나아가지 않으려 하였더니, 규례에 따라 본원의 박사로 승진하였다.

九年丙子 先生十七歲

冬贊成公自尙牧 入爲南部主簿 九月拙齋公登文科 是月二十九日重試別試榜 中丙科第五唐四門博士韓愈進元和聖德詩表 選入槐院 時當縉紳相軋之始 杜門却掃 律身修行 被薦史局 不肯就試 例陞本院博士

571) **향해(鄕解)** : 향시(鄕試). 각 도(道)에서 보이던 생진과(生進科)로, 여기에 합격하면 회시(會試)에 응시할 자격을 주었다.

572) **대문을 …… 않고서** : 원문의 '두문각소(杜門却掃)'는 세상에 관여하지 않고 오직 자신의 일에만 몰두함을 비유하는 표현이다. 북위(北魏)의 이밀(李謐)이 대문을 닫아걸고 정원의 길도 쓸지 않으며, 산업은 돌보지 않은 채 독서만 일삼았던 고사에서 유래하였다. 《魏書 卷 90 逸士列傳 李謐 》

573) **사국(史局)** : 기사(記事)·편사(編史)를 맡은 부서, 곧 춘추관(春秋館). 예문관(藝文官)의 봉교(奉敎)는 춘추관의 기사관(記事官)을 겸직(兼職)한다.

선조 10년 정축년(1577) 선생 18세

겨울에 찬성공이 종부시 주부(宗簿寺主簿)로 옮겨 임명되었다가 얼마 후 상서원 판관(尙瑞院判官)으로 승진하였다.

十年丁丑 先生十八歲

冬贊成公移拜宗簿寺主簿 尋陞尙瑞院判官

선조 11년 무인년(1578) 선생 19세

여름에 찬성공이 순천부사(順天府使)에 임명되었다.

十一年戊寅 先生十九歲

夏贊成公守順天

선조 12년 기묘년(1579) 선생 20세

8월에 졸재공과 함께 제문을 지어 대곡(大谷) 성운(成運) 선생의 영전(靈前)에 제사 지냈다.

十二年己卯 先生二十歲

八月與拙齋公 操文祭大谷成先生

선조 13년 경진년(1580) 선생 21세

1월 28일에 맏아들 득패(得沛)가 태어났다.

졸재공이 질정관(質正官)으로 북경에 갔다 돌아와서 전적(典籍)에 오르고 예조좌랑(禮曹佐郞)으로 자리를 옮겼다.

十三年庚辰 先生二十一歲

正月二十八日長子得沛生 拙齋公以質正官如京師 還陞典籍 移禮曹佐郞

선조 14년 신사년(1581) 선생 22세

졸재공이 가을에 관서(關西)에서 마필(馬匹)을 점검하였고, 겨울에 일본 사신을 영남(嶺南)으로 호송하였다.

十四年辛巳 先生二十二歲

拙齋公秋點馬于關西 冬護送日本使于嶺南

선조 15년 임오년(1582) 선생 23세

8월 13일에 둘째 아들 득유(得游)가 태어났다.

十五年壬午 先生二十三歲

八月十三日第二子得游生

선조 16년 계미년(1583) 선생 24세

찬성공이 임기가 만료되어 사옹원 판관(司饔院判官)에 제수되었다. 군(郡)을 다스린 6년 동안 자상하게 다스리고 오래된 폐단을 모두 제거하니 읍민들이 추모하여 비를 세웠다.

졸재공이 호조·형조·공조의 낭관(郎官)을 역임하고, 지평에 임명되었다.

十六年癸未 先生二十四歲

贊成公考滿 授司饔院判官 在郡六年 慈詳爲政 宿弊盡祛 邑民追慕立碑 拙齋公歷戶兵刑三曹郎 拜持平

선조 17년 갑신년(1584) 선생 25세

찬성공이 수안군수(遂安郡守)에 임명되었다.

十七年甲申 先生二十五歲

贊成公拜遂安郡守

선조 18년 을유년(1585) 선생 26세

졸재공이 여름에 성절사 서장관(聖節使書狀官)으로 북경에 조회하러 갔다. 졸재공의 둘째 아들 득연(得淵)이 태어났다.

十八年乙酉 先生二十六歲

拙齋公夏以聖節使書狀官朝京 十二月初四日拙齋公第二子得淵生

선조 19년 병술년(1586) 선생 27세

졸재공이 성균관 전적을 거쳐 사간원 정언(正言)에 임명되었다.

十九年丙戌 先生二十七歲

拙齋公由典籍拜正言

선조 20년 정해년(1587) 선생 28세

5월에 졸재공이 성균관 사예(司藝)로 한학교수(漢學教授)를 겸하였다. 7월에 사간원 헌납(司諫院獻納)을 거쳐 12월에 성균관 직강(直講)에 임명되었다.

二十年丁亥 先生二十八歲

五月拙齋公以司藝兼漢學教授 七月歷獻納 十二月拜直講

선조 21년 무자년(1588) 선생 29세

식년시(式年試)에 윤영현(尹英賢)·김의원(金義元)이 장원으로 급제한 생원시(生員試)에 제18인(人)으로 입격하였다.

백씨인 정관재(靜觀齋)공이 9월 26일에 별세하였다. 향년 45세였다. 11월 묵정(墨井) 선비(先妣)의 묘소 아래 건좌(乾坐)의 언덕에 안장하였다. 백씨 서거 후 질아(姪兒)들을 돌보며 은혜와 정이 모두 지극히 하였고, 교육하여 성취시키기를 마치 친자식처럼 하였다.

졸재공이 헌납(獻納)에 임명되었다가 다시 전적(典籍)에 임명되었다.

二十一年戊子 先生二十九歲

中式年尹英賢金義元榜生員第十八人 伯氏靜觀齋公九月二十六日卒享年四十五歲 十一月葬于墨井先妣墓下乾坐之原 伯氏卒後 視諸孤 恩義俱至 教訓成就 猶己子 拙齋公拜獻納 又拜典籍

선조 22년 기축년(1589) 선생 30세

겨울에 찬성공이 수안군수(遂安郡守)에서 체직되어 상의원 판관(尙衣院判官)에 제수되었다.

1월에 졸재공이 사헌부 장령(掌令)으로 승진하였고, 2월에 체직되어 의빈 경력(儀賓經歷)이 되었다가, 9월에 홍문관 수찬(弘文館修撰)에 임명되었다. 이해 겨울 정여립(鄭汝立)의 역모 옥사가 일어났다. 위관(委官)이 졸재공을 무함하여 체포하고 심문하면서 형신(刑訊)을 가하더니, 곤양(昆陽)으로 유배를 보냈다. -판서 정세규(鄭世規) 집안에 있는 《기축록(己丑錄)》에 "정여립 옥사(鄭汝立獄事) 때 위관 정철(鄭澈)이 역적 정여립의 가노(家奴)를 국문하기를 '일찍이 왕래한 사람들을 이실직고하라.' 또 국문하기를 '네가 이름은 모르겠지만 신 수찬(申修撰)이나 교리 이길(李佶)이 왕래한 적이 없었느냐?'라고 하니, 가노가 위협적인 심문에 겁내어 '과연 그런 일이 있었습니다.'라고 하자 즉시 공을 체포해 국문하였다. 이에 공이 진술하기를 '저는 금년에 도당록(都堂錄)에 참여되어 역변(逆

變)이 일어난 뒤에 비로소 수찬 벼슬을 받았는데, 가노가 어떻게 미리 알 수 있답니까? 또한 평생 동안 금강(錦江) 이남을 건너간 적이 없는데, 이른바 전주(全州) 역적의 집에 갔었다는 말은 전연 이런 이치는 있을 수가 없습니다. 저는 항상 그의 사람됨을 부정하게 여겨 동료들 간에 말을 했었고, 금일 입시한 신하들 또한 이 말을 들은 자들이 많습니다.'라고 하였다. 정철이 임금에게 상주하기를 '역변이 드러나기 전에는 사람들이 모두 역적을 칭찬하더니, 드러난 뒤에는 모두 역적을 꾸짖으니, 형장(刑杖)을 가하면서 신문하기를 청합니다.'하니, 비답하시기를 '아뢴 대로 하라.'라고 하였다. 정철이 문득 크게 놀라는 모습을 지으며 말하기를 '엊그제는 내가 술에 취해서 이런 계사(啓辭)가 있는 줄을 살피지 못했으니, 어찌 차마 무고한 사람을 벌을 주며 추궁할 수 있겠는가.'라고 하면서 장차 다시 아뢰어 구제해 줄 것같이 하였으나, 또 번거롭게 계청하는 데에 어려운 점이 있다고 핑계를 대면서 거짓으로 불안한 기색을 보이더니, 드디어 곤장을 치면서 가장 혹독하게 추궁했다. 입계할 때에 형을 더하기를 청하면서 끝내 감죄(減罪)되거나 면죄(免罪)되게 하려는 변호의 말은 없었으니, 비답하시기를 '형을 더하지 말고 참작하여 정배하라.'라고 하자 바로 곤양으로 유배를 보내었다. 훗날 공이 주머니 속에서 뼛조각을 꺼내며 말하기를 '이것은 내가 신문을 당할 때에 부서진 뼈이다.'라고 하였다. 또 말하기를 '내가 새로 문과에 급제했을 당시 길에서 정 모(鄭某)를 만났는데 새로 부임한 나를 불러 그의 집에까지 가게 되었다. 자못 친절하게 대하면서 후일 서로 방문하자고 말했지만, 나는 신참으로 다른 말을 주고받고 싶지 않았고 결국 다시 그 집에 가지 아니하였다. 그 뒤에 술자리에서 만났는데, 술을 마시며 이야기하는 중에 은근히 손잡고서 수염을 쓰다듬기도 하더니 자리에서 일어날 적에 사모를 바꿔 쓰고 갔으니, 그 의도는 아마 찾아오도록 하게 한 것이었다. 이튿날 사모를 돌려보냈지만 역시 가서 인사를 하지 않았으니, 이 때문에 크게 유감을 품었고 이런 일이 있은 뒤로 만나더라도 서로 모르는 듯이 하였더니, 무고에 연루되어 생각지도 못한 곤경에 빠지는 데에 이르게 된 것이다."라고 하였다. 자의(諮議) 정도응(鄭道應)의 《한거잡기(閒居雜記)》에도 전말이 자세히 보인다.-

二十二年己丑 先生三十歲

冬贊成公自遂安遞授尙衣院判官 正月拙齋公陞掌令 二月遞爲儀賓經歷 九月拜弘文館修撰 是年冬鄭汝立逆獄起 委官誣公逮問刑訊 配昆陽 -鄭判書世規家己丑錄 汝立獄時 委官鄭澈問逆家奴 曰直告嘗往人 又問爾雖昧其名 申修撰李佶校理無往來時耶 奴㥘於威訊曰 果有之 卽拿鞫 公供曰矣臣今年參都堂錄 逆變發後 始拜修撰 奴何以預知乎 且平生不渡錦江以南 所謂往全州逆家云者 萬萬無此理 臣常不正其爲人 言于儕友間 今日入侍諸臣 亦多聞之者 鄭回啓曰逆賊未發之前 人皆曰譽 賊旣發之後 人皆曰罵賊 請刑推 答曰依啓 鄭便作大驚狀曰 昨者吾醉 不省有此啓 豈忍刑推無辜之人乎 若將更啓伸救 又托難於煩啓而佯爲不安色 遂杖又最

酷 入啓時 只請加刑 終無救解語 答曰勿爲加刑參酌定 配昆陽 後公出囊中片骨曰此吾受訊時碎骨也 又言吾新恩時與鄭 遇於途 鄭呼新來 到其家 頗欵曲曰後當相訪 吾以新進 不欲交他 遂不復往 其後邂逅於酒席 含盃酒話 殷勤把臂將鬚 臨起 換着紗帽而去 其意蓋欲使來見也 翌日還送紗帽 亦不往謝 以此 大蓄憾是 雖或相値 若未相知 至是爲其所構幾陷不測 鄭咨議道應閑居雜記 又詳見顚末-

선조 23년 경인년(1590) 선생 31세

二十三年庚寅 先生三十一歲

선조 24년 신묘년(1591) 선생 32세

식년시(式年試)에서 민유부(閔有孚)가 장원으로 급제한 때에 병과(丙科)에 18인(人)으로 급제하여 승문원에 선발되어 들어갔다가 홍문관 부정자(弘文館副正字)로 승진하였다.

계조모(繼祖母) 전주이씨(全州李氏)가 작고하였다.

二十四年辛卯 先生三十二歲

中式年閔有孚榜丙科十八人 選入槐院 陞弘文館副正字 繼祖母全州李氏卒

선조 25년 임진년(1592) 선생 33세

4월에 왜적이 크게 군사를 일으켜 침략해 왔다. 선생은 충청도에서 병사를 모집하여 의병장이 되고, 호남의 김천일(金千鎰)·고경명(高敬命), 영남의 곽재우(郭再佑)와 함께 격문을 돌려 맹약하고 기호(旗號)를 '청동충의군(淸東忠義軍)'이라 하였다. 왜적이 동래부(東萊府)를 함락하자 부사 송상현(宋象賢)공이 순사하였다. 송공(宋公)의 부인은 선생의 삼종질녀였다. 송공이 바야흐로 순절할 적에 급히 서신으로 그의 처자를 선생에게 부탁하였다. 선생이 그 서신을 보고 눈물을 흘리면서 말하기를 '나의 질녀도 반드시 죽었을 것이니, 그렇다면 자식들을 살려 종족을 보존해 주는 것 역시 옳지 아니한가.' 하고는 사람을 보내서 맞아들여 함께 살면서 친자식이나 친조카와 다름없이 살펴 길렀다. 선생은 이런 위급한 때를 당하여 의병을 모집하고 식량을 마련하려 밤낮으로 심력을 다하였고, 호령이 분명하고 엄숙하여 군중(軍中)의 대오(隊伍)가 엄정하였다. 왜장(倭將)이 그 소식을 듣고는 두려워하여 끝내 감히 경내에 가까이 오지 않아 교전이 없었으니, 청주 이하의 여러 군만이 온전했던 것은 실로 선생의 힘이었다. 어숙권(魚叔權)의 《고사촬요(攷事撮要)》에 "호서의 청주 이하 여러 군 및 호남만이 온전하였다."라고 하였고, 손곡(蓀谷) 이달(李達)이 선생에게 준 〈지난날을 생각하며(憶昔行)〉 시에도 의병을 일으킨 당시의 일이 적혀있다.

여름에 졸재공이 사면을 받으니, 경기도순찰사 권징(權徵)이 임금에게 아뢰고 공을 불러 종사관(從事官)으로 삼았다.

계증조모(繼曾祖母) 김해김씨(金海金氏)가 작고하였다.

9월 6일 셋째 아들 득치(得治)가 태어났다.

二十五年壬辰 先生三十三歲

四月倭大擧入寇 先生募兵湖左爲義兵將 湖南之金千鎰高敬命 嶺南之郭再佑 俱與傳檄約誓 旗號淸東忠義軍 倭陷東萊 府使宋公象賢死之 宋公之夫人先生之三從侄女也 宋公方立殣時 急修書於公 托其妻子 先生見其書而泣曰 吾之侄女亦必死矣 然存孤保宗不亦可乎 遣人迎置家中 撫養視親子侄無異 先生當此緩急之時 募軍辦粮 晝夜殫竭 號令明肅 部伍嚴整 倭酋聞而畏之 終不敢近境 無交鋒之勞而淸州以下諸郡之獨全者 寔先生之力也 魚叔權攷事撮要曰 湖西淸州以下諸郡及湖南獨全云 蓀谷李達贈先生詩 記其擧義當時事 夏拙齋公蒙宥 京畿都巡察使權徵啓聞 辟爲從事官 繼曾祖母金海金氏卒 九月六日第三子得治生

선조 26년 계사년(1593) 선생 34세

장차 근왕[574]에서 물러나려 하였을 때에 대가가 도성으로 돌아왔다. 12월에 홍문관 부정자로 선생을 불러 사국의 일을 관장하게 하였다.

2월에 졸재공이 한성부 서윤(漢城府庶尹)에 서용(敍用)되었다. 이때 왜구가 비로소 퇴각하여 경성(京城)이 텅 비게 되자, 특별히 이 명을 받게 되었으므로 공이 도성으로 들어가 사민(士民)을 불러 모으고 경도(京都)를 진무(鎭撫)하고 인하여 명나라 장수를 접대하게 된 것이었다. 7월에 광주목사(廣州牧使)에 임명되었다.

二十六年癸巳 先生三十四歲

將退勤王 大駕還都 十二月以弘文館副正字 召公掌史局 二月拙齋公叙拜漢城府庶尹

574) 근왕(勤王) : 제왕의 통치가 위협을 받아 동요할 때에 신하가 군사를 일으켜서 구원하는 것을 말함.

時倭寇新退 京城蕩然 特除是命 公入城 招集士民 鎭撫都下 因爲接待天將 七月拜廣州牧使

선조 27년 갑오년(1594) 선생 35세

10월에 조정으로 들어와 실정자(實正字)가 되었다. 10월에 예문관 검열 겸 춘추관 기사관(藝文館檢閱兼春秋館記事官)에 올랐다가 오래지 않아 시강원 설서(侍講院說書)로 옮겨졌다.

12월에 졸재공이 통훈의 품계[575]에 올랐고 사간(司諫)에 임명되었다. 곧 이어서 홍문관 교리(弘文館校理) 지제교(知製敎)로 옮겨졌다.

二十七年甲午 先生三十五歲

十月入實正字 十月陞藝文館檢閱兼春秋記事官 未久 移侍講院說書十二月拙齋公陞通訓階 拜司諫 尋移校理知製敎

선조 28년 을미년(1595) 선생 36세

3월에 설서(說書)를 거쳐 승정원 주서(丞政院注書)로 옮겨졌다. 4월 16일 임진년의 공로를 녹훈(錄勳)할 때, 이순신(李舜臣) 등은 효충장의적의협력선무공신(效忠仗義迪毅協力宣武功臣)의 훈호(勳號)에 책록되고, 선생 또한 창의(倡義)한 공훈으로 선무원종 2등훈(宣武原從二等勳)에 녹훈되었다. 6월에 다시 검열(檢閱)로서 예문관 대교(待敎)에 올랐다. 12월에 찬성공이 삼년상을 마치자 곡산군수에 제수되고 세자시강원(世子侍講院) 설서(說書)로 사서(司書)에 올랐다.

2월에 졸재공이 다시 사간(司諫)에 임명되었고, 교리로서 시강원 문학(侍講院文學)을 겸하였다. 6월에 집의(執義)에 임명되었고, 왕명을 받고 외방에 출사하였다. 7월에 장악원 정(掌樂院正)과 지제교(知製敎)에 임명되고 12월에 통정의 품계[576]에 올라 동부승지(同副承旨)에 임명되었다.

二十八年乙未 先生三十六歲

三月由說書 遷丞政院注書 四月十六日錄壬辰功 策李舜臣等效忠仗義迪毅協力宣武功臣號 先生亦以倡義功錄宣武原從二等勳 六月復以檢閱 陞待敎 十二月贊成公服闋

575) **통훈(通訓)의 품계** : 통훈대부(通訓大夫). 조선조 문관의 정3품 당하관(堂下官)의 품계(品階).

576) **통정(通政)의 품계** : 통정대부(通政大夫). 조선조 문관의 정3품 당상관(堂上官)의 품계.

授谷山郡守 以說書陞司書 二月拙齋公復拜司諫 以校理兼侍講院文學 六月拜執義 奉命使于外 七月拜掌樂正知製敎 十二月陞通政階 拜同副承旨

선조 29년 병신년(1596) 선생 37세

3월에 사간원 정언에 임명되었다. 8월에 홍문관 부수찬 지제교 겸 경연 검토관(弘文館副修撰知製教兼經筵檢討官)에 임명되고, 9월에 수찬에 올랐고 겸직은 이전과 같았다.

졸재공은 여러 번 자리를 옮겨 좌승지(左承旨)에 이르렀다. 9월에 부호군(副護軍)에 체부[577]되고, 바로 이조참의(吏曹參議)에 임명되었다.

二十九年丙申 先生三十七歲

三月拜司諫院正言 八月拜弘文館副修撰知製教兼經筵檢討官 九月陞修撰兼帶如前 拙齋公屢轉至左承旨 九月遞付副護軍 旋拜吏曹參議

선조 30년 정유년(1597) 선생 38세

부교리로 승진하였고, 6월에 재차 정언으로 옮겨졌다. 8월에 부교리에서 이조좌랑 겸 도원수(都元帥) 문충공(文忠公) 서애(西厓) 류성룡(柳成龍)의 종사관에 올랐다.

졸재공이 여름에 대사간으로 호군(護軍)에 체부되고 곧바로 부제학에 임명되었다. 가을에 명을 받아 호남에서 왕세자의 행차를 맞이하였고, 돌아와 대사성을 겸하였다. 종묘의 악장(樂章)을 정리하고 교정하였다. 겨울에 임금께서 인물을 평가하신 말씀으로 인해 '졸(拙)' 자로 서재의 이름을 붙였으니, 이 조목은 〈행적(行績)〉에 보인다.

三十年丁酉 先生三十八歲

陞副校理 六月再移正言 八月副校理陞吏曹佐郞兼都元帥西崖柳文忠公成龍從事官 拙齋公夏以大司諫 遞付護軍 旋拜副提學 秋奉命迎鶴駕于湖南 還兼大司成 釐正樂章 冬因上品題語 以拙扁其齋 此條見于行績

선조 31년 무술년(1598) 선생 39세

찬성공이 통정대부의 품계에 승진하였다.

---

577) 체부(遞付) : 벼슬을 갈아줌.

가을에 감군독량어사(監軍督粮御史)로 바닷길을 순찰하였다. 명나라 장수 경리(經理) 만세덕(萬世德)이 황해도에 병사를 주둔시키고 있었는데, 군량(軍糧)을 계속 대 주지 못해 사졸들이 굶주리게 되자 독책(督責)을 하였다. 선생이 현지로 떠날 때 찬성공이 경계시키기를 "너는 지금 급작스레 군사를 순시하러 가는데, 구휼할 곡식도 없이 무엇으로써 군사를 구제하겠느냐?" 하고는 가산(家産)으로 쌀 3백 곡(斛)을 내어 기일을 정해 큰 배에 실어 보냈다. 선생이 황해도에 들어가 백성을 불러 모아 은의(恩義)에 입각하여 타이르고 시일을 한정하여 만세덕이 주둔한 곳에 이르니, 집에서 보낸 배가 이미 도착하였다. 게다가 수일 동안 쌀 8천 곡을 확보하자, 군심(軍心)이 이에 힘입어 안정되었다. 만경리(萬經理)가 손을 부여잡고 감탄하기를, "공과 같은 재주는 국사[578]라고 이를 만하다."라고 하였다. 주상(主上)이 이를 듣고 가상히 여겨 구마[579]를 내려주는 은전을 베풀었다. 12월에 이조정랑(吏曹正郎)으로 승진하였다.

1월에 졸재공이 지제교(知製敎)로서 호남선유사(湖南宣諭使)가 되었고, 돌아와 도승지(都承旨)에 임명되었고, 3월에 호군에 체부되었다가 다시 도승지에 임명되었다. 겨울에 가선[580]에 올랐고 동지중추부사에 임명되었다.

12월에 증조는 안동부사(安東府使)에, 증조비 지씨(池氏)와 김씨(金氏)는 숙인[581]에 추증되었다.

三十一年戊戌 先生三十九歲

贊成公陞通政階 秋以監軍督粮御史 巡察海路 明將萬經理世德駐兵海西 兵粮不繼 士卒飢困 督責備至 先生臨行 贊成公戒之曰 汝今倉卒視師 無穀可賙 將何以濟師乎 命出家貲米三百斛 克期載船以去 先生入海西 招募諸民 諭以恩義 限以時日 及到萬世德所駐 則家舶已到 且於數日內 得米八千斛 軍心賴安 萬經理執手嗟嘆曰 如公之

578) 국사(國士) : 나라에서 최고로 꼽히는 가장 우수한 재능의 소유자라는 말이다. 전국 시대 진(晉)나라의 자객 예양(豫讓)이 지백(智伯)의 원수를 갚으려다 실패하여 조양자(趙襄子)에게 죽음을 당할 적에, "내가 예전에 섬겼던 범씨(范氏)와 중항씨(中行氏)는 나를 중인(衆人)으로 취급했기 때문에 나도 그들을 중인으로 대접하는 것이고, 지백은 나를 국사로 예우했기 때문에 나도 그에게 국사로서 보답하려는 것이다."라고 말한 고사가 있다. 《史記 卷86 刺客列傳 豫讓》

579) 구마(廐馬) : 어용(御用)을 위하여 기르는 말. 일반 군마(軍馬)와 구별되며 임금이 공적(功績)이 있는 신하에게 하사(下賜)하는 물품으로도 쓰임.

580) 가선(嘉善) : 가선대부(嘉善大夫). 종2품 문무관(文武官)의 품계.

581) 숙인(淑人) : 조선 때 당하관(堂下官) 정3품·종3품인 문무관의 아내에게 주던 봉작이다.

才 可謂國士 上聞而嘉之 賜以廐馬之典 十二月陞吏曹正郎 正月拙齋公以知製敎爲湖南宣諭使 還拜都承旨 三月遞付護軍 復拜都承旨 冬進陞嘉善 拜同知中樞府使 十二月贈曾祖安東府使 曾祖妣池氏金氏淑人

선조 32년 기해년(1599) 선생 40세

5월에 성균관 직강(成均館直講)이 되었다가 얼마 지나지 않아 사예(司藝)로 옮겨졌다.

찬성공이 통정대부(通政大夫)로 품계가 올라 절충 부호군(折衝副護軍)이 되었다.

3월에 졸재공이 공조참판에 임명되고, 4월에 사은사(謝恩使)로 차출되었다가 얼마 안 가서 황해도관찰사(黃海道觀察使)에 임명되니, 사명(使命)이 앞에 있다는 이유로 사임하고 부임하지 않자, 다시 공조참판에 임명되었다. 이보다 앞서 진주사(陳奏使) 이항복(李恒福)이 중국에 가서 정응태가 우리나라를 무고한 사건[582]을 변론하니, 천자가 칙서를 내려 위로하고 유시하였는데도 중국 조정의 논의가 여전히 석연치 못하였다. 이때를 당하여 사은사 겸 진주사를 보내게 되었는데, 그 마땅한 인물을 찾으려고 고심하다가 공을 천거하여 상사(上使)로 삼았다. 연경(燕京)에 당도하니, 황제는 공의 답변이 아주 상세한 것을 가상히 여겨 예우가 특별하였고, 연회를 베풀어 주고 은상(恩賞)을 내려 주는 것 외에 별도로 은동자(銀童子) 한 쌍을 하사하니, 이를 녹여서 술잔을 만들고 명(銘)을 새겼다. 겨울에 복명하였고, 얼마 후에 외직으로 강릉부사(江陵府使)에 보임되어 찬성공을 임소로 영접하였다.

三十二年己亥 先生四十歲

五月成均館直講 未久移司藝 贊成公加通政階 爲折衝副護軍 三月拙齋公拜工曹參判 四月差謝恩使 俄拜海西伯 以使命在前 辭不赴 復拜工曹參判 先是 陳奏使李恒福往辨丁應泰誣本國事 天子賜勅慰諭而中朝論議 尙未釋然 至是 當遣謝恩使兼陳奏使而難其人 推公爲上价 至京 帝嘉其應對詳悉 眷遇殊異 宴賞之外 別賜銀童子一雙 鑄爲盃銘 而冬復命 未幾 外補江陵府使 迎贊成公于任所

582) 정응태(丁應泰)가 …… 사건 : 1598년(선조 31)에 명나라 찬획사(贊劃使)로 조선에 온 정응태(丁應泰)가 조선이 왜(倭)와 내통하고 속국으로서 조(祖)니 종(宗)이니 하는 천자의 호칭을 쓴다고 무함(誣陷)한 사건을 가리킨다.

선조 33년 경자년(1600) 선생 41세

3월에 안산군수(安山郡守)에 임명되었으나 부임하지 않았다. 6월에 직강으로서 교리로 승진되었다. 7월에 사헌부 장령에 임명되고, 8월에 사간으로서 시강원 필선(侍講院弼善)을 겸하였다. 12월에 성균관 사예(成均館司藝)로서 통례원 상례(通禮院相禮)에 임명되었다.

가을에 찬성공이 첨지중추부사에 제수되었다.

三十三年庚子 先生四十一歲

三月拜安山郡守 不赴 六月以直講陞校理 七月拜司憲府掌令 八月以司諫兼弼善 十二月以司藝拜相禮 秋贊成公授僉中樞

선조 34년 신축년(1601) 선생 42세

1월에 의정부 검상(議政府檢詳)으로서 의정부 사인(議政府舍人)에 올랐고, 2월에 부응교로서 시강원 보덕(侍講院輔德)을 겸하였으며, 사인으로 당상관에 올랐다. 8월에 동부승지(同副承旨)에 임명되었다.

찬성공이 가선대부(嘉善大夫)에 오르고 동지중추부사(同知中樞府事)에 임명되었다.

선생이 졸재공과 함께 찬성공 장수를 축하하는 잔치를 열어 기로소(耆老所)의 여러 어른들과 공경(公卿)들을 맞이하여 축수(祝壽)하고 색동옷을 입고 어린아이의 놀이를 하였으니, 이때로부터 매년 봄가을로 늘 그렇게 하였다. 그 행적을 그림으로 그리고 그 일을 노래하고 읊게 하니, 한 시대의 훌륭한 일이었다.

三十四年辛丑 先生四十二歲

正月以檢詳陞舍人 二月以副應教兼輔德 以舍人陞堂上 八月拜同副承旨 贊成公陞嘉善拜同樞 先生與拙齋公設慶壽筵 幷邀耆老諸老及公卿而壽之 身着班衣而爲戲 自是每歲春秋爲常 圖畵其蹟 歌咏其事 爲一代盛事

선조 35년 임인년(1602) 선생 43세

2월에 우부승지로 있던 중 좌부승지에 올랐다. 4월에 우승지를 거쳐 호군(護軍)에 제수되었고, 8월에 황해도시찰사(黃海道視察使)로 안찰(按察)하러 나갔다. 4월에 경수연(慶壽宴)을 열었고, 10월에 또 열었다.

1월에 졸재공이 호조참판에 임명되었다. 이때 국가에서 경서교정청(經書校正廳)을 설치하고, 경학에 밝고 학문이 깊은 사람을 엄밀하게 간선(揀選)하여 당랑(堂郞)을 충원하였는데, 공이 이 선발에 참여되었다. 4월에 특진관(特進官)으로 경연(經筵)에 참여하였다. 3월에 우복(愚伏) 정경세(鄭經世)가 편지를 보내 출처하는 의리[583]를 물어왔다. 명나라 사신 고천준(顧天峻)과 최정건(崔廷健)과 함께 한강(漢江)을 유람하였는데, 최정건의 시에 화답하는 율시 2수를 지어 주었다.

三十五年壬寅 先生四十三歲

二月以右副升左副 四月以右承旨付護軍 八月出按黃海道視察使 四月設慶壽宴 十月又設 正月拙齋公拜戶曹參判 時國家設經書校正廳 極揀經明學邃之人 以充堂郞公與是選 四月以特進官參經筵 三月鄭愚伏書問出處義理 天使顧天峻崔廷健同遊漢江 和贈二律

선조 36년 계묘년(1603) 선생 44세

2월 23일 전 부인 정부인[584] 전의이씨(全義李氏)가 서울 집에서 세상을 떠났다. 향년 46세였다. 또 경수연을 열었다. 8월에 체직되어 형조참의가 되었다.

1월에 졸재공이 호조참판으로 경서교정청의 일을 마치자 가의대부[585]로 품계가 올랐다. 4월에 예조 참판으로 옮겨졌고, 8월에 대사헌에 임명되고, 12월에 체직되어 동지중추부사(同知中樞府事)에 붙여졌다.

三十六年癸卯 先生四十四歲

二月二十三日前配貞夫人全義李氏卒于京第 享年四十六 又設慶壽宴 八月遞拜刑曹參議 正月拙齋公以戶曹參判校正畢 進階嘉義 四月移禮曹參判 八月拜大司憲 十二月遞付同樞

---

583) 출처하는 의리[出處義理] : '출처'는 세상에 쓰일 수 있을 때에는 나가고[出], 그렇지 않을 때에는 들어와서 사는 것[處]을 말한다. 곧 '출처의리'는 의리에 맞게 출처함을 이른다. 《논어》 〈술이(述而)〉에 "써 주면 나의 도를 행하고 써 주지 않으면 숨는다.[用之則行 舍之則藏]"라는 말이 있다.

584) 정부인(貞夫人) : 조선조 때 정·종2품(正從二品) 문무관(文武官)의 아내에게 봉작(封爵)하는 것을 말한다.

585) 가의대부(嘉義大夫) : 문관 종2품의 품계.

선조 37년 갑진년(1604) 선생 45세

3월에 경수연을 열었고, 10월에 또 열었다. 만전당(晩全堂) 홍가신(洪可臣)의 따님인 남양홍씨(南陽洪氏)에게 다시 장가들었다. 당시의 나이가 20세였다.

8월에 찬성공이 동지중추부사에서 작과[586]로 교체되어 충의위 상호군(忠義衛上護軍)에 붙여졌다. 9월에 바로 동지중추부사[587]에 제수되었다.

12월 27일에 찬성공이 황화방(皇華坊) 졸재공의 댁에서 돌아가시니, 향년 83세였다.

2월에 졸재공이 부제학에 임명되었고, 동료들과 차자(箚子)를 올려 정인홍(鄭仁弘)이 회재(晦齋)를 헐뜯고 무함한 것을 변론하였다. 5월에 체직되어 호군(護軍)에 붙여졌고, 얼마 후에는 도승지에 임명되었다. 7월에 예조참판에 옮겨졌다. 서천부원군(西川府院君) 정곤수(鄭崑壽)에 대한 만장(挽章)을 지었다.

三十七年甲辰 先生四十五歲

三月設慶壽宴 十月又設 娶後配南陽洪氏晩全堂可臣之女 時年二十 八月贊成公以同知作窠 遞付忠義衛上護軍 九月旋授同知中樞府事 十二月二十七日贊成公憂于皇華坊拙齋公第 享年八十三 二月拙齋公拜副提學 同僚陳箚 辨鄭仁弘毀誣晦齋 五月遞付護軍 俄拜都承旨 七月移禮曹參判 挽西川府院君鄭公崑壽

선조 38년 을사년(1605) 선생 46세

1월 3일에 주상께서 사자(使者)를 보내어 조문하였고, 같은 달 5일 정해에 예조좌랑 유혁(柳淏)을 보내 찬성공에게 제사를 내렸다. 3월 경인에 청주(淸州) 동쪽 묵정리(墨井里) 건좌손향(乾坐巽向) 언덕에 안장하였다. 중씨인 졸재공과 함께 산소 곁에서 여묘(廬墓)살이 하면서 거적자리에서 거처하였으니, 그 뒤로 이 때문에 그곳을 '제청동'[588]이라 불렀다. 이 달에 찬성공은 졸재공이 승자[589]됨에 따라 가의대부(嘉義大夫) 이조참판에 추증되었다. 6월에 찬성공은 선생의 선무원종공신(宣武原從功臣)에 참여된 것으로 자헌대부(資憲大夫) 이조판서

586) **작과(作窠)** : 다른 사람을 벼슬자리에 쓰기 위하여 현임자(現任者)를 갈아내는 것이라 하는데, 자세하지 않다.

587) **동지중추부사(同知中樞府事)** : 원문은 '同知中樞府使'인데, '使(사)'를 '事(사)'로 바로잡았다.

588) **제청동(祭廳洞)** : '제청골'로 불렸다는 말이다. '제청(祭廳)'은 장사(葬事) 때에 제사를 지내기 위하여 무덤 옆에 마련한 곳이다.

589) **승자(陞資)** : 정3품의 품계에 오르는 일을 말한다.

로 더 증직되었다. 7월에는 또 숭정대부(崇政大夫) 의정부 좌찬성 겸 판의금부사로 더욱 증직되었고, 선비(先妣) 또한 정경부인(貞敬夫人)에 추봉되었다. 가을에 찬성공의 묘지문(墓誌文)이 완성되었으니, 바로 간성군수(杆城郡守) 간이(簡易) 최립(崔笠)이 지은 것이다.

三十八年乙巳 先生四十六歲

正月初三日上遣使弔孤 同五日丁亥上遣禮曹佐郎柳湙 賜祭于贊成公 三月庚寅葬贊成公于清州治東墨井里乾坐巽向之原 與仲兄拙齋公 廬墓山側 苫席以居 其後因稱祭廳洞 是月贊成公以拙齋陞資贈嘉義大夫吏曹參判 六月贊成公以先生參宣武原從功臣 加贈資憲大夫吏曹判書 七月又加贈崇政大夫議政府左贊成兼判義禁府使 妣亦追封貞敬夫人 秋贊成公誌文成 卽杆城郡守崔簡易笠撰

선조 39년 병오년(1606) 선생 47세

둘째 아들 득유(得游)가 사마시에 합격하였다.

三十九年丙午 先生四十七歲

第二子得游中司馬

선조 40년 정미년(1607) 선생 48세

2월에 담제[590]를 지냈다. 선생은 거상(居喪)할 적에 쌀밥과 채소, 과일을 먹지 않았다. 점차 몸이 수척해지자, 선생의 서모 이씨가 몹시 걱정하여 고기즙을 내어 다른 음식에 섞기도 하고 또 쌀미음이나 잡곡밥을 지어 내었는데, 선생은 알지 못하고 먹다가 이내 뱉어냈다. 종일토록 상복을 벗지 않았고, 묘의 곁에 여막을 짓고 거처하면서 날마다 두 번씩 성묘를 하며 비바람이 몰아쳐도 그만두지 않았다. 평소에는 초하루와 보름이면 심의[591] 차림으로 묘소에

---

590) **담제(禫祭)** : 대상(大祥)을 지낸 뒤에 한 달을 건너서 지내는 제사로, 초상부터 윤달을 따지지 않고 27개월이 되는 달 하순의 정일(丁日)이나 해일(亥日)에 지내는 제사를 말한다. 담제를 지내는 달을 담월(禫月)이라고 하고, 그때 입는 옷을 담복(禫服)이라고 한다. 대상은 죽은 뒤 2년, 정확하게는 25개월 만에 지내는 제사를 말한다.

591) **심의(深衣)** : 조선시대 유학자들이 입던 옷으로 머리의 복건과 함께 착용하였다. 흰 비단으로 소매를 넓게 하여 옷깃, 소매 끝, 옷단에 검정색 선을 둘렀다. 허리에는 띠를 두르고 오색의 띠를 늘어뜨렸다. 이 옷은 중국 고대에서부터 있었던 것으로 우리나라에는 송나라 때 주자학과 더불어 전해졌다. 주희(朱熹)가 《가례(家禮)》에서 유학자의 법복으로 추거(推擧)하였고, 《예기》 〈심의(深衣)〉에 그 제도가 나와 있다.

올랐으며, 근력이 쇠해진 뒤에는 가마를 타고 갔다. 관찰사(觀察使)가 선생 형제의 효행을 듣고 대련(大連)과 소련(小連) 같은 효자라고 하며 임금에게 아뢰었는데, 정려[592]의 표창이 졸재공에게만 내려졌다. 선생이 요직에 있던 자들에게 미움을 받아 형제 모두 아름다운 은전을 입지 못하게 되자, 식견 있는 이들이 애석히 여겼다. 제수(祭需)는 풍성하게 갖출 것에 힘쓰지 않고 정결(精潔)을 지극히 하였다. 그릇은 반드시 변두[593]를 사용하되 정해진 개수가 있었고, 한결같이 고례(古禮)를 법식으로 삼았다. 졸재공이 모당(慕堂) 홍이상(洪履祥)과 의논하여 제례(祭禮)를 정하니, 두 집안의 자손이 그대로 따라 행하였다. 상을 마치자 병조 및 이조·예조의 참의에 임명되었다. 선생이 옥당(玉堂)에 있을 때 《상례통재(喪禮通載)》를 빌려 보았는데, 하나의 책으로 완성되지 못하였다. -혹자는 신의경(申義慶)이 엮은 것이라고 한다.- 이러하자 선생은 뭇 서적을 널리 상고하여 결점을 보충하고 바로잡아 두 권의 책으로 완성하였다.

졸재공이 가승[594]을 수집하였다. 졸재공이 형조참판에 임명되었다.

四十年丁未 先生四十八歲

二月行禫事 先生居憂 不食稻菜果 漸至衰羸 先生庶母李氏甚憂之 以臠肉淡汁調他味 又白米粥飮 更炊雜穀而進之 先生不知而食旋嘔旋也 終日不釋衰絰 廬于墓 日再展省 雖風雨不輟 平素亦朔望 則深衣上墓 筋力旣憊 猶擔輿而行 道臣聞公兄弟行孝 以大小連稱之而啓達 旌閭之褒 獨及於拙齋公 而先生則見忤當路 未蒙幷美之典 識者嘆惜焉 祭需不務豊腆 致其精潔 器必用籩豆而有定數 一以古禮爲式 拙齋公與洪慕堂履祥 議定祭禮 兩家子孫遵而行之 服闋 拜兵曹及吏禮三曹參議 先生嘗在玉堂時 借得喪禮通載 未脫藁一冊 -或云申義慶所撰- 至是 博考諸書 補缺斤正 成二冊 拙齋公收輯家乘 拙齋公拜刑曹參判

592) 정려(旌閭) : 충신·효자·열녀 등에게 그 동네에 정문(旌門)을 세워 표창하는 것이다.

593) 변두(籩豆) : 제사에 쓰는 그릇을 말하는데, 변(籩)은 대나무로 만들어 마른 음식을 담고, 두(豆)는 나무로 만들어 진 음식을 담았음. 신위의 좌편에 변을 놓고 우편에 두를 진설하였음.

594) 가승(家乘) : 집안의 역사를 적은 기록물 또는 가보(家譜)를 말한다.

선조 41년 무신년(1608) 선생 49세

선조대왕이 승하하셨다. 4월에 다시 우승지에 임명되었다. 부제학에 준권되었을 때[595] 조정에 선생을 질시하는 자들이 많아 곤경에 빠트리는 일이 끊이지 않았다. 8월에 동지사(冬至使)로 연경에 갔다. 그때 부사는 윤양(尹暘), 서장관은 최현(崔晛)이었다. 우리나라로 표류해 온 복건 사람 대조용(戴朝用) 등 47명을 차례로 인계하여 연경으로 데리고 가니, 황제가 특별히 은과 비단을 하사하며 은총어린 유지가 지극하였다. 5월 24일 우복(愚伏) 정경세(鄭經世)에 대해 구제해 줄 것을 아뢰었다. 그때 우복이 글을 올려 시사(時事)에 대해 극언하였는데, 율령에 따라 국문하려 했기 때문이다. 맏아들 득패(得沛)가 부솔[596]에 임명되었더니, 얼마 지나지 않아 감찰(監察)로 승진하였다. 10월 26일에 넷째 아들 득홍(得洪)이 태어났다.

1월에 졸재공이 본직을 그대로 지닌 채로 빈전도감 제조(殯殿都監提調)를 겸임하였다. 공은 술과 고기를 물리친 채 바깥 침소에 기거하면서 졸곡(卒哭)을 지냈다. 여름에 대사헌에 임명되었다. 추관(推官)으로서 임해군(臨海君)의 옥사(獄事)를 국문할 때 억울함이 없게 해야 한다는 의론을 힘써 주장하였다. 선조대왕 산릉(山陵)의 역사(役事)가 끝난 뒤에 상계[597]의 명령이 없었다. -공이 일찍이 인대[598]하였을 때, 광해군이 낳아준 어미를 반드시 추숭(追崇)하려 했기에 그 일에 앞서 기미를 막고자 한 계사(啓辭)가 있었다. 광해군이 대단히 불쾌해하였더니, 이 때문에 상계(賞階)의 명이 없었던 것이다.- 가을에 호서(湖西)를 안찰(按察)하러 나갔다. 10월에 제문을 지어 옛 친구 동래(東萊) 송상현(宋象賢)의 묘에 제사 지냈다. 향약을 정비하는 일로 스스로 글을 지어 장차 도내 시행을 포고하려 하였는데, 사직으로 인해 체직되어 돌아가는 바람에 완수하지 못하였다. 도내의 향교에 사재(四齋)를 건립하고, 《용학혹문(庸學或問)》을 간행하였다.

四十一年戊申 先生四十九歲

宣祖大王昇遐 四月復拜右承旨 準副提學圈時 朝廷多事娼公者擠陷不已 八月以冬至使赴京 時副使尹暘書狀官崔晛 帝以漂海福建人戴朝用等四十七名等 轉解來京特賜

595) 준권(準圈)되었을 때 : '준권'은 준점(準點)과 같다. 여기서는 하은(霞隱) 선생이 부제학 후보자에 오른 것을 두고 한 말이다.

596) 부솔(副率) : 왕세자를 시위(侍衛)하는 세자익위사(世子翊衛司)에 딸린 정7품 관원으로, 좌부솔(左副率)과 우부솔(右副率)이 있다.

597) 상계(賞階) : 상으로 내리는 계자(階資).

598) 인대(引對) : 임금이 자문하기 위해 신하를 불러 접견함.

銀兩綵段 寵諭備摯 五月二十四日啓救愚伏鄭經世 時愚伏上書極言時事 欲杖鞫依律云故也 長子得沛拜副率 尋陞監察 十月二十六日第四子得洪生 正月拙齋公以本職兼殯殿都監提調 公屛酒肉 居外寢 過卒哭 夏拜大司憲 以推官鞫臨海獄 力主平反之論 山陵畢 寢賞階之命 -先生嘗引對以光海必將追隆所生 有先事防微之啓 光海大不悅 遂寢賞階命- 秋出按湖西 十月操文祭故宋東萊墓 以修鄕約事 自製文 將布告道內行之 因辭遞經還 未果 建四齋於道內鄕校 刊行庸學或問

광해군 원년 기유년(1609) 선생 50세

2월에 명나라 연경(燕京)으로부터 돌아왔다. 문서(文書)의 한 사건으로 체포당했다가 얼마 되지 않아 사면을 받았다. 8월에 증조부 승지공(承旨公)의 묘갈을 세웠다. 선생이 짓고 아울러 썼다. 선고(先考) 의정공(議政公)의 묘갈문(墓碣文)이 완성되었다. 52년 뒤에 세웠다. 9월에 형조참의로 삼창[599]의 권세를 부리는 조짐을 들추어 배척하니, 광해군이 노하여 외직으로 평해군(平海郡)에 보임되었다. 맏아들 득패(得沛)가 개성도사(開城都事)에 임명되었다. 졸재공이 9월에 조고 참판공(參判公)의 묘갈을 지었고, 선생이 글씨를 썼다. 겨울에 체직되어 돌아와 동지중추부사에 임명되었다.

光海元年己酉 先生五十歲

二月自明京回來 以文書一事被逮 未久蒙宥 八月竪曾祖承旨公墓碣 先生撰幷書 考議政公碣文成 後五十二年建 九月以刑曹參議 詆斥三昌弄權之漸 光海怒 出補平海郡 長子得沛拜開城都事 拙齋公九月撰祖考參判公墓碣 先生書 冬遞歸拜同樞

광해군 2년 경술년(1610) 선생 51세

10월에 감사 홍서봉(洪瑞鳳)이 오래된 혐의를 가지고 계파[600]하였다. 둘째 아들 득유(得游)가 문과에 급제하여 승문원(承文院)에 들어갔다.

졸재공이 봄에 동지중추부사로 사국 당상(史局堂上)을 겸하여 선왕의 실록을 수찬하는 데에 참여하였다. 가을에 외직으로 나가 관동(關東)을 안찰(按察)하였는데, 순행하다가 춘천(春川)에 이르러 춘천부사 문원(文原) 유희담(柳希聃)과 함께 문암(文巖)에 퇴계서원(退溪書

599) 삼창(三昌) : 각주 552)번 참조.

600) 계파(啓罷) : 임금에게 아뢰어 파직함.

院) 건립을 상의하였다. 윤3월에 졸재공의 둘째 아들 득연(得淵)이 식년 문과에 급제하였다. 참판 목장흠(睦長欽)이 졸재공에게 서찰로 《기묘록(己卯錄)》의 서발(序跋)을 지어줄 것을 청하여 간행하였다.

二年庚戌 先生五十一歲

十月監司洪瑞鳳以宿嫌啓罷 第二子得游登文科 入槐院 拙齋公春以同樞兼史局堂上參修先王實錄 秋出按關東 巡到春川 與府伯柳文原希聃 議建退溪書院于文巖 閏三月拙齋公仲子得淵中式科 睦參判長欽書拙齋公請己卯錄製序跋入梓

광해군 3년 신해년(1611) 선생 52세

겨울에 공주목사(公州牧使)에 임명되었으나 부임하지 않았다. 유혁(柳湙)에게 탄핵받았으니, 오래 묵은 혐의가 있었기 때문이었다. 5월에 《의례고람(儀禮考覽)》 6권을 완성하였다. 둘째 아들 득유(得游)가 사실에 의거하여 승정원 주서(承政院注書)에 추천되었다.

졸재공이 체직되어 돌아와 동지중추부사에 임명되었다.

三年辛亥 先生五十二歲

冬拜公州牧使 未赴 爲柳湙所劾 宿嫌故也 五月儀禮考覽六卷成 第二子得游實薦承政院注書

拙齋公遞歸拜同樞

광해군 4년 임자년(1612) 선생 53세

겨울에 순천부사(順天府使)에 임명되었으나 부임하지 않았다. 조희일(趙希逸)에게 탄핵받았으니, 역시 오래 묵은 혐의가 있었기 때문이었다.

졸재공이 여름에 외직으로 춘천부사(春川府使)에 보임되었다. 9월에 익사종훈[601]으로 자헌대부(資憲大夫)의 품계로 승진되었다. 8월에 여씨향약(呂氏鄕約)을 썼다.

四年壬子 先生五十三歲

冬拜順天府使 未赴 爲趙希逸所劾 亦宿嫌也 拙齋公夏外補春川府使 九月以翼社從勳升資憲階 八月書呂氏鄕約

601) 익사종훈(翼社從勳) : 광해조에서 국구(國舅) 김제남(金悌男)을 역옥으로 다스린 공훈.

광해군 5년 계축년(1613) 선생 54세

이해 영창대군의 옥사 때에 선생이 탄식하기를, "이이첨(李爾瞻)·정조(鄭造)·윤인(尹訒)을 참벌하지 않으면, 나라꼴이 되지 않는다." 하고 상소하여 탄핵하려 하자, 이이첨이 이를 듣고 선생을 증오하여 화(禍)가 장차 어디까지 미칠지 알 수 없는 상황이었다. 문충공 오리(梧里) 이원익(李元翼)이 극력 구원하여 이에 힘입었다. 가을에 김제군수(金堤郡守)에 임명되었다. 졸재공이 문암서원(文巖書院)을 창건하였다.

五年癸丑 先生五十四歲 是年永昌之獄 先生嘆曰 不斬爾瞻造訒 國不爲國 擬上章劾之 爾瞻聞而惡之 禍將不測 梧里李文忠公力救賴之 秋拜金堤郡守 拙齋公刱建文巖書院

광해군 6년 갑인년(1614) 선생 55세

2월 주서공(注書公 득유(得游))이 서울 집에서 졸하였다. 향년 33세였다. 8월 5일에 맏아들 도사공(都事公 득패(得沛))이 서울 집에서 졸하였다. 향년 35세였다.

六年甲寅 先生五十五歲

二月注書公卒京第 享年三十三 八月初五日長子都事公卒于京第 享年三十五

광해군 7년 을묘년(1615) 선생 56세

졸재공이 동지중추부사에 체부(遞付)되었다. 11월에 제문을 지어 모당(慕堂) 홍이상(洪履祥) 영전에 제사 지냈고 또 만사(挽詞)를 지었다.

七年乙卯 先生五十六歲

拙齋公遞付同樞 十一月操文祭洪慕堂 又挽

광해군 8년 병진년(1616) 선생 57세

졸재공이 〈문암서원기(文巖書院記)〉를 지었다.

八年丙辰 先生五十七歲

拙齋公撰文巖書院記

광해군 9년 정사년(1617) 선생 58세

광해군이 인목대비(仁穆大妃)를 폐위하니, 선생이 부호군(副護軍)의 신분으로 항소(抗疏)하여 효제(孝悌)의 도리를 논하였고, 또 상소를 하여 영의정 이항복(李恒福)을 먼 곳으로 귀양 보내라는 명을 거두어줄 것을 청하자, 대간(臺諫)의 의론이 준열하게 발동하여 선생을 중률(重律)로 처치하고자 하였다. 광해군이 답하기를, "신 아무개의 우직함[602]은 내가 세자였을 때부터 이미 알고 있다." 하고는 방축전리[603]하였다. 선생은 이로부터 세상의 일에 생각을 끊었다. 다섯째 아들 득명(得溟)이 태어났다.

졸재공이 인목대비(仁穆大妃)를 폐하고자 대궐 뜰에서 청하는 논란에 참여하지 않고 서강(西江)의 우거(寓居)하고 있는 집에서 대죄(待罪)하였다. 이때에 흉악한 무리가 백관을 협박하여 정청[604]하는 한편 참여하지 않은 자들에게 죄주기를 청하여 유배되거나 축출을 당함이 서로 이어졌다. 그러나 공은 자신의 지키는 바를 더욱 굳건히 할 뿐, 시종 참여하지 않고 서강(西江)에서 대죄하였다.

九年丁巳 先生五十八歲

光海廢母 先生以副護軍 抗疏論孝悌之道 又疏請還收領相李恒福遠竄之命 臺論峻發 欲置公重律 光海答曰 申某之戇 余自東宮時 已知之 放逐田里 先生 自是 念絶世道 第五子得溟生 拙齋公不參庭請廢母后論 待罪西江寓舍 時兇徒劫百僚庭請 且請不參者罪 竄斥相繼而先生益堅所守 終始不參 待罪西江

광해군 10년 무오년(1618) 선생 59세

가을에 가족을 데리고 청주(淸州)의 선영 아래 묵정리(墨井里)로 돌아와 여생을 마칠 계책을 하였고, 비록 군직(軍職)에 부쳐졌으나 모두 나아가지 않았다.

1월에 졸재공의 손자 교관(敎官) 행(涬)이 태어났다. 여름에 사은사(謝恩使)에 차임되었다. -

602) **우직함** : 원문의 '당(戇)'은 당직(戇直)으로 고지식함을 이른다. 한 무제(漢武帝) 때 직신(直臣)으로 이름이 높았던 급암(汲黯)은 무제가 천하에 인의(仁義)를 베풀고자 한다는 말을 했을 때, 대답하기를 "폐하께서는 속으로는 욕심이 많으면서 겉으로만 인의를 베푸니, 어떻게 요순의 정치를 본받으려 한단 말입니까.[陛下內多欲 而外施仁義 奈何欲效唐虞之治乎]"라고 하자, 무제가 노하여 얼굴을 붉히고 조회를 파하였다. 무제는 물러가서 다른 사람에게 이르기를 "심하다, 급암의 우직함이여.[甚矣 汲黯之戇也]"라고 하였다고 한다.《史記 卷120 汲黯列傳》

603) **방축전리(放逐田里)** : 죄인을 서울에서 추방하여 시골로 돌려보내는 형벌로, 중죄를 지은 죄인에게 비교적 관대한 처분을 내릴 때 시행하였다.

604) **정청(庭請)** : 대신이 백관을 거느리고 궁정(宮庭)에 가서 큰일을 아뢰어 하교를 기다리는 것. 여기서는 인목대비(仁穆大妃)를 폐하여 서궁(西宮)에 유폐시키기 위한 정청을 이른다.

윤4월 11일 예조에서 아뢰기를 "사은사 신식(申湜)은 병이 위중하여 정청(庭請)에도 참여하지 못했다 하니, 그렇다면 만 리나 되는 사행길을 간다는 것은 도저히 불가능할 것입니다. 그리고 서장관 윤지경(尹知敬)은 본래 술병이 있는 사람으로 담증(痰症)을 심하게 앓고 있다 합니다. 해조(該曹)로 하여금 두 사람 모두 개차(改差)하게 하소서."라고 하니, 답하기를 "배표[605]할 날짜가 이미 박두했으니, 지금 다른 사람으로 교체할 수는 없다."라고 하였다. 이는 가려 보내야 한다는 것으로 명분을 삼았지만, 사실상 정청에 불참한 징벌에서 나온 것이다. 그래서 오봉(五峯) 이호민(李好閔)이 시를 지어 전송하기를, "더위와 장마 무릅쓰고 가는 행역의 괴로움 말하지 마오, 영해로 쫓겨난 신하의 슬픔에 비하면 어떠하겠오.[休說炎潢行役苦 何如嶺海逐臣傷]"라고 하였고, 참판 목장흠(睦長欽)은 시에서 "함께 성남에서 죄를 기다리던 신하, 주상의 은혜 입어 두 차례나 중국에 사신으로 가시네.[同是城南待罪臣 主恩前後使西秦]"라고 하였다. 이때에 졸재공이 상사(上使)가 되었고, 부사(副使)는 박정현,[606] 서장관(書狀官)은 윤지경[607]이었다.- 둘째 아들 득연(得淵)을 차출하여 질정관으로 삼을 것을 명하였으나 논핵을 받고 체임되었다. -졸재공이 노쇠함과 질병이 침노하는 와중에 이런 만 리의 행역이 있게 되자, 혈육의 구호가 없어선 안 되기에 자제를 데리고 갈 것을 청하였기에 질정관으로 차출하는 명이 있었는데, 흉도들이 기회를 타서 무함하여 심지어 '조정이 신모(申某)를 부리는 것이 아니라 신모가 조정을 부린다'고 말하여 여러 달 논죄하고 탄핵하니, 공이 석고대죄(席藁待罪)하였다. 또 종재[608]들이 들어와 참여하지 않았다 하므로 추고(推考)하라는 명이 있었는데, 공이 함사[609]를 올려 스스로 해명하였다. 일송(一松) 심희수(沈喜壽)가 보낸 편지에 "자제가 질정관으로 차임된 것은 매우 경하드릴 일인데 느닷없이 흠을 억지로 찾아 드러내는 비방을 당하시니, 영감께서 한평생 근신(謹愼)하시는 그 과정에 아주 온당치 못한 점이 있지 않겠습니까. 중종 때에도 부자(父子)가 동시에 상사와 질정관이 되어 중국에 사신 간 사람들의 성명이 분명하여 본받

605) **배표(拜表)** : 중국 황제에게 표문(表文)을 보낼 때, 임금이 문무백관을 거느리고 배송(拜送)하는 의식을 말한다.

606) **박정현(朴鼎賢, 1561~1637)** : 본관은 밀양(密陽)이고, 자는 중로(重老)이며, 호는 의곡(義谷)·응천(應川)이다. 1601년(선조 34)에 서장관(書狀官)으로 명나라에 다녀왔고 1618년(광해군 10)에는 부사(副使)로 명나라에 다녀왔다. 1625년(인조 3)에 중국에서 소현세자(昭顯世子)를 왕세자로 승인함에 따라 사은사 겸 진위사(謝恩使兼陳慰使)로 부사 정운호(鄭雲湖)와 함께 명나라를 다녀왔다. 이후 형조판서, 지중추부사를 역임하였다.

607) **윤지경(尹知敬, 1584~1634)** : 본관은 파평(坡平), 자는 유일(幼一), 호는 창주(滄洲)이다. 우부승지·충청도관찰사·예조참의 등을 역임하였다.

608) **종재(宗宰)** : 종척과 재상.

609) **함사(緘辭)** : 6품 이상의 관원이 경미한 죄를 범한 경우 서면(書面)으로 그 죄과를 신문하여 서면으로 진술을 받는 것.

을 만한데도, 지금 세상의 젊은 사람들이 이런 전례(典禮)와 고사(故事)를 알겠습니까?"라고 하였다.- 5월에 사행(使行)이 출발하였다. -가는 길에 부사, 서장관과 함께 창화(唱和)한 시를 모은 《서유창수록(西遊唱酬錄)》 1권이 있다.- 7월에 북경에 도착하였고, 겨울에 중국 조정을 떠났다.

十年戊午 先生五十九歲

秋挈家歸淸州先壠下墨井里 爲終老計 雖付軍職 皆不就 正月拙齋公孫敎官滓生 夏差謝恩使 -閏四月十一日 禮曹啓曰 謝恩使申湜病重 不參庭請云 然則萬里之行 決不可爲也 書狀官尹知敬 本以酒病之人 重患痰厥云 請令該曹 幷爲改差云云 答曰拜表日迫 今不可代他人云云 蓋以擇送爲名 實出於不參庭請之罰 故李五峰好閔送以詩曰 休說炎潰行役苦 何如嶺海逐臣傷 睦參判長歎詩曰 同是城南待罪臣 主恩前后使西秦 時拙齋公爲上使 副使朴鼎賢 書狀官尹知敬- 命差仲男得淵爲質正官 被劾而還 -拙齋公以衰病侵深之中 有此萬里行役 不可無骨肉救護 率子弟以行 故有此差命 而兇徒乘機構捏 至以非朝廷使某 某使朝廷爲辭 累月論劾 公席藁待罪 又以宗宰不入參有推考之命 公進緘辭自解 沈一松書云 賢允被差質正官 深以爲賀而遽致吹毛之謗 令監一生 謹愼功程 得無有未安之甚 中廟朝間 亦有父子同爲上价質正朝天之人姓名了了此可爲法而今世年少輩 何從而識得如許典故云云- 五月發行使 -道中與副使書伏官唱和 有西遊唱酬錄一卷- 七月到京師 冬辭朝

광해군 11년 기미년(1619) 선생 60세

졸재공이 봄에 다시 동지중추부사에 임명되었다. 장군 김응하(金應河)에 대한 만사를 지었고, 5월에 제문을 지어 대원군(帶原君) 윤효전[610]의 영전에 제사하였다.

十一年己未 先生六十歲

拙齋公春復拜同樞 挽金將軍應河 五月爲文祭帶原君尹公孝全

610) 윤효전(尹孝全, 1563~1619) : 본관은 남원(南原), 초명은 효선(孝先), 자는 영초(詠初), 호는 기천(沂川)이다. 윤휴의 아버지이며, 조광조의 문인으로 아산현감을 지낸 윤관(尹寬)이 증조할아버지이다. 서경덕의 제자인 민순(閔純)에게서 배웠으며, 서경덕을 존숭하여 그 문집 《화담집》의 간행에 참여하였다. 1605년(선조 38) 현감으로 증광 문과에 급제하여 왕자사부(王子師傅)를 거쳐 충청도관찰사로 나갔다. 1613년(광해군 5) 계축화옥에 참여한 공으로 익사공신(翼社功臣) 2등에 녹훈(錄勳)되어 자급이 자헌대부(資憲大夫)에 오르고 대원군(帶原君)에 봉해졌다. 이후 대사헌으로 있으면서 인목대비의 유폐를 반대하여 이이첨 등과 갈등을 빚었다. 경주 부윤 등을 역임하였다. 정치적으로 북인(北人)이었다.

광해군 12년 경신년(1620) 선생 61세 -명(明)나라 광종(光宗) 태창(泰昌), 희종(熹宗) 천계(天啓)-

졸재공이 부호군(副護軍)으로 규례에 따라 기로사(耆老社)에 들어갔다. 11월에 사계(沙溪) 김장생(金長生)이 편지로 의심나는 예문(禮文)을 물었다. -편지에서 "몇 년 전에 《예기(禮記)》를 읽으면서 의심나는 곳을 기록해두었다가 남들에게 물어서 옳고 그른 것을 판정하고자 하였는데 아는 사람이 없었습니다. 삼가 생각건대 영공께서 반드시 실제로 보고 터득한 것이 있으실 것입니다. 이제 《의문(疑問)》 1권을 보내드리니, 다른 종이에다 하나하나 일깨워주시기를 바라 마지않습니다. 또 예(禮)가 의심스러운 곳의 몇 조목을 별도로 기록하여 드리니, 역시 《의례(儀禮)》 및 《경전통해(經傳通解)》를 상고하여 가르쳐 주시는 것이 어떻겠습니까?"라고 하였다.- 한강(寒岡) 정구(鄭逑)에 대한 만사를 지었고, 제문을 지어 제사 지냈다. 한강이 지어 준 〈졸재기(拙齋記)〉의 사실과 다른 부분을 발문에서 분변하였다. -졸재공이 '졸(拙)' 자로써 편액을 걸고 동료인 한강(寒岡)에게 기문을 청하였는데, 오랜 뒤에야 〈졸재기(拙齋記)〉을 지어 주었다. 그런데 앞부분의 내용이 사실과 달랐기에 공이 그 뒤에 발문을 지어 분변하였다.-

十二年庚申 先生六十一歲 -明光宗泰昌熹宗天啓-

拙齋公以副護軍例入耆老所 至月金沙溪長生書問疑禮 -書云數年前讀禮記 錄作疑義 欲向於人 以定其是非 無相知之人 竊想令公必有實見得 今送疑問一卷 以他紙一一示破爲望爲望 此別錄禮之疑處數條以上 亦考儀禮及經傳通解 示敎何如云云- 挽鄭寒岡逑又爲文以祭 辨寒岡所製拙齋記爽實跋 -公號以拙齋 詩記于僚友寒岡 久而后作記 篇首事頗爽實 故先生跋其後以辨-

광해군 13년 신유년(1621) 선생 62세

졸재공이 사직(司直)으로 있다가 다시 동지중추부사에 부직(付職)되었다. 상소하여 사임을 청하자, 소인배들이 성내며 저지하였다. 3월에 중강 개시[611]의 일로 헌의[612]하였다. -그때에 변방의 관원들이 개시(開市)하는 일로 자문을 보내오자, 조정 회의에서 선생이 함부로 처단하여 선뜻 허락하기 어렵다는 것으로 헌의하였다.- 4월에 노추[613]의 문서를 받을지 않을지에 대한 일로 헌의

611) 중강 개시(中江開市) : 압록강의 의주 중강(義州中江)에서 열렸던 청(淸)나라와의 무역. 임진왜란 중에 흉년을 계기로 1593년(선조 26)에 요동의 곡식을 수입하기 위해 개설되었는데, 관청의 엄중한 감시 아래 일정한 수량만 무역이 제한되었으나, 금령이 해이해져 사상(私商)의 교역이 늘어나자 중강 후시(中江後市)의 이름으로 사실상 자유 무역이 성행하였다.

612) 헌의(獻議) : 임금의 정사(政事)에 관한 물음에 대하여 의견을 올리는 것을 말한다.

613) 노추(奴酋) : 흉노의 우두머리라는 말로 훗날 청 태조(淸太祖)가 되는 누르하치를 가리킨다. 당시에 여

하였다. -당시 북로[614]가 우리에게 보내온 문서에 '조서'라는 글자를 썼다. 선생이 헌의하기를 "저들이 우리에게 조서라는 글자를 썼습니다. 이는 우리를 신첩(臣妾)으로 만들고자 함이니, 원통함이 뼛속에 사무칠 뿐입니다. 차라리 듣지 말고 아예 죽어 버리고 싶은 뿐입니다. 일은 의당 시작할 때 조심해야 하고 사소할 때 신중해야 하오니, 거절하고 받지 않을 뿐만 아니라 엄한 언사로 물리쳐 끊어버리소서."라고 하였다. 그런데 강홍립(姜弘立)과 김경서(金景瑞) 등이 올린 장계[615]에서는 '급히 명하여 올려 보내도 무방합니다.'라고 하였다.-

가을에 같은 조정의 여러 공들과 함께 기영회[616] 모임을 가졌다. 11월에 상공 유음(柳陰) 한효윤[617] 영전에 제문을 지어 제사하고 또 만사를 지었다.

十三年辛酉 先生六十二歲

拙齋公以司直還付同樞 上疏乞骸 群小慍而沮之 三月以中江開市事獻議 -時邊臣以開市事移咨 朝廷會議 先生以恐難擅便輕許獻議- 四月以奴書受不受事獻議 -時北虜遣書於我加詔字 先生獻議曰 彼加以詔字 是欲臣妾我也 只增痛骨 寧欲不聞而死也 事當謹於始謹於微 不惟拒之不受 嚴辭斥絶之 至於弘立景瑞等狀啓 急令上送無妨云云- 秋與同朝諸公修耆英會 十一月爲文祭柳陰韓相 又挽

진(女眞)의 각 부족을 통일하고 팔기(八旗)를 조직하여 만주(滿洲)에서 세력을 떨치고 있었으므로 명나라에 큰 위협이 되었다.

614) **북로(北虜)** : 북쪽에 있는 오랑캐로 청(淸)나라의 전신인 후금(後金)을 이른다.

615) **장계(狀啓)** : 임금의 명을 받들고 외방에 나간 사신이 현지에서 서장(書狀)으로 임금에게 아뢰는 것을 말한다.

616) **기영회(耆英會)** : 조선 태조(太祖) 때부터 정2품 이상의 관직을 지낸 만 70세 이상의 원로 사대부들을 예우하기 위한 기로소(耆老所)를 설치하였는데, 기로소에서 마련한 연회를 기영회(耆英會) 또는 기로회(耆老會)라고 한다. 임금도 늙으면 기로소에 이름을 올려 임금과 신하가 함께 참여하였으므로, 기로소에 드는 것을 최고의 영예로 여겼다. 기로(耆老)들의 모임은 원래 중국에서 유래하였다. 당나라 때 백거이(白居易)가 조직한 향산구로회(香山九老會)가 있었으며, 송나라 때 문언박(文彦博)과 사마광(司馬光)을 비롯한 13인이 조직한 낙양기영회(洛陽耆英會)가 있었다. 이번 기영회에 13명이 참여한 것으로 보아 송(宋)의 기영회에 영향을 받았음을 짐작할 수 있다. 참고로 심희수의 〈기영회시병서(耆英會詩竝序)〉에서 당시 기영회의 배경과 연회 모습을 가늠할 수 있다.

617) **한효윤(韓孝胤, 1536~1580)** : 본관은 청주(淸州), 자는 근숙(謹叔), 호는 유음(柳陰)이다. 1570년(선조 3) 식년시 병과에 급제하여 공조좌랑·전적·경성판관을 거쳐 종부시주부에 승진되었으나 그만두었다. 영의정에 증직되었다.

광해군 14년 임술년(1622) 선생 63세

졸재공이 연봉(蓮峰) 이기설(李基卨) 영전에 제문을 지어 제사하고 또 만사를 지었다.

十四年壬戌 先生六十三歲 拙齋公爲文祭李蓮峰基卨 又挽

인조 원년 계해년(1623) 선생 64세

2월 2일 셋째 아들 낙우재공(樂愚齋公 득치(得治))의 아들 종산공(鍾山公 집(潗))이 태어났다. 인조반정 때 연평군(延平君) 이귀[618]와 승평군(昇平君) 김류[619]가 선생을 천거하여 임용하려고 하였는데, 훈신(勳臣) 중 한두 사람이 평소 선생을 좋아하지 않은 관계로 저지하였다.

졸재공이 지돈녕부사(知敦寧府事)에 임명되었다. 익사훈(翼社勳)이 광해군 때에 있었던 것이라 하여 혁파되자, 상소하여 자헌대부(資憲大夫)의 체직을 빌었는데, 바로 대사간에 임명되었다. -이때 폐위된 세자에게 죄율(罪律)을 적용하자는 의론이 한창 일어났는데, 공은 의리에 의거해서 나아가지 않았다.- 《의례고증(疑禮考證)》 13권을 편찬하였고, 《가례언해(家禮諺解)》를 편찬하였다. 5월에 《통감강목(通鑑綱目)》의 발문을 지었다. 8월 18일에 황화방(皇華坊) 서울 집에서 별세하였다. 향년 73세이다. 부음(訃音)을 아뢰자 임금께서는 조회를 정지하고 시장을 닫게 하며 예관(禮官)을 보내어 조문하고 제사하였다. 그 뒤에 특별히 이조판서에 증직하고 별도로 사제[620]하였다. 그해 겨울에 청주 동쪽 십리 상당성(上黨城) 동문(東門) 밖 비봉산(飛鳳山) 임좌 병향(壬坐丙向)의 언덕에 안장하였다.

仁祖元年癸亥 先生六十四歲

二月初二日 第三子樂愚齋公子鍾山公生 仁祖反正 延平李公貴昇平金公瑬欲引用先生 而勳臣中一二人素不悅於先生 故沮之 拙齋公拜知敦寧 及翼社勳罷 陳疏乞遞資憲 旋拜大司諫 -時廢世子按律之議方張 公赴義不就- 撰疑禮考證十三卷 撰家禮諺解 五月跋綱目 八月十八日卒于皇華坊京第 享年七十三 訃聞 上撤朝市 遣禮官弔祭 特贈吏曹判書 別賜祭 是年冬葬于淸州東十里上黨山城東門外飛鳳山壬坐丙向之原

---

618) 이귀(李貴, 1557~1633) : 본관은 연안(延安), 자는 옥여(玉汝), 호는 묵재(默齋), 시호는 충정(忠定)이다. 인조반정 때 정사공신(靖社功臣) 1등으로 연평부원군(延平府院君)에 봉해졌다.

619) 김류(金瑬, 1571~1648) : 본관은 순천(順天), 자는 관옥(冠玉), 호는 북저(北渚), 시호는 문충(文忠)이다. 1623년 인조반정 때 대장으로 추대되었고 거사의 성공으로 정사(靖社) 1등 공신에 책록되고 승평군에 봉해졌다.

620) 사제(賜祭) : 임금이 관리를 보내어 죽은 신하에게 제사를 지내 주던 일을 말한다.

인조 2년 갑자년(1624) 선생 65세

선생이 시골집에 있을 때, 역적 이괄(李适)의 난에 어가(御駕)가 공산(公山)으로 피란하였다는 소식을 듣자, 셋째 아들 득치(得治)와 함께 곧바로 행재소(行在所)로 달려갔다. 임금이 군직(軍職)으로 당시의 정세에 맞게 동참할 것을 명하자, 도체찰사인 오리(梧里) 이원익(李元翼)의 진영에 있으면서 군사 계책에 협력하여 도왔다. 난리가 평정된 뒤에 이원익이 임금에게 아뢰기를 "신 아무개는 경학과 재주가 뛰어나니 기용해야 마땅합니다." 하며, 힘써 벼슬에 머물러 있기를 거듭 권유하였다. 그러나 선생은 상소하여 고사(固辭)하고 귀향하였다. 진무원종훈[621] 제2등에 책록되었다.

二年甲子 先生六十五歲

先生在鄕廬 聞逆适之亂 車駕播越于公山 先生與三子得治 直赴行在 上命以軍職 同參機宜 在都體察使梧里李公營中 協贊籌劃 亂平後 李公白上曰 申某經學才諝優 宜進用 勉留再三 先生上疏固辭 歸鄕 錄振武原從勳第二等

인조 3년 을축년(1625) 선생 66세

5월에 《오복통고(五服通考)》 상·하 권을 엮어 완성하였다.

三年乙丑 先生六十六歲

五月五服通考上下卷著成

인조 4년 병인년(1626) 선생 67세

四年丙寅 先生六十七歲

인조 5년 정묘년(1627) 선생 68세

선생의 처음 이름은 설(渫)이었는데, 갑자란(甲子亂) 역적 중에 같은 이름을 가진 자가 있었으므로 마침내 상소하여 이름을 고쳤다. 2월 정묘호란(丁卯胡亂)이 일어나자, 선생은 향리에서 현·도(縣道)를 통해 상소하여 수천 마디의 말로 시사(時事)에 대해 극론하니, 주상께서 가상히 여겨 받아들였다. 세자가 분조(分朝)하여 남쪽으로 순행할 때, 오랑캐를 막고 백성

621) **진무원종훈(振武原從勳)** : 1624년(인조 2)에 일어난 이괄(李适)의 난을 진압하는 데에 공을 세운 사람에게 내린 공신호(功臣號)이다.

을 편안하게 하는 내용으로 글을 올렸다. 세자가 은총의 비답을 내려 격려하고는 소대(召對)하게 하니, 예우가 융숭하였다.

졸재공의 둘째 아들 득연(得淵)이 충주목사를 거쳐 이조참의에 올랐고, 외방으로 나가 강원도관찰사가 되었다.

五年丁卯 先生六十八歲

先生初諱渫 因甲子逆有同名者 遂上疏改之 二月虜亂 先生縣道封章 極論時事數千言 上嘉納之 及世子分朝南巡 上防胡靖民之章 世子寵答獎諭 使之召對 禮遇隆重 拙齋公次子得淵 以忠州牧陞吏議 出爲東伯

인조 6년 무진년(1628) 선생 69세

六年戊辰 先生六十九歲

인조 7년 기사년(1629) 선생 70세

七年己巳 先生七十歲

인조 8년 경오년(1630) 선생 71세

넷째 아들 득홍(得洪)이 생원시에 합격하였다.

八年庚午 先生七十一歲

第四子得洪中生員

인조 9년 신미년(1631) 선생 72세

여름에 서울 집으로 돌아왔다. 10월 19일에 한질(寒疾)에 걸려 서울 집에서 고종(考終)하니, 향년 72세였다. 그해 12월 4일 풍덕(豊德) 동쪽 율리(栗里) 자좌오향(子坐午向)의 언덕에 안장하였으니, 이는 전 부인 이씨(李氏)의 산소에 합장한 것이다. 장례를 치를 때, 주상께서 예관(禮官)을 보내어 제사하였다.

九年辛未 先生七十二歲

夏復還京第 十月十九日以寒疾考終于京第 享年七十二 以其年十二月初四日 葬于豊德治東栗里子坐午向之原 蓋同前夫人李氏兆也 比其葬 上遣使致祭

인조 13년 을해년(1635)

졸재공에게 효행으로 정려(旌閭)가 내려지고 부역을 면제시켜 주었다.

十三年乙亥

拙齋公以孝行旌閭復戶

인조 25년 정해년(1647)

졸재공의 둘째 아들 현포공(玄圃公 득연(得淵))이 거제(巨濟)에서 작고하니 향년은 63세였다.

二十五年丁亥

拙齋公次子玄圃公 卒于巨濟 壽六十三

인조 26년 무자년(1648)

선생이 일찍이 선무원종공(宣武原從功)에 참여한 것으로 자헌대부(資憲大夫) 이조판서 겸 지경연 의금부사 춘추관 성균관사 홍문관대제학 예문관대제학 세자좌빈객 오위도총관에 추증되었다.

二十六年戊子

先生以嘗參宣武原從功 贈資憲大夫吏曹判書兼知經筵義禁府春秋館成均館事弘文館大提學藝文館大提學世子左賓客五衛都摠管

현종 11년 경술년(1670)

선생 서거 후 40년 5월 21일에 선생의 후배(後配) 정부인 홍씨(洪氏)가 청주 향사(鄕舍)에서 별세하였다. 8월에 풍덕(豊德)에 안장하였다.

顯宗十一年庚戌

先生卒于四十年五月二十一日 先生后配貞夫人洪氏 卒于淸州鄕舍 八月葬于豊德

숙종 14년 무진년(1688)

선생 서거 후 58년, 묘도에 비석을 세웠다.

肅宗十四年戊辰

先生卒于五十八年 樹石于墓道

숙종 18년 임신년(1692)

3월 갑자년에 올린 졸재공의 시장(諡狀)이 임금께 진달되지 못하였다.

十八年壬申

三月甲子拙齋公諡狀 未及上達

숙종 20년 갑술년(1694)

쌍천서원(雙泉書院)이 창건되었다.

二十年甲戌

創建雙泉書院

숙종 21년 을해년(1695)

졸재공이 쌍천서원에 입향되었다.

二十一年乙亥

拙齋公入享

숙종 45년 기해년(1719)

선생 서거 후 89년, 충청도와 경상도의 선비들이 주창하여 청주의 봉계(鳳溪)에 서원을 건립하고[622] 선생 및 선생의 손자 종산공(鍾山公)을 제향하였다.

四十五年己亥

卒于八十九年 湖嶺章甫 創論建院於淸州鳳溪 先生及先生孫鍾山公俎豆之

【鴿原雜詠 下編 終】

622) 청주(淸州)의 …… 건립하고 : 봉계서원(鳳溪書院)을 말한다. 봉계서원은 1702년(숙종 28)에 청주의 치소에서 동쪽으로 15리 떨어진 봉계(鳳溪)에 건립하였다. 동강(東岡) 김우옹(金宇顒, 1540~1603)을 주향으로 하고, 하은(霞隱) 신용(申涌), 종산(鍾山) 신집(申潗), 권상(權常, 1508~1589) 등 4위를 제향하였다. 흥선대원군의 서원철폐령으로 1868년(고종 5)에 훼철된 뒤 복원되지 못하였다.

좌윤공 실록 좌윤공은 정관재 선생의 막내아우 은(濦)이다.

左尹公實錄 濦靜觀齋先生季弟

'사관(史官)들이 의심나는 곳은 빼놓고 기록하지 않았음'을 중니(仲尼)께서 칭찬하여 말씀하시기를 "내 오히려 사관들이 글을 빼놓고 기록하지 않음을 미쳐 보았다."[623]라고 하셨으니, 부자(夫子)께서는 무엇을 취하신 것인가? 이는 후세의 잘 아는 자를 기다리는 후덕함을 취하신 것이다. 그러나 쇠란(衰亂)한 세상에 간혹 충효(忠孝)와 문장(文章)으로 후세에 전할 만한 자취가 있는데도 종종 사관(史官)의 기록에서 빠지고 인멸되어 세상에 알려지지 않는 경우도 있게 되니, 어찌 탄식하지 않을 수 있겠는가.

공의 성은 신씨(申氏)요, 관향은 고령(高靈)이니 휘가 은(濦)이다. 무관으로 만호(萬戶)를 지냈으니, 정관재(靜觀齋) 선생의 막내아우이다. 집안의 계파와 문벌은 번거롭게 기술할 필요가 없는데, 비록 《영원잡영(鴒原雜詠)》에 공의 시문이 없더라도 백·중·숙씨에게 사랑을 받은 것은 더욱 남들에 비할 바가 아니다. 형제 네 분이 매양 화목한 즐거움을 누리며 위씨의 동산[624]처럼 화락하고 강금[625]처럼 단란하여 형제간의 우애가 더욱 두터웠다. 임진왜란에 힘써 싸워 왜적을 참획(斬獲)하니, 이로 인해 경상수사(慶尙水使)가 장계로 아뢰자 허통[626]의 왕명을 받았으며 병자년(1636)에 진무 3등훈[丙子振武三等勳]에 책록되고 좌윤(左尹)에 증직되었다. 부인은 경주김씨니, 묘는 청원군 낭성면 산성리 거죽(居竹) 건좌(乾坐)의 한 쌍봉분이다. 네 아드님을 두었으니, 득수(得洙)·득정(得淨)·득양(得洋)·득종(得淙)인데 그 후

623) **사관들이 …… 보았다** : 옛날에는 역사를 서술할 적에 의문 나는 곳을 빼놓고 했는데 지금은 그렇지 않다는 뜻이다. 《논어》 〈위령공(衛靈公)〉에 "내 오히려 사관들이 글을 빼놓고 기록하지 않음과 말을 소유한 자가 남에게 빌려 주어 타게 함을 미쳐 보았는데, 지금에는 이것도 없어졌구나.[吾猶及史之闕文也 有馬者借人乘之 今亡矣夫]"라고 하셨다.

624) **위씨(韋氏)의 동산** : 당나라 시인 잠삼(岑參)이 좌습유(左拾遺)에 제수되어 장안(長安)에 갔을 때, 원외랑(員外郎)으로 있는 어느 위씨(韋氏) 집안의 친족들이 꽃나무 밑에서 매번 술자리를 벌이고 단란한 모임을 갖는 것을 보고 〈위원외가화수가(韋員外家花樹歌)〉를 지어 찬양한 데서 인용한 것이다. 후세에 친족 간의 모임을 '화수회(花樹會)'라고 부른 것도 여기서 유래한 것이다. 《岑參集 卷4 韋員外家花樹歌》《近思錄 卷9 治法》

625) **강금(姜衾)** : 강굉(姜肱)의 이불이라는 뜻으로, 형제간의 우애를 의미한다. 강굉은 후한(後漢) 사람으로 자가 백회(伯淮)인데, 두 아우인 중해(仲海)·계강(季江)과 우애가 돈독하여 항상 한 이불을 덮고 잤으므로 강굉공피(姜肱共被)라는 고사가 생겼다. 《後漢書 卷53 姜肱列傳》

626) **허통(許通)** : 허통사로(許通仕路)의 준말로, 벼슬길에 오르는 것을 허가한다는 뜻이다.

손은 큰 벼슬을 하지 못하였다.

이제 《영원잡영》을 책으로 펴내어 세상에 내놓으려 하니, 공의 아름다운 자취가 후세에 전해지지 않을까 두려워 그 사실을 위와 같이 기록하고 발문에 붙여서 후인들이 이것을 기초로 하여 그 본래의 뜻을 거슬러 추구하여 공의 아름다움을 넓히는 날이 있기를 기대한다.

신축년(1961) 1월 15일에 족예손(族裔孫) 현모(顯模)는 적다

左尹公實錄 瀷 靜觀齋先生季弟

史之闕文 仲尼稱之曰 吾猶及史之闕文也 夫子奚取焉 蓋收其俟后之厚 然而叔世或有忠孝若文章可傳於后者 往往闕於史筆而湮晦無聞 可勝歎哉 公姓申氏 貫高靈 諱瀷 武萬戶 靜觀齋先生之季弟 其派系氏閥 不必贅記 而雖無文藻參於雜咏中 然其見鍾愛於伯仲叔 尤非他比也 兄弟四人每有塤篪之樂 韋園湛樂 姜衾團圓 友愛益厚 黑龍之變 力戰斬倭 因慶尙水使啓達 承傳許通 錄丙子振武三等勳 贈左尹 配慶州金氏 墓淸原郡琅城面山城里居竹乾坐雙塋 有四子 得洙得淨得洋得淙 蓋其苗裔不振矣 今鴒原雜詠將鋟梓公于世 而惟恐公之美蹟不傳於后 因錄其實如右 附于跋 使後人因此而沿流求源 冀其有廣公之美之日焉

歲重光赤奮若 上元 族裔孫 顯模 記

발跋

《영원잡영》 발
鴒原雜詠跋

자양부자[627]의 말씀에 "선조에게 선행이 있는데도 알지 못한다면 이는 밝지 못한 것이요, 이를 알면서도 밝게 드러내어 후세에 전하지 않는다면 이는 어질지 못한 것이다."[628]라고 하였다. 불초한 내가 이글을 읽을 때마다 나도 모르게 움츠리고 이마에 땀이 났다. 아, 옛날 선조(宣祖)의 좋은 시대에 우리 정관재(靜觀齋)·졸재(拙齋)·하은(霞隱), 백(伯)·중(仲)·계(季) 세 선생은 학문이 하늘과 인간의 이치를 꿰뚫었고 행실이 신명에게 통하여, 충효며 도덕이며 문장이 정사와 야사에 실려 찬란히 빛났다. 나라에서는 정려하는 은전을 내렸고, 유림에서는 서원을 지어 제향하여 울연히 백세의 모범적인 기풍이 되었다. 또 당시에 임진왜란과 정유재란이 전후로 잇달아 일어나자, 세 선생은 매양 위급한 상황에서도 서로를 생각하며 더욱 형제간의 우애를 돈독히 하였다. 환란이 지나고 사태가 안정된 뒤에도 벗을 찾는 기쁨보다는 형제간의 서로 시를 창화(唱和)하였으니, 이를 기록하여 종(鍾)과 솥[鼎]에 새겨서 영원히 전하고, 그것을 읊어서 악장(樂章)을 만들어 현가(絃歌)에 올릴 것이 많았다. 이에 '영원잡영'에 주목하고 당시의 제현들이 창수한 훌륭한 시편을 붙여 상자 속에 보관한 지가 거의 400년이나 된다. 그러니 이는 우리 집안의 역사이다.

아, 시대의 운은 지나가고 세상의 변고가 극도에 이르렀다. 불초한 내가 선조의 문헌이 쉬이 산일되고 풍모와 운치가 점차 사라질까 더욱 두려워하여 시권(詩卷)을 매만지며 감읍(感

---

627) **자양부자(紫陽夫子)** : 송(宋)나라의 대학자로 신유학(新儒學)을 집대성한 주희(朱熹, 1130~1200)를 가리킨다.

628) **선조에게 …… 것이다** : 《예기》〈제통(祭統)〉에 보이는 말로, 그 전문(全文)에 "종묘와 사직을 지키는 자손이 그 선조에게 아무런 미덕이 없는데 칭송한다면 이는 속이는 것이요, 선행이 있는데도 알지 못한다면 이는 밝지 못한 것이요, 이를 알면서도 후세에 전하지 않는다면 이는 어질지 못한 것이니, 이 세 가지는 군자가 부끄러워하는 바이다.[子孫之守宗廟社稷者 其先祖無美而稱之 是誣也 有善而弗知 不明也 知而弗傳 不仁也 此三者 君子之所恥也]"라고 하였다.

泣)한 지 오래되었다. 그런데 다행히 여러 종친들의 힘껏 찬조함에 힘입어 책으로 간행하게 되었다. 이 이후로 세 권을 합편(合編)하여 천년토록 나란히 아름답기를 바라니, 산처럼 더욱 높고 물처럼 더욱 장구하게 된다면, 선조의 아름다움이 있음이 드러날 것이요, 자양부자의 말씀을 저버리지 않을 것이다.

경자년(1960) 12월 하한에 하은 선생의 12대손 존식(存植)은 삼가 쓰다.

紫陽夫子有言曰 祖先有善而不能知 是不明也 知而不能暴白以傳於後 是不仁也 不肖每讀此 不覺凜然泚顙 嗚呼 在昔宣廟盛世 惟我靜觀齋拙齋霞隱伯仲季三先生 學貫天人 行通神明 忠孝也 道德也 文章也 炳烺輝映乎國乘野史 而朝有旌典焉 院有俎豆焉 蔚爲百世之風範矣 且當時黑龍之變 赤鷄之禍 前後繼作 而三先生每急難孔懷之際 尤篤兄弟之愛 雖喪亂旣平之後 不求友生之歡 棣華之詠 塤篪之唱 多有銘鼎彝而被絃歌者 目之以鴒原雜詠 附同時諸賢唱酬佳什 藏之篋笥以傳 殆近四百年 則寔吾家之汗靑也 噫 年運往矣 天下之變故極矣 不肖愈懼文獻易逸 風韻漸沫 摩卷感泣者久矣 幸賴僉宗力贊 登諸繡梓 自玆以往 三弓合編 千載匹美 山益高水益長 則庶彰祖先之有善 而不負紫陽之有言也夫

歲庚子季冬下澣 霞隱先生十二代孫 存植 謹識

《영원잡영》 발

鴒原雜詠跋

춘추시대 노(魯)나라 대부 숙손표(叔孫豹)가 진(晉)나라에 가니, 진나라 대부 범선자(范宣子)가 숙손표에게 "옛사람의 말에 '죽은 뒤에도 없어지지 않고 영원히 전해진다.[死而不朽]'고 하였으니, 이것은 무엇을 이른 것인가?"라고 물었다. 숙손표가 대답하기를, "내가 듣건대 최상은 덕을 세움[立德]에 있고, 그 다음은 공을 세움[立功]에 있고, 그 다음은 훌륭한 글을 남김[立言]에 있는 것이다. 이 세 가지는 아무리 오래되어도 없어지지 않으니, 이를 이르는 것이로다."[629] 하였다.

무릇 선비가 전적(典籍)에 실려 있어서 육예[630]의 사이에서 상고할 만한 것으로 후세에 그 이름이 전해오는 것에는 진실로 대소와 원근의 차이가 있고, 덕을 세우고 공을 세우고 훌륭한 말을 남기는 것도 각각 그 유별로 모여진다. 비록 만고를 가더라도 후인의 입에 회자되고 후인의 눈에 밝게 비쳐 알게 되는 것, 바로 이런 것이 이른바 오래될수록 더욱 멀리 전해진다는 것이니, 죽은 뒤에도 없어지지 않고 영원히 전해진다는 말이 당연하지 않은가.

우리 신씨는 멀리 고려 말에 비롯되어 고령(高靈)에서 발상(發祥)하였다. 시조 휘 성용(成用)께서는 문과에 급제하여 검교 군기감(檢校軍器監)을 지내셨고, 그 후 7대를 전하여 휘 장(檣)께서는 문과에 급제하여 공조참판·집현전 학사를 지내셨고 순충적덕보조공신(純忠積德補祚功臣)·영의정·고령부원군(高靈府院君)에 추증되셨으며, 나주의 설재서원(雪齋書院)에 배향되셨다. 이분이 휘 숙주(叔舟)를 낳으시니, 자는 범옹(泛翁)이고 호는 보한재(保閒齋)이시다. 문과에 급제하여 영의정과 고령부원군을 지내셨다. 이분이 휘 형(泂)을 낳으시니, 자가 언통(彦通)이고 호가 해옹(海翁)으로 문과에 급제하여 장령을 지내셨다. 이분이 휘 광윤(光潤)을 낳으시니, 승지에 추증되셨다. 이분이 휘 서(漵)를 낳으시니, 이조참판에 추증되셨다. 이분이 휘 중엄(仲淹)을 낳으시니, 목사를 지내셨고 좌찬성에 추증되셨다. 이분이 휘 저(渚)와 식(湜)과 용(涌)을 낳으셨다.

---

629) **춘추시대 …… 것이로다** : 이른바 삼불후(三不朽)로, 입덕(立德)·입공(立功)·입언(立言)을 말한다. 《춘추좌씨전(春秋左氏傳)》 양공(襄公) 24년 조에 보인다.

630) **육예(六藝)** : 유교의 기본 경전인 《역경(易經)》·《서경(書經)》·《시경(詩經)》·《예경(禮經)》·《악경(樂經)》·《춘추경(春秋經)》의 6경(六經)을 이른다.

저(渚)의 자는 백원(伯源)이고 호는 정관재(靜觀齋)이니 승의랑을 지내셨다. 예학에 뜻을 두었고 대곡(大谷) 성운(成運) 선생의 문하에서 공부하셨다. 효도와 우애가 지극히 돈독하여 두 아우와 함께 시를 읊은 《영원잡영(鴒原雜詠)》 2권이 있으며, 《역학연의(易學衍義)》 3권과 《예설총론(禮說總論)》 4권을 저술하셨으나 병화(兵火)로 유실되었으니 애석하다.

식(湜)의 자는 숙정(叔正)이고 호는 임곡(臨谷)이다. 문과에 급제하여 대사헌을 지내셨는데, 선조(宣祖)가 호를 졸재(拙齋)로 바꾸어 내렸다. 퇴계 선생과 대곡 선생의 문하에서 수업하셨는데, 경학(經學)을 연구해 밝히고 예설(禮說)을 이어받으셨다. 문과에 급제하여 강릉(江陵)과 광주(廣州)의 지방관으로 보임되셨고, 호서(湖西)와 관동(關東)의 관찰사로 나가셨으니, 양관(兩關)에 선임되셨던 것이다. 광해군 때에 일어난 폐모론(廢母論)에 참여하지 않으셨으며, 이조판서에 추증되고 효행으로 나라에서 정려(旌閭)의 표창을 받았다. 저서로 《의례고증(疑禮考證)》 13권이 있었으나 병화로 유실되었고, 《가례언해(家禮諺解)》 2권과 《사계문답(沙溪問答)》 1권은 간행되었다. 쌍천서원(雙泉書院)에 배향되셨고, 실행록(實行錄)에 수록되었다.

용(涌)의 초명은 설(渫)이고 자는 계수(季收)이며 호는 하은(霞隱)이다. 문과에 급제하여 황해 감사를 지냈고 이조판서에 추증되었다. 11세에 졸재공과 함께 퇴계 선생의 문하에서 수업하였고, 3년을 시묘살이하며 상중에 상례를 다하였다. 저서로 《의례고람(儀禮考覽)》 6권과 《상례통재(喪禮通載)》 2권과 《오복통고(五服通考)》 2권이 있다. 봉계서원(鳳溪書院)에 제향되었으며, 임진왜란 때에는 의병을 이끈 공훈으로 선무 2등공신(宣武二等功臣)에 책록되었다.

공들은 나의 8대조고 휘 념(淰) 좌승지공과 재종형제간이다. 아, 영지와 예천[631]이 근원 깊고 장대함에는 원래 그러한 이치가 있다. 공의 형제 세 분이 책상을 나란히 하고 한 침상에서 자며 함께 시를 읊조리면서 잠시도 서로 떨어지지 않기를 형체와 그림자가 서로 따르듯 하였다. 봄바람에 꽃 피고 가을비에 낙엽 지는 날에는 술 마시며 시 읊조리기를 이어갔으니, 한 시대의 드문 일이다. 평생 시를 읊조려 향기로운 작품을 수습한 것이 해낭[632]에 많이 쌓

631) **영지(靈芝)와 예천(醴泉)** : 영지는 전설상의 신비한 약초인 지초(芝草)로 뛰어난 인재를 말하고, 예천은 감미로운 물이 솟아난다는 신비한 샘인데 훌륭한 자손이 나는 가문에 그 조상의 근원이 있음을 말한다.

632) **해낭(奚囊)** : 시를 넣는 주머니를 말한다. 당(唐)나라 이상은(李商隱)의 '이장길 소전(李長吉小傳)'에 의하면, 장길이 제공(諸公)과 놀러 나갈 때마다, 어린 종복[奚奴]이 오래되고 허름한 금낭[古破錦囊]을 등

이자 '영원잡영(鴒原雜詠)'이라 이름을 붙였으니, 이는 들판에 있는 할미새처럼 급하고 어려울 땐 형제들이 돕는다는 시[633]에서 뜻을 취한 것이다. 무릇 할미새란 새는 날 때에는 우는데, 울게 되면 머리와 꼬리를 흔들어 서로 상응하여 형제가 위급한 환난을 구원하는 형상이 있다. 그래서 형제가 환난을 겪게 되면 서로 급히 구해주는 것이 이 새처럼 간절한 비유가 없기 때문에 옛사람이 이렇게 노래한 것이다. 내가 일찍이 '영원잡영'을 읽고 숙손표의 죽은 뒤에도 썩지 않고 영원히 전해진다는 말에 깊이 감동된 바가 있었다. 그런데 하물며 같은 뿌리 한 줄기의 친족으로서 어찌 동산이 무너짐에 종이 울리는 화응함[634]이 없겠는가. 공들이 세상에 계실 때로부터 지금까지 400여 년이 된다. 그러나 이 책을 펼쳐 읽으면 어제일인 듯 생생하니, 죽은 뒤에도 썩지 않고 영원히 전해진다는 말이 참으로 어김없는 말이다. 나의 졸렬함을 잊고서 붓을 잡고 그 감동하는 바에 따라 위와 같이 발문을 짓는다.

경자년(1960) 11월 21일에 후손 현모(顯模)는 삼가 발문을 쓰다.

昔叔孫豹如晉 范宣子問曰 古人有言曰 死而不朽 何謂也 對曰 豹聞之 大上有立德 其次有立功 其次有立言 雖久不廢 此之謂乎 夫士之載籍而可考於六藝之間者 其名之聞於後 固有大小遠近之不同 其於立德立功立言 亦可以各以其類聚之 雖亘萬古 而膾炙於後人之口 照耀於後人之目 此所謂愈久愈遠者也 死而不朽之喩 不亦宜乎 吾申 遠自麗末始起 發祥於高靈 有諱成用 文科檢校軍器監 爾后七傳 有諱檣 文科工曹參判集賢殿學士 贈純忠積德補祚功臣領議政高靈府院君 享羅州雪齋書院 是生諱叔舟 字泛翁 號保閒齋 文領議政高靈府院君 是生諱泂 字彥通 號海翁 文掌令 是生諱光潤 贈承旨 是生諱澈 贈吏曹參判 是生諱仲淹 牧使贈左贊成 是生諱渚湜涌 渚字

에 지고 그 뒤를 따라다녔는데, 장길이 새로운 시를 짓고 나면 곧장 그 금낭 속으로 던져 넣었다고 한다.

633) 들판에 …… 시 : 《시경》 〈소아(小雅)·상체(常棣)〉의 "들판에 있는 할미새처럼 급하고 어려울 땐 형제들이 돕는다네. 늘 좋은 벗이 있다 해도 그저 길게 탄식할 뿐이라오.[鶺鴒在原 兄弟急難 每有良朋 況也永歎]"라고 한 것을 이른다. 할미새는 형제를 비유한 것이다.

634) 동산(銅山)이 …… 화응함 : 상호 긴밀하게 반응하는 것을 말한다. 중국 촉군(蜀郡)의 동산(銅山)이 무너지자 위(魏)의 낙양(洛陽) 궁궐 안에 있는 동종(銅鐘)이 울었다는 고사. 한(漢)나라 효무제(孝武帝) 때 미앙궁(未央宮)의 동종이 이유 없이 3일 동안 저절로 울리자 그 이유를 동방삭(東方朔)에게 물었는데, 동방삭이 말하기를 "제가 들으니, 동(銅)은 흙의 자식이라고 합니다. 음양의 기운이 같은 것으로 말하면 자식과 어머니가 서로 감응한 것이니, 아마도 산이 무너진 일이 있는 것 같습니다."라고 하였다. 과연 3일 후에 남군 태수(南郡太守)가 산이 무너졌다고 보고하였다. 《太平御覽 卷575 樂部十三 鐘》

伯源 號靜觀齋 承議郞 志於禮學 遊成大谷門下 孝友篤至 與二弟吟咏 有鴒原雜詠二卷 易學衍義三卷 禮說總論四卷 見佚兵燹 惜哉 湜字叔正 號臨谷 文大司憲 宣廟命改賜號拙齋 受業于退溪大谷門 講明經學 師承禮說 文科出補江陵廣州 按節湖西關東 選兩關 不參昏朝廢母論 贈吏判 以孝旌閭 所著有疑禮考證十三卷 見佚兵燹 家禮諺解二卷 沙溪問答一卷刊行 享雙泉書院 入實行錄 涌初諱渫 字季收 號霞隱 文海伯贈吏判 年十一 與拙齋公受業于退溪門 三年廬墓 居喪盡禮 著儀禮考覽六卷 喪禮通載二卷 五服通考二卷 享鳳溪書院 以壬辰倡義勳錄宣武二等 諸公與我八代祖考諱淰左承旨公 爲再從昆季也 噫 靈芝醴泉 根深源壯 自有其理 公之兄弟三人 聯榻同床共吟幷枕 暫不相離 如影相隨 春風花開 秋雨葉落之日 不絶詠觴 爲一代奇事 平生吟哦 收拾芬芳 多貯奚囊 命名曰鴒原雜咏 義蓋取鶺鴒在原兄弟急亂之詩 而凡鶺鴒之爲鳥 飛鳴則首尾相應 有兄弟急亂之像 兄弟急亂 無如此鳥之爲喩 故古人以之 予嘗讀鴒原雜詠 有所深感於叔孫子死而不朽之言 而又況於同根共蔕 豈無山崩鍾鳴之應耶 諸公之在世 至今四百有餘年 而披閱是書 怳如昨日 死而不朽之說 信乎其不差矣忘其拙陋 因提毫隨其所感 書跋如右

歲上章困敦復月之念一日 族裔孫 顯模 謹跋

《영원잡영》 발
鴒原雜詠跋

나의 선조인 정관재 선생과 중씨와 계씨인 졸재, 하은 두 선생이 평생 나란히 앉아 읊은 시들을 '영원잡영'이라 명명하였으니, 세분 선생의 도학이 높고 밝음과 충(忠)과 효(孝)를 모두 겸하여 온전한 것은 그 빛나는 실제 형적(形跡)이 국사와 야사에 상세히 실려 있어 세상 사람들에게 숭앙(崇仰)을 받았다. 그분들이 저술한 책들이 많지 않다고 할 수는 없지만, 여러 차례 병화를 겪게 되어 하나하나 수집하여 보존할 수가 없었으니, 이 또한 자손들의 통박한 심정에 더욱 간절하다. 오직 '영원잡영'만이 본손(本孫) 중에 불과 한두 질만을 보존하고 있을 뿐인지라 세월이 가고 오랠수록 유실될까 두려워하며 장탄식하기를 마지않았다.

족형인 존식(存植) 씨가 일찍이 말하기를 "우리 종중의 재력을 약간이라도 모여지면 우선 '영원잡영'을 출간하고 그 외의 책들은 추후에 재물을 모아 발행합시다. 이것이 자손으로서 도리상 만분의 일이나마 하는 정성이다. 운운" 하였다. 그래서 종중의 의론이 찬동하여 나에게 등초(謄抄)를 부탁하니, 굳게 사양할 수가 없었다. 족대부(族大父)인 만휴(萬休)씨가 등초본의 권(卷)을 나누고, 관동별장 및 해서별장 등 각 지방으로 부임하실 때에 작별하면서 지어준 시들을 부록(附錄)으로 덧붙여 참조하게 하고, 이것을 간행하여 각 자손들에게 전파해서 영구히 전해져서 그들로 하여금 숙독하고 깊이 살피게 하고자 하니, 후손들은 힘쓰고 또 힘쓸지어다.

단기 4294 경자년(1960) 12월 일에 정관재 선생 12대손 운식(運植)은 삼가 발문을 쓰다.

惟我本生先祖靜觀齋先生 與仲季拙霞兩先生 平生聯榻吟詠之詩 名曰鴒原雜詠 三先生之道學高明 忠孝兼全 炳耀之實蹟 至於國乘野史詳載 世所崇仰 著述諸書 非爲不多 然累經兵燹之亂 不得一一蒐集保存 是亦子孫輩痛迫益切 惟鴒原雜詠 在於本孫中不過一二帙 然月去歲久 恐其遺失 長嘆不已 族兄存植氏 嘗言曰 吾宗之財力 若干鳩聚 尤先鴒原雜詠出刊 外諸書 追後鳩財發行 爲其子孫者 道理萬一之誠云云 故宗議贊同 囑余謄抄 予不得固辭 而族大父萬休氏 分卷抄本 附錄關西海東各別章參照 付諸剞劂 播于各子孫 傳之永久 使其熟讀熟察 勉哉勉哉

檀紀四二九四年庚子 臘月日 靜觀齋先生十二代孫 運植 謹跋

습유 _ 拾遺

【이하는 《영원잡영》에 누락된 시문을 모은 것임】

교서敎書

호성공신 녹훈 교서[635] 갑신년(1604) 8월 일

扈聖錄勳敎書 甲辰八月日

왕께서 다음과 같이 말씀하셨다.

일신을 잊고 목숨을 바쳐 나라를 구제하는 공적이 드러났으니

그 덕과 공로에 보답하려면 마땅히 높이고 장려하는 전례를 거행해야 한다.

王若曰

忘身徇國 克著弘濟之功

報德酬勞 宜擧崇奬之典

이에 운대의 옛일[636]을 상고하여

새로운 맹세를 하고 철권[637]에 기록하노라.

爰稽雲臺故事

庸載鐵券新盟

오직 경(卿)은 금옥(金玉)처럼 정강(精剛)하고,

빙벽 같은 지조[638]로다.

---

635) 이 글은 서애 류성룡을 호성공신(扈聖功臣) 2등에 책록한다는 교서로, 하은공이 지제교로서 지은 것이다. 호성공신(扈聖功臣)은 임진왜란 때 선조(宣祖)의 파천(播遷)에 호종(扈從)하여 의주(義州)까지 간 공으로 이항복(李恒福) 등 86인에게 내린 훈호(勳號)인데, 호성훈(扈聖勳)이라고도 한다. 선조 25년(1592)에 있었던 일을 선조 37년(1604)에 와서 책훈하게 된 것은 오랜 파천으로 경황이 없었기 때문이다.

636) **운대(雲臺)의 옛일** : 후한(後漢) 명제(明帝) 때에 부황(父皇)인 광무제(光武帝) 유수(劉秀)의 중흥공신(中興功臣)인 등우(鄧禹) 등의 초상화를 낙양(洛陽)의 남궁(南宮) 운대(雲臺)에 걸어 놓은 것을 말한다. 그 후로 운대는 공신각(功臣閣)의 대명사로 쓰인다.

637) **철권(鐵券)** : 옛날에 임금이 공신에게 내려 주어 면죄 등의 특권을 누리게 한 공신록(功臣錄)을 말하는데, 철제로 된 계권(契券)에 단사(丹砂)로 썼으므로 보통 단사철권(丹砂鐵券)이라고 부른다.

惟卿 金玉之精

冰蘗其操

재주는 왕을 보좌하기에 걸맞아 일찍부터 직설[639]을 기대하였고

학문은 유종(儒宗)이 되어 일찍부터 태산북두 같은 우러름을 받았도다.

才稱王佐 早許稷卨之身

學爲儒宗 夙負山斗之望

그대가 행한 것은 효제충신(孝悌忠信)이고

사람들이 추앙하는 것은 도덕문장(道德文章)이로다.

乃攸服則孝悌忠信

衆所推者道德文章

조정의 반열에서 영채(英彩)를 떨쳐 울연히 성대한 명성이 자자하였고

형조(刑曹)에서 돈독하게 보필하면서는 공업이 많음을 다시 보았도다.

自蜚英於筍班 蔚有聲華之藉甚

暨篤棐於棘府 更見功業之裒如

사람들이 모두 한(漢)나라 때 동중서[640]라고 말하였고

나는 송(宋)나라 조정의 사마광[641]이라 말하노라.

---

638) 빙벽(氷蘗) 같은 지조 : 청렴하고 깨끗한 지조를 이른다. 빙벽은 얼음물을 마시고 쓰디쓴 황벽나무(소태나무)를 씹는다는 뜻으로, 굳은 절조와 청백한 삶을 비유할 때 흔히 쓰는 표현이다. 당(唐)나라 백거이(白居易)의 "3년 동안 자사(刺史)로 있으면서, 깨끗한 얼음물을 마시고 쓰디쓴 소태를 씹었노라.[三年爲刺史 飮氷復食蘗]"라는 시구에서 유래하였다. 《白樂天詩集 卷1 三年爲刺史》

639) 직설(稷卨) : 순(舜)임금 때 농업을 담당한 직(稷)과 사도(司徒)의 직책을 담당한 설(卨)을 가리킨다. 곧 현신(賢臣)을 상징하는 말이다. 설은 설(契)로도 표기하는데, 상나라를 일으킨 탕왕(湯王)의 시조가 되었고, 직은 주나라를 일으킨 문왕(文王)·무왕(武王)의 시조가 되었다.

640) 동중서(董仲舒) : 전한 초기의 문신이자 유학자로 경제(景帝) 때 박사가 되었으며 무제(武帝) 때에는 강도 상(江都相)과 교서 상(膠西相)을 지냈다. 당시에 올린 〈현량대책(賢良對策)〉에서 유학(儒學)을 존중하고 백가(百家) 사상을 배척할 것을 주장하여 유학이 왕조의 국교(國敎)가 되는 단서를 제공하였다.

641) 사마광(司馬光) : 북송(北宋) 중기의 명재상으로, 자는 군실(君實), 호는 우부(迂夫), 시호는 문정(文正)

人皆謂漢代仲舒
予則曰宋朝君實

지난번 섬 오랑캐의 창궐함을 당하여
국운이 파천하는 데에까지 이르렀도다.
頃遭島夷之猖獗
據罹國步之播遷

도성에 남아 진압하여 종택[642]처럼 지키지는 못했으나
사령[643]을 주선하여 반드시 조최[644]의 문장으로 우대했도다.
留鎭都城 雖闕宗澤之守
周旋詞令 必待趙衰之文

누가 나를 따라서 피난길 함께 하겠는가 애오라지 그대와 함께 하였고
사방을 바라보아도 움츠러들 뿐 달려갈 곳이 없으니 신료들 잃은 것 같아 개탄하였도다.
孰從我而同歸 聊與子而偕作
瞻四方而靡騁 慨百僚之如遺

이며 사후에 온국공(溫國公)에 봉해져 사마온공(司馬溫公)으로도 칭한다. 신종(神宗) 때 왕안석(王安石)의 신법(新法)을 공박하고 외직(外職)으로 쫓겨났다가 철종(哲宗) 때에 정승이 되어 신법 가운데 백성의 해가 되는 것들을 모두 개혁하였으며, 《자치통감(資治通鑑)》을 편찬하였다.

642) **종택(宗澤)** : 송(宋)나라의 대표적인 항전파(抗戰派)로서, 금(金)나라와의 전투에서 승승장구하였고 피란 가 있던 고종(高宗)에게 도성인 변경(汴京)으로 돌아와 민심을 수습하여 실지(失地)를 회복할 것을 주장하는 상소를 20여 차례나 올렸으나 간신들의 방해로 이루어지지 않자, 울분으로 등창이 나서 죽었는데, 집안일에 대해서는 일체 언급하지 않고 오직 "강을 건너 쳐들어가야 한다.[過河]"는 말만 세 번 부르짖고 숨을 거두었다고 한다. 또한 유표(遺表)에서도 여전히 황제가 변경으로 돌아올 것을 권하였다고 한다. 《宋史 卷360 宗澤列傳》

643) **사령(詞令)** : 사령(辭令). 외교에 있어 응대하는 말을 가리키며 크게는 말과 글의 범칭으로 사용된다.

644) **조최(趙衰)** : 춘추시대 진(晉)나라 사람으로, 시호가 성(成)이라서 조성자(趙成子)로도 불린다. 공자(公子) 중이(重耳)를 따라 외국에서 19년 동안 유랑하면서 온갖 고생과 위험을 경험하였고, 중이가 귀국해서 즉위하니, 이가 바로 문공(文公)으로 제후의 패자(霸者)가 되었다. 선진(先軫)과 난지(欒枝) 등을 천거하여 문공이 패업(霸業)을 완성하는 일에 중요한 역할을 하였다.

한 필의 말로 강물을 건너니 나는 큰 난을 감당하지 못했는데
오사[645]가 들판에서 따랐듯이 경만이 충절(忠節)을 떨치었도다.
一馬渡江 予未堪乎多難
五蛇從野 卿獨奮其孤忠

눈물을 흩뿌리며 배에 오르니 온교의 의로운 기개로 분발하였고[646]
말고삐 잡고서[647] 명령을 달려가 행하며 호언[648]의 고초 모두 겪었도다.
灑涕淚而登舟 溫嶠之義氣感發
負羈紲以奔命 狐偃之劬勞備嘗

그대의 마음은 처음부터 끝까지 더욱 힘을 다하였으니
이러한 정성이 나아가고 물러남에 어찌 차이가 있으랴.
乃心益勵於始終
此誠寧間於進退

노련한 부필[649]의 13가지 책략 같은 계책을 세워 군부(君父)의 설욕을 맹세하였고

645) **오사(五蛇)** : 춘추오패(春秋五霸)의 하나인 진 문공(晉文公)이 19년간 망명 생활을 할 때 생사고락을 함께하면서 문공을 패자로 만든 호언(狐偃)·조최(趙衰)·위무자(魏武子)·사공계자(司空季子)·개지추(介之推)의 다섯 신하를 이른다. 그 당시 먹을 것이 없어서 굶어죽을 지경에 이르렀을 때, 개자추가 자기의 허벅지 살을 도려내어 문공에게 먹였다는 고사가 전한다.《春秋左氏傳 僖公 24年》

646) **온교(溫嶠)의 …… 분발하였고** : 온교는 진(晉)나라 명장으로, 서진(西晉) 말년에 소준(蘇峻)이 반란을 일으켜 소단양(小丹陽)을 향해 쳐들어왔는데, 온교가 반란을 평정하러 가기 전에 7000명의 군사들 앞에서 소준의 죄를 열거하자, 군사들이 눈물을 흩뿌리면서 배에 올랐다는 고사가 있다.《通鑑節要 卷27》

647) **말고삐 잡고서** : 원문의 '부기설(負羈紲)'은 말고삐를 잡고 수행한다는 말로, 어려운 시절에 위험을 무릅쓰고 군주에게 충성을 다하는 것을 의미한다.《춘추좌씨전(春秋左氏傳)》 희공(僖公) 24년에 자범(子犯)이 공자 중이(重耳)에게 "제가 말고삐를 잡고 주인님을 따라 천하를 돌아다니는 동안 저지른 죄가 매우 많습니다.[臣負羈紲 從君巡於天下 臣之罪甚多矣]"라고 말한 데에서 유래하였다. 여기서는 임금이 파천(播遷)하여 떠돌았다는 뜻이다.

648) **호언(狐偃)** : 춘추시대 문공(文公)의 외숙으로, 문공이 망명하던 19년 세월 동안 늘 호위하며 보좌하였다.《春秋左傳 僖公 23年》

649) **부필(富弼)** : 북송(北宋) 때의 재상으로, 자는 언국(彦國), 시호는 문충(文忠)이다. 거란족이 국경에 접근하여 땅을 요구하자 부필이 나가서 땅을 내줄 수 없다고 강력하게 거부하고 아울러 화친과 전쟁의 이해를 말하여 거란족을 물러가게 하였다.《宋史 卷313 富弼列傳》

젊은 범중엄처럼 흉중에 백만의 병사를 간직하여[650] 장상(將相)의 책임을 겸하였도다.
老富指劃十三策 誓雪君父之羞
小范胷藏百萬兵 身兼將相之責

이에 돌아보니 한충헌[651]처럼 군대를 통솔하였고
소상국[652]처럼 식량 운송을 전담하였도다.
迺睠韓忠獻之總衆
俾專蕭相國之轉漕

한(漢)나라 장수의 위무(威武)가 크게 드날린 것은
식량 조달이 끊어지지 않음에 힘입은 것이도다.
漢將之威武丕揚
寔賴餽餉之不絶

명나라 사신의 수레가 잇달아 이어졌으니 또한 사신 접대에 마땅함을 얻었음이요
나라가 어지럽고 혼란 때를 당하자 가득 쌓인 군무(軍務)를 스스로 떠맡았도다.
周原之冠盖相屬 亦由儐接之得宜
矧當國事之搶攘 自任戎務之塡委

도간[653]과 같이 재결함이 명민하고 대응하기를 물 흐르듯이 하였으며

650) **범중엄(范仲淹)처럼 …… 간직하여** : 송나라 인종(仁宗) 때의 명상(名相)인 범중엄이 연안(延安)을 진수(鎭守)하고 있을 때 하(夏)나라 사람들이 서로 경계하여 감히 범하지 못하면서 말하기를 "소범노자(小范老子)의 가슴속에는 수만의 갑병(甲兵)이 있다."라고 하였다. 《宋史 范仲淹列傳》

651) **한충헌(韓忠獻)** : 송나라 인종(仁宗) 때의 정승 한기(韓琦)를 말한다. 충헌은 그의 시호이다. 가우(嘉祐) 연간에 정승에 제수되었고, 위국공(魏國公)에 봉해졌다. 덕량(德量)과 문장(文章), 정사(政事)와 공업(功業)에 있어서 송나라 제일의 정승으로 일컬어진다.

652) **소상국(蕭相國)** : 한(漢)나라 고조(高祖)의 신하 소하(蕭何)를 가리킴. 고조가 항우(項羽)와의 전쟁 때 군대와 식량을 확보하고 제공하여 일등 공신이 되었다. 《사기(史記)》 53권 〈소상국세가(蕭相國世家)〉 참조.

653) **도간(陶侃)** : 동진(東晉)의 중흥을 이룬 명장이다. 거의 평생을 군에서 지냈으며 남달리 부지런하고 판단력이 훌륭했다. 또한 그는 "원근의 문서에 대해서 손수 써서 회답하지 않는 경우가 없었으며, 글 솜씨가 물 흐르듯 하여 일찍이 막힌 적이 있지 않았다.[遠近書疏 莫不手答 筆翰如流 未嘗壅滯]"라고 한 말

육지[654]처럼 주대[655]가 간절하고 아는 바는 고하지 않음이 없었도다.

陶侃之裁決明敏 應之如流

陸贄之奏對懇勤 知無不告

이에 천병(天兵)과 협력하여 왜적을 섬멸하였고

이로써 왕업(王業)을 다시 회복할 수 있었도다.

玆協天兵而克勦

以致王業之重恢

종묘사직이 예전 도성으로 돌아오게 되니 그 누구의 힘이던가

국가가 오늘날까지 보존하게 된 것이 바로 그대의 공로 때문이도다.

宗社之獲返舊都 伊誰之力

國家之得保今日 惟乃之休

이미 고난과 위험 속에서 함께 우환을 겪었으니

감히 안락해진 때에 서로 저버릴 수 있겠는가.

旣共患於艱危

敢相背於安樂

국궁진췌[656]하며 한결같이 절의를 바쳤으니 제갈량 같은 충정이 잘 드러냈고

옥벽을 던져[657] 신하들에게 맹세하니 진 문공처럼 돌아와 공신들에게 상 주기를 서둘렀도다.[658]

이 《진서(晉書)》 권66 〈도간열전(陶侃列傳)〉에 나온다.

654) **육지(陸贄)** : 당(唐)나라 중기의 정치가이다. 시호는 선(宣)으로 흔히 육선공(陸宣公)이라고 한다. 육지의 주의(奏議)는 임금에게 간하는 말이 적절하여 후세의 전범이 되었는데, 후인들이 그의 주의를 모아 간행한 《육선공주의(陸宣公奏議)》가 있다. 《舊唐書 陸贄列傳》

655) **주대(奏對)** : 관료가 임금의 면전에서 정사와 관련한 물음에 곧바로 대답하여 아룀, 또는 그에 해당하는 문서를 가리킨다.

656) **국궁진췌(鞠躬盡瘁)** : 국궁진력(鞠躬盡力)과 같은 말로, 마음과 몸을 다 바쳐 나랏일에 이바지하는 것을 뜻한다. 제갈량(諸葛亮)의 〈후출사표(後出師表)〉에 "신은 몸과 마음을 다 바쳐 나라에 보답하다가 죽은 뒤에야 그만둘 결심을 하고 있다.[臣鞠躬盡力 死而後已]"라는 말이 나온다.

鞠躬效一節 諸葛之忠貞式彰
投璧誓羣臣 晉文之歸賞當急

이에 호성공신(扈聖功臣) 이등(二等)에 책훈(策勳)하고, 형상을 그림으로 그려 후세에 전하며, 두 자급을 뛰어넘어 관작을 추증한다. 그 부모와 처자에게도 두 품계를 올려주며, 아들이 없을 경우에는 생질이나 사위에게 한 품계를 올려주고, 적장자(嫡長子)가 이를 세습하여 그 녹(祿)을 잃지 않게 하며, 죄가 있어도 영세토록 사면을 받게 하도록 하노라.

肆策勳爲扈聖功臣二等 圖形垂後 超二階爵 其父母妻子 亦超二階 無子則甥姪女壻 超一階 嫡長世襲 不失其祿 宥及永世

이어 반당[659] 6인, 노비(奴婢) 9구, 구사[660] 4명, 전(田) 80결, 은자 7냥, 표리(表裏) 1단(段), 내구마(內廐馬) 1필을 하사하니, 도착하면 수령하도록 하라.

仍賜伴倘六人 奴婢九口 丘史四名 田八十結 銀子七兩 表裏一段 內廐馬一匹 至可領也

아 경은 진실로 주나라를 중흥(中興)시킨 공적이 있으니[661]

---

657) **옥벽(玉璧)을 던져** : 진 문공 중이(重耳)가 일찍이 망명 생활을 마치고 진(秦)나라의 힘을 빌려 자기 나라인 진(晉)나라로 돌아갈 적에 그의 일행이 황하 가에 이르러, 중이의 외삼촌인 구범(舅犯)이 지니고 있던 옥벽(玉璧)을 중이에게 내주면서 말하기를 "신이 주군의 말고삐를 잡고 주군을 따라 천하를 돌아다니는 동안에 저지른 죄가 매우 많습니다. 신도 그것을 알고 있거늘, 더구나 주군이 모르겠습니까. 청컨대 신이 여기서 도망갈 수 있게 해 주소서.[臣負羈紲 從君巡於天下 臣之罪甚多矣 臣猶知之 而況君乎 請由此逃]" 하자, 중이가 말하기를 "앞으로 내가 외삼촌과 마음을 같이하지 않을 경우에는 저 흰 강물이 알고 있으리니, 저 강물을 두고 맹세하겠습니다.[所不與舅氏同心者 有如白水]" 하고, 그 옥벽을 황하에 던져 버렸던 데서 온 말이다.《春秋左氏傳 僖公 24年》

658) **진 문공(晉文公)처럼 …… 서둘렀도다** : 진(晉)나라 문공이 즉위한 뒤 문공을 수행했던 사람들 대부분이 녹(祿)을 받았으나 문공에게 허벅지살을 베어 봉양할 정도로 충성을 다했던 개자추(介子推)에게는 녹상(祿賞)이 없자 그는 면산(綿山)에 숨어버렸다. 문공이 뒤늦게 그 사실을 알고 그를 불렀으나 응하지 않으므로 산에 불을 놓아 그를 오게 했으나 끝내 타 죽고 말았다는 고사가 전한다.《春秋左氏傳 喜公 24年》

659) **반당(伴倘)** : 중앙의 관아나 고관(高官)들이 부리는 사환꾼을 말하는데, 병조에서 왕자나 공신, 당상관에게 지급하였다.

660) **구사(丘史)** : 종친이나 공신에게 하사하는 관노(官奴)를 말한다.

661) **주(周)나라를 … 있으니** : 주나라는 여왕(厲王)의 포학한 정사로 나라가 크게 쇠퇴하였는데, 선왕(宣王)이 즉위하여 주나라를 다시 중흥시켰는데, 이때 현신 중산보(仲山甫)가 선왕을 보좌하여 치적을 크

내 어찌 거(莒) 땅에 있을 때의 마음[662]을 잊을 수 있겠는가.

於戲 卿固有興周之績

予何忘在莒之心

땅이 살피고 하늘이 밝힘에 귀신에게 물어보아도 이를 확인해 줄 것이니

태산이 닳아 없어지고 황하가 말라 다할 때까지 자손에게 변함이 없을 것이로다.[663]

地之察天之明 敢要質於神鬼

山若礪河若帶 期勿替於子孫

그러므로 이처럼 교시하노니, 잘 알았으리라 생각한다.

故玆教示 想宜知悉

《서애선생연보(西厓先生年譜)》

게 이루어 공신이 된 고사를 이른 것이다.

662) 거(莒) 땅에 …… 마음 : 과거 곤경에 처했던 때를 일컫는 말이다. 제 환공(齊桓公)이 공자(公子) 시절에 거(莒) 땅으로 망명하여 온갖 어려움을 겪었는데, 귀국하여 즉위한 뒤 축하연이 벌어졌을 때 포숙아(鮑叔牙)가 술잔을 올리면서 "우리 임금께서 조국을 떠나 거 땅으로 망명했던 때를 잊지 않으시기를 축원합니다.[祝吾君無忘其出而在莒也]"라고 말한 고사가 있다. 《新序 雜事 卷4》

663) 자손에게 … 것이로다 : 자손에게 변함없이 은전이 내려질 것임을 기약한다는 말이다.

계啓

유서(諭書)의 체제에 관한 계[664]

좌승지 신설(申渫)이 아뢰기를,

"정인홍·정구 등에 대한 돈유(敦諭)를 유지의 예에 따라 한다면, 승지가 왕언(王言)을 전유(傳諭)하는 것에 불과합니다. 그리고 정원의 직인(職印)을 찍은 성첩(成帖)은 사체가 가벼워 옥새가 찍힌 글로 어진 이를 부르는 예전 뜻과 어긋난다고 생각됩니다. 신들이 반복하여 생각해 보아도 합당한 규정을 얻지 못하겠으므로, 아침에 와서 취품하게 된 것입니다. 유서(諭書)의 체제는, 첫 면에 쓰기를 '모관 모에게 유시한다.' 하고 다음에 실내용이 들어가고, 끝에는 '고유(故諭)'라는 두 글자가 있고, 다년호(大年號)에도 어보(御寶)를 찍는 것이니, 이는 바로 왕언(王言)을 직접 하유하는 것입니다. 이미 돈유(敦諭)라 하셨으니, 유서의 규식대로 유서하는 것이 또한 무방할 듯합니다만, 새 규정에 관계되는 일이므로 신들이 감히 마음대로 단정하지 못하겠기에 삼가 성상의 재가를 바랍니다." 하니,

정원에서 살펴서 하라고 전교하셨다.

左承旨申渫啓曰 鄭仁弘鄭逑等處敦諭 若依有旨例爲之 則不過承旨傳諭王言而已 且用政院印信成貼 事體似輕 恐乖古者璽書徵賢之意 臣等反覆思量 亦未得恰當之規 此朝來所以取稟者也 諭書體意 初面書曰 諭某官 其次入實事 至末端有故諭二字 大年號亦安御寶 此則以王言直諭之也 既曰敦諭 則以諭書之式諭之 恐似無妨 而事係新規 臣等亦不敢擅便斷定 恭惟睿裁 傳曰 自院察爲

《광해군일기(光海君日記)》

664) 이 글은 《광해군일기[중초본]》 2권, 광해군 즉위년(1608) 4월 24일 경진(庚辰) 10번째 기사이다.

차劄

상의 복제(服制)에 대해 올린 차자[665)]

홍문관 교리 신설(申渫), 부수찬 윤훤(尹暄) 등이 차자를 올리기를,

"신들이 삼가 사관(史官)이 등서해 보낸 장경 왕후(章敬王后) 상사 때의 복제 한 조항을 보니, 주상께서는 다만 백목면단령(白木綿團領)·마포대(麻布帶)·백화(白靴)를 착용하셨다가 30일만에 벗었을 뿐이었습니다. 조종조의 옛일을 신들이 감히 함부로 의논할 수 없으나 30일만에 복을 벗는 것은 이미 예전(禮典)의 명문이 아니고 오직 한때의 편의에 따라 임시로 행한 제도입니다. 비록 《오례의》를 상고해 보아도 또한 내상(內喪)이 앞서 있을 경우 전하가 입는 복제의 조문이 없고, 백단령과 마포대도 대체로 찾아볼 수 없으니, 그것이 우리 나라가 만든 구제(舊制)가 아님이 분명합니다.

초상을 당하여 황급할 즈음에 전장(典章)을 고증할 데가 없어 바로 예경에 의거하여 기년복으로 정하였습니다. 이에 온 나라의 신민(臣民)은 애통이 지극한 중에도 전하께서 특별히 종묘의 중대한 일을 같이 받들던 정의를 생각하여 곧 선왕의 바른 예경을 행하시는 것을 목도하고 모두들 눈을 씻고 목을 빼어 성상의 제행(制行)이 위대함을 우러러 경탄하지 않는 자가 없었습니다. 그런데 해조(該曹)가 성상의 뜻을 제대로 이어 받들지 못하여 전후해서 정한 의주(儀註)가 몹시 전도되었습니다. 그들이 제정한 것을 보면 오히려 단축하지 못할까 염려하여 끝내 공제(公除)의 명칭을 빌어 12일로 줄여 단축하고 또 졸곡 후 복을 벗고 즉시 길복으로 바꾸게 하였으니 유식한 선비들이 이에 대해 탄식하며 애석히 여기지 않는 자가 없습니다.

그런데 의외에도 지금 또 갑자기 한 쪽지의 등서에 따라 이미 입은 복을 무단히 벗어버리고 이미 정한 예를 홀연히 변경하니, 진퇴에 모두 근거가 없고 전후가 각각 달라서 상하가 의심하며 좇을 바를 알지 못하고 있습니다. 이에 대관(臺官)이 논집하고 근신(近臣)이 계달하

665) 이 글은 《선조실록》 127권, 선조 33년(1600) 7월 14일 을묘(乙卯) 7번째 기사이다.

되 모두 받아들이지 아니하시어 실례가 되어 구제할 수 없게 되었으니, 신들은 통탄하는 바입니다. 어제 정원에 내린 비답을 읽은 바, 선왕조의 제도이니 경솔히 변경할 수 없다고 하시니, 성의(聖意)의 소재에 대해 누구인들 감격하지 않겠습니까. 그러나 저 예관의 전도시킨 죄는 진실로 놀랍습니다. 성명께서 진실로 이미 그 잘못을 통촉하시면서 어찌 유독 한 귀절의 말에는 깊이 책하지 않고 '상고해 온 후 추후 개정하겠다.'는 한 마디를 전일의 명증(明證)으로 고집하십니까. 신들은 서로 돌아보며 그 까닭을 알 수 없습니다. 예관의 이 말은 도무지 의리가 없고 오직 창졸간에 근거한 바 없이 목전에 당한 책임을 모면하기 위해서 한 말입니다. 그리고 상고하고자 한 것도 다른 뜻이 아니라, 이것이 꼭 맞지는 않는다 하더라도 반드시 멀리 벗어나지 않으리라 여겼던 것인데, 어찌 선왕조의 제도가 이처럼 소략할 줄 생각이나 하였겠습니까.

만약에 한 시대의 습속을 따르던 제도를 일정한 예전으로 간주하여 고수하면서 이미 입은 복을 곧장 바꾼다면 상례(喪禮)의 정당함이 밝아지려다가 다시 어두어지는 것이요, 행해지려다가 도리어 중지되는 것입니다. 오늘날 성명(聖明)하신 군주를 만났는데도 오히려 행하지 못한다면 선왕의 제도를 어느 때에 다시 회복하겠습니까. 제왕의 제도는 진실로 사서인(士庶人)과 같지 않으나 기년의 복제는 곧 시마·소공과 다름이 있습니다. 하물며 지위가 같으면 강복하지 않고 동등한 체제일 경우 끊지 않는다는 것이 예의 대절인 경우이겠습니까. 예의 대절을 잘 알면서 어찌 구차함을 인순하고, 선왕조가 이미 행한 예라고 핑계하여 갑자기 이미 입었던 최복을 벗을 수 있겠습니까.

아, 중전을 맞아들이는 일은 예의 막중한 것인데, 우리나라에서는 와오(訛誤)를 전습하여 납비(納妃)의 예문에 소략하였습니다. 중묘조(中廟朝)에 와서 문정 왕후(文定王后)를 책립(冊立)할 때 비로소 육례(六禮)를 갖추어 친영(親迎)의 예를 행하였는데, 지금까지 이 예를 준행하자, 칭송이 그치지 않고 있습니다. 기묘 제신[666] 이 비록 고도(古道)를 행하고자 하였지만, 중종 대왕(中宗大王)의 가납(嘉納)하신 덕이 아니었다면 어찌 무궁토록 그 미덕을 이루었겠습니까. 중종께서 이미 혼인의 도를 앞에서 다하셨으니, 전하께서는 송종(送終)의 예를 뒤에서 다하신다면 그 누가 불가하다 하겠습니까. 옛날에 등 문공이 백관들의 말을 듣지

666) 기묘 제신(己卯諸臣) : 기묘사화 때 화를 입은 조광조(趙光祖)·김정(金淨) 등의 사림파를 가리킨다. 이들은 중종의 두터운 신임을 받으면서 고대의 왕도 정치를 실현하려다가 훈구파(勳舊派)의 모함으로 화를 입었다.

않고 삼년상을 단행하자 당시 조문하는 자들이 모두 크게 기뻐하였고[667] 후세에도 선왕조의 예를 따르지 않은 것으로 그르게 여기지 않았습니다. 조종조에서 미처 행하지 못한 예를 전하의 몸에 이르러 단행하는 것은 진실로 계술(繼述)의 도에 해로움이 없습니다. 이 이치가 매우 밝아 의심할 여지가 없을 듯 싶습니다. 임금의 거둥은 반드시 사책에 쓰여지는데 상복은 더욱 중한 것이므로 만세토록 우러러봄이 이 한 가지 일에 달려 있습니다.

삼가 바라건대, 전하께서는 예경의 중대함을 아끼시고 고금의 마땅함을 참작하시어 여러 대신으로 하여금 다시 상세히 의논하여 후세의 비평을 면하게 한다면, 예에 있어 이보다 다행이 없고 국가에 있어 이보다 다행이 없겠습니다. 신들이 경악(經幄)에 있으면서 잘못된 처사를 목도하였는바, 임금을 올바른 도리로 인도하려는 구구한 정성은 일반 사람에 뒤지지 않습니다. 지난날에 바로 논변하고자 하였으나 동료들이 모두 병이 있음으로 인하여 함께 모일 수 없었습니다. 그러나 이 대례(大禮)를 당하여 상규(常規)에 구애되어 끝내 한 마디의 규간도 없다면 신들의 죄는 더욱 클 것입니다. 만번 죽음을 무릅쓰고 감히 이처럼 진달하면서 황공하고 전율하는 마음을 금치 못하겠습니다." 하니,

비답하시기를 "윤허하지 않는다." 하셨다.

弘文館校理申渫副修撰尹暄等上箚曰 伏以 臣等伏見 史官謄送章敬王后時服制一款 自上只用白木綿團領麻布帶白靴 終三十日而除而已 祖宗朝舊事 臣等不敢輕議 而三十日之除 旣非禮典明文 特是一時權宜之制 雖據五禮儀 亦無內喪在先 殿下服制之文 白團領、麻布帶不可槪見 其不爲我朝爲之舊制 亦明矣 當初喪急遽之際 典章無徵 直據禮經 定爲期年之服 擧國臣民 哀痛之極 得覩殿下 特念同奉宗廟之重 乃行先王禮經之正 群下莫不拭目延頸 咸仰聖上之制行 出於尋常萬萬也 該曹不能贊順聖意 前後儀註 顚錯莫甚 觀其所定 猶恐不短 卒借公除之名 止於十二日而短之 又以卒哭之後 服除卽吉 則有識之士 莫不嘆惜於斯焉 不意今者 遽因一紙謄書 已進之服無端而釋 已定之禮 忽然而變 進退無據 前後各異 上下疑惑 莫知適從 臺官論執 近臣啓達 而俱不見納 將至失禮而莫之救 臣等竊痛焉 伏讀昨日下政院之批 祖制不敢輕變 聖意所存 孰不感激 彼禮官顚倒之罪 誠爲可駭 聖明 固已洞燭其非 而何獨於一

667) 등 문공(藤文公)이 …… 기뻐하였고 : 전국 시대에 등 문공이 세자로서 상사를 당하여 전래의 관례를 무시하고 삼년상을 단행함으로써 국인이 모두 기뻐하였다. 《맹자(孟子)》 〈등문공(藤文公)〉.

句語 不深罪之 乃以考來後 追後改之 執爲前日之明證 臣等相顧 莫曉其故 禮官此說都無義理 特以倉卒無據 架漏目前 而爲此言耳 其欲考者 亦無他意 只是雖不中 必不遠也 而豈料先朝之制 若是之輕也 若以一代循俗之制 認爲一定之典 膠守無違 旣服旋易 則喪禮之正 將明而復晦 欲行而還止 今日得逢聖明 而猶不能行 則先王制作 何時而復古 帝王之制 固與士庶不同 而期年之服 乃與緦功有異 況尊同不降 齊體不絶禮之大節也 明知禮之大節 而豈可因循苟且 徒諉先朝已行之禮 而遽釋旣服之衰哉 嗚呼 中壼正始 禮莫大焉 而我國傳訛襲誤 苟簡於納妃之文 逮至中廟朝 冊立文定王后時 始具六禮 乃行親迎之禮 至今遵行 稱頌不已 己卯諸臣 雖欲行古道 若非中宗大王嘉納之德 豈能成美於無窮乎 中廟旣盡正始之道於前 殿下盡送終之禮於後 夫誰曰不可 古者滕文公 不聽百官之言 斷行三年之喪 當時弔者大悅 後世不以不從先祖爲非 祖宗朝未遑之禮 至于殿下之身 斷而行之 固無害於繼述之道 此理甚明 恐無可疑君擧必書 喪服尤重 萬世瞻仰 在此一擧 伏願殿下 愛禮經之重 酌古今之宜 容令大臣詳盡更議 俾免後世之譏 於禮幸甚 於國幸甚 臣等待罪經幄 目覩過擧 區區引君當道之誠 不後於恒人 昨日卽欲論辨 而緣同僚皆有病患 不得齊會 當此大禮 拘攣常規 終無一言以匡之 則臣等之罪大矣 冒昧萬死 敢此陳達 無任惶恐戰慄之至 答曰, 不允

《선조실록(宣祖實錄)》

서書

천안 아헌에 올린 글 신해년(1611) 8월 6일
尊史 拜狀 天安 衙軒 辛亥八月初六日

새 가을 되어 날씨가 갑자기 서늘해졌는데, 아후[668]가 어떠하신지 모르겠습니다. 그리워하는 마음 금할 수 없습니다. 비루한 이 사람은 청주(淸州)의 선영 곁에서 근근이 몸을 보전하고 있으니, 그 나머지는 말씀드릴 만한 것이 없습니다.

이곳의 하인이 채전(債錢)을 받는 일로 찾아가 뵈올 것인데, 이것은 사채(私債)가 아니라 사실상 공채[669]로서 마땅히 받아들여야 할 물건입니다. 만일 존자[670]께서 공문(公文)을 잘 살펴보시고 바로 지급(支給)하도록 해주시면 영광을 얻음이 크겠습니다. 하인이 찾아뵙는 길에 감히 안부를 여쭙는 편지를 부치니, 잘 살펴 주시기 바랍니다. 삼가 올립니다.

新秋乍凉 不審尊衙候若何 傾溸無已 鄙人僅僅保留于淸州塋側 餘無足道 此中 奴子以捧債事進去 此非私債 實公債應捧之物 如蒙尊慈按公文 卽爲捧給 則生光之大者 奴子進去 故敢附起居之問 伏惟尊照 謹狀

668) 아후(衙候) : 관아에 있는 사람의 안부.
669) 공채(公債) : 공금(公金)을 소비하여 진 빚.
670) 존자(尊慈) : 편지에서 상대방을 높여 이르는 말이다.

묘비문墓碑文

증 승정원 좌승지 신공 묘비문
贈承政院左承旨申公墓碑文

공의 휘는 광윤(光潤)이고, 자는 윤지(潤之)니 본관은 고령이다. 신씨는 고려시대부터 드러나 대대로 대관(大官)에 올랐는데, 휘 포시(包翅)에 이르러 조선조에 들어와서는 한가롭게 지내며 벼슬을 즐겨하지 않았지만 돌아가실 때의 관직이 공조참의였고 좌찬성에 증직되었으니, 이분이 공의 고조이시다. 증조의 휘는 장(檣)이니, 집현전 제학으로 영의정에 증직되었고, 조부의 휘는 숙주(叔舟)이니 두 번이나 수상(首相)에 올랐으며 원훈공신(元勳功臣)에 네 번이나 책록되고 시호는 문충(文忠)이다. 선고(先考)의 휘는 형(泂)이니, 내자시정으로 우의정에 증직되었다. 시조 휘 성용(成用)으로부터 이 대(代)에까지 잇달아 9대가 문과급제하니, 당시 사람들이 모두 영화로 여겼다. 선비(先妣)는 영일정씨(迎日鄭氏)니, 장원(掌苑) 부(溥)의 따님으로 성화(成化) 무자년(1468, 예종 즉위년) 9월 24일에 공을 낳았다.

공은 타고난 자질이 호방하고 쾌활하여 남들과 다투는 일이 없었고 어린 나이 때부터 학문에 뜻을 두어 과거공부에 실력이 우수하였으되 마음에 즐겨하지 않았다. 처음에는 제릉참봉(齊陵參奉)에 제수되고, 사온서 봉사(司醞署奉事)·사옹원 직장(司饔院直長)·한성부참군(漢城府參軍)으로 옮겨졌다. 이때 연산군이 놀고 즐기는 데 한정이 없었는데, 어느 날 가죽신을 수도 없이 상납할 것을 명하면서 나가 놀 때에 쓸 수 있도록 제공하라는 명령이 성화(星火)보다 다급하게 내려와, 사태를 예측할 수 없었다. 공이 저잣거리의 위아래를 돌아다니며 사람마다 미투리 한 켤레와 가죽 한 쪽을 주어 꿰매어 가죽신을 만들어 올리게 한 다음 저자의 위에서부터 차례로 거둬들여서 잠깐 사이에 즉시 마련해내니, 사람들이 모두 놀라워하며 탄복하였다. 과거를 거치지 않고 벼슬했다는 이유로 체직되자, 벼슬을 그만두고 고향인 청주로 돌아왔다.

공의 전 부인은 곧 파평(坡平) 윤필상(尹弼商)의 외손이다. 연산군이 자신의 모후(母后)가 폐출된 것에 한을 품고서 당시 폐출의론에 참여한 사람을 추죄[671]하고 아울러 그 자손까지

죽였는데, 공은 처조부 윤필상과의 연고로 체포되어 화를 면치 못할 지경에 이르렀다. 이때부터 세상의 변고에 놀라 더욱 고결한 지조를 굳게 갖고 사시더니, 뒤에 전함사 별제(典艦司別提)에 제수되었지만 나아가지 않았다. 가정(嘉靖) 병오년(1546)에 수관[672]의 전례에 따라 통정대부(通政大夫)의 반열에 오르고, 기유년(1549)에 국가에서 양로연(養老宴)을 행할 때, 담은[673]으로 품질(品秩)을 더하여 가선대부(嘉善大夫)의 반열에 올랐다. 기재공(企齋公 신광한(申光漢))은 공의 아우인데, 당시 중앙의 요직에 있으면서 여러 차례 공이 서울로 올라올 것을 청하고, 서추[674]의 직에 임명되기를 도모하였으나, 공은 전원에서 은둔하기를 편히 여겨 끝내 그 지조를 바꾸지 않고, 날마다 시를 읊고 바둑 두는 일을 즐거움으로 삼으면서 시골 노인들과 어울려 지내었다. 시골에 살면서 성심과 믿음으로 서로 함께 하면서 온화한 기운이 사람들에게 미치고 아래로 노비에 이르기까지 은혜로써 다독이지 않음이 없었다. 집안의 살림이 풍족한 편이되 담박하게 살면서 오직 빈객과의 연유(讌遊)를 좋아하고 그 밖의 것은 전혀 알지 못하였다. 빈궁한 사람들을 보고서 구휼을 할 적에는 미치지 못하는 듯이 하였으니, 온 고을이 감화되어 모두 본받으려 하였다. 가정 갑인년(1554) 10월 15일에 고향집에서 별세하니 향년 87세였다. 이 해 11월에 청주 동쪽 묵정리(墨井里) 건좌 손향(乾坐巽向)의 언덕에 안장하였다.

공은 처음에 덕산현감 충주(忠州) 지준(池浚)의 문중에 장가들어 1남 2녀를 두었는데, 아들은 휘 서(溆)이니, 이분이 나를 낳아준 선고(先考)이시고, 장녀는 첨정 김미성(金彌性)에 출가하였고 차녀는 정련(鄭鍊)에게 출가하였다. 계실(繼室)은 김해김씨(金海金氏) 하(河)의 따님으로 아들 난(灤)을 두었고, 측실(側室)이 세 아들을 두었으니, 단(湍)과 전(澱)과 애(涯)이다. 내외자손과 증손·현손이 무려 삼백여 인이니, 어찌 선을 쌓아 남은 경사[675]가 오래갈

671) **추죄(追罪)** : 지나간 잘못을 미루어 죄줌.

672) **수관(壽官)** : 수직(壽職). 조선 시대에 80세 이상의 사람에게 경로(敬老)의 뜻으로 준 직계(職階)로 신분의 양천(良賤)을 따지지 않았다. 원래 품계를 지녔던 사람에게는 1계를 더하였고, 4품 이상의 실직(實職)을 지낸 사람에게는 가자(加資)하였다. 그리고 1백 세인 사람에게는 모두 가자하였다. 《經國大典 續大典 吏典 老人職》

673) **담은(覃恩)** : 은택(恩澤)을 널리 베풂. 옛날에 조정에 경사가 있을 때, 임금이 신하에게 내리는 봉증(封贈)、상사(賞賜)、사면(赦免) 등을 통틀어 담은이라고 하였음.

674) **서추(西樞)** : 서반(西班)의 종1품 아문인 중추부(中樞府)를 달리 이르는 말이다. 특정한 사무가 없이 문무의 당상관(堂上官)으로서 소임이 없는 사람들을 소속시켜 대우하던 기관이다.

675) **선(善)을 …… 경사** : 적선여경(積善餘慶)을 이른다. 《주역(周易)》 〈곤괘(坤卦)·문언(文言)〉에 "선행을 쌓은 집안은 반드시 남은 경사가 있다.[積善之家 必有餘慶]"라고 하였다.

수록 길게 전하는 것이 아니겠는가. 지씨(池氏)는 성화(成化) 경인년(1470)에 태어나 가정(嘉靖) 계미년(1523)에 별세하니 향년 55세요, 김씨(金氏)는 정덕(正德) 무진년(1508)에 태어나 만력(萬曆) 임진년(1592) 12월에 별세하니 향년 85세이다. 지씨는 공과 함께 좌우로 같은 묘이고 김씨의 묘는 뒤에 있다.

만력 무술년(1598, 선조 31)에 증손 식(湜)이 높은 벼슬에 올라서 안동대도호부사(安東大都護府使)에 추증되고, 신축년(1601)에는 나의 선고께서 높은 벼슬에 올랐기에 지금의 좌승지에 추증되었다. 기유년(1609, 광해군 1)에 증손 식(湜)이 충청도관찰사로 와서 빗돌을 세워 영원히 전해지기를 도모하게 된 것이다.

아, 공께서 세상을 떠나신 지 지금 거의 60년인데, 목소리와 모습이 날로 멀어지고 귀와 눈이 미치지 어려워서 비록 오랜 분들에게 들은 바를 주워 모아 대략을 기록하였으나, 이 또한 만분의 일도 방불할 수 없어 공의 성대한 덕과 아름답게 행하신 일이 다 묻혀 전하지 못함을 면치 못하게 된 것이다. 또 남긴 시 약간 권도 병화(兵火)에 산실되어 남은 것이 거의 없으니, 아, 애석하다.

公諱光潤 字潤之 高靈人也 申氏顯自高麗 世躋大官 至諱包翅 始入本朝 常居閑不樂仕 卒官工曹參議 贈左贊成 寔公之高祖也 曾祖諱檣 集賢殿提學 贈領議政 祖諱叔舟 再入首相 四冊元勳 謚文忠 考諱泂 內資寺正 贈右議政 自始祖諱成用至此 聯九代文科 時以爲榮 妣迎日鄭氏 掌苑溥之女也 以成化戊子九月二十四日生公 公天資豪邁 與物無競 妙齡志學 優於擧子業而亦不肯意 初授齊陵參奉 轉司醞署奉事 司饔院直長 漢城府參軍 時燕山遊戲無度 一日嘗責納繩鞚無筭 以供出遊之用 令急星火 事將不測 公循市街上下 各授人一鞚一皮 令托縫以進 授訖 從上收之 指顧之間 無不立辦 人皆驚服 以不試入仕遞 卷歸淸州之鄕庄 公之前夫人 卽坡平尹弼商之外孫也 燕山恨母后廢黜 追罪當時與議之人 並夷其子孫 公以坡平之故 被逮幾不免 自是 驚心世變 益堅幽貞之志 後授典艦司別提 不起 嘉靖丙午 用壽官故典 進階通政 己酉 國家行養老宴 覃恩增秩 陞嘉善階 企齋公於公弟也 方居顯要 累請公還京師 圖拜西樞 而公優遊林下晏如也 終不肯易其介 日以哦詩棋局自娛 與野老爭席 其處鄕也 誠信相與 和氣洽人 下至僕隸 亦莫不撫之以恩 家頗殷足而自視澹然 惟賓客讌遊是好 餘皆不知 見人貧窮 施恤如不及 一鄕化之 咸奔走焉 歲嘉靖甲寅十月十五日 考終于鄕第 享年

八十七 用是年十一月 葬于州東墨井里乾坐巽向之原 公先聘于德山縣監忠州池浚之門 生一男二女 男諱潡是生我先考 長女僉正金彌性 次鄭鍊 繼室金海金氏河之女也 生一子灤 側室生三男 湍澱涯 內外子孫曾玄 幷無慮三百餘人 豈非積善餘慶 愈久而愈長也 池氏生成化庚寅 以嘉靖癸未三月十三日終 享年五十五 金氏生正德戊辰 以萬曆壬辰十二月初四日終 享年八十五 並與公左右同塋而金氏墓在後 萬曆戊戌 以曾孫湜貴 贈安東大都護府使 辛丑 以我先考貴 加贈今官 己酉 曾孫湜 來按是道 立石而圖不朽 噫 去公幾六十年 音容日遠 耳目難及 雖掇拾故老舊聞 畧記梗槪 而亦不能髣髴於萬一 使公之盛德懿行 或未免湮泯而不傳 且所遺詩藁若干卷 被兵火散失 存者無幾 嗚呼惜哉

《고령신씨세보유사(高靈申氏世譜遺事)》

제현 별장諸賢別章

해서를 안찰하러 나가는 신계수를 전송하다[676]
送申季收出按海西

서성(徐渻)[677]

密勿銀臺尺五天	승지로서 부지런히 지척에서 보필할 적에[678]
仙班忝與弟兄聯	선반[679]에서 형제분과 잇달아 함께 하였네.
頻年扈駕隨香案	여러 해 대가를 호종[680]하며 수행하였고
暇日升堂奉壽筵	한가로운 날 당에 올라 어버이 수연을 받들었지.
共保心肝期永久	함께 맺은 깊은 우정 길이 보전하고
莫將涼燠易推遷	염량세태 따라 쉬이 변치 말기를.
雙旌今向曾遊處	한 쌍의 깃발[681]로 예전 노닐던 곳 향하니
立馬秋郊意黯然	가을 들판에 말 세우면 마음이 은은하시리.

《약봉유고(藥峯遺稿)》

676) 이 시는 하은공이 1602년(선조 35) 8월에 황해도관찰사로 나갈 때의 전별의 시로 보인다.

677) **서성(徐渻, 1558~1631)** : 본관은 대구(大丘), 자는 현기(玄紀), 호는 약봉(藥峯)이다. 평안감사·호조판서·병조판서 등을 역임한 문신으로 율곡(栗谷)의 문인이다. 학문을 즐겨 이인기(李麟奇)·이호민(李好閔)·이귀(李貴) 등과 남지기로회(南池耆老會)를 조직하여 역학(易學)을 토론했고, 서화(書畵)에도 뛰어났다. 저서로 《약봉집》이 있다. 시호는 충숙(忠肅)이다.

678) **부지런히 …… 보필할 적에** : 원문의 '밀물(密勿)'은 '민면(黽勉)'과 같은 뜻으로, 나랏일에 부지런히 힘쓰며 임금을 가까이에서 모시고 정사에 참여한다는 뜻이고, '척오천(尺五天)'은 일척오촌(一尺五寸)의 준말로 가깝다는 의미이다.

679) **선반(仙班)** : 신선의 반열. 곧 임금을 시종(侍從)하는 관직의 반열을 말한다.

680) **호종(扈從)** : 임금의 거가(車駕)를 모시어 좇음.

681) **한 쌍의 깃발** : 원문의 '쌍정(雙旌)'은 관찰사의 의장(儀仗)으로 관찰사의 행렬을 이른다.

동지정사(冬至正使) 신 시랑(申侍郎) 설(渫)을 전송하다[682] 2장으로, 1장에 8구이다.

送冬至正使申侍郎渫 二章章八句

최립(崔岦)

我后新遭際　우리 임금님께서 지금 새로 즉위하셨으니
皇朝舊寵光　명나라에선 예전처럼 은총을 내리시리라.
夏正春且衍　하정의 봄날이 길이 펼쳐질 것인데[683]
冬至日初長　해도 길어지기 시작하는 동지라네.
使者尋常外　이번의 사신은 아주 특별한데다가
須人夙夜行　일행들도 밤낮 없이 부지런히 수행하리.
奉虔執壤覲　경건하게 방물 받들고[684] 조근(朝覲)하며
竣事授時將　일 마치면 새해 책력[685] 받아 오시겠지.

委紆循大鹵　구불구불 대로[686] 길을 따라가다 보면
陵緬竝脩隍　높은 성곽 긴 해자(垓子)를 보게 되리.
帝里雄龍虎　제리[687]는 용호(龍虎)처럼 웅장하고
神州蔚鳳凰　신주[688]에는 울연히 봉황이 깃들겠지.

682) 이 시는 하은공이 1608년(선조 41) 동지사로 연경에 갈 당시의 전별시로 보인다.

683) **하정의 …… 것인데** : 앞으로 중국 황제의 보호를 받으면서 새 임금인 광해군의 시대가 새로 펼쳐지게 되었다는 말이다. 하정(夏正)은 하(夏)나라 정삭(正朔)이라는 말로 지금 사용하는 음력과 같은데, 옛날 중국의 제왕이 새로 반포하는 책력(冊曆)을 정삭(正朔)이라고 하였다.

684) **방물(方物) 받들고** : 원문의 '집양(執壤)'은 지방의 토산물(土産物)을 천자에게 조공(朝貢)하는 일. 《서경》 〈강왕지고(康王之誥)〉에 "감히 토산물을 가져다 바치옵니다.[敢執壤奠]" 한 데서 온 말이다.

685) **새해 책력** : 원문의 '수시(授時)'는 계절·절후·기상예측 등을 기록하여 백성들에게 농사철을 알려준다는 뜻으로 뒤에 역서(曆書)를 반포하는 것을 일컫게 되었다. 《서경(書經)》 〈우서(虞書) 요전(堯典)〉에, "이에 희씨와 화씨에게 명하시어 하늘을 삼가 따르게 하시고, 해와 달과 별들의 운행을 관찰하여 백성들에게 농사철을 알리도록 하셨다.[乃命羲和 欽若昊天 曆象日月星辰 敬授人時]"라고 하였다.

686) **대로(大鹵)** : 중국의 옛 지명으로, 병주(并州)에 해당되는 황막한 땅을 가리킨다.

687) **제리(帝里)** : 제도(帝都), 경도와 같은 말로 황제의 도성이라는 뜻이다. 여기서는 명나라 도성 인근 지역까지 포함하여 말한 것이다.

688) **신주(神州)** : 중국을 가리키는 말이다. 중국 전국 시대(戰國時代)에 추연(騶衍)이 중국을 적현신주(赤縣神州)라고 했는데, 이로 인하여 후세 사람들이 중국을 신주라고 하였다. 여기서는 황성(皇城)을 이른다.

鈞天盈耳奏　　균천의 음악[689] 귀에 가득 들어오고

雲漢被身章　　운한의 문장[690] 몸에 띠고 돌아오시리.

吾輩仰陶鑄　　우리네야 도주된 그댈 우러를 것이니

不能厭粃糠　　비강인들 싫어할 수 있으리오.[691]

공이 승지(承旨)로 있다가 정사로 발탁되어 가게 되었기에 이렇게 말한 것이다.

公由銀臺膺簡而行故云云

《간이문집(簡易文集)》

동지부사 신계수 영공을 전별하는 시서
奉贐冬至副使申季收令公詩序

유몽인(柳夢寅)

동지사 신후(申侯)[692]가 행차할 적에 내가 병들어 집에 누워 있자, 신후가 심부름꾼을 시켜 화전지(花箋紙)[693] 한 편(片)을 보내 나에게 시와 문을 지어 주기를 청하였다. 내가 응수하기를,

"바야흐로 중국에 사행 가는 이들은 다 나에게 시문으로 전별해줄 것을 바란다. 나는 대부분 사양하지 않고 반드시 오장육부를 깎아내고 끊여가며 정성을 다해 지어 준다. 이는 진실로 여러분이 나를 인정하여 글을 요구하는 것으로 나의 무능함을 자세히 알지 못해 그런

689) **균천(鈞天)의 음악** : 중국 조정의 음악을 말한다. 춘추시대 진(晉)나라 조간자(趙簡子)가 꿈속에서 천제(天帝)의 거처인 균천에 올라가 천상의 음악을 들었다는 고사에서 유래한 것이다. 《史記 卷43 趙世家》

690) **운한(雲漢)의 문장** : 중국 황제의 조서(詔書)를 가리킨다. 운한은 아름다운 문장, 특히 제왕의 필묵(筆墨)을 비유하는 표현이다.

691) **우리네야 …… 있으리오** : '도주(陶鑄)'는 도공(陶工)처럼 도자기를 빚어내는 조화의 솜씨라는 말인데, 여기서는 황제를 직접 뵙게 될 하은공을 가리킨다. 따라서 하은공이 시종신인 승지로서 임금을 요순(堯舜)처럼 만들기 위해 애쓰고 있는 만큼, 최립과 같은 사람들은 이를 위해 쭉정이와 겨[粃糠]처럼 하찮은 존재가 된다 할지라도 감수해야 하리라는 뜻의 해학적인 표현이다. 《장자》 〈소요유(逍遙遊)〉에 "그분은 먼지와 때 그리고 쭉정이와 겨 같은 것을 가지고도 장차 요순을 빚어낼 수 있는 분인데, 뭣 때문에 외물을 일삼으려고 하겠는가.[是其塵垢粃糠 將猶陶鑄堯舜者也 孰肯以物爲事]"라는 말을 차용한 것이다.

692) **신후(申侯)** : 동지부사로 사신 가는 하은공을 말한다. 후(侯)는 관직에 있는 상대방에 대한 존칭이다.

693) **화전지(花箋紙)** : 시전지(詩箋紙)와 같은 말로, 시나 편지 따위를 쓰는 종이이다.

것은 아니지만, 내가 조금 능한 것이 시문이라 여겨 나에게 글을 요구하는 것을 비루하게 여기지 않기 때문이다. 그러니 내가 구태여 인색하게 굴면서 지니고 있는 바로써 보답하지 않을 수 있겠는가. 비록 그렇다지만 바야흐로 중국에 사행 가는 이들이 한 해에만 대략 십여 명으로, 사람마다 나에게 시문을 지어줄 것을 바란다. 내가 조정에서 벼슬살이한 지 이미 20년인데, 다 같은 일에 대해 다 같은 말로 글을 지어 허다한 청탁에 응하는 일을 거르는 해가 없었다. 이에 생각과 뜻이 다하고 다했으니 어찌해야 할까. 예전에 나는 중원에 가서 어떤 사람이 나귀에 연자방아를 메고 돌게 하는 것을 보았는데, 종일토록 밟고 돈 곳은 모두 전에 밟은 곳이었다. 이제 내가 만일 억지로 글을 써준다면, 나귀가 연자방아를 메고 같은 곳을 뱅뱅 도는 것에 가깝지 않겠는가. 하물며 지금 나라가 국상(國喪)을 당했는데 시를 짓고 말을 구하는 것이 옳겠는가."라고 운운하였다.

그런데 심부름꾼이 다시 청하였고, 또 이러이러하게 말하며 사양하자, 심부름꾼이 또 다시 청하기에 또 이러저러하게 말하며 사양했으니, 이와 같이 한 것이 열 번에 이르렀다. 심부름꾼이 두 번 절하고 말하기를,

"합하께서 비록 시문을 짓는 일을 사양하시지만, 하시는 말씀이 바로 시문인지라 말씀마다 장(章)을 이루고 구절마다 율(律)과 운(韻)을 갖추셨습니다. 그러니 그 말씀을 그대로 화전지에 써 주시면 충분하겠습니다. 다시 무슨 시문을 달라고 하겠습니까." 하였다.

내가 이에 크게 웃고 그의 말대로 적어서 주니, 심부름꾼이 화전지를 품고서 돌아갔다.

冬至使申侯之行也 余病伏私第 申侯走役人來寄花牋一片 索余詩若文 余應之曰 方今使于天朝者 咸望余贐以詩文 余略不辭 必刮胃蕩腑 以盡余悃欵者 誠以諸公所與有索者 非不悉余無能 然謂余稍有所能者詩文 不鄙其索余 余敢自靳之 不報以所有 雖然 方今使于天朝者 歲率十餘人 人求余詩文 余之仕于朝已二十年 以一般事賦一般語 應許多求無虛歲 思竭而意罄 若之何 昔余之中原 見人用驢駕磨 終日旋所踏皆舊跡 今余若强之 不幾於磨驢之踏跡乎 況今國有恤 其可以詩爲仍求 其言曰云云 役人曰請再之 又曰云云 役人曰請三之 又曰云云 如是者十 役人再拜而稱曰 閤下雖辭 爲詩文 言言成章 句句有律有韻 次其說 書此牋足矣 又何以詩文云乎哉 余乃大笑而記其言 役人懷牋而去

蘭舟橫截九龍潭　　목란주[694] 띄워 구룡담을 가로질러 건너가
上馬沙堤淚滿衫　　모랫둑에서 말에 오르자 눈물이 소매 가득해.
一水東西風俗別　　압록강 동쪽과 서쪽으로 풍속이 달라
衣冠言語愧孫三　　의관과 언어가 손삼에게 부끄러웠다오.

-압록강 서쪽 언덕에 예전에 중국인 손삼(孫三)의 집이 있었다.-

-鴨江西岸 舊有華人孫三家-

-右越江-　　-위는 압록강 건넘을 읊은 것이다.-

千載遼陽一柱危　　천 년 전해온 요양의 화표주[695] 우뚝도 한데
山河城郭摠堪悲　　산하와 성곽 모두 못내 구슬픈 마음만.
休言白鶴歸蓬島　　흰 학이 봉래산으로 돌아갔다 말하지 마소
塵世無人識令威　　이 세상엔 정영위를 알아보는 사람 없다오.

-右華表柱-　　-위는 화표주(華表柱)를 읊은 것이다.-

金虎雄威宇宙間　　금호[696]가 우주 사이에서 위세를 떨친 곳
長城隱隱繞胡山　　장성이 성대하게 오랑캐 산을 둘러쌌네.
如今北落天狼晦　　지금 북쪽 밤하늘에 천랑성[697] 어두우니
萬戶笙歌鎭海關　　일만 집의 음악소리 산해관[698] 누르누나.

---

694) **목란주(木蘭舟)** : 원문의 '난주(蘭舟)'는 목란주의 준말로, 심양강(潯陽江)의 목란주(木蘭洲)에서 자라는 목란 나무를 깎아서 만들었다고 하는 배인데, 일반적으로 배의 미칭(美稱)으로 쓰인다.

695) **요양(遼陽)의 화표주(華表柱)** : 한(漢)나라 때 요동(遼東) 사람 정영위(丁令威)가 신선이 되고 나서 천 년 만에 학으로 변해 다시 고향을 찾아 와서는 요동 성문의 화표주(華表柱) 위에 내려앉았는데, 소년 하나가 활을 쏘려 하자 허공으로 날아 올라가 배회하면서 "새여! 새여! 정영위로다. 집 떠난 지 천 년 만에 이제 처음 돌아왔소. 성곽은 의구한데 사람은 모두 바뀌었나니, 신선술 왜 안 배우고 무덤만 이리도 즐비한고.[有鳥有鳥丁令威 去家千年今始歸 城郭如故人民非 何不學仙冢纍纍]"라고 탄식하고는 사라졌다는 고사를 전거로 한 것이다. 《搜神後記 卷1》

696) **금호(金虎)** : 진(秦)나라를 금호라 하였다. 장형(張衡)의 〈동경부(東京賦)〉에 나온다.

697) **천랑성(天狼星)** : 반란이나 전쟁을 상징하는 불길한 별 이름으로, 이 별이 뜨면 오랑캐들이 쳐들어온다고 한다.

698) **산해관(山海關)** : 장성(長城)이 끝나는 곳에 설치된 요해지로 '천하제일관(天下第一關)'으로 일컬어지는데, 하북성(河北省) 임유현(臨楡縣)에 있어 임유관(臨楡關)이라고도 한다. 《경자연행잡지(庚子燕行雜識)》에 "산해관은 영평부(永平府)에 소속되는데 바다와의 거리가 겨우 10리쯤 된다. 지세가 웅위하고 민가

-右長城- -위는 만리장성(萬里長城)을 읊은 것이다.-

千尺高臺碧水濱 일천 척의 누대 푸른 물가에 있는데
清風颯颯起青蘋 솔솔 바람 푸른 마름을 일으키네.[699]
行人再拜夷齊像 행인이 백이숙제 소상(塑像)에 재배하며
淨掃祠堂薦素鱗 사당 깨끗이 청소하고 은빛 생선 올리네.

-右清風臺- -위는 청풍대[700]를 읊은 것이다.-

虎石西頭碧玉流 사호석 서쪽에 푸른 옥 같은 물 흐르고
萬株烟柳覆紅樓 안개 속 만 그루 버들은 홍루를 덮었네.[701]
三春落絮如飛雪 봄날에 버들개지 떨어지니 눈발 날리는 듯한데
何處嬌娘爛熳遊 아리따운 아가씨 어디서 흐드러지게 노니는가.

-右萬柳莊- -위는 만류장[702]을 읊은 것이다.-

가 풍요롭고 아름다우며 백성들이 우아하고 시가가 사치스러워서 심양에 비할 바가 아니다."라고 하였다.

699) **푸른 …… 일으키네** : 푸른 마름꽃의 원문은 '청빈(青蘋)'으로 부평초와 같은 수초(水草)이다. 바람이 불어오는 것을 형용한 말이다. 전국 시대 초나라 송옥(宋玉)의 〈풍부(風賦)〉에 "대저 바람은 땅에서 생겨나는데, 푸른 마름꽃 끝에서부터 움직이기 시작한다.[夫風生于地 起于青蘋之末]"라는 구절에서 인용한 말이다.

700) **청풍대(清風臺)** : 백이(伯夷)·숙제(叔齊)의 유적지에 세워진 누대(樓臺) 이름으로, 영평부(永平府)에 있다. 청(清)나라 설복성(薛福成)의 《용암필기(庸盦筆記)》 〈일문(軼聞)·고죽고송(孤竹古松)〉에 "옛 고죽성은 영평부 난하(灤河) 서쪽 언덕에 있는데, 산 위에는 백이·숙제의 사당인 이제묘(夷齊廟)가 있고 사당 앞에는 청풍대가 있으며, 아래로 난수를 내려다보면 거울처럼 맑게 빛난다.[古孤竹城, 在永平府大灤河西岸 山上有夷齊廟 廟前有清風臺 下望灤水 晶瑩如鏡]"라고 하였다.

701) **사호석(射虎石) … 덮었네** : '사호석(射虎石)'은 한(漢)나라 명장 이광이 우북평태수(右北平太守)로 있을 때 사냥을 나갔다가 호랑이를 보고 활을 쏘아 명중시켰는데, 나중에 확인해 보니 큰 바윗돌 속에 화살이 박혀 있었다는 고사가 있다. '홍루(紅樓)'는 기생집을 말한다. 유몽인의 《어우집(於于集)》 〈연경으로 가는 길에 유람할 만한 곳을 기록하여 동지부사로 떠나는 참지 윤가회를 전송하다[燕京沿路可遊者記送冬至副使尹可晦參知]〉에 "영평부에 이르면 만류장으로 들어가게 되는데 … 유(柳)는 아래로 늘어지고 양(楊)은 위로 날리는데 긴 강을 에워싸면서 만 그루 정도가 있다. 아래에는 모두 평평한 모래사장이고 풀 한 포기 없다. 2, 3칸의 화당(畫堂)이 강을 굽어보며 만 그루의 버들에 둘러싸여 있다. 그 남쪽에는 호랑이가 엎드린 듯한 돌덩어리 하나가 있는데 옛날 이광 장군이 화살을 쏘아 깊이 박았으니 지금도 화살이 꽂힌 흔적이 있다."라고 하였다.

702) **만류장(萬柳莊)** : 홍려승(鴻臚丞) 이원(李瑗)이 은퇴하여 노년을 보낸 별장 이름으로, 영평부(永平府) 동문 밖에 있다. 유몽인이 영평부(永平府) 만류장(萬柳庄)을 지나면서 16운(韻)의 시를 지었는데 중국

盧龍塞外野黏天　노룡 변방[703] 바깥 들판 하늘에 잇닿았고
拂地垂楊惹翠煙　땅을 스치는 수양버들 푸른 안개 피어나네.
綺幕廻連三百里　비단 장막 아득히 삼백 리 이어지는데
征袍六月欲裝綿　나그네 도포에는 유월에도 솜을 넣겠네.
-右薊柳煙-　-위는 계문(薊門)의 버들 연무를 읊은 것이다.-

鳳城宮闕鬱沈沈　봉성의 궁궐 온통 침침하기만 한데
玉柱虹橋禁木深　옥기둥 무지개다리에 황궁 숲 우거졌네.
海色欲分馴象舞　바다 빛 밝아오자 순상[704]이 춤추고
大明庭外散貂金　대명전 밖으로 초금[705]들 흩어지네.
-右免朝-　-위는 조례를 면한 일[706]을 읊은 것이다.-

琉璃壇上碧珠簾　유리 제단 위에 푸른 주렴 드리웠고
天外徘徊鏡出奩　대궐 밖 배회하니 거울처럼 환하고야.
却訝此身登化國　이 몸이 신선의 나라에 오른 것이 아닐까
紫都雲物聳觀瞻　화려한 황경(皇京)의 문물 놀라워 바라본다.
-右天壇-　-위는 천단(天壇)[707]을 읊은 것이다.-

인들이 칭찬하며 현판에 새겼던 일이 있다.

703) **노룡 변방** : 중국의 요서(遼西) 지방, 곧 난하(灤河)와 대릉하(大凌河) 사이에 있는 노룡현(盧龍縣)을 이른다.《史記 卷61 伯夷列傳》

704) **순상(馴象)** : 길들인 코끼리로, 황제가 거둥할 때 갖추는 물건의 하나이다. 명(明)나라 때 코끼리를 조회 때 배치하거나 연(輦)을 끌고 보물을 싣는 등의 일을 할 수 있도록 하였다.《明史 卷76 職官志5》

705) **초금(貂金)** : 고관의 관(冠)에 꾸민 화려한 장식으로, 보통 시종신(侍從臣) 등의 근신을 비유할 때 쓰는 말이다.

706) **조례를 면한 일** : 황상(皇上)이 조회를 보지 않은 일을 이른다. 황상이 비록 조회를 보지 않아도 신료들은 조회 볼 때와 마찬가지로 모두 모여 대정(大庭)의 동서 반열에 가득 차게 되는데, 어로(御路)에는 오르지 않고 다섯 번 절하고 세 번 머리를 조아린 후 물러나 흩어진다.

707) **천단(天壇)** : 천자가 하늘에 제사하던 제단(祭壇)으로, 북경의 정양문(正陽門) 밖에 있으며 명나라 가정(嘉靖) 연간에 건립하였는데, 3층의 원추형이며 흰 돌과 파란 유리로 되어있다. 환구(圜丘)라고도 한다.

昔年簫管會同筵	예전에 회동관[708]에서 풍악 소리 울렸으니
雨露流恩落九天	우로 같은 황은(皇恩)이 하늘에서 떨어졌네.
玉箸金盃那忍銜	옥 젓가락과 금 술잔 어찌 차마 입에 대랴
白衣虛館淚如泉	텅 빈 객관 상복 차림에 눈물이 샘솟았다오.[709]
-右免宴-	-위는 연회를 면한 일[710]을 읊은 것이다.-

楚國青蠅點白珩	쉬파리[711]가 초나라 백형[712]을 더럽힌데
草玄終歲閉柴荊	태현경 초하느라[713] 일 년 내내 문 닫고 지냈네.
迢迢征旆燕山路	아스라이 연경으로 떠나는 행차
尊酒還孤萬里行	만 리 길인데 한 잔 술도 못하는구려.
-右別懷-	-위는 이별의 회포를 읊은 것이다.-

《어우집 후집(於于集後集)》

708) **회동관(會同館)** : 북경(北京)에 간 외국 사신이 묵는 공관(公館). 주대(周代)에 시작되었고, 명대(明代) 초기에는 남경(南京)의 공관을 이 이름으로 고쳤으며, 수도를 북경으로 옮기고서 또 회동관을 두었다.

709) **상복 …… 샘솟았다오** : 국상(國喪)으로 연회를 면한 일을 가리킨다.

710) **연회를 면한 일** : 1609년(광해군 1) 유몽인이 성절 겸 사은사로 북경에 도착하였는데, 선조의 승하(1608)로 인해 국상 중이라 명나라 조정에서 개최한 연례에 참석할 수 없음을 예부(禮部)에 고하여 연향을 면하게 된 일을 가리킨 듯하다.

711) **쉬파리** : 참소하는 간신을 뜻한다. 《시경》〈청승(青蠅)〉에 "앵앵거리는 쉬파리여, 울타리에 앉았도다. 개제(豈弟)한 군자는 참소하는 말을 믿지 말지어다.[營營青蠅 止于樊 豈弟君子 無信讒言]"라는 구절에서 인용한 말이다.

712) **초나라 백형(白珩)** : 초나라의 귀한 보물인데, 여기서는 훌륭한 인재를 말한다. 전국 시대 초(楚)나라의 대부(大夫) 왕손어(王孫圉)가 진(晉)나라에 사신으로 갔을 때, 조간자(趙簡子)가 "초나라의 보배인 백형은 아직도 있는가?" 하고 묻자, 왕손어가 "그것은 보배가 아닙니다. 우리 초나라에서 보배로 삼는 것은 관석보(觀射父) 등 임금을 도와 정사를 하는 어진 이들입니다."라고 말한 구절에서 인용하였다. 《國語 楚語》

713) **태현경(太玄經) 초하느라** : 한(漢)나라의 양웅(揚雄)이 세상 욕심을 모두 잊고 담박하게 경전에 침잠하여 《태현경(太玄經)》을 저술한 것을 말한다. 여기서는 세상 사람들의 평판은 아랑곳하지 않고 고전의 세계에 침잠하여 저술에 힘쓴다는 말이다.

평해의 잔치자리에서 취중에 자리한 여러 사람에게 주다[714]
平海宴席 醉贈坐中諸人

노경임(盧景任)[715]

평해군수 신계수 설(渫) 영공은 나의 정다운 친구이다. 그의 둘째아들 득유(得游)가 등제(登第)한 것을 축하하는 잔치를 열었다. 내가 노친(老親)을 모시고 집사람을 데리고 참석하였는데, 영덕(盈德) 수령 민경기(閔慶基)와 울진(蔚珍) 수령 한우신(韓禹臣)도 함께 모였다. 취중에 시를 지어 이들에게 주었다.

郡守申季收渫令公 乃余情友也 其仲子得游登第設宴 余奉老親 携室人 往赴 盈德倅閔慶基蔚珍倅韓禹臣亦會 醉中作詩以贈之

今夕箕城會　　오늘 평해의 잔치자리에 모이니
榮光耀四隣　　영광이 사방 이웃에까지 빛나네.
紫庭恩唱後　　자정[716]에서 성은(聖恩)을 노래하였고
琴閣慶筵新　　금각[717]에서 새로운 경사 자리 열었구려.
海闊天無際　　바다 드넓으니 하늘은 끝이 없고
亭高日可親　　정자 높으니 햇살도 정다워라.
午陰雲半解　　한낮이 되자 검은 구름 반쯤 걷히니
花竹伴歸賓　　대나무와 꽃들이 돌아가는 손님을 짝하네.

來訪箕城館　　기성[718]의 공관을 찾았다가
仍登郡北樓　　이어서 군의 북쪽 누대 오르네.

---

714) 이 시는 1610년(광해군 2) 하은공의 차남 득유(得游)가 문과에 급제한 당시의 시로 보인다.

715) **노경임(盧景任, 1569~1620)** : 본관은 안강(安康), 자는 홍중(弘仲), 호는 경암(敬菴)으로, 장현광(張顯光)과 류성룡(柳成龍)의 문하에서 수학하였다. 지영해부사·성주목사 등을 역임한 문신이다. 저서로 《경암집》이 있다.

716) **자정(紫庭)** : 임금의 뜰. 곧 대궐을 이른다.

717) **금각(琴閣)** : 수령이 정사하는 곳을 말하는데 금당(琴堂)이라고도 한다. 옛날 공자의 제자인 복자천(宓子賤)이라는 어진 수령이 선보(單父)라는 고을을 다스릴 적에 거문고를 타면서 마루 아래에 내려온 일이 없었으나 잘 다스려졌다는 고사에서 유래한 말이다. 《呂氏春秋 卷21 察賢》

718) **기성(箕城)** : 평해군(平海郡)의 이칭이다.

海汀瓊樹暮　　바닷가 옥 같은 나무 너머로 날 저물어가고
仙界碧瑭秋　　신선 사는 이곳의 푸른 못은 가을을 맞았네.
鳳去亭猶古　　봉황이 떠났어도 정자는 옛 그대로이고
雲開山更幽　　구름이 트이자 산 더욱 그윽해지네.
一杯高興盡　　한 잔 한 잔에 그대 흥취 다했을 터이니
扶醉向芳洲　　취한 몸 가눠가며 향기로운 물가로 향하네.

《경암선생문집(敬菴先生文集)》

김제군수 신계수를 보내며[719)]
送申金堤季收

이호민(李好閔)

世味闌珊覺漸酸　　세상맛 시들해져 점점 쓰디쓴데
扁舟長憶五湖寬　　오호에 조각배 띄웠단 일 떠올리네.[720)]
鴟夷未判千金産　　치이처럼 천금의 재산[721)] 마련치 못했으니
葛令宜求九轉丹　　갈홍과 같이 구전단[722)]이나 구해야겠네.
北漢秋風吹袖闊　　북한산 가을바람 너른 옷소매에 불어대고

719) 이 시는 하은공이 1613년(광해군 5) 김제군수로 나갈 당시의 전별시로 보인다.

720) 오호(五湖)에 …… 떠올리네 : 춘추시대 월(越)나라 대부(大夫) 범려(范蠡)가 월왕(越王) 구천(句踐)을 위하여 오(吳)나라를 멸망시키고는 즉시 일엽편주를 오호(五湖)에 띄워 타고 떠나 버렸다는 고사가 《사기》 권41 〈월왕구천세가(越王句踐世家)〉에 나온다. 전하여 자신이 은퇴할 것을 의미한다.

721) 치이(鴟夷)처럼 …… 재산 : '치이'는 범려(范蠡)의 별칭인 치이자피(鴟夷子皮)의 준말로, 범여는 월왕 구천을 섬겨서 오(吳)를 멸망시킨 후에, 제(齊)에 가서 성명을 치이자피로 바꾸고 재산을 수천만 금이나 모았다. 제나라에서, 그가 어질다는 말을 듣고 정승으로 삼고자 하자, 그는 다시 재물을 다 흩어버리고 도(陶) 지방에 가서 스스로 도주공(陶朱公)이라 이름하고, 농목(農牧)과 무역으로 또 거만의 부(富)를 이루고 살다 도에서 죽었다 한다.

722) 갈홍(葛洪)과 …… 구전단(九轉丹) : '갈홍'은 진(晉)나라 사람으로 연단술(鍊丹術)을 익혀서 신선이 되었다고 하여 갈선(葛仙)이라고도 한다. '구전단'은 단사(丹砂)를 아홉 번 제련(製鍊)해서 만든다는 도가(道家)의 선약(仙藥)으로 이것을 복용하면 신선이 되어 장생불사(長生不死)한다고 한다. 《晉書 卷72 葛洪列傳》

南堤煙水繞樓寒	김제의 이내 어린 물은 찬 누각 감고 흐르리.
塵中自笑延陵老	우스워라 홍진 속의 연릉 늙은이[723]
白首何爲尙據鞍	백발로 무엇 하려 안장에 걸터앉아 있는고.

《오봉선생집(五峯先生集)》

723) 연릉(延陵) 늙은이 : 연릉부원군(延陵府院君)인 이호민 자신을 지칭한 것이다.

서序

《오복통고》에 대한 서문 신유년(1681, 숙종 7) 3월 상현일
五服通考序 重光作噩嘉月上弦夕

허목(許穆)[724]

광평(廣平) 신 사군(申使君 신설(申渫))이 사람을 보내 《오복통고》 9권을 보내왔는데, 본종복[725]으로부터 삼상,[726] 삼부,[727] 팔모,[728] 외친(外親), 출계(出繼), 출가(出嫁) 및 처가 지아비의 족당을 위한 복, 첩이 주인의 족당을 위한 복, 임금이 신하를 위한 복, 신하가 임금을 위한 복, 임금의 종족이 임금을 위한 복에까지 이르렀고, 또 오복 외에 5세에 단문하는 복,[729]

---

724) 허목(許穆, 1595~1682) : 본관은 양천(陽川), 자는 문보(文甫)·화보(和甫), 호는 미수(眉叟), 시호는 문정(文正)이다. 장령·이조참판·이조판서 등을 거치고 우의정에 올랐다. 1680년 경신환국(庚申換局)으로 남인이 실각할 때 관직을 삭탈당하고 학문과 후진양성에 몰두하였다. 사상적으로 퇴계 이황, 정한강의 학통을 이어받아 이익(李瀷)에게 전하여 기호 남인의 선구이자 남인 실학파의 기반이 되었다. 저서에 문집인 《기언(記言)》, 역사서인 《동사(東事)》 등이 있다.

725) 본종복(本宗服) : 자기를 중심으로 위로는 고조까지, 아래로는 현손(玄孫)까지, 옆으로는 삼종형제와 삼종자매까지, 즉 참최복부터 시마복까지 다섯 가지 정복(正服)을 입는 사람을 통틀어 본종이라고 한다. 《家禮 喪禮 本宗五服之圖》

726) 삼상(三殤) : 16세 이상 19세 이하에 죽은 것은 장상(長殤)이 되고, 12세 이상 15세 이하에 죽은 것은 중상(中殤)이 되고, 8세 이상 11세 이하에 죽은 것은 하상(下殤)이 되고, 7세 이하는 복(服)이 없고, 태어난 지 3개월이 되지 못했을 경우는 상(殤)이 되지 못한다. 《儀禮 喪服》

727) 삼부(三父) : 개가(改嫁)한 어머니의 남편 즉 의붓아버지로서 동거한 자, 개가한 어머니의 남편 즉 의붓아버지로서 동거하지 않은 자, 그리고 계모(繼母)가 또 개가하여 관계가 이루어진 의붓아버지를 가리킨다. 《讀禮通考 卷3 三父八母服圖》

728) 팔모(八母) : 첩의 자식이 아버지의 정실(正室)을 지칭하는 적모(嫡母), 아버지의 둘째 부인인 계모(繼母), 아들이 있는 아버지의 첩인 서모(庶母), 어머니가 없는 서자인 자기를 아버지가 다른 첩에게 기르도록 명하여 자기를 길러준 자모(慈母), 어려서 젖을 먹여준 유모(乳母), 동종(同宗) 또는 3세 이전에 버려진 자기를 길러준 양모(養母), 아버지에게 쫓겨난 출모(出母), 아버지가 죽은 뒤에 재가(再嫁)한 가모(嫁母)를 가리킨다. 《家禮 三父八母服制之圖》

729) 5세에 단문(袒免)하는 복 : 자기를 중심으로 삼종형제 즉 동고조(同高祖) 8촌까지가 본종(本宗)으로서 시마(緦麻) 3개월 복을 입고, 증고조의 자식 즉 고조의 형제 이하가 5세로서 이들에 대해서는 정복(正服)인 시마를 입을 수 없고, 단지 왼쪽 소매를 벗어 팔뚝을 드러내고[袒], 갓을 벗고 좁은 삼베로 머리를 묶어[免] 슬픔을 표시할 뿐이며, 6세가 되면 단문마저 하지 않는다. 《禮記 大傳》

한솥밥을 먹은 사우(師友) 간의 복, 관사(官師 고시관(考試官))와 거주(擧主)에 대한 복, 개장(改葬)할 때의 복 등 그 복이 31가지나 되었다. 이 책은 광평의 전대(前代) 사구공[730]이 지은 것으로 널리 보고 예를 숭상하였으니 백대에 길이 전해질 책이라고 할 만하다. 이 책이 세상에 나오지 않고 그 집안에 보관되어 온 지가 지금 4세 60년이 되었는데, 내가 늦게야 보게 된 것이 한스럽다. 지금 간행하려 하면서 나에게 물어서 한마디 말을 하여 그 일을 서술해 주기 바라니, 이를 어찌 그만둘 수 있겠는가. 내가 비록 매우 늙었지만 감히 승낙하지 않을 수 있겠는가.

옛날 하(夏)나라의 예와 은(殷)나라의 예가 공자 때에 이미 갖추어 전해지지 않아서 기(杞)와 송(宋)이 증거를 대지 못했고,[731] 주(周)나라의 예 또한 주나라가 쇠하면서 크게 무너졌다. 그러나 유문(遺文)이 그래도 남아 있었는데, 진(秦)나라 때에 이르러서 남김없이 불태워졌다. 한(漢)나라가 일어나 잃어버린 서적을 조금 찾아서, 고당생(高堂生) 이후로 왕사씨(王史氏), 후창(后倉), 대대(大戴), 소대(小戴)가 있어 전술(傳述)한 것이 점차 갖추어졌다. 왕망(王莽) 때에 유흠(劉歆)이 주관경(周官經)을 세웠고, 그 후에 두자춘(杜子春), 정흥(鄭興), 정현(鄭玄), 왕숙(王肅), 우가(于賈) 등이 《주관고해(周官詁解)》를 지어 제경(諸經)의 주소(註疏)를 전수하였다. 또 《정관례(貞觀禮)》, 《개원례(開元禮)》, 《통전(通典)》, 《회전(會典)》과 송대(宋代)에 저술된 다섯 현인의 예설(禮說), 주자의 《가례(家禮)》 등 여러 책들이 있으니, 《주자대전》에 "경문(經文)에 비록 빠져 있으나 반드시 후인을 기다려야 한다."[732]라고 한 말이 참으로 맞다. 위의가 삼백 가지이고 예의(禮儀)가 삼천 가지이며,[733] 또한 죽은 이를 장송하고 슬퍼하는 것보다 중대한 일이 없다. 상복의 중요함과 친한 이를 친히 대하고 존귀한 이를 존경하고 어른을 어른으로 대접하는 차서와 남녀의 분별은 인도(人道)의 큰 예절이다.

---

730) **사구공(司寇公)** : 하은공의 증조인 승지공 신광윤(申光潤)을 가리킨다.

731) **옛날 …… 못했고** : 공자가 이르기를 "하나라의 예를 내가 말할 수 있지만 기(杞)나라가 증거를 대주지 못하고, 은나라의 예를 내가 말할 수 있지만 송나라가 증거를 대주지 못하는 것은 문헌이 부족하기 때문이다." 하였는데, 주자의 주에 "기는 하나라의 후예이고, 송은 은나라의 후예이다." 하였다. 《論語 八佾》

732) **주자대전(朱子大全)에 …… 한다** : 저본의 '大傳(대전)'의 '傳(전)'은 '全(전)'의 오자이므로 바로잡았다. 《회암집(晦庵集)》 권14 〈서주고후(書奏藁後)〉에 "예경의 글은 참으로 궐략이 있으니 후인을 기다릴 부분이 없지 않다.[禮經之文 誠有闕略 不無待於後人]"라고 되어 있다.

733) **위의(威儀)가 …… 삼천 가지이며** : 《중용》에서 자사가 한 말인데, 주자는 주에서 "위의는 경례(經禮)이고, 예의는 곡례(曲禮)이다." 하였다. 경례는 관혼상제(冠婚喪祭) 같은 예의 큰 절목이고, 곡례는 경례를 진행하는 과정에서 행해지는 승강(昇降)이나 진퇴(進退) 같은 작은 절목이다.

이에 대한 역대의 연혁과 득실이 더욱 상세하게 되어 있으니 매우 좋다. 예에 존비(尊卑)와 경중(輕重)과 압존(壓尊)되어 강복하는 것과 풍후하게 하고 줄여서 하는 절도가 있으니, 이것이 없으면 어지럽게 된다. 도(道)의 성쇠에 따라 세상의 치란이 달려 있으니, 예가 행해지면 세상이 다스려지고, 예가 행해지지 않으면 세상이 어지럽게 되며, 예가 망하면 세상이 망하게 된다는 것은 이것을 두고 하는 말이니, 중요한 일이라고 아니할 수 있겠는가. 비록 고사에 해박하고 예를 좋아하는 선비라 하더라도 예서(禮書)가 너무나 많고 또 각종 전기(傳記)에 뒤섞여 나오므로 두루 보아서 모두 알 수는 없게 되었다. 또 예가 무너진 지 오래되어 고증할 곳이 없는데, 지금 이 책은 널리 상고하고 두루 살펴 빠짐없이 편집해 넣었으니, 위로는 천자·제후·기공(寄公)·구군(舊君)에서부터 경·대부·사·서인의 예에 이르기까지 모두 극진하게 갖추어져 있으므로 백대에 길이 전해질 책이라고 이르는 것이다.

《기언(記言)·속집(續集)》

廣平申使君 專示五服通考九卷 自本宗服以至三殤三父八母外親出繼出嫁 妻爲夫黨 妾爲主族 君爲臣 臣爲君 君之宗族爲君服 又五服之外 五世袒免 同爨師友 官師擧主 改葬 其服三十一 廣平 前代司寇公所著者也 博覽崇禮 可謂百代之書 此書不出 藏於家 至今四世六十年 老人恨得見之晩也 今將刊行 問於老人 欲一言敍其事 此何可已也 老人雖甚耄 敢不諾 昔夏殷之禮 孔子時已不具 不足徵於杞宋 而成周之禮 亦周衰大壞 然遺文猶在 至秦則又焚滅無餘 漢興 稍求亡書 自高堂生後 有王史氏后倉大戴小戴所傳述浸備 莽時 劉歆立周官經 其後杜子春鄭興鄭玄王肅于賈之徒 作周官詁解傳授諸經註疏 又如貞觀開元之禮 通典, 會典 宋制, 五賢人禮說 朱子家禮諸書 大傳所謂經文雖缺 必有待於後人者 信矣 威儀三百 禮儀三千 且莫重於送終哀死之節 若喪服之重 親親尊尊長長之序 男女之別 人道之大者 歷代沿革得失尤詳 甚善甚善 禮有尊卑輕重 厭降隆殺之節焉 無此則亂矣 道之汚隆 世之治亂係焉 禮治則治 禮亂則亂 禮亡則亡 此之謂也 顧不重歟 雖有博古好禮之士 禮書汗漫 又雜出於傳記 不能遍觀而盡識 且禮廢久矣 無所考證 今此之書旣博考通覽編數無遺 上自天子諸侯寄公舊君 以及卿大夫士庶人之禮盡矣 故稱之曰百代之書 重光作噩嘉月上弦夕

상량문上樑文

봉계서원 상량문[734]
鳳溪書院上樑文

박징희(朴徵曦)

다음과 같이 기술한다. 낙가산(洛迦山)의 남쪽 등성이의, 속리산(俗離山) 서편 기슭. 산천이 깨끗하고 맑으니, 인걸은 땅의 신령스러움에서 나옴을 증험할 수 있고,[735] 선비들이 서원에서 학문을 닦으니,[736] 인자와 현자에게 서원에서 향례를 행함이 진실로 합당하도다. 이름난 곳으로 한 고을에서 제일의 승지이니, 하늘이 어찌 끝내 아껴 감춰둘 수 있으리오. 성대한 덕은 백세의 사표가 되니, 이 일을 기다리고 있었던 듯하도다. 이에 좋은 송축[737]을 진술하여 긴 들보를 들어 올리는 일을 돕는도다.

생각건대 우리 동강 선생[738]께서는 칠봉[739]의 명성있는 집안이요 남명[740] 문하의 제자로

---

734) 이 글은 동강(東岡) 김우옹(金宇顒, 1540~1603)을 주향(主享)으로 하고, 하은(霞隱) 신용(申涌, 1560~1631)과 종산(鍾山) 신집(申潗, 1623~1688)을 병향(並享)한 봉계서원의 상량문이다. 1701년(숙종 27) 10월 진사 박징희(朴徵曦)가 짓고, 유학 윤자경(尹自警)이 썼다. 《열읍원우사적(列邑院宇事蹟)》 〈충청도〉 편에 실려 있다.

735) 인걸은 …… 있고 : 당나라 왕발(王勃)의 〈등왕각서(滕王閣序)〉에 "걸출한 인물이 나오는 것은 그 땅이 신령스럽기 때문이다.[人傑地靈]"라고 보인다.

736) 서원에서 …… 닦으니 : 원문의 '장수(藏修)'는 항상 학문을 닦아 게을리 하지 않는 것을 말하는데, 후세에는 서당이나 서원을 장수하는 장소라고 칭하였다.

737) 좋은 송축 : 원문의 '선송(善頌)'은, 진(晉)나라 헌문자(獻文子)가 집을 짓자 이를 축하하기 위해 찾아간 대부들 가운데 장로(張老)가 송축을 하고 이에 응수하여 헌문자가 기원한 것을 두고, 군자가 "송축도 잘했고 기원도 잘 했다.[善頌善禱]"라고 한 데서 온 말이다.

738) 동강(東岡) 선생 : 김우옹(金宇顒)으로 본관은 의성(義城), 자는 숙부(肅夫), 호는 동강(東岡)·직봉포의(直峰布衣)이다. 아버지는 삼척부사 김희삼(金希參)이다. 조식(曺植)의 문인이다. 병조참판·예조참판·이조참판 등을 역임한 문신이자 학자로 시호는 문정(文貞)이다.

739) 칠봉(七峰) : 동강 김우옹의 부친 김희삼(1507~1560)의 호이다.

740) 남명(南冥) : 조식(曺植, 1501~1572)의 호로, 본관은 창녕(昌寧), 자는 건중(楗仲), 시호는 문정(文貞)이다. 이황(李滉)과 더불어 영남 사림의 지도자 역할을 하였다. 저술로 《남명집》이 있다.

다. 의리를 지키는 즐거움을 일찍 깨달아 장구에 구속되는 선비[741]됨을 부끄러워하셨고, 홀로 뇌천이란 글씨를 얻어[742] 실로 격물치지[743]의 요결을 계승하셨도다. 퇴로[744]의 문하에 나아가 못 들었던 가르침을 더욱 익히셨고, 회옹[745]의 끊어진 맥을 잇도록 배운 것이 우리 유가의 학문이었도다. 얼마 후 계적[746]에 오르셨으니, 의당 포부를 펼치시길 기대하였고, 곧바로 옥당[747]에 들어가시니, 얼마나 계옥[748]의 보탬이 많으셨습니까. 바른 의리[749]를 부지하여 풍속을 바로잡으시니 시비가 이미 판명되었고, 억울함을 풀어주면서 사특한 것을 배척하시니 논의가 더욱 확고하셨도다. 돌아보건대 이곳 정좌의 마을은 곧 만년에 은거하셨던[750] 향촌이로다. 고목과 황폐한 터는 몇 번이나 지나는 여행객들이 손가락으로 가리킴에 들어왔고, 선생의 훌륭한 유풍과 여운은 아직도 사림들의 감탄을 자아내게 하는 도다.

생각건대 우리 하은(霞隱) 선생께서는 규장[751]의 아름다운 의표에 학문의 연원은 정통을

---

741) **장구(章句)에 …… 선비** : 경전의 장(章)과 구(句)를 나누고 따질 줄만 알 뿐 대의(大義)는 통달하지 못하는 소유(小儒)를 말한다.

742) **뇌천(雷天)이란 …… 얻어** : 동강 김우옹이 24세 때인 1563년(명종 18)에 조식(曺植)의 외손녀인 상주김씨(尙州金氏)에게 장가들고 그해에 조식의 문하에서 수학하였는데, 이때 조식이 그에게 당부하기를, "서리 속에서도 푸른 소나무와 눈 속에서도 시들지 않는 측백나무의 기상을 네가 배우기를 바란다." 하고, 또 정대하고 씩씩하다는 뜻이 담긴 《주역》 〈대장괘(大壯卦)〉의 '뇌천(雷天)' 두 글자를 써서 주며 그 의미를 배우도록 한 것을 말한다. 《東岡集 卷16 祭南冥曺先生文, 附錄 卷4 年譜》

743) **격물치지(格物致知)** : 《대학장구(大學章句)》 〈경 1장〉의 '격물(格物)과 치지(致知)'로, 사물의 이치를 끝까지 연구하여 자신의 앎을 지극히 하는 것을 이른다.

744) **퇴로(退老)** : 퇴계 이황을 높여 부른 말이다.

745) **회옹(晦翁)** : 주자(朱子)를 가리킨 것으로 호가 회암(晦菴)이기 때문에 옹(翁)을 붙여 높인 것이다.

746) **계적(桂籍)** : 계방(桂坊)의 명부. 문과에 급제한 사람들의 명단을 적어 놓는 책을 말한다. 옛날에 문과에 급제한 자에게 월계관(月桂冠)을 씌워주고 또 급제한 자들을 "계수나무를 꺾었다."라고 한 데에서 계적이라 하였다.

747) **옥당(玉堂)** : 홍문관(弘文館)을 화려한 벼슬이란 뜻으로 옥당(玉堂)이라 한다.

748) **계옥(啓沃)** : 선도(善道)를 개진하여 임금을 인도하고 보좌한다는 뜻이다. 《서경》 〈열명 상(說命上)〉에 은(殷)나라 고종(高宗)이 부열(傅說)에게 "그대의 마음을 열어 나의 마음을 적셔라.[啓乃心 沃朕心]"라고 한 데서 유래한 말이다.

749) **바른 의리** : 원문 '정의(正誼)'는 의리를 바르게 한다는 뜻인데, 《한서(漢書)》 권56 〈동중서전(董仲舒傳)〉에 "인인(仁人)은 정의를 바르게 하고 이익을 꾀하지 않으며, 도를 밝히고 공을 헤아리지 않는다.[仁人正誼不謀利 明道不計功]"라고 하였다. 원문의 '誼(의)'는 '義(의)'와 통한다.

750) **은거하셨던** : 원문 '비지(賁趾)'는 군자다운 덕을 가지고 있으면서 높은 자리에 나아가지 않고 초야에 묻혀 자신의 행실을 닦았다는 의미이다. 《주역》 〈비괘(賁卦) 초구(初九)〉에 "발을 꾸밈이니, 수레를 버리고 걸어간다.[賁其趾 舍車而徒]" 하였는데, 그 상(象)에 "수레를 버리고 걸어가는 것은 의리상 수레를 탈 수 없어서이다.[舍車而徒 義弗乘也]"라고 하였다.

751) **규장(珪璋)** : 고대 조빙(朝聘)에 사용하는 옥으로 만든 매우 귀중한 예기(禮器)로, 매우 고아한 인품에

이었도다. 어린 나이 때부터 이미 학문하는 방도를 아셨고, 번거롭게 제시[752]하지 않아도 궁리의 경지에 이르셨도다. 하학하여 상달하는 가르침[753]을 밥 먹는 순간에도 어기지 않으셨고, 마음을 바루고 뜻을 성실히 하는 공부[754]가 물을 담아도 새지 않은 듯하셨도다. 형제간에 화락한 정을 나누시어 형님 졸재(拙齋)를 모셨고, 성리를 깊이 연구하심은 이천의 지기[755]와 같으셨도다. 삼천 삼백[756]의 심오한 예설(禮說)을 이미 매우 세밀하게 밝히셨고, 《상례통재(喪禮通載)》·《오복통고(五服通考)》의 찬술은 더욱 일상생활에 공효가 있도다. 소년에 문과에 급제하사 현달한 관직을 가장 많이 역임하셨고, 스스로 강직함[757]을 맹세하사 청탁(淸濁)의 분별이 크게 드러났도다. 이윽고 묵정(墨井)으로 초복[758]의 뜻 이루니 용이 낙수(洛

비유된다. 《시경》 〈권아(卷阿)〉에 "존귀하고 엄숙하며, 규와 같고 장과 같네. 아름다운 명망이 있는지라, 개제한 군자를 사방이 기강으로 삼네.[顒顒卬卬 如圭如璋 令聞令望 豈弟君子 四方爲綱]"라고 하였다.

752) **제시(提撕)** : 가르쳐 인도해줌. 곧 선진(先進)이 후진(後進)을 가르쳐 인도해 줌을 말한다.

753) **하학(下學)하여 상달(上達)하는 가르침** : 아래로 인간의 일을 배우고 위로 천리를 통달하는 가르침. 《논어》 〈헌문(憲問)〉에 공자께서 말씀하기를 "하늘을 원망하지 않고, 다른 사람을 탓하지 않으며, 아래로 인사(人事)를 배워 위로 천리(天理)를 통달하노니, 나를 알아주는 자는 오직 하늘이다.[子曰 不怨天不尤人 下學而上達 知我者 其天乎]"라 하였고, 이에 대한 집주에 "배우는 자들은 모름지기 하학상달의 말씀을 지켜야 할 것이니, 이것이 바로 학문의 요체(要諦)이다. 무릇 아래로 인간의 일을 배우면 곧 위로 천리를 통달하게 된다. 그러나 익히기만 하고 살피지 않으면 또한 위로 통달할 수 없는 것이다.[學者須守下學上達之語 乃學之要 蓋凡下學人事 便是上達天理 然習而不察 則亦不能以上達矣]"라는 정자의 말씀이 보인다.

754) **마음을 …… 공부** : 원문 '정심성의(正心誠意)'는 《대학》의 〈경(經) 1장 팔조목(八條目)〉에 "마음을 바루고자 하는 사람은 먼저 뜻을 성실하게 하고[欲正其心者 先誠其意]"라는 구절을 이른다. 또한 '성의(誠意)'에 대해 해석한 전(傳) 6장을 '성의장', '정심(正心)'에 대해 해석한 전 7장을 '정심장'이라고 칭한다. 주자는 정심성의(正心誠意)의 공부를 근본으로 삼았다.

755) **이천(伊川)의 지기(知己)** : 이천(伊川)은 북송의 이학가(理學家)이자 교육가인 정이(程頤)를 이르며, 지기(知己)는 자신을 알아주는 사람으로 이천의 형인 명도(明道) 정호(程顥)를 가리킨 것이다.

756) **삼천 삼백(三千三百)** : 《예기》 〈예기(禮器)〉에 "위의(威儀)가 삼천 가지이고, 예의(禮儀)가 삼백 가지이다."라고 했는데, 곧 예의의 기본 조목과 세부 항목이 많은 것을 총괄한 말이다.

757) **강직함** : 원문 '강장(剛腸)'은 철석같이 강한 간장이란 뜻으로 곧 강직한 심지를 이른다. 죽림칠현(竹林七賢)의 한 사람인 혜강(嵇康)이 산도(山濤)에게 보낸 〈여산거원서(與山巨源書)〉에 "강직한 성정이라 악을 미워하며 경솔하고 방자하여 직언을 서슴지 않았다.[剛腸疾惡 輕肆直言]" 하였으며, 두보(杜甫)는 〈장유(壯遊)〉에서 자신의 성격을 묘사하며 "성정이 호탕하여 술 좋아하는 것을 업으로 삼고, 악을 미워하여 강장을 품었어라.[性豪業嗜酒 嫉惡懷剛腸]"라고 하였다.

758) **초복(初服)** : 벼슬하기 전에 입던 옷이라는 뜻으로, 벼슬을 떠나 처음에 살던 곳으로 돌아가 은거함을 비유할 때 쓰는 말이다. 굴원(屈原)이 지은 〈이소(離騷)〉의 "물러가 다시 나의 초복을 손질하리.[退將復修吾初服]"라는 구절에서 유래하였다.

水)에 누운 듯하였고,[759] 마침내 청편[760]에 가전의 사업[761]을 마치니 흰 망아지가 주곡(周谷)에 잠드도다.[762] 원량의 귀거래[763]가 어찌 부러우랴! 희문의 진퇴에[764] 똑같이 근심하셨도다. 애통하게 태산이 무너짐이여 소자들은 어디를 우러러봅니까?[765] 완연히 옛터는 그대로 남아 있으니 지나는 사람들 흠앙하는 마음 일으키도다. 평생 국가를 경영할 재주를 굽히시어 그 뜻을 품고 돌아가셨고, 가정의 효성과 우애의 행실을 미루어 후손에게 물려주셨도다.

생각건대 우리 종산(鍾山) 선생께서는 타고난 자품이 매우 높으시고, 조상의 유훈을 본받으셨도다. 어려서 경사(經史)에 널리 관통하시니 우리의 도를 추구할 수 있음을 깨달으셨고, 잠깐 과장(科場)에 출입하셨으니 이는 부모의 뜻을 어기기 어려웠기 때문이었도다. 들어오면

---

759) **용이 …… 듯하였고** : 사마광(司馬光)이 신종(神宗) 때에 왕안석(王安石)의 신법(新法)을 반대하여 추밀부사(樞密副使)의 직책을 사양하고 낙양(洛陽)에 퇴거하였다. 이때 여공저(呂公著)가 낙양에 거처하면서 사마광과 한가로이 왕래하다가 하남 윤(河南尹)으로 부임하게 되자, 정호(程顥)와 사마광이 그를 복선사(福先寺)에서 전송하였다. 이 자리에서 사마광과 여공저가 출처(出處) 문제로 격론을 벌였다. 정호가 그들을 화해시키려는 목적으로 시를 지어 두 사람에게 주었는데, 그중 사마광에게 준 〈증사마군실(贈司馬君實)〉에 "두 분 용이 낙수 맑은 물에 한가로이 누웠는데, 오늘 도성 문에서 한 분만 전송하는구나. 바라건대 두 분 현인 출처를 같이하여, 깊은 뜻이 창생에 있는 줄을 빨리 알게 해 주기를.[二龍閑臥洛波清 今日都門獨餞行 願得賢人均出處 始知深意在蒼生]"이라고 하였다. 《二程文集 卷1 明道文集1》 여기서는 하은공이 사마광처럼 벼슬을 버리고 초야로 물러난 것을 말한 것이다.

760) **청편(青編)** : 옛날 푸른 대나무를 불에 쪼여 말려서 죽간(竹簡)을 만들어 여기에 글을 썼으므로 옛 책을 가리키는바, 청사(青史) 또한 같은 뜻이다.

761) **가전(家傳)의 사업** : 원문의 '구업(舊業)'은 집안 대대로 이어온 시례(詩禮)의 가업을 이른다.

762) **흰 망아지가 …… 잠드도다** : '주곡(周谷)'은 주나라 골짝이란 뜻이다. 《시경(詩經)》 백구(白駒)에 "흰 망아지가 저 빈 골짝에 있으니."라 하였는데, 〈백구〉편은 주 선왕(周宣王)이, 어진 이가 산야로 떠나는 것을 말리지 못함을 풍자한 시라고 한다. 여기서는 임금이 사직하고 떠나려는 하은공을 간절하게 만류하지 못한 일을 의미한다.

763) **원량(元亮)의 귀거래** : '원량'은 동진(東晉)의 은사(隱士)인 도잠(陶潛)의 자이다. 도잠은 팽택 현령(彭澤縣令)이 되었다가 석 달 만에 상사(上司)에게 허리를 굽히기 싫어서 자진해서 사직한 뒤에 〈귀거래사(歸去來辭)〉를 읊으며 전원으로 돌아왔다.

764) **희문(希文)의 진퇴에** : '희문'은 송(宋)나라 명재상인 범중엄(范仲淹)의 자이며, '진퇴'는 벼슬길에 나아가고 벼슬길에서 물러남을 이른다. 범중엄의 〈악양루기(岳陽樓記)〉에, "조정에 높이 있을 때는 그 백성을 근심하고 강호에 멀리 있을 때는 그 임금을 근심하니, 이는 나아가도 근심하고 물러나도 근심하는 것이다. 그렇다면 어느 때 즐거운가. 반드시 천하가 근심하기 전에 먼저 근심하고 천하가 즐거워한 뒤에 즐거워할 것이다."라고 한 데서 온 말이다. 《古文眞寶 後集 卷5》

765) **태산이 …… 우러러봅니까** : 훌륭한 스승의 죽음을 슬퍼함을 말한다. 공자(孔子)가 세상을 떠나기 일주일 전에 "태산이 무너지려 하는구나. 들보가 쓰러지려 하는구나. 철인이 시들려 하는구나.[泰山其頹乎 梁木其壞乎 哲人其萎乎]"라고 읊조렸는데, 자공(子貢)이 이 말씀을 듣고는 "태산이 무너지면 우리가 장차 어디를 우러러보며, 들보가 쓰러지고 철인이 시들면 우리가 장차 어디에 의지하겠는가.[泰山其頹 則吾將安仰 梁木其壞 哲人其萎 則吾將安放]"라고 한 데서 나온 말이다. 《禮記 檀弓上》

효도하고 나가면 공손하시니[766] 훌륭한 품행으로 고장에서 절로 신뢰를 받으셨고, 여름에 서늘하고 겨울엔 따뜻하게 해드리니[767] 지극하신 정성과 유순하신 마음이 손에 잡힐 듯하도다. 슬픈 곡소리와 수척한 안색은 예로부터 찬양해오는 바이고, 미음 죽을 먹고 짚 거적을 깔고 거처하는 일[768] 이제사 비로소 보았도다. 비록 한 몸이 스스로 구학[769]에 처함도 달게 여겼으나, 백원의 높은 학문[770] 보고 듣는 이들이 공경하였도다. 처음 선왕조에서 미곡을 하사하셨으니 풍교를 세우시려는 성상의 생각을 알 수 있고, 다시 당저[771]에서 증직을 내려주시니 진실로 효도로 다스리는 큰 법도를 이에 두셨던 것이로다. 오직 이런 정표[772]가 오히려 더디었으니 사림에서 크게 기대함이 얼마나 간절했던가. 우선 장문[773]이 일제히 이르기를 기다렸으니 해조의 복계[774]에 매우 상세하게 드러나 있도다. 가언선행(嘉言善行)을 한 편의 글로 짓기를 기다리지 않아도 사람들의 마음을 선하게 하면서 인륜의 기강을 붙들어 주었고, 백세토록 맑은 풍도와 굳은 절의를 분발시킬 수 있으니 나약한 자가 뜻을 세우고 완악한 자가 청렴하게 될 수 있게 하였도다.

선배들의 성취하심은 비록 다르나, 후학에 있어 사표가 됨은 똑같도다. 돌아가신 뒤에 향

---

766) 들어오면 …… 공손하시니 : 《논어》 〈학이(學而)〉에 나오는 공자의 말씀으로 "제자가 집에 들어가서는 효도하고 밖에 나와서는 공손하며, 삼가고 성실하게 하며 널리 사람들을 사랑하되, 어진 이를 친근히 해야 한다.[弟子 入則孝 出則悌 謹而信 汎愛衆 而親仁]"라고 하셨다.

767) 여름에 …… 해드리니 : 《예기》 〈곡례(曲禮)〉에 보이는 말로, 자식이 부모를 위해 겨울에는 따뜻하게 해드리고 여름에는 시원하게 해드리는 것으로 부모님 봉양하는 일을 뜻한다.

768) 짚 거적을 …… 일 : 부모의 상(喪)에 효자가 슬퍼하여 흙덩이를 베개로 베고 거적자리에서 잠을 자는 것을 이른다.

769) 구학(丘壑) : 일구일학(一丘一壑)을 줄인 말로 은거하여 초야에서 묻혀 사는 것 또는 그 거처하는 곳을 이른다. 《한서(漢書)》 〈서전 상(敍傳上)〉에 "한 골짜기에서 물고기를 낚으니 만물이 그의 뜻을 범하지 못하고, 한 언덕에서 소요하니 천하가 그의 즐거움을 바꾸지 못한다.[漁釣於一壑 則萬物不奸其志 棲遲於一丘 則天下不易其樂]"라고 한 구절에서 유래하였다.

770) 백원(百源)의 높은 학문 : '백원'은 효행이 여러 행실의 근본이란 뜻인데, 북송의 역학자인 강절(康節) 소옹(邵雍)이 하남성(河南城)의 소문산(蘇門山) 백원의 위에 살면서 삼베 갖옷에 채소를 먹으며 몸소 밥을 지어 부친을 봉양하면서 학문에 힘쓰니, 사방에서 배우는 자들이 몰려왔으므로 이들을 '백원학파(百源學派)'라 하였다.

771) 당저(當宁) : 현재 임금의 조정.

772) 정표(旌表) : 정려문(旌閭門)을 세워 주어 세상에 알리는 일. 곧 효자·충신·열녀나 국가에 큰 공이 있는 사람에게 정문을 지어 주고 그 일을 널리 알리는 일이다.

773) 장문(狀聞) : 장계(狀啓)의 글. 외방에 나가 있는 지방관이나 사신이 글로 임금에게 아뢰는 것을 말한다.

774) 해조(該曹)의 복계(覆啓) : '해조'는 그 일을 맡은 관서로 예조(禮曹)를 가리키고, '복계'는 상소나 장계를 통해 올라온 사안을 해당 관청에 내려 심의하여 임금에게 다시 보고하는 일이다.

사에 제향할 만하니[775] 공론이 오랫동안 향리에서 발의되었고, 일은 반드시 때를 기다려 이뤄지니 성대한 행사는 마땅히 신중히 하도록 경계하였도다. 연도가 깊어지고 세월이 멀어지니 모범이 이미 요원해짐을 슬퍼하였고, 땅은 가까우나 사람이 바뀌니 하물며 직접 보고 들은 바임에랴. 높은 산처럼 우러르니[776] 어진 이를 사모하는 정성 얼마나 맺혀 있었던가. 오래지 않아 완성되니[777] 비로소 서원에 배향하는 예를 거행하도다. 모든 규모와 제도는 백록동서원[778]의 옛 규범을 따랐고, 준봉(遵奉)하여 의귀하고자 하니 아호(鵝湖)의 새 서원[779]이 완연하도다. 일만 그루 소나무의 산마루는 서릿발처럼 우뚝한 고인[780]이 빼어난 듯, 한 줄기 도천(陶川)은 거울처럼 맑디맑은 지수[781]를 담고 있도다. 몇 년이나 가시덤불이 뒤덮였던가? 하루아침에 윤여[782]가 휘황하도다. 쌍천의 명궁[783]이 서로 바라보이니 정령이 오르내리시며 임

775) **돌아가신 뒤에 …… 제향할 만 하니** : 한유(韓愈)의 〈송양거원소윤서(送楊巨源少尹序)〉에 "옛날에 이른바 향선생이 죽으면 향사에서 제사지낼 만하다.[古之所謂鄕先生沒而可祭於社]"고 하였다. 향선생이란 그 지방 출신의 현자(賢者)로서 벼슬에서 물러나 고향으로 내려와 학당을 세우고 학생을 가르치는 선생을 말한다. 후에 그런 사람이 죽으면 서원을 세우고 위패(位牌)를 모시고 제사하였는바, 이를 향사(鄕社)라 하였다.

776) **높은 산처럼 우러르니** : 《시경》 〈거할(車舝)〉에 "저 높은 산처럼 우러러보며 큰 길처럼 따라간다.[高山仰止 景行行止]"라는 구절에서 온 말로, 고인의 큰 덕행(德行)을 흠모한다는 뜻이다.

777) **오래지 않아 완성되니** : 원문의 '불일성지(不日成之)'는 《시경(詩經)》 〈대아(大雅)·영대(靈臺)〉에 "영대를 세우려고 경영하시니, 백성들이 달려들어 하루도 못 되어 완성했네.[經始靈臺 經之營之 庶民攻之 不日成之]"라고 하였다.

778) **백록동서원(白鹿洞書院)** : 송나라 주희(朱熹)가 지남강군(知南康軍)으로 재직 중이던 효종(孝宗) 순희(淳熙) 7년(1180) 3월에 여산(廬山)의 허물어진 백록동서원을 중건하고 서원의 벽에 학생들이 지켜야할 다섯 개 항목의 규약을 게시하였는데, 오교지목(五敎之目)·위학지서(爲學之序)·수신지요(修身之要)·처사지요(處事之要)·접물지요(接物之要) 등이다. 《朱子大全 卷74 雜著 白鹿洞書院揭示》

779) **아호(鵝湖)의 새 서원** : '아호'는 강서성 연산현(鉛山縣) 북쪽에 있는 산 이름으로, 송(宋)나라의 주희(朱熹)가 여조겸(呂祖謙)·육구연(陸九淵) 형제와 함께 이곳의 아호사(鵝湖寺)에서 강학하였는데, 이로 인해 후에 사현당(四賢堂)이 세워지고 문종서원(文宗書院)으로 사액받기에 이르렀다. 뒤에는 서원이 산 정상으로 옮겨지고 아호서원(鵝湖書院)으로 개칭되었다. 《山堂肆考 卷16 鵝湖, 卷173 蓄鵝》

780) **고인(高人)** : 고매한 사람을 이른다.

781) **지수(止水)** : 고요하게 멈추어 있는 물을 가리킨다. 즉 사람의 형체를 비춰 볼 수 있는 깨끗하고 잔잔한 물을 말함인데, 공자의 말씀에 "흐르는 물에는 자신의 모습을 비춰 볼 수 없고, 잔잔하게 고여 있는 물이라야 비춰 볼 수 있다."라고 하셨다. 《莊子 德充符》

782) **윤여(輪輿)** : 수레바퀴와 깔판을 만드는 공인(工人)을 이르는데 '윤환(輪奐)'의 오기로 보인다. 윤환은 건축물의 웅장함을 가리킨다.

783) **쌍천(雙泉)의 명궁(明宮)** : '명궁'은 영령을 제사지내는 사당(祠堂)으로, 여기서는 졸재공을 제향한 쌍천서원(雙泉書院)을 가리킨다.

하심을 상상하고, 양원(兩院)의 재실[784]은 마주하고 있으니 또한 학문을 강론하고 글 읽는 소리가 서로 들리도다. 제비와 참새가 날아와 화려한 들보를 감싸며 경하드리고,[785] 주나라 선비들[786] 모여들어서 공수[787]를 독려하여 공사를 행하게 하였도다. 인재들이 성대히 일어나니 예악의 교화를 이어받을 만하고, 선비의 풍습이 크게 변하니 효제[788]의 마음이 절로 생기도다. 한 이랑 넓이의 사당[789]이 비로소 이루어지고, 몇 길 되는 담장[790]을 모두 우러러보도다. 산이 우뚝 솟아 높고 물이 흘러 멀리 통하니 서원을 바라보자 광채가 생기고, 일어서면 앞에 참여하고 앉으면 멍에에 기대니[791] 많은 선비들 힘써 송축을 올리도다. 잠시 일손을 멈추고 다 같이 환호하도다.

784) **재실(齋室)** : 제사를 준비하고 모실 수 있게 지은 집.

785) **제비와 …… 경하드리고** : 서원의 완성을 축하한다는 말이다. 《회남자(淮南子)》 〈설림훈(說林訓)〉에 "큰 집이 지어지니, 제비들 서로 축하하네.[大廈成而燕雀相賀]"라고 하였다.

786) **주(周)나라 선비들** : 《시경》 〈대아(大雅) 권아(卷阿)〉에 "봉황이 훨훨 날아, 날개를 치며, 앉을 자리에 앉는도다. 왕에게는 길사가 많으시니, 군자가 부리는지라, 천자께 사랑을 받는도다.[鳳凰于飛 翽翽其羽 亦集爰止 藹藹王多吉士 維君子使 媚于天子]"라고 한 데서 온 말인데, 여기서는 서원의 수많은 유생(儒生)들을 가리킨다.

787) **공수(工倕)** : 수(倕)는 고대 교장(巧匠)의 이름이다. 요(堯)임금의 부름을 받고 백공(百工)의 우두머리가 되었기 때문에 공수라 칭했다 한다. 공수(公輸), 공수반(公輸班) 혹은 노반(魯班)이라고도 한다. 《장자》 〈달생(達生)〉에 "공수가 줄을 그으면 그림쇠와 곱자를 쓴 것 같았다. 그의 손가락은 줄을 긋는 재료와 하나가 되어 사심으로 분별하는 일이 없었다. 그래서 마음이 전일하여 막히는 일이 없는 것이다.[工倕旋而蓋規矩 指與物化而不以心稽 故其靈臺一而不桎]"라는 말이 나온다.

788) **효제(孝悌)** : 어버이에게 효도하고 형제에게 우애함. 《논어》 〈학이(學而)〉에 유자(有子)가 "효와 제는 군자가 힘써야 할 근본이다.[孝弟也者 其爲仁之本與]"라고 한 글이 보인다.

789) **한 이랑[一畝] 넓이의 사당** : 덕 있는 선비를 위해 마련한 공간을 말한다. 《예기》 〈유행(儒行)〉에 "선비는 일묘의 담장과 환도의 실에다 대를 쪼개어 엮은 문을 달고 문 옆에 작은 문을 내며, 쑥대로 엮은 출입문과 옹기로 들창을 달고, 옷은 번갈아 입고 나오고 이틀에 하루치의 음식을 먹는다.[儒有一畝之宮 環堵之室 篳門圭窬 蓬戶甕牖 易衣而出 并日而食]"라는 말이 있다.

790) **몇 길 되는 담장** : 봉계서원에 배향한 분들의 높고 넓은 학덕을 비유한 것이다.

791) **일어서면 …… 기대니** : 일거일동을 모두 유가(儒家)의 법도에 의거하여 행하는 것을 이른다. 자신의 뜻이 세상에 행해지게 하려면 어떻게 해야 하느냐고 자장(子張)이 묻자, 공자(孔子)께서 "일어서면 충신과 독경이 앞에 참여함을 볼 수 있고, 수레에 있으면 그것이 멍에에 기대고 있을 때에 볼 수 있어야 한다.[立則見其參於前也 在輿則見其倚於衡也]"라고 한 말씀이 《논어》 〈위령공(衛靈公)〉에 나오는데, 이에 대해서 주자(朱子)가 "그것이란 충신과 독경을 가리켜서 말한 것이다.[其者 指忠信篤敬而言]"라고 하고, 또 "충신과 독경에 대하여 잊지 말고 계속 생각하면서 어디에 있든 간에 항상 눈에 보이는 것처럼 해야 한다는 말이다.[其於忠信篤敬 念念不忘 隨其所在 常若有見]"라고 해설하였다.

兒郎偉抛樑東　　어영차 들보를 동쪽으로 들어 올리니
仙到高峯入望中　　시야에 들어오는 높은 산에 신선이 이르시네.
莫道猴山人已去　　후산에 사람 이미 떠났다고 말하지 말지니
月明笙韻送微風　　달 밝은 밤 생황 소리 미풍에 실려 들려오네.[792)]

兒郎偉抛樑西　　어영차 들보를 서쪽으로 들어 올리니
飛鳳山高賁趾低　　비봉산 높고 분지[793)]는 나지막하네.
洞裏招提宜講習　　골짝 속 사원[794)]은 강습하기 적당하니
昔從吾友幾攀躋　　옛날 벗을 따라 몇 번이나 올랐던가.

兒郎偉抛樑南　　어영차 들보를 남쪽으로 들어 올리니
大冬松柏挺森森　　한겨울에 송백이 빼어나 울창하네.
士窮節義如無見　　선비가 곤궁할 때 절의를 보이지 못한다면
眼底蒼髯亦可慚　　눈앞에 보이는 푸른 솔에게 부끄러우리라.

兒郎偉抛樑北　　어영차 들보를 북쪽으로 들어 올리니
首取猗猗淇奧竹　　먼저 무성한 기수 가의 대나무[795)]를 취하네.

---

792) **후산(猴山)에 …… 들려오네** : '후산'은 구산(緱山)의 오기로 보인다. 구산은 구지산(緱氏山)으로 하남성(河南城) 언사현(偃師縣)에 있는바, 《열선전(列仙傳)》에 "주 영왕(周靈王)의 태자(太子) 진(晉)이 이 산에 백학(白鶴)을 타고 신선이 되어 올라갔다."라고 하였다. 태자 진은 왕자교(王子喬)로도 표기하는바, 부왕(父王)에게 직간을 하다가 폐위되어 서인(庶人)이 되고 달 밝은 밤에 생(笙)을 불며 이수(伊水)와 낙수(洛水)의 사이에서 놀았다 한다. 여기서는 사현(四賢)을 왕자 진에 비유하여 이미 승천(乘天)하여 신선이 되었으나 그 유풍여운이 아직도 남아 있음을 말한 것이다.

793) **분지(賁趾)** : 군자다운 덕을 가지고 있으면서 높은 자리에 나아가지 않고 초야에 묻혀 자신의 행실을 닦는다는 뜻이 있다. 《주역》 〈비괘(賁卦) 초구(初九)〉에 "발을 꾸밈이니, 수레를 버리고 걸어간다.[賁其趾 舍車而徒]" 하였는데, 그 상(象)에 "수레를 버리고 걸어가는 것은 의리상 수레를 탈 수 없어서이다.[舍車而徒 義弗乘也]"라고 하였다.

794) **사원** : 원문의 '초제(招提)'는 범어(梵語) caturdeśa의 음역(音譯)으로, 사원(寺院)의 별칭인바, 여기서는 봉계서원을 지칭한 것으로 보인다.

795) **무성한 …… 대나무** : 《시경》 〈위풍(衛風)·기욱(淇奧)〉에 "저 기수 가 언덕을 보니, 푸른 대가 아름답고 무성하도다. 문채 빛나는 우리 님이여, 짐승의 골각을 끊고 갈듯, 옥석을 쪼고 갈듯 하도다.[瞻彼淇奧 綠竹猗猗 有斐君子 如切如磋 如琢如磨]"라고 하였는데, 이 시는 본디 위 무공(衛武公)의 높은 학문과 덕

曾氏詳言入德門	증씨가 입덕문[796]을 상세히 말씀했으니
切磋須識復磨琢	절차하고 모름지기 다시 탁마해야 함을 아네.

兒郎偉抛樑上	어영차 들보를 위로 들어 올리니,
日出扶桑涵萬象	해가 부상(扶桑)에서 떠올라 삼라만상을 머금었네.
斯道悠悠孰主張	사도[797]가 아득한데 누가 이것을 주장할 건가
前脩遺躅空瞻仰	선현[798]의 남은 자취를 공연히 우러를 뿐이로다.

兒郎偉抛樑下	어영차 들보를 아래로 들어 올리니
升堂入室皆儒者	승당입실[799]하는 모두가 유자이네.
優優揖讓挹淸芬	넉넉해라[800] 읍양[801]하며 맑은 향기를 본받으니[802]
函丈何殊親自灸	선생에게 직접 훈도 받음과 어찌 다르리오.

엎드려 바라건대 상량한 뒤에 추로의 고장[803]이 되고 관민[804]의 학문을 밝히리라. 예를 올림에 허물이 없으니, 춘추로 삼가 향기로운 제향을 봉행하고, 풍도를 듣고 흥기하니, 당숙[805]

행을 칭찬하여 노래한 것으로, 전하여 학문과 덕행을 절차탁마하는 뜻으로 쓰인다.

796) **증씨(曾氏)가 입덕문(入德門)** : 증자(曾子)가 기술한 《대학(大學)》을 이른다.

797) **사도(斯道)** : '이 도'란 뜻으로, 곧 유교(儒敎)의 도(道). 특히 공맹(孔孟)의 가르침을 이른다.

798) **선현(先賢)** : 원문의 '전수(前脩)'는 선철(先哲), 선현(先賢)과 같다.

799) **승당입실(升堂入室)** : 대청마루에 오르고 방으로 들어간다는 뜻으로, 순서를 밟아 차근차근 학문을 닦으면 심오(深奧)한 경지에 이르게 됨을 비유한 말임. 공자께서 제자 자로(子路)의 경지를 두고 말씀하기를 "당에는 올랐고 아직 방안에는 들어가지 못했다.[升堂矣 未入於室也]"라고 한 데에서 유래하였다. 《論語 先進》

800) **넉넉해라** : 원문의 '우우(優優)'는 실로 그 성대함을 표현한 말이다.

801) **읍양(揖讓)** : 몸을 공손하게 굽혀 자기를 낮추는 예절을 가리킨다.

802) **맑은 …… 본받으니** : 배향한 선현의 덕행을 본받고 흠모한다는 뜻이다. 이백(李白)의 〈증맹호연(贈孟浩然)〉 시에 "산처럼 높은 덕을 어찌 우러르랴? 다만 이 맑은 향기를 취할 뿐이네[高山安可仰 徒此挹淸芬]"라고 하였다.

803) **추로(鄒魯)의 고장** : 바른 학문을 하는 고장을 말한다. 추로는 맹자(孟子)와 공자(孔子)가 출생한 지명으로 맹자는 추(鄒)나라 사람이고 공자는 노(魯)나라 사람이다.

804) **관민(關閩)** : 염락관민(濂洛關閩)의 줄임말로, 염계(濂溪)의 주돈이(周敦頤), 낙양(洛陽)의 정호(程顥)·정이(程頤) 형제, 관중(關中)의 장재(張載), 민중(閩中)의 주희(朱熹) 등 송나라 성리학자들을 가리킨다.

805) **당숙(黨塾)** : 옛날 학교의 이름으로 곧 학당을 이른다.

에서 청아[806]의 아름다움이 흡족하리라. 안정의 문인[807]이 됨을 알 수 있겠으니, 저마다 근칙[808]하는 도리에 힘쓰고, 법식은 악록[809]의 고사를 계승하니, 반드시 분발하는 공력을 더하도다. 기수에 목욕하고 무우(舞雩)에 바람 쐬고 시 읊으면서 돌아오니 늦은 봄날 증점(曾點)의 관동이요,[810] 물 마시면서 거친 밥 먹어도 즐거움이 또한 이 속에 있으니 공자처럼 부귀를 뜬 구름으로 여기도다.[811] 양성[812]하고 몸을 닦으니 절로 명교[813] 가운데 즐거움이 있고, 박문약례[814]를 행하니 마땅히 수사의 참된 근원에 거슬러 올라가도다.[815] 넓은 집 천만 칸을 얻어서[816]

---

806) **청아(菁莪)** : 《시경》 〈소아(小雅)〉 청청자아(菁菁者莪)의 준말로, 인재를 기르는 것을 읊은 시이다. 곧 인재 양성을 이른다.

807) **안정(安定)의 문인** : '안정'은 북송(北宋)의 대학자인 호원(胡瑗)의 호이다. 그는 소주(蘇州)와 호주(湖州)의 교수(教授)가 되어 학문을 가르쳤는데, 제자가 천여 명을 헤아릴 정도로 많았다. "그의 제자들이 사방에 흩어져 있으면서 어질고 어리석음에 따라 모두 차근차근 법도를 따르고 아정(雅正)하게 근칙(謹飭)하니, 그들의 말씨나 행동만 보아도 안정선생의 제자임을 알 수 있었으며, 그 배우는 자들이 서로 이야기할 적에 선생이라고 말하면 묻지 않아도 그가 호공(胡公)임을 알 수 있었다.[其弟子散在四方 隨其人賢愚 皆循循雅飭 其言談擧止遇之 不問可知爲先生弟子 其學者相語稱先生 不問可知爲胡公也]" 《宋史 卷432 胡瑗傳》 이 내용은 《소학》의 〈가언(嘉言)〉에도 실려 있다.

808) **근칙(謹飭)** : 공손하고 삼가서 스스로 경계함.

809) **악록(嶽麓)** : 악록서원(嶽麓書院)을 말한다. 송대의 저명한 서원의 하나로 장식(張栻), 주희(朱熹) 등 역대 명유(名儒)들이 강학하여 명성이 높았다.

810) **기수(沂水)에 …… 관동(冠童)이요** : '기수'는 노(魯)나라 도성 남쪽에 있는 물 이름이며, 무우(舞雩)는 기우제를 지내던 곳이다. 공자의 제자 증점(曾點)이 자신의 뜻을 말하라는 공자의 명에 슬(瑟)을 타다 말고, "늦은 봄날 봄옷이 이루어지거든 어른 대여섯 사람, 동자 예닐곱 사람과 함께 기수에서 목욕하고 무우에서 바람 쏘이고 시 읊으면서 돌아오겠다."라고 하였다. 《論語 先進》 여기서는 유자들이 배향 인물의 교화를 입게 되었음을 말한 것이다.

811) **물 …… 여기도다** : 안빈낙도(安貧樂道)의 생활을 말한다. 《논어》 〈술이(述而)〉에 "거친 밥을 먹고 물을 마시며 팔 베고 눕더라도 즐거움이 또한 그 속에 있나니, 의롭지 못한 부귀는 나에게 뜬구름과 같다.[飯疏食飮水 曲肱而枕之 樂亦在其中矣 不義而富且貴 於我如浮雲]"라는 공자의 말씀이 보인다.

812) **양성(養性)** : 마음을 다스려 본성을 기르게 하는 것이다. 《맹자》 〈진심 하(盡心下)〉에, "그 마음을 보존하여 그 본성을 기르는 것이 하늘을 섬기는 방법이다.[存其心 養其性 所以事天也]"라고 하였다.

813) **명교(名敎)** : 인륜(人倫)의 명분(名分)을 밝히는 유교(儒教)를 말한다.

814) **박문약례(博文約禮)** : 널리 학문을 닦고 이를 예(禮)로써 요약한다는 뜻으로, 《논어》 〈옹야(雍也)〉에 "군자가 문에 대하여 널리 배우고 예로써 요약한다면 또한 도에 크게 어긋나지 않을 것이다.[君子博學於文 約之以禮 亦可以弗畔矣夫]"라고 하였다.

815) **수사(洙泗)의 …… 올라가도다** : 공자의 사상까지 거슬러 올라가 유학을 탐구한다는 말이다. '수사'는 중국 산동성(山東省)에 있는 두 강인 수수(洙水)와 사수(泗水)이다. 공자가 이곳에서 제자를 가르쳤다.

816) **넓은 …… 얻어서** : 두보의 〈모옥이 가을바람에 무너진 것을 노래하다[茅屋爲秋風所破歌]〉라는 시에 "어찌하면 넓은 집 천만 칸을 얻어서 천하의 가난한 선비들을 덮어주어 모두 기뻐하게 할까.[安得廣廈千萬間 大庇天下寒士俱歡顔]"라고 한 구절에서 인용한 것이다. 《古文眞寶 前集 卷8》

비록 사림을 크게 비호하지 못한다 해도 아, 우리 고을 여러분들은[817] 원컨대 소인 같은 유자(儒者)가 되지 말지어다.[818]

述夫 洛迦南岡 俗離西麓 山川淸淑 人傑可驗於地靈 士子藏修 仁賢允愜於院享 名區擅一州之勝 天豈終慳 盛德爲百世之師 事若有待 斯陳善頌 助擧脩樑

惟我東岡先生 七峯家聲 南冥門弟 早知有義理之樂 恥爲章句拘儒 獨得夫雷天之書 實承格致要訣 逮摳衣於退老 益聞不聞 尋墜緖於晦翁 所學吾學 俄擢桂籍 政當展布之期 旋入玉堂 幾多啓沃之益 扶正誼而厲俗 是非旣明 伸冤枉而斥邪 論議尤確 瞻玆土鼎坐之里 卽暮境賁趾之鄕 古木荒墟 幾入行旅之指點 流風遺韻 尙爲士林之咨嗟

惟我霞隱先生 珪璋令儀 淵源正脉 自在齠齔 已知爲學之方 不煩提撕 克透窮理之域 下學上達之訓 終食無違 正心誠意之工 盛水不漏 塤篪湛樂 以拙齋而爲兄 性理硏窮若伊川之知己 三千三百之蘊奧 旣發揮於毫分 通載通考之撰成 尤有功於日用 少登高第 歷敭華顯者最多 自矢剛腸 激揚淸濁之太露 尋初服於墨井 龍臥洛波 卒舊業於靑編 駒眠周谷 元亮之去來奚羨 希文之進退同憂 痛泰山之其頹 小子安仰 宛遺基之尙在 過者起欽 屈平生經綸之才 竟賷其志 推家庭孝友之行 用貽厥孫

肆我鍾山先生 天分甚高 祖訓是式 少淹貫於經史 卽悟吾道之可求 乍出入於科場 蓋緣親意之難拂 入則孝出則悌 懿行自孚於鄕邦 夏而凊冬而溫 至誠可掬於愉婉 哭泣之哀 顔色之慽 自古所稱

麤疎之食 塊苫之居 於今始見 雖一身自甘於丘壑 則百源可聳於瞻聆 始賜米於先朝 可想樹風聲之聖念 復贈職於當宁 寔推敦孝理之弘規 惟此旌表之尙稽 多士之顒望幾切 姑待狀聞之齊到 該曹之覆啓頗詳 不待著一書嘉言善行 足以淑人心而扶人紀 可以奮百世淸風苦節 能令懦夫立而頑夫廉

斯先輩成就雖殊 在後學師表則一 沒而可祭於社 公論久發於鄕隣 事必待時而成 盛擧當戒於愼重 年深歲遠 悵模楷之已遙 地邇人非 矧耳目之所逮 高山仰止 幾鬱景賢

---

817) 우리 …… 여러분들은 : 원문의 '오당이삼자(吾黨二三子)'는 자신과 지취(志趣)가 서로 들어맞는 사우(師友)들을 이른다.

818) 소인 …… 말지어다 : 공자가 자하(子夏)에게 이르기를 "너는 군자유(君子儒)가 될 것이요, 소인유(小人儒)가 되지 말라.[女爲君子儒 勿爲小人儒]"고 한 데서 온 말인데, 군자유는 위기지학(爲己之學)을 힘쓰는 학자를 말하고, 소인유는 위인지학(爲人之學)으로써 명성만을 추구하는 학자를 말한다. 《論語 雍也》

之誠 不日成之 始擧腏食之禮 凡間架制度 侔擬鹿洞之舊規 欲遵奉依歸 宛然鵝湖之新構 萬株松嶺 霜抽立立之高人 一帶陶川 鏡涵澄澄之止水 幾年荊榛之蕪沒 一朝輪奐之輝煌 雙泉之明宮相望 想精靈陟降之如在 兩院之齋室共對 亦講劘絃誦之互聞 燕雀飛飛 繞畵樑而呈賀 周士濟濟 督工倕而赴功 人才蔚興 禮樂之教可述 儒風丕變 孝悌之心自生 一畝之宮始成 數仞之墻皆仰 山之峙而高 水之流而遠 視諸院而生輝 立則參於前 坐則倚於衡 聶多士而獻頌 少停工斲 同此歡呼

兒郎偉抛樑東 仙到高峯入望中 莫道猴山人已去 月明笙韻送微風 兒郎偉抛樑西 飛鳳山高賁趾低 洞裏招提宜講習 昔從吾友幾攀躋 兒郎偉抛樑南 大冬松柏挺森森 士窮節義如無見 眼底蒼髯亦可慚 兒郎偉抛樑北 首取猗猗淇奧竹 曾氏詳言入德門 切磋須識復磨琢 兒郎偉抛樑上 日出扶桑涵萬象 斯道悠悠孰主張 前脩遺躅空瞻仰 兒郎偉抛樑下 升堂入室皆儒者 優優揖讓挹淸芬 函丈何殊親自炙 伏願上樑之後 鄉成鄒魯 學闡關閩 式禮罔愆 春秋謹芬苾之享 聞風而起 黨塾洽菁莪之休 可知爲安定之門人 各勉謹飭之道 式無替岳麓之故事 必加奮發之功 浴沂風雩詠而歸 曾點之冠童春暮 飮水飯蔬樂亦在 仲尼之富貴雲浮 養性修身 自有名教之樂地 博文約禮 宜泝洙泗之眞源 得廣廈千萬間 雖未能大庇於士 嗟吾黨二三子 願無爲小人之儒

《열읍원우사적(列邑院宇事蹟)》

기記

하은공비각기 김제의 거사비 비각의 현판이다.
霞隱公碑閣記 金堤去思碑懸板

신택(申澤)[819]

고조이신 하은공께서 만력 계축년(1613, 광해군 5) 가을에 승정원에 계시다가 김제 수령으로 나가셨는데 이는 좌천되신 것이다. 공은 청렴함과 검약함으로 고을을 다스려 아전과 백성들 모두 편안해하였다. 공은 부임한 지 겨우 한 해 남짓 되었을 때 무망한 일[820]로 구금되고 파직되었는데 고을 백성들은 거사비(去思碑)를 세움으로써 지금까지 공이 베푼 은택이 없어지지 않았다.

백년 뒤에 후손 택(澤)이 마침 부안현감으로 있게 되어, 벽골(碧骨 김제)을 지나게 되었는데 그 거사비가 관문 밖 몇 리쯤 되는 곳에 붙어 있었다. 우러러 바라보고 배회하자니 추모의 정과 슬픈 마음이 어떠했겠는가. 이에 생각하기를 귀두석(龜頭石)이 길가에 있어 초동들이 부시를 치는[821] 등의 화를 면치 못할까 걱정스러웠다. 그래서 녹봉(祿俸)을 덜어내고 장인을 모아서 읍내 향리인 조태려(趙泰呂)의 집 앞에다 비각 한 칸을 건축하고서 곧바로 비

---

819) **신택(申澤, 1662~1729)** : 자는 윤경(潤卿), 호는 인재(忍齋)이다. 하은공의 현손으로, 부친은 아산현감을 지낸 신필원(申必源)이다. 1703년(숙종 29) 문과 병과에 장원으로 급제하여 승문원 박사·사간원 정언을 거쳐 부안현감에 제수되어 부임했다. 당시 부안에 큰 흉년이 들어 돌림병과 기근에 시달리는 백성이 많아져 조세를 감면하고 빈민을 구휼하였으며, 경내 부로들을 모시고 기로연을 베풀었다. 1720년(경종 즉위년) 강릉부사로 제수되어 지역의 여러 폐단을 상소하여 시정하였고, 1725년(영조 원년) 강계부사가 되어 경내에 있던 회재(晦齋) 이언적(李彦迪)의 사당을 중건하여 생도들에게 유학을 강수했으며, 강변 무사들을 모아 현상으로 무예를 연마하게 했고 지역의 폐단을 바로잡아 기강을 세웠다. 1729년 통정대부 승정원 도승지에 제수되었다. 저서로는 《인재집》이 있다.

820) **무망(无妄)한 일** : '무망'은 망녕됨이 없다는 뜻으로 원래 《주역》의 괘 이름인데, 무망의 일이란 잘못한 것이 없이 억울하게 당하는 사안을 이른다.

821) **초동(樵童)들이 부시를 치는** : 나무꾼 아이들이 거사비를 부싯돌 삼아서 불을 일으킨다는 뜻이다. 한유(韓愈)의 〈석고가(石鼓歌)〉에 "목동들이 부싯돌 삼고 소는 뿔을 비비나니, 뉘라서 손대어서 어루만져 주리요.[牧童敲火牛礪角 誰復著手爲摩挲]" 하였다.

를 옮겨 봉안하여 비바람을 막게 하였다.

조태려의 증조인 조유청(趙惟淸)은 하은공과 함께 체포되어 환란을 함께 겪었기에 대대로 돈독하게 좋은 관계였으며 신분의 높고 낮음으로 거리를 두지 않았으니, 이곳으로 옮겨 봉안한 것은 지키고 보호할 사람이 있기 때문이었다. 훗날 이 도(道)에 오는 자손들은 계속 뒤이어 보수하여 이 비각이 영원히 없어지지 않게 하기를 바라노라.

高祖考霞隱公 曾在萬曆癸丑秋 由銀臺出守金堤 蓋左遷也 廉約爲政 吏民俱便 莅任纔踰年 以无妄事 有拿命 坐罷 邑人立去思碑 遺澤尙今不泯 百年後後孫霶 適在扶風路過碧骨 遺碑寄在官門外數里許 瞻望徘徊 追慕愴感 倘如何 仍念龜頭臨路傍 樵童敲火 恐有所不免 遂乃捐廩募工 建一間屋于邑內鄕吏趙泰呂家前 仍卽移安 俾庇風雨 泰呂之曾祖惟淸 與霞隱公同被逮共患難 世好之篤不以尊卑而有間 移奉於此者 蓋爲守護之有人也 後之爲子孫而來道內者 嗣而補修 庶斯碑閣之永久不朽也

《인재집(忍齋集)》

《역주 영원잡영》 발
譯註鴒原雜詠跋

《영원잡영(鴒原雜詠)》의 책제(冊題)에 쓰인 '영원(鴒原)'은 《시경(詩經)》 〈소아(小雅)·상체(常棣)〉에 "할미새가 언덕에 있으면서 머리와 꼬리가 서로 돕듯이, 형과 아우들이 위험과 재난을 서로 구제해주네.[척령재원(脊令在原) 형제급난(兄弟急難)]"라고 한 곳에 쓰인 '脊令'(후세에는 '척(脊)' 자와 '령(令)' 자에 모두 '새[鳥]' 자를 덧붙여서 '척령(鶺鴒)'으로 표기하였음)의 '령(鴒)' 자와 '在原'의 '원(原)' 자를 취(取)한 것이니, 이 영원(鴒原)이라는 말이 형제의 우애(友愛)를 이르는 말로 후세에 널리 쓰였으므로 이를 취한 것이다. '잡영(雜詠)'이라 한 것은 형제분들이 지은 시(詩)와 주변 사람들이 지어준 시들을 모아 놓았다는 뜻이고, 이에는 시(詩) 뿐이 아니고 문(文)도 포함되어 있다. 이 《영원잡영》에 수록된 시문들에는 유학(儒學)의 덕목(德目)들인 인의예지(仁義禮智)와 효제충신(孝悌忠信) 등이 모두 함유되어 있지만, 일관되게 가장 다수를 점하고 있는 것 하나를 고른다면 바로 형제간의 우애(友愛)라 할 수 있으므로, 이 때문에 책제(冊題)를 《영원잡영(鴒原雜詠)》이라 한 것이다.

이 《영원잡영》에 수록된 시문들은 인덕(仁德)과 수질(壽秩)로 동중추부사(同中樞府事)에 오르셨던 신중엄(申仲淹) 공의 세 아드님들인 정관재(靜觀齋) 신저(申渚)·졸재(拙齋) 신식(申湜)·하은(霞隱) 신용(申涌) 공 등 삼형제분들이 창화(唱和)한 시(詩) 및 문(文)들과 많은 동료 사대부들이 지어준 시문(詩文)들로 이루어져 있으며, 타인들이 지어준 시문들 중에도 형제분들의 효성과 우애를 찬양하고 이를 선망(羨望)하는 작품들이 다수를 점하고 있다.

이 《영원잡영》이 그동안 인간(印刊)되지 못하고 오랫동안 필사본(筆寫本)만이 전해오다 보니, 전사(傳寫) 과정에서 오자(誤字)와 낙자(落字)가 생기고 훼손된 부분도 많게 되었는데, 이를 안타깝게 여겨 후손 신백우(申伯雨) 공과 신존식(申存植) 공 등이 문중의 뜻을 모아 1960년대에 석판본(石版本)으로 인간(印刊)하였으나, 이에도 오류가 많고 누락된 부분도 많았다. 이에 신범식(申範植) 교수께서 오류를 바로잡고, 누락된 부분을 각종 전적에서 찾아 증보(增補)하고, 이를 국역(國譯)하면서 자상한 주석(註釋)을 붙여 《역주 영원잡영(譯註 鴒原雜詠)》이라는 책제로 간행하게 된 것이다.

이 삼형제분들은 모두 효성이 지극하여 부친이신 신중엄(申仲淹) 공께서 80세에 이르신 때부터 별세하실 때까지 6차에 걸쳐 경수연(慶壽宴)을 열어드렸는데, 이때에 공(公)과 아드님들이 대부(大夫)의 반열(班列)에 올라서, 한(漢)나라의 석분(石奮)과 그의 네 아들 등 오부자(五父子)가 모두 연봉 2,000석의 대부의 반열에 올라 세간(世間)에서 만석군(萬石君) 집안이라 칭했던 것과 유사하게 되었다 하여, 세간에서 공의 집안도 만석군 집안이라 부르며 부러워하기도 하였다. 그 경수연의 경위(經緯)와 과정에 대한 기록 및 연회에 초대받았던 사대부들이 축하하고 선망하는 뜻을 담은 도화(圖畵) 및 시문(詩文)들이 고령신씨(高靈申氏) 문중(門中)의 가보(家寶)로 비장(秘藏)되어 있어서, 타인들은 이를 접하기가 어려웠는데, 이를 영인(影印)하고 번역하여 《명가보묵(名家寶墨)》이라는 책제(册題)로 세상에 널리 알린 분 또한 신범식 교수이시고, 못난 저도 그 번역 작업에 참여하여 미력(微力)을 보탠 일이 있다.

삼형제분들은 퇴계(退溪) 이황(李滉) 선생과 대곡(大谷) 성운(成運) 선생의 문하에서 수학하셨고, 세분이 모두 예학(禮學)에 밝아서, 신저(申渚) 공이 《예설총론(禮說總論)》을, 신식(申湜) 공이 《가례언해(家禮諺解)》와 《의례고증(疑禮考證)》을, 신용(申涌) 공이 《의례고람(儀禮考覽)》과 《오복통고(五服通考)》를 저술하고 신의경(申義慶)이 지은 《상례통재(喪禮通載)》를 증보(增補)하셨다. 예법에 밝은 심오한 학식을 이렇게 저서로 드러내는 데에 그칠 뿐이 아니고, 부모님을 모시고 가정을 이끌고 주변 사람들과 교유하고 아랫사람들을 대하는 일 등에 이르기까지 성(誠)과 경(敬)을 다해 예(禮)에 맞게 응대하여, 《논어(論語)》에서 말한 "부이무교(富而無驕)"와 "부이호례(富而好禮)"에 맞게[822] 처신하며 관혼상제(冠婚喪祭) 사례(四禮)에 속하는 온갖 예법(禮法)을 행함에, 이렇게 저술(著述)을 통하여 밝혀 놓은 예법(禮法)을 정성을 다해 직접 실천하셨다. 그런데 이렇게 귀중한 전적(典籍)들이 모두 유실(遺失)되어 현재 전해오지 않고 있음이 참으로 안타까운 일이다. 다만 임란(壬亂) 후에 어지러워진 사회기풍을 예학(禮學)의 진흥을 통하여 바로잡는 데에 크게 기여한 사계(沙溪) 김장생(金長生) 선생이 《상례비요(喪禮備要)》와 《가례집람(家禮輯覽)》 등을 찬(撰)할 때에, 삼형제분들이 지으셨던 이 전적(典籍)들을 많이 참고하여 반영하였다고 전해올 뿐이다.

---

822) 《논어》에서 …… 맞게 : 《논어》 〈학이〉에, '자공이 묻기를 "가난하면서도 아첨함이 없고 부유하면서도 교만함이 없다면 어떨까요?" 하니, 공자께서 대답하시기를, "좋기는 하나, 가난하면서도 즐거워(安貧樂道)하고, 부유하면서도 예(禮)를 좋아하는 사람만은 못하다.[子貢曰 貧而無諂 富而無驕 何如 子曰 可也 未若貧而樂 富而好禮者也]"라고 하셨다.

삼형제분들은 학덕과 효행이 뛰어난 데에 그치지 않고, 어려워진 시대 상황을 극복하는 데에도 심혈을 기울이셔서, 임진왜란이 일어나자 의병을 일으켜 청주(淸州) 주변에는 왜적이 접근하지 못하게 하셨고, 식량난에 허덕이는 명(明)나라 원군(援軍)에게 사재(私財)로 군량미 200석을 제공하여 크게 도움을 주기도 하셨으며, 광해군(光海君)이 살제폐모(殺弟廢母)의 패륜(悖倫)을 자행할 때에 이를 비판하고 동조하지 않다가 곤고(困苦)를 겪기도 하셨다.

후에 신식(申湜) 공에게는 나라에서 효자정문(孝子旌門)을 내려주었고, 쌍천서원(雙泉書院)과 묵정서원(墨井書院)에 배향(配享)되셨으며, 신용(申涌) 공은 봉계서원(鳳溪書院)에 배향되셨다. 신용(申涌) 공에게는 두 차례나 시호(諡號)를 내려주기를 청원하는 시장(諡狀)이 올라간 일이 있으나, 조정에서 이를 받아들여 시의(諡議)를 연 일이 없었으니, 이는 당시의 시대상황이 서인(西人)이 집권하던 시기여서 남인(南人)에 속했던 공에게 시호를 내릴 의향이 없어 이를 무시했기 때문이었던 것으로 보인다.

한시(漢詩) 번역의 어려움은 "시를 제대로 이해하고 이를 번역하는 것이, 직접 시를 짓는 것보다도 더 어렵다.[知詩之難 難於作詩之難]"이라고 말할 정도로 지난(至難)한 일이다. 수백 년 전에 지어 놓은 한시를 제대로 이해하고 현대문으로 번역하려면 한학(漢學)에 정통할 뿐이 아니고, 그 시(詩)가 지어졌던 시대에 대해 꿰뚫어 알고 작자의 일생과 그 시를 지을 때에 처했던 상황과 주변 환경에 대해서도 소상하게 이해해야 한다. 또한 한시 이론에도 정통하고, 이를 현대문으로 정확하게 옮겨서 번역해 놓은 시만 읽어도 시의 내용뿐이 아니고 그 시가 발산하는 여운과 시적 감흥까지 느낄 수 있도록 유려하게 번역해야 한다. 신교수께서 이 《영원잡영》에 수록된 수많은 시들을 바로 이에 맞게 번역하고 자상한 주(註)까지 달아 설명해 놓은 점에 대해서는 무어라 찬사를 보내야 할지 모르겠다. 산문(散文)들의 번역 또한 자구(字句)의 해석에 얽매여서 전체적인 문의(文義)를 그릇되게 해석하는 이문해사(以文害辭)의 오류에 빠지기가 쉬운데, 이런 오류를 전혀 범하지 않고 문장의 내용을 철저히 고증하고 그 전체적인 문의(文義)가 적절하게 드러나도록 국역(國譯)하였음이 돋보이는 바이다.

신교수의 선고장(先考丈)이신 경운(景雲) 신철우(申哲雨) 공께서는 해박하고 심오한 한학(漢學) 학식과 중인(衆人)이 우러러보는 중후(重厚)하신 인덕(仁德)으로, 반향(班鄕) 충청도 사람들이 전통문화를 계승하여 품격 높은 교양을 지니도록 하는 일에 크게 기여하셨다. 아울러 고령신문(高靈申門)의 종사(宗事)를 앞장서서 이끄시며, 선조(先祖)들의 훈업(勳業)을 선양(宣揚)하고 동족간(同族間)의 돈목(敦睦)에 크게 기여하셨는데, 한문학(漢文學)을 전공하신 아드님 신교수께서 그 가통(家統)을 훌륭히 계승하여 이렇게 다른 사람이 감히 손도 댈 수 없었던 난해(難解)하면서 심오(深奧)한 뜻이 담긴 《영원잡영》을 번역하고 자상한 주석을 달아 간행(刊行)하게 된 것이다.

앞으로 이 《역주 영원잡영》을 읽는 사람들이 삼형제분들의 뛰어난 행적과 16~17세기 사대부(士大夫)들의 시문(詩文)을 이해하는데 그칠 뿐이 아니고, 우리나라에 면면(綿綿)히 이어오는 전통문화를 바르게 계승하고, 가정생활과 직장생활 및 사회생활을 인(仁)과 의(義)와 예(禮)에 맞게 영위(營爲)하며, 국민의 한 사람으로 국가에 크게 기여할 수 있는 지혜를 터득하게 되어, 인류가 존속하는 한 영원토록 지니고 행해야 할 도덕적 표준인 효제충신(孝悌忠信)을 성실하게 행하는 계기가 되기를 기대하는 바이다.

못난 제가 발문(跋文)을 부탁받고, 천학비재(淺學菲才)하고 문장 능력이 보잘 것 없어서 오히려 누(累)만 끼칠 것 같아 몇 차례 사양하였다. 그러나 신교수 선고장께서 각별히 아껴주시는 은혜를 입었고, 《명가보묵》의 국역(國譯)에 참여했던 인연 때문에 끝까지 사양하지를 못하고 감히 외람(猥濫)되게 이렇게 발문을 짓게 되었다.

2025년 6월에, 하은공(夏隱公)의 13대손, 신용호(申用浩)*가 삼가 발문(跋文)을 짓다.

* 공주대학교 한문교육과 명예교수. 문학박사. 전통문화연구회 국역위원. 《고문진보 후집》·《역주 당송팔대가문초 왕안석 1-2》·《이규보의 의식세계와 문학론 연구》·《선현들의 자(字)와 호(號)》·《호설(號說)과 시장(諡狀)》 외 다수의 논저가 있다.